U0592851

湖南师范大学·经济管理学科丛书
HUNANSHIFANDAXUE　JINGJIGUANLIXUEKECONGSHU

中国城镇化与
产业转型升级互动研究

Research on the Interaction between Urbanization and
Industrial Transformation and Upgrading in China

袁冬梅◎著

经济管理出版社
ECONOMY & MANAGEMENT PUBLISHING HOUSE

图书在版编目（CIP）数据

中国城镇化与产业转型升级互动研究/袁冬梅著 .—北京：经济管理出版社，2022.8

ISBN 978-7-5096-8696-6

Ⅰ.①中… Ⅱ.①袁… Ⅲ.①城市化—关系—产业结构升级—研究—中国 Ⅳ.①F299.21 ②F269.24

中国版本图书馆 CIP 数据核字（2022）第 158336 号

组稿编辑：杨　雪
责任编辑：杨　雪
助理编辑：王　蕾
责任印制：许　艳
责任校对：张晓燕

出版发行：经济管理出版社
　　　　　（北京市海淀区北蜂窝 8 号中雅大厦 A 座 11 层　100038）
网　　址：www. E-mp. com. cn
电　　话：(010) 51915602
印　　刷：北京晨旭印刷厂
经　　销：新华书店
开　　本：720mm×1000mm/16
印　　张：23. 25
字　　数：368 千字
版　　次：2022 年 10 月第 1 版　　2022 年 10 月第 1 次印刷
书　　号：ISBN 978-7-5096-8696-6
定　　价：98. 00 元

· 版权所有　翻印必究 ·
凡购本社图书，如有印装错误，由本社发行部负责调换。
联系地址：北京市海淀区北蜂窝 8 号中雅大厦 11 层
电话：(010) 68022974　邮编：100038

　　当历史的年轮跨入 2018 年的时候，正值湖南师范大学建校 80 周年之际，我们有幸进入到国家"双一流"学科建设高校的行列，同时还被列入国家教育部和湖南省人民政府共同重点建设的"双一流"大学中。在这个历史的新起点上，我们憧憬着国际化和现代化高水平大学的发展前景，以积极进取的姿态和"仁爱精勤"的精神开始绘制学校最新、最美的图画。

　　80 年前，随着国立师范学院的成立，我们的经济学科建设也开始萌芽。从当时的经济学、近代外国经济史、中国经济组织和国际政治经济学四门课程的开设，我们可以看到现在的西方经济学、经济史、政治经济学和世界经济四个理论经济学二级学科的悠久渊源。中华人民共和国成立后，政治系下设立政治经济学教研组，主要承担经济学的教学和科研任务。1998 年开始招收经济学硕士研究生，2013 年开始合作招收经济统计和金融统计方面的博士研究生，2017 年获得理论经济学一级学科博士点授权，商学院已经形成培养学士、硕士和博士的完整的经济学教育体系，理论经济学成为国家一流培育学科。

　　用创新精神研究经济理论构建独特的经济学话语体系，这是湖南师范大学经济学科的特色和优势。20 世纪 90 年代，尹世杰教授带领的消费经济研究团队，系统研究了社会主义消费经济学、中国消费结构和消费模式，为中国消费经济学的创立和发展做出了重要贡献；进入 21 世纪以后，我们培育的大国经济研究团队，系统研究了大国的初始条件、典型特征、发展形势和战略导向，深入探索了发展中大国的经济转型和产业升级问题，构建了大国发展经济学的逻辑体系。正是由于在消费经济和大国经济领域上的开创性研究，铸造了商学院的创新精神和学科优势，进而形成了我们的学科影响力。

目前，湖南师范大学商学院拥有比较完善的经管学科专业。理论经济学和工商管理是其重点发展领域，我们正在努力培育这两个优势学科。我们拥有充满活力的师资队伍，这是创造商学院新的辉煌的力量源泉。为了打造展示研究成果的平台，我们组织编辑出版经济管理学科丛书，将陆续推出商学院教师的学术研究成果。我们期待各位学术骨干编写出高质量的著作，为经济管理学科发展添砖加瓦，为建设高水平大学增光添彩，为中国的经济学和管理学走向世界做出积极贡献！

　　发达国家和发展中国家的发展历程均表明，一国工业化与城市化的依存关系和互动状态决定了国家的现代化程度。中国改革开放40多年来积极推动工业化和产业结构转型升级，探索出了有中国特色的新型城镇化道路，演绎了人类历史上规模最大、速度最快的城镇化建设过程。然而，经济快速增长时期的快速城镇化具有典型的粗放式特点，加之较长时期内受传统体制壁垒和偏向于重工业的工业化模式等因素的影响，与快速城镇化相伴的便是人口城镇化相对滞后、城市的产业就业支撑作用不够充分。当前我国经济正处在转变发展方式、优化经济结构、转换增长动力的攻关期，面临国内外各种矛盾和不确定性，积极地推动产业转型升级以促进新型工业化和经济服务化，提升城市的产业就业支撑作用和城镇化发展质量，更好地发挥产业转型升级与新型城镇化的良性互动作用，既是增强产业国际竞争优势和促进中国经济高质量发展的重要保障，也是构建"双循环"新发展格局和现代经济体系的有力支撑。深入揭示新型城镇化和产业转型升级良性互动的机理，探索两者良性互动的主要路径和对策体系，是当前需要深入研究的重大课题。

　　为此，本书以中国城镇化与产业转型升级的互动关系及实现机制为研究对象，运用理论分析、经验分析、统计与计量分析等方法，系统地总结了新中国成立以来城镇化与产业结构演进的历程及发展经验，揭示了城镇化较长时期相对滞后于工业化的事实，基于发展经济学理论、内生增长理论、产业集聚理论和区域非均衡发展理论等阐述了新型城镇化与产业转型升级良性互动发展的机理、路径与实现条件，并侧重探讨了人力资本投资、生产性服务业集聚、数字经济发展在推动新型城镇化与产业转型升级良性互动发展中的关键作用。本书的主要内容和结论可归纳如下：

第一，在理论上全面阐释了新型城镇化的由来及内涵、新型城镇化与产业转型升级良性互动发展的必然性与路径。通过对新型城镇化与传统城镇化的全面比较，阐释了中国城镇化和工业化的互动关系演变为新型城镇化与产业转型升级良性互动发展的必然性。基于发展经济学理论、产业集聚理论和区域非均衡发展理论等，构建分析城镇化与产业结构演变互动关系的理论框架，剖析城镇化与产业转型升级良性互动的理论基础，以劳动力流动集聚和产业转移集聚为主线，剖析了人力资本积累、物质资本积累、技术创新与技术扩散、消费需求扩张与升级等机制在城镇化和产业转型升级互动中的作用路径。

第二，在经验与实践层面系统总结了新中国成立以来城镇化与产业结构演进的历程及发展经验，依据钱纳里"发展模型"推算中国常住人口城镇化率与工业化率的协调状态，揭示了中国城镇化较长时期相对滞后于工业化的事实。城镇化滞后主要表现为人口城镇化滞后，通过分析农业转移人口市民化的制约因素和测度市民化进程可以解释。人口城镇化滞后是当时国情下各种因素综合作用的结果，同时产业结构不够合理、优化以吸纳足够的非农就业人口则是产业层面的主要原因。在推动体制机制改革的同时，要更好地发挥城市群在推动新型城镇化与产业转型升级良性互动中的主力作用。城市群形成了经济活动的集聚和扩散效应，是优化区域产业分工和城市层级体系建设的主要空间载体，本书通过分析京津冀地区、长江三角洲地区和粤港澳大湾区三大城市群的数据发现，城市群在促进城镇化与产业转型升级互动的过程中发挥了核心主导作用。

第三，系统归纳了国际上主要发达国家和发展中国家城市化与产业结构变迁互动的经验。发达国家的城市化经验表明，一国城市化要走一条适合本国国情的道路，城市化的发展需要政府的宏观规划与政策支持，而交通和其他基础设施建设是城市化发展的重要基础和动力。主要发展中国家的城市化经验表明，实行向工业过度倾斜的产业政策、忽视农业和农村发展的城市化质量不高，过度发展服务业存在较大的城市发展隐患。国际经验也表明，城市化率不是一国经济发展水平的直接标志，经济发展相对落后的国家也可能有超前性的城市化率。

第四，在相关理论分析的基础上，通过构建面板数据联立方程模型实证检验了新型城镇化与产业转型升级的互动关系，并对这种互动关系进行了区域和时期差异探讨。研究结果表明：①新型城镇化与产业转型升级之间存在双向联动关系，且产业转型升级对新型城镇化的影响程度大于新型城镇化对产业转型升级的作用程度；②劳动力转移和集聚是新型城镇化作用于产业转型升级的渠道，产业转移和集聚是产业转型升级作用于新型城镇化的渠道，两条作用路径形成循环互动的系统回路；③分区域估计发现中部地区新型城镇化与产业转型升级之间的双向联动效应显著，而东部和西部地区新型城镇化对产业转型升级的影响不显著；④以 2013 年为节点分阶段检验表明，新型城镇化对产业转型升级的支撑作用和产业转型升级对新型城镇化的推动作用在 2013 年后均有减弱趋势（弹性系数均减小）。总体来看，中国产业转型升级对新型城镇化的推动作用显著大于新型城镇化对产业转型升级的促进作用，因此两者的积极互动作用还有待提升。

第五，在新发展格局背景下，人力资本投资是获得新人口红利或"人才红利"的有效途径，于个人而言是提升收入和创造力的来源，于企业和产业而言是转向创新驱动的有力支撑，因而人力资本投资是实现新型城镇化与产业转型升级良性互动的驱动力量和重要机制。为此，第六章和第七章分别研究了人力资本投资对人口城镇化（农业转移人口市民化能力和相对收入提升）和产业转型升级的推动作用。第六章在初步分析农业转移人口人力资本存量和收入状况的基础上，构建了人力资本投资影响农业转移人口相对收入的理论框架，利用微观调查数据检验了人力资本投资对农业转移人口相对收入提升的作用，实证结果表明，除了受教育程度和工作经验具有倒"U"形作用外，提高人力资本投资能显著促进农业转移人口相对收入提升，并缩小其与城市户籍居民的收入差距。第七章研究了人力资本结构高级化推动产业转型升级的作用，理论机制分析和实证检验结果表明，这种推动作用除表现为要素结构转换的直接影响外，还主要通过促进研发投入、推动城镇化和促进消费升级等中间效应实现，且城镇化渠道发挥着最重要的作用。

第六，产业集聚作为新型城镇化与产业转型升级良性互动的重要机制，其本身也是产业转型升级的重要表现形式。第八章和第九章分别研究了产业集聚模式选择和城市人口规模的关系、生产性服务业集聚对城市经济效率的影响。第八章探讨了城市人口规模约束下城市最优产业集聚模式的选择问题。以城市人口规模为门槛变量，分别构建专业化集聚和多样化集聚影响城市经济增长的非线性动态面板门槛模型，研究发现专业化集聚和多样化集聚在人口规模的约束下对城市经济增长的影响均存在显著的门槛效应。因此，不同等级的城市应充分考虑自身人口规模的约束作用，推行与自身条件适宜的工业化战略和产业集聚模式，才有利于城市和产业的协同发展。第九章揭示了大力发展生产性服务业是产业转型升级的方向，促进生产性服务业集聚既能有效地为城市转移人口就业提供支撑，又能有效地对接制造业或工业，是推动产业升级的有力抓手，并从产业层次和城市规模差异视角实证检验了生产性服务业集聚与城市经济效率间的非线性关系。

第七，技术创新是新型城镇化与产业转型升级良性互动的重要机制，产业转型升级和城市功能的提升在很大程度上取决于地区技术创新能力及其生产要素的重组和有效的市场需求。信息技术革命催生下的数字技术发展深刻地影响了产业的发展，因此第十章探讨了城市数字经济发展对产业转型升级的影响。数字经济时代数字技术通过赋能传统产业和催生新兴产业发展，重塑产业结构，推动产业向服务化、智能化和绿色化转型升级。理论分析和实证检验表明，数字经济的发展能够促进地区产业服务化、智能化和绿色化升级。但这一影响因不同地区、不同规模的城市而存在差异，东、中部地区和特大城市数字经济的发展促进地区产业服务化、智能化、绿色化升级的效应最明显。

第八，从中央与地方政府两个层面提出了推进新型城镇化与产业转型升级良性互动的政策方案。中央政府当务之急是做好顶层设计，制订长远发展规划，如制订新一轮的新型城镇化规划，持续推进户籍制度改革，从而有效促进农业转移人口市民化；积极推动城市群建设，优化区域发展战略，为区域间产业转移和产业转型升级创造条件。地方政府应对接国家战略，做好地区新型城镇化发展规划，注重城镇发展质量，加大基础设施投入；深化对外开放，因地制宜培育主导产业，协同推进新型城镇化与产业转型升级。

与现有研究相比，本书尝试在以下方面做出创新性贡献：

第一，在理论框架方面，不同于现有的关于城镇化和工业化或产业结构关系的相对孤立、静止的研究,本书力争从较长的时间、较广的空间总结城镇化演进和产业结构变迁的规律。首先,本书基于对研究对象的全面、系统把握,总结了传统城镇化与新型城镇化的区别与联系,系统阐述了新型城镇化的由来、内涵和本质特征;同时将工业化、传统产业转型升级、产业价值链攀升、产业空间转移集聚均视为产业演进的不同阶段或表现形式,赋予了产业转型升级丰富的内涵,在此基础上阐释了新型城镇化与产业转型升级良性互动发展的必然性。其次,结合发展经济学理论、产业集聚理论等,剖析城镇化与产业转型升级良性互动的理论基础与作用机制,以劳动力流动集聚和产业转移集聚为主线,总结了人力资本积累、技术创新与技术扩散等机制发挥作用的两条主要路径:一是从城市的演进与转型来看,以人为核心的新型城镇化首要任务是促进农民工的市民化,市民化过程意味着人口集聚带来的要素增加、消费扩张和对公共服务需求的稳定增加,这不仅有效增加了非农产业劳动力供给,还能激励家庭和社会对人力资本和公共服务设施的投资,挖掘资源重新配置的潜力,为城市产业集聚提供人力资本与物质资本基础,促进产业转型升级。同时市民化和大城市的扩张也有利于推动都市圈产业升级和城市层级体系的形成。二是从产业的演进与转型升级来看,产业转移和集聚内生于区域间动态转化的比较优势与循环累积的经济因果链。在产业转移、集聚路径的驱动下,不同地区会选择符合本地区比较优势的主导产业,实现地区优势产业集群并推动特色城镇化的发展,最终实现产业转型升级与城镇发展的良性互动。因此,本书认为劳动力流动集聚形成的人力资本积累和产业转移集聚产生的集聚效应是促进城镇化与产业转型升级良性互动的关键性作用机制,并在后续章节就不同机制的作用进行独立分析。

第二,从时间与空间两个维度比较分析城镇化与产业结构演变的互动关系。从时间维度来看,系统梳理了新中国成立以来城镇化与产业结构演进的历程及发展经验,依据钱纳里"发展模型"推算中国城镇化率与工业化率协调状态,测度了2008~2017年农业转移人口市民化程度单项指标和综合指数,剖析影响城镇化的各种因素。从空间维度来看,揭示了不同规模城市产业结构指标与城市人口增长的关系,分析京津冀地区、长江三角洲地区和粤港澳大湾区三大城市群在促进新型城镇化与产业转型升级互动发展过程中的核心主导作用;系统归纳了国际上具有代表性的发达国家和发展中国家城市化与产业结构变迁互动的经验，并侧重比较了中国、印度、巴西、墨西哥等发展中国家不同的城市化路径及其产生的问题。

第三，结合上述理论分析和当前人口红利削减、经济进入新常态与全球经济发展不确定性增加等现实背景，指出了人力资本投资在推进新型城镇化与产业转型升级互动发展中的重要战略意义，并从两方面进行论证。一方面，人力资本投资的战略作用体现在促进农业转移人口市民化能力和相对收入提升，本书将人力资本投资分解为受教育程度、工作经验、技能培训、自评健康水平和体质指数五个指标，构建了人力资本投资影响农业转移人口相对收入的分析框架，论证了不同人力资本投资路径对农业转移人口相对收入的影响。另一方面，构建了人力资本结构高级化指数和产业转型升级综合指标，论证了人力资本结构高级化进程如何推动产业转型升级。

第四，揭示了产业空间集聚是促进新型城镇化与产业结构转型升级良性互动的重要机制和路径。现有研究对产业空间集聚产生的经济效应关注较多，但鲜有文献探讨不同规模城市最优产业集聚模式的选择问题。本书以城市人口规模为门槛变量，分别构建专业化集聚和多样化集聚影响城市经济增长的非线性动态面板门槛模型，验证了人口规模约束下两种产业集聚模式对城市经济增长均存在显著的门槛效应。同时，本书剖析了生产性服务业集聚不仅是推动产业升级的有力抓手，还能有效地为城市转移人口就业提供支撑，并论证了生产性服务业集聚与城市经济效率间的非线性关系。

第五，本书认为产业转型升级的方向主要体现在服务化、智能化、绿色化转型升级，三个转型方向均离不开技术创新的驱动，尤其是离不开数字技术的赋能。因而从城市数字经济发展的视角，构建产业服务化、智能化和绿色化升级三个维度的指标以及城市层面数字经济发展指数，实证检验代表技术创新的数字经济发展对产业转型升级多维度的影响。

总体而言，本书是对"城镇化和工业化关系"相关研究的进一步拓展和补充，为有效推动中国新型城镇化与产业转型升级良性互动提供了理论分析框架和实证支撑；为揭示人力资本投资在新型城镇化、产业转型升级乃至经济转型与高质量发展中的重要作用提供理论和经验证据；为城市群发展和不同规模城市如何选择适宜的产业集聚模式与产业发展战略提供了对策建议；为城市产业的转型升级指明了方向。

笔者写作本书的最初思路源于自己主持研究的 2014 年度国家社会科学基金一般项目，之后进行拓展研究并于 2020 年成功获得了国家社会科学基金一般项目"产业结构转型升级与稳就业协同推进的实现机制和支撑政策研究（20BJL141）"的资助。在两个项目研究的基础上，笔者经过四年多的进一步研究、拓展和提升，形成了本书的框架和主体内容。本书得以成稿，也得到了教育部哲学社会科学研究重大课题攻关项目"发达国家'再工业化'对中国制造转型升级的影响及对策研究（17JZD022）"和湖南省"学术湖南"精品培育项目"双循环新发展格局下的中国制造转型升级研究（21ZDAJ006）"等项目的资助。在即将付梓出版之际，笔者衷心感谢湖南师范大学商学院、湖南师范大学大国经济研究中心和中国社会科学院魏后凯教授师门团队提供的良好研究与交流平台；衷心感谢为本书的研究提供帮助和支持的领导、师友、同人和学生们！

本书得以完成，要特别感谢长沙理工大学刘建江教授直接参与了本书部分内容的撰写与修改；特别感谢中国社会科学院农村发展研究所魏后凯教授对本书稿的直接指导；特别感谢湖南师范大学大国经济研究中心欧阳峣教授的指导与大力支持；感谢湖南师范大学商学院刘子兰教授、刘怀德教授、王善平教授、李军教授、曹虹剑教授等的指导与支持；感谢南京审计大学经济学院韩峰教授和长沙理工大学经济与管理学院阳立高教授提供的帮助；感谢经济管理出版社杨雪等多位编辑的辛勤工作！同时要感谢笔者学生团队的参与和帮助，他们是湖南师范大学商学院在读博士生李恒辉、金京，中山大学粤港澳发展研究院博士生信超辉，湖南师范大学商学院已毕业硕士生陈晓佳、吴佳佳、袁琛、唐石迅、周磊、龙瑞、李琪和在读硕士生黄涛、邓水银、吕书杰等。

本成果的研究和本书的撰写前后历时五年多，历经多次修改和完善，多个章节几易其稿，但由于时间和水平的限制，不足之处在所难免，希望各位同人提出宝贵意见，以进一步深化该领域的研究。

袁冬梅

2022 年 8 月 20 日于长沙

目录 CONTENTS

第一章　导论/001

第一节　研究背景和研究意义/003

一、研究背景/003

二、研究意义/006

第二节　文献综述/008

一、国外文献梳理/009

二、国内文献梳理/011

三、文献述评/015

第三节　研究方法与研究思路/016

一、研究方法/016

二、研究思路与框架结构/018

第四节　研究贡献/021

第二章　城镇化与产业结构变迁互动的理论分析/025

第一节　城镇化与新型城镇化释义/027

一、新型城镇化的由来及内涵/027

二、传统城镇化与新型城镇化的比较/032

第二节 产业转型升级的内涵与理论演进/034

　　一、产业转型升级的内涵诠释/034

　　二、产业结构变迁与升级的理论演进/037

第三节 城镇化与产业转型升级互动的理论基础/041

　　一、二元经济结构理论对工业化与城镇化关系的
　　　　解释/041

　　二、乡—城劳动力迁移模型对产业演进与劳动力转移的
　　　　解释/043

　　三、区域非均衡发展理论对产业转移与劳动力流动的
　　　　解释/045

第四节 新型城镇化与产业转型升级互动的途径/049

　　一、两者互为发展的基础与动力/049

　　二、两者互动发展的机制和路径/050

　　三、两者互动发展的其他影响因素/057

第五节 本章小结/058

第三章　中国城镇化与产业结构变迁互动的经验事实/061

第一节 中国城镇化与产业结构变迁互动的历程/063

　　一、计划经济体制时期城镇化与产业结构演进/063

　　二、改革开放以来城镇化与产业结构演进/066

第二节 中国城镇化相对滞后的经验事实/074

　　一、城镇化相对滞后于产业结构演进及就业变化/075

　　二、人口城镇化滞后的制约因素与市民化进程估算/079

　　三、城镇化相对滞后的主要影响因素/086

第三节 城市群发展与产业结构演进的关系/089

　　一、城市群与产业结构演进互动的机理/089

　　二、三大城市群产业结构演进的经验事实/092

第四节　本章小结/099

第四章　主要国家城市化与产业结构变迁互动的经验/101

第一节　英国城市化与产业结构变迁互动的经验/103
　　一、英国城市化演进过程/103
　　二、英国城市化与产业演进互动的经验/105

第二节　美国城市化与产业结构变迁互动的经验/109
　　一、美国城市化演进过程/109
　　二、美国工业化与城市化互动发展的经验/111

第三节　日本城市化与产业结构变迁互动的经验/113
　　一、日本城市化演进过程/114
　　二、日本工业化与城市化协同推进的经验/116

第四节　代表性发展中国家城市化与产业结构变迁
　　　　互动的经验/119
　　一、印度城市化与产业结构变迁互动的经验教训/119
　　二、巴西城市化与产业结构变迁互动的经验教训/122
　　三、墨西哥城市化与产业结构变迁互动的经验教训/127
　　四、主要发展中国家产业结构与城市化水平的比较/132

第五节　主要国家城市化发展的共性经验及启示/134
　　一、主要发达国家城市化发展的典型经验/134
　　二、主要发展中国家城市化发展的经验教训/137
　　三、主要国家城市化发展对中国的启示/138

第六节　本章小结/141

第五章　中国城镇化与产业结构演进关系的实证分析/143

第一节　城镇化进程中产业结构优化程度考察/145

一、产业结构优化程度与城镇化率的关系/145

二、产业结构优化程度与城市人口规模的关系/147

第二节 城镇化滞后与产业结构演进关系的检验/150

一、模型设定/150

二、变量说明与数据来源/151

三、计量检验与结果分析/152

四、内生性问题与 GMM 估计/153

五、主要结论和政策启示/158

第三节 新型城镇化与产业转型升级互动关系的检验/159

一、模型设定、变量选取与数据说明/159

二、面板联立方程实证检验/168

三、主要结论和政策启示/176

第六章 人力资本投资与农业转移人口收入提升/181

第一节 问题提出与文献综述/183

第二节 理论分析与假设提出/187

一、人力资本的内涵/187

二、人力资本投资影响农业转移人口收入的途径/189

第三节 模型构建和变量设定/193

一、模型的构建/193

二、主要变量的估算方法/193

三、数据来源与描述性分析/195

第四节 实证检验和结果分析/196

一、基准回归/196

二、稳健性检验/198

三、中介效应检验/201

四、进一步分析/203

第五节 研究结论与政策建议/205

　　一、主要结论/205

　　二、政策建议/206

第七章 **人力资本结构高级化与产业转型升级**/209

第一节 问题提出与文献综述/211

第二节 理论分析与待检验假设/213

第三节 模型构建和变量设定/217

　　一、模型构建/217

　　二、变量选取与估算方法/217

　　三、数据来源与描述性分析/218

第四节 实证检验和结果分析/219

　　一、全国样本的估计结果及分析/219

　　二、稳健性检验/220

　　三、机制检验/222

　　四、进一步分析/225

第五节 主要结论与政策启示/227

第八章 **产业集聚模式选择与城市人口规模**/229

第一节 问题提出与文献综述/231

第二节 理论分析与待检验假设/234

第三节 城市人口规模约束下产业集聚模式的经济
　　　　增长效应检验/237

　　一、模型设定/237

　　二、变量测算与数据说明/238

　　三、实证结果及分析/240

　　四、稳健性检验/245

第四节　主要结论与政策建议/247

第九章　生产性服务业集聚与城市经济效率/249

第一节　问题提出与文献综述/251

第二节　机理分析和假设提出/254

　　一、生产性服务业集聚影响城市经济效率的机理/254

　　二、生产性服务业集聚影响城市经济效率的异质性/255

第三节　模型构建和变量设定/257

　　一、模型构建/257

　　二、样本与数据/257

　　三、变量设定与描述性统计/258

第四节　实证结果及分析/260

　　一、基准回归分析/260

　　二、基于产业层次差异讨论/262

　　三、基于城市规模差异讨论/263

　　四、稳健性检验/267

　　五、进一步分析/268

第五节　主要结论与政策建议/271

第十章　城市数字经济发展与产业转型升级/273

第一节　问题提出与文献综述/275

第二节　机理分析与假设提出/278

第三节　模型构建与变量选取/280

第四节　基本回归分析/283

第五节　稳健性检验/284

　　一、内生性检验/284

二、替换核心解释变量/286

第六节　异质性分析/287

一、地区异质性/287

二、城市规模异质性/288

三、政府干预异质性/289

第七节　主要结论与政策建议/291

第十一章　新型城镇化与产业转型升级良性互动的政策方案/293

第一节　国家层面的战略措施/295

一、做好顶层设计，制定长期发展规划并落实规划/295

二、建立农业转移人口市民化的长效机制/296

三、优化区域发展战略，发挥城市群的引领作用/298

第二节　地方层面的政策措施/300

一、加快推进新型城市建设和基础设施建设/300

二、因地制宜培育主导产业，选择适宜的产业集聚模式/301

三、深化对外开放，推进产业转型升级/302

第十二章　结论与研究展望/305

第一节　主要观点与结论/307

第二节　不足之处与研究展望/313

参考文献/315

导　论

研究背景和研究意义

一、研究背景

城市是人口与产业协同集聚的结果。早在 18 世纪 60 年代，西方国家兴起工业革命，吸引大量农业劳动力转移进城，成为推动资本主义国家城市化进程的根本动力。因而，城市化（Urbanization）或城镇化①被认为是伴随工业化发展，非农产业在城镇聚集、农村人口向城镇集中的自然历史过程，是人类社会发展的客观趋势。发达国家和发展中国家的发展历程均表明，一国工业化与城市化的依存关系和互动状态决定了国家的现代化程度。英国是世界上最早开启城市化进程的国家，在工业革命的驱动下，英国的城市化率由 18 世纪初的 2% 提升到了 1901 年的 77%，此后其城市化率一直稳定在 80% 左右的水平，在 200 多年的时间里城市化与工业化保持了良性发展的状态，有力地推动了英国的现代化进程。美国、日本、西欧等主要发达国家或地区也经历了城市化与工业化相互促进的发展过程。

与西方国家的经历不同，中国并未经历一段纯粹意义的工业革命时期，作为后进国家，改革开放 40 多年来中国不仅要完成工业化和利用信息技术发展现代工业，也需要积极推动现代农业和现代服务业的发展，以实现产业结构的优化升级。产业结构转型升级的过程也是中国推动城镇化的过程。过去 40 多年，中国完成了人类历史上规模最大、速度最快的城镇化

---

① 中国城市与区域规划学界和地理学界于 1982 年在南京召开的"中国城镇化道路问题学术讨论会"上明确指出"城市化"与"城镇化"为同义词，20 世纪 90 年代后期，中国政府正式文件中一般使用"城镇化"而不使用"城市化"，可以说"城镇化"是具有中国特色的"城市化"。城市化水平又叫城市化率或城镇化率，是衡量城市化发展程度的数量指标，一般用一定地域内城市人口占总人口的比例来表示。

建设。城镇化取得的历史性成就是中国探索中国特色的新型城镇化道路的结果，也是积极推动工业化和产业结构转型升级的结果。

中国政府和学界对城镇化与工业化相互依存关系的认识，以及对人口、产业与城市融合互动关系的认识是在实践中不断总结和深化的。城镇化建设取得了辉煌成绩，但探索中国特色的新型城镇化道路并非一帆风顺。新中国成立后到改革开放初期较长一段时期，中国为摆脱西方封锁及建立较完备工业体系的需要，政府推行了优先发展工业（主要为重工业）的发展战略，大力干预城镇化过程，工业化没有成为吸纳农业剩余劳动力的有效途径（吴敬琏，2005；刘世锦，2005）。改革开放以来，随着城乡关系的调整，工业化进程加速，城镇化则经历了一个起点低、速度快的发展过程。农村改革后农业部门劳动生产率提高形成的"推力"和城市工业部门扩张形成的"拉力"合力促使农村剩余劳动力向工业部门转移（Lewis，1954；Fei and Ranis，1964；Harris and Todaro，1970；Michaels et al.，2012）。同时，由于改革开放驱动的外向型经济飞速发展，中国逐渐进入全面工业化时期，外需拉动下的工业化成为城镇化的主要推动力。据国家统计局公布的年度数据计算，1978～2021年，全国常住人口城镇化率从17.92%提升到64.72%，年均提高1.06个百分点，另据第七次全国人口普查公报，居住在城镇的人口达到约9.02亿人。城镇化在深化改革、扩大开放、实现跨世纪奋斗目标进程中的战略地位日益突出。

改革开放以来，在经济高速增长和工业化的推动下，中国城镇化经历了快速发展的过程，但城镇化与工业化并未真正实现良性互动发展。特别是改革开放的前30余年，中国经济具有典型的粗放型增长特征，在此背景下城镇化走上了追求速度、忽视质量的发展之路，并催生了房地产的过度繁荣和相关制造业产能过剩，此时的城镇化迫切需要由速度型向质量型转变（段巍等，2020）。因此，探索中国特色新型城镇化道路成为迫切需要。党的十八大报告强调坚持走中国特色新型工业化、信息化、城镇化、农业现代化道路，推动信息化和工业化深度融合、工业化和城镇化良性互动、城镇化和农业现代化相互协调，促进工业化、信息化、城镇化、农业现代化同步发展。这不仅为中国城镇化模式的转型指明了方向，也全面地归纳了城镇化与工业化、信息化及农业现代化的关系。

2013年以来，中国经济进入了"稳增长、调结构"的新常态阶段，整体经济正在经历深刻的结构调整和再平衡，这一过程仍将持续很久。而经济转型最主要的内容包括产业结构的转型升级和城镇化模式的转型。因此，实践中迫切需要真正践行以城镇化促进产业结构转型升级、以产业结构转型升级带动城镇化模式的转型。2013年12月中央城镇化工作会议召开，会议公报强调了推进城镇化是扩大内需和促进产业升级的重要抓手。为了对新型城镇化战略的实施进行顶层设计和全面部署，2014年3月，《国家新型城镇化规划（2014—2020年）》发布，明确且具体地提出强化城市产业就业支撑、优化城市产业布局和结构的相关方案，城镇化建设由此进入以提升质量为主的转型发展新阶段。

尽管政府和学界均意识到践行以城镇化促进产业结构转型升级、以产业结构转型升级带动城镇化模式的转型是当前的迫切任务，推动新型城镇化和产业转型升级良性互动本质上也是一项系统工程和持久的战略任务，但从中国的发展实践来看，推进这项战略任务仍面临诸多挑战：①长期以来形成的工业优先发展战略、户籍管理制度等传统束缚需要较长时期调整优化，人口城镇化仍然相对滞后，常住人口城镇化率与户籍人口城镇化率仍然相差十几个百分点；②产业结构中传统制造业和服务业占比仍然较高，制造业产能过剩问题仍然较为突出；③房地产市场尚未稳定健康发展，金融领域的高杠杆高债务风险仍然突出。同时，中国不同区域工业化程度和城镇化水平具有显著的发展差异。发达地区部分省份已进入工业化后期，逐步迈入经济服务化阶段，而欠发达地区则仍然处于工业化初期或中期阶段，不同区域产业的梯度转移与动态演进成为常态，因而不同区域如何推动产业结构转型升级以促进新型城镇化，也是需要深入研究的问题。此外，从国际环境来看，经济全球化遭遇阻碍、中美经贸关系紧张、全球新冠肺炎疫情仍然严峻，外部环境的不确定性对推动中国新型城镇化和产业转型升级也提出挑战。

如何在应对国内外挑战的同时解决人口城镇化与产业转型升级"双滞后"问题，如何有效推动新型城镇化与产业转型升级良性互动，既需要深入理解城镇化与产业转型升级的内在关系，探讨两者实现良性互动的理论基础与现实条件，构建两者实现良性互动的理论分析框架，又需要从时间和空间两个不同维度对中国城镇化和产业结构演进的过程进行系统的总结与梳理，并基于现实约束条件提出有效的政策方案。本书致力于研究上述问题，并就如何处理好产业发展、就业吸纳和人口城镇化的关系提出如下观点：一是识别不同区域工业化程度的差异，以供给侧结构性改革推动信息化和工业化深度融合，以制造业的发展带动服务业的发展，使两者共同成为驱动新型城镇化的重要动力；二是加大对农业转移人口和低收入人群的人力资本投资，增强其就业稳定性和在不同产业间流动的能力，提高其融入城市、持续获取较高收入的能力；三是促进产业的空间转移集聚与转型升级，发挥产业结构调整和空间布局对资源配置、人口流动的引导作用；四是优化区域发展战略，促进城市群和中心城市的发展，尊重人口与要素集聚的规律，逐渐形成以城市群、都市圈为中心带动产业优化升级、新型城镇化与新型工业化协同推进的局面。

总体而言，本书力争在全面把握新型城镇化与产业结构转型升级两者的内涵和特征的基础上，运用演绎分析、历史经验分析与归纳分析、统计与计量分析等方法，深入研究自新中国成立以来中国城镇化与产业结构演进互动发展的历程及经验，归纳并剖析新型城镇化与产业转型升级良性互动的实现方式。

二、研究意义

本书从系统梳理中国城镇化与产业结构演变的互动关系出发，主要聚焦研究新型城镇化与产业转型升级的互动关系及实现机制。大批学者对工业化、产业结构演进和城镇化的关系进行了研究和探讨，并取得了相当多的研究成果。早期可以追溯到配第—克拉克定理、刘易斯的二元经济模型及库兹涅茨产业结构演变规律等，这些理论均揭示了劳动生产率上升、产业结构升级从而引致劳动力流动的规律。而增长极理论、循环累积因果理论及后来的核心—边缘模型也是研究城镇化和工业化关系的理论渊源。库兹涅茨（Kuznets，1971）、钱纳里和赛尔昆（1988）、Acemoglu 等（2005）等认为工业化的演进导致产业结构的转变与升级，结构转型的过程就是城镇化的过程。同时，城市具有聚集经济效应，城镇化可以极大地促进工业化进程与产业结构的升级（巴顿，1984；Davis and Henderson，2003；干春晖、余典范，2003，Bertinelli and Strobl，2007）。上述众多研究均证实了工业化和城镇化、城镇化和产业结构演进具有相互促进的关系。当前中国正处于结构转型与深化改革的关键时期，多数学者认为中国城镇化滞后于工业化，主要是人口城镇化滞后（辜胜阻，1991；李善同，2001；陆铭、陈钊，2004；简新华、黄锟，2010；陈斌开、林毅夫，2013；韩峰、阳立高，2020）。要解决人口城镇化滞后，需要推动产业转型升级以同时促进新型工业化与经济服务化。因此，鉴于区域工业化程度的显著差异和产业转型升级的迫切性，深入研究产业转型升级和新型城镇化的互动关系及实现机制，既是对现有研究在理论上的拓展和补充，又是中国结构转型与深化改革的内在需要与保障。

新型城镇化与产业转型升级两者本身具有内在的依存性。现阶段，中国推动新型城镇化是加快产业转型升级的重要抓手。城市本身是人口、要素与产业协同集聚的综合空间系统，在这个综合系统里，人口的集聚为各产业发展带来了丰富的劳动力供给和知识、技术的传播扩散，增加了人们对各种产品和服务的需求，为产业转型升级提供了动力。具体来说，一方面在供给侧，城镇化是新兴产业发展、传统产业转移的空间载体和发展平台，有利于促进创新要素集聚和知识、技术的传播扩散，有利于增强创新活力，驱动传统产业升级和新兴产业发展，并产生各类就业岗位，激发多个劳动力市场的活力，提高资源配置效率；另一方面在需求侧，城镇化的本质是促进农业转移人口的市民化，使更多农民通过转移就业提高收入，通过转换为市民身份享受更好的公共服务，从而使城镇消费群体不断扩大、消费结构不断升级、消费潜力不断释放，也会带来城市基础设施、公共服务设施和住宅建设等巨大的投资需求，这将为产业结构优化升级和经济高质量发展提供持续的动力。城镇化带来的人口集聚与产业集聚协同效应，能更好地利用大国的综合优势，包括要素禀赋的比较优势、超大规模市场优势等，促进创新，驱动中国经济从产业规模上的"大雁"变成价值链条上的"头雁"（欧阳峣，2020），实现经济的高质量增长。

产业的转型与升级是推进新型城镇化的物质基础与保障，是转变经济发展方式的战略任务，而加快发展服务业是产业结构优化升级的主攻方向。城镇化过程中实现农业转移人口的真正市民化，需要足够的产业平台来容纳就业。国家统计局的数据显示，2021年中国总人口达到14.12亿，城镇化率每提高1个百分点，涉及转移人口达1400万。随着中国城镇化率的进一步提高，没有产业的转型升级来提升经济发展水平，没有足够的以工业化为基础的实体经济支撑，城镇化的发展将不可持续。城镇化需要的不仅仅是工业化，还包括经济服务化。这意味着城镇化在迅速推进的同时释放出的巨大发展潜能和空间，需要产业转型升级的协同推进，方能更好地发挥消化过剩产能、优化就业结构、促进经济高质量发展的功效。

当前中国经济已由高速增长阶段转向高质量发展阶段，正处在转变发展方式、优化经济结构、转换增长动力的攻关期，充分抓住以信息技术为代表的科技革命发展机遇，化解国内外矛盾和各种不确定性，积极地推动产业转型升级以促进新型工业化和经济服务化，提升城镇化发展质量，从而更好地发挥产业转型升级与新型城镇化的良性互动作用。这是建设现代化经济体系和全面小康社会的迫切要求，是构建以国内大循环为主体、国内国际双循环相互促进的新发展格局的需要，是增强产业国际竞争优势和促进中国经济高质量发展的重要保障。因此，从理论层面深入揭示产业转型升级和新型城镇化良性互动的机理，从实践层面深入总结中国工业化与城镇化发展的历程和经验，剖析城镇化与产业转型升级未实现良性互动的原因，结合国内外的有益经验和启示，提出具有针对性的政策方案，是当前需要深入研究的重大课题。

第二节
文献综述

长期以来城镇化被认为是伴随工业化发展，非农产业在城镇聚集、农村人口向城镇集中的自然历史过程。自城市诞生以来，城镇化与工业化相辅相成、互促互进的关系得到学者们的充分关注与研究。随着工业化的发展和产业结构的演进，更多的研究关注产业结构演变与城镇化的关系。梳理国内外相关文献，有关工业化、产业结构演进与城镇化关系的研究成果大致有三条思路：一是强调工业化与产业结构变化对城镇化的推动作用；二是突出城镇化对工业化进程和产业升级的促进作用；三是论证了两者的互促共进关系，但也有文献认为这种关系不存在。下面对国外和国内相关文献分别进行归纳与综述。

一、国外文献梳理

（一）工业化与产业结构变化对城市化的推动作用

学者们对产业和城市化关系的研究最早是从研究工业化和城市化的关系展开的，根据较多国家和地区的发展经验，众多学者论证了工业化对城市化的拉动作用。Weber 和 Friedrich（1929）通过研究 19 世纪欧洲的城市化发现，工业化促进空间上的劳动力分工，进而推动城市化。刘易斯（Lewis，1954）基于二元经济结构模型，强调了集中精力发展城市工业可实现农村剩余劳动力的产业间转移以及工业化与城市化的同步发展。库兹涅茨[①]、钱纳里和赛尔昆（1988）等通过研究各国经济结构的变化规律，发现随着各国经济增长或人均收入水平的上升，工业化逐步提升且推动了产业结构的变迁，带动劳动力、资本向城市转移和集聚，由此带动城镇的发展，工业化进程与相应的城市化进程相伴而生。新经济地理学的发展将工业化引入区域经济学中，工业集聚带来了本地市场效应，从而推动人口流动和城市化发展（Krugman，1980；Fujita and Thisse，2002）。

另一些学者基于产业结构变迁的规律，认为在不同的发展阶段中，工业化与城市化具有不同的互动规律，产业结构调整与优化是城市化迅速推进的支撑和关键（Duranton and Puga，2001）。Guest（2012）、Hofmann 和 Wan（2013）的研究也认为产业结构变迁，特别是工业化发展，对城市化的发展具有重要的拉动作用。Hofmann 和 Wan（2013）对中国与印度等国家城市化决定因素的研究发现，随着社会经济发展水平的提升，工业化水平不断上升，并通过引导产业结构转型升级与产业结构高级化拉动城市化水平进一步提升，而且城市化与 GDP 增长之间也存在因果互动关系。

产业结构的变迁最终表现为产业升级和劳动生产率的提升，一些学者试图从产业升级所带来的劳动力转移来解释产业升级对城市化的作用，并认为世界上绝大多数的经济体经历的城市化均是来自农业生产率增长而形

① 西蒙·库兹涅茨. 各国的经济增长［M］. 常勋，等译. 北京：商务印书馆，1999.

成的推力或工业生产率提高而形成的拉力共同作用的结果。劳动力"推动论"认为发达国家结构变化源于农业生产率的提高满足了人们的食品需求问题，为现代部门解放了劳动力（Schultz，1961；Matsuyama，1992；Caselli and Coleman Ⅱ，2001；Gollin et al.，2002；Nunn and Qian，2011；Michaels et al.，2012）；劳动力"拉动论"认为非农部门生产率的提高吸引了剩余劳动力从农业部门转移到工业部门（Lewis，1954；Harris and Todaro，1970；Hansen and Prescott，2002；Lucas，2004；Alvarez-Cuadrado and Poschke，2011）。

（二）城市化对工业化进程和产业升级的促进作用

城市的形成和城市化进程会极大地促进工业化进程和产业升级，劳动力转移和聚集经济被认为是城市化作用于产业升级的重要桥梁。Glaeser（2011）认为城市化过程随着要素和资源的流动产生规模效应或集聚效应，使劳动力向第二、第三产业不断转移并由此促进制造业和服务业生产率的提高。城市化的发展促进了当地经济的增长、带动产业结构的升级调整，使第二、第三产业得到发展（Bertinelli and Strobl，2007）。巴顿（1984）、Davis 和 Henderson（2003）的研究也揭示了第二、第三产业相对高的工资收入会吸引农业部门劳动者向非农部门转移，而劳动力在部门之间的转移使企业和工人聚集到城市中，形成规模经济促进了城市化并进一步推动产业升级。Michaels 等（2012）研究发现现代城市化推动了技术创新，促进了新兴产业的集聚并推动了产业结构升级。

具体来说，城市作为一个集聚经济体能对产业转型升级产生极强的正外部性。其一，企业聚集于城市，通过生产要素投入的共用共享，分摊信息与物流成本，通过外部规模经济降低生产成本，提升生产效率（Rosenthal and Strange，2001）；其二，企业在城市聚集，劳动力与企业之间能快速有效匹配，形成风险共担机制和供需匹配机制，不仅可以降低市场经营不确定性带来的工资成本负担（Diamond and Simon，1990；Krugman，1991），还可以通过汇集各类人才达到降低厂商和工人之间的寻找成本（Helsley and Strange，1990）；其三，城市中生产要素的集聚促进了知识快速且有效的扩散，有助于劳动生产率和人力资本水平的共同提升（Audretsch and Feldman，2004），城市化的人力资本累积效应有利于创新和产业升级（Bertinelli and Black，2004）。另外，城市化也促进了服务业的发展，有利于服务业集聚和城市整体功能的提升（Su and Li，2011）。

（三）工业化、产业集聚与城市化之间不存在互促共进的关系

一些学者认为，部分国家虽有较高的城市化水平，但工业化滞后，制造业没有得到发展，城市化并非由工业化带动（Hoselitz，1955；Bairoch，1988）。Nijkamp 和 Mills（1987）认为这其中的原因在于工业化与城市化均是在外部因素作用下演进的，并非产生内生的互动关系。Gollin 等（2016）研究了 2010 年 116 个国家的城市化与工业化水平，发现多数实现了高度城市化的国家并没有很好的工业化基础，如墨西哥；一些国家制造业与服务业占 GDP 比重较低，城市化与工业化甚至呈现反向关系；一些国家因为拥有丰富的自然资源和较好的对外贸易基础，城市化也能得到很好的发展，如新加坡、希腊等。

一些学者认为虽然产业集聚有利于产业和城市的互动，但是过度集聚却往往产生负面效益（Duranton and Puga，2001）。城市要素与资源过度集聚会导致资源浪费或资源错配，影响生产效率与经济发展，在要素投入边际递减规律的作用下，资源过度集中于中心大城市，不利于整体经济达到帕累托最优（Tolley et al.，1979；Fujita，1989；Henderson and Becker，2000）。Siebert（1997）认为劳动力迁入中心城市或中心区域在强化区域集聚效应的同时，会扩大中心区域与周边区域的发展差距，若中心区域的工业没有足够的劳动力容纳能力，将造成城市供给短缺、公共产品短缺，制约居民生活水平的提升，反过来会阻碍城市化的推进。

二、国内文献梳理

（一）产业结构转型升级、产业转移集聚对城镇化的推动作用

一些学者从归纳产业发展阶段入手分析工业化与城镇化、产业结构演进与城镇化的关系，论证产业发展对城镇化的作用。在影响城镇化发展的诸多因素中，汪冬梅等（2003）、王曦和陈中飞（2015）的研究表明产业结构调整对城镇化的推进起关键作用。当工业化接近和进入中期阶段之后，中国以服务业为主体的第三产业发展对城市化进程的主导性作用越来越明显（李林杰、王金玲，2007；陈晨子、成长春，2012）。农业发展、工业化和第三产业崛起是中国城镇化从初级阶段向高级阶段演进的三大力

量，城镇化是伴随经济增长、产业结构升级而引发的生产要素由农村向城市的流动和聚集，既包括农村劳动力向城市的转移，还包括非农产业投资及其技术、生产能力向城市的积聚（贺建风、吴慧，2016）。王庆喜等（2017）分析了工业化通过"负向规律机制"和"正向反馈机制"的交织作用对城镇化的影响，当工业化水平达到较高阶段后其对城镇化的正向推动作用更大。吴穹等（2018）的研究表明产业结构合理化与高级化显著促进了新型城镇化。在他看来，产业结构合理化对新型城镇化的促进作用体现为微观就业需求、中观分工深化、宏观投资三个传导渠道；而产业结构高级化从微观就业与环保、中观分工与生活提质、宏观消费与净出口三个方面共同提高了新型城镇化率。

一些学者将产业升级视为推动城镇化的内源动力（熊湘辉、徐璋勇，2018），或者认为产业是城镇经济发展的载体，在推动城镇化发展的进程中起到了至关重要的作用（徐乐怡等，2018）。陈健和蒋敏（2012）发现生产性服务业和制造业具有规模关联效应，显著促进了中国城市化。张晓杰（2013）认为，城镇化"质"的提升主要表现为农业转移人口的真正市民化，这一目标的实现要借助产业结构转型创造出大量服务业以满足日益增长的就业需求。穆怀中和吴鹏（2016）的研究发现，在政府一系列城镇偏向性政策的指导下，先有产业结构调整，随后带动城镇化水平的提高。

一些学者从产业转移和产业集聚的视角研究其对城镇化的作用。有学者认为产业转移所引发的产业转型升级会带动产业和人口的高度集聚，促进区域集聚发展，从而促进了城镇化的发展（陈甬军、陈爱贞，2007）。殷江滨和李郇（2012）肯定了产业转移、工业化对人口城镇化的推动作用。杨仁发和李娜娜（2016）认为产业集聚是城镇化形成和发展的基础，人口的集聚是城镇化的内在动力，人力资本体现了产业集聚促进城镇化发展的实质。韩峰等（2014）、韩峰和李玉双（2019）认为生产性服务业专业化和多样化集聚对城市化具有显著的技术溢出效应，并带动城市人口规模扩张和城市化进程。

（二）城镇化对产业转型升级的推动作用

一些学者从城镇化的视角来研究其对产业转移、产业集聚和产业结构转型升级的作用。吴福象和沈浩平（2013）的研究表明城市群所体现出的要素空间集聚的外部性和研发创新效率是产业结构转型升级的重要驱动因素。蓝庆新和陈超凡（2013）认为，新型城镇化能助推农业高附加值的提升，带动农业现代化，并对工业化、产业发展高级化具有带动作用。万解秋和刘亮（2013）指出，中国城镇化加快了农业人口向非农化发展，促进了制造业、服务业生产效率的提升，推动了产业结构调整升级与经济转型。新型城镇化在促进农业现代化、工业转型升级、高技术制造业和服务业发展的同时，还将促进一些重点产业和新兴产业的发展，使生产要素流向效益更好、收入更高的部门，促进经济以及产业的高效发展，并通过产业结构调整为城镇化提供支撑（裴长洪、于燕，2014）。

一些学者研究了城镇化对产业转型升级的影响机制。周世军（2012）认为这种机制表现为城镇化过程所形成的聚集经济，引致工业集聚，而城镇化的发展又会逐步增加企业运营成本，从而推动产业转型和产业结构高级化。孙叶飞等（2016）测算了新型城镇化水平和产业结构变迁指数，认为新型城镇化通过"选择效应"优化产业结构，并提升了企业生产率。姚星等（2017）的研究表明，劳动力由农村向城市转移的过程中，农业转移人口调整了收入结构并降低了收入的不确定性，从而可以促进居民消费水平和消费结构的提升，从需求侧引致产业升级。郭晨和张卫东（2018）的研究表明，新型城镇化建设主要通过公共基础设施投入、城镇居民生活公共环境改善等方式增加劳动力就业岗位、拉大城镇消费需求、刺激区域经济活力，由此可实现区域经济发展质量提升，而且完善的公共设施水平也降低了交易费用，提高劳动生产率。新型城镇化作为企业技术创新的重要载体和依托，也有利于要素资源配置效率的提高（于斌斌、陈露，2019）。魏后凯（2014）、魏后凯等（2020）均强调了城镇化对产业转型升级的作用，一方面，城市是优质要素资源的集聚地，有技术外部性，可通过降低信息交流成本、强化学习效应来促进企业研发效率；另一方面，城镇化进程加速了产业的分工与重组，提高了企业在生产过程中的技术复杂水平和创新能力，进而为产业升级提供了强大动力。

（三）城镇化与工业化、产业结构演变的互动关系

一些学者研究认为城镇化和工业化是相互促进、协同发展的过程。工业化离不开农业现代化，曾福生和高鸣（2013）认为农业现代化是工业化的基础，工业化加速了城镇化，而城镇化为农业与工业的和谐发展提供了

保障。郭进和徐盈之（2016）采用非参数估计方法测算得出，2005～2012年中国各省份工业化促进城镇化和城镇化带动工业化均呈现不断上升的趋势，但城镇化带动工业化提升速度小于工业化促进城镇化的提升速度。李天籽等（2018）肯定了城镇化对劳动力聚集、劳动生产率提升和消费需求扩大的作用，并由此带动了工业化，而且城镇化过程中基础设施建设水平的提升也对工业部门的繁荣产生刺激作用，工业化则通过增加就业机会、促进劳动力非农化、扩大居民可支配收入等途径推动城镇化。

更多的学者从理论与实证角度研究了城镇化与产业结构演变的互动关系。干春晖和余典范（2003）系统分析了产业结构的升级与城市化水平提升的互动关系，而且认为城市化会影响产业结构的演变。张艳明等（2009）认为是产业结构升级带动了就业结构的升级从而推动城镇化的发展，而城镇化的演进又引致劳动力在三次产业之间进行结构间转移，从而推动了产业结构的调整。刘名远和李桢（2013）、沈正平（2013）、孙叶飞等（2016）强调产业结构调整和优化有利于推动城镇化规模和质量的提高，同时又拉动产业结构调整升级并促进产业合理布局，并由此加速产业集聚和城镇化的发展。而劳动力转移、产业与要素的聚集则是产业升级与城镇化互促互动的实现机制（徐维祥等，2005；殷江滨、李郇，2012；杨仁发、李娜娜，2016）。随着产业结构升级，服务业集聚是城镇化的动力源，能提升城镇化质量（张勇等，2013）。王垚等（2017）研究发现，城市最优规模水平随着产业结构的不同而变化，由于服务业对就业的吸纳能力高于工业，服务业占据主导地位的城市能吸纳更多的人口并达到更高的最优规模水平。

一些学者则从"产城融合"的视角揭示了城镇化与产业发展的互动关系。"产城"之间能够协同推进的机理表现为以"人"为中心的要素市场和以产品及服务为中心的商品市场内在地产生相互需求。一方面，产业的繁荣创造更多的就业岗位，促使城市功能供给不断完善和增加，吸引更多的人进城；另一方面，城市功能的提升又将吸引更多的"人"服务于"产"，推动产业的协同发展与转型升级，因此通过产品及要素市场的价格调节和因果循环机制可实现"产城融合"（谢呈阳等，2016）。丛海彬等（2017b）也肯定了"产城融合"进程中的互动机制。他们的研究还表明中国现阶段产城融合呈现区域非均衡发展，东部地区产城融合度较高，但达到有效融合状态的城市极少。

（四）城镇化与工业化、产业结构演变不协调

部分学者对中国产业转型升级和城镇化不协调发展的现象进行了研究。不少学者认为中国较长时期的重工业优先发展战略和户籍制度的限制，形成了一种排斥劳动的增长方式（胡鞍钢，1998；吴敬琏，2005；刘世锦，2005），表现为产业结构快速资本深化，与要素禀赋结构变动相背离，阶段性产能过剩，能源紧张和环境恶化，直接导致更低的城市就业增长率与更慢的城市化进程（陈斌开、林毅夫，2013；陈斌开、陆铭，2016）。另有观点认为中国式城镇化的重要特征是城镇化与产业发展不对称（刘航、孙早，2014），城镇化水平和服务业发展水平存在双重滞后，根源在于整个经济体的"分工刚性"与长期停滞于低水平的分工结构（张松林等，2010）。而城镇化的滞后进一步扩大了城乡差距，第三产业发展滞后影响了就业结构的转化。程莉和周宗社（2014）认为，第三产业与城镇化的互动关系在不断强化，但当前三次产业的结构偏差是影响滞后城市化的主要因素，故产业转型升级具有紧迫性。关兴良等（2016）的研究认为人口分布与产业、就业岗位分布的不协调以及人口、经济分布与资源环境承载能力的不协调造成了中国城镇化的滞后。一些学者以开放的视野来研究此问题，认为中国城市化率滞后于工业化率的程度与净出口比例显著正相关（倪鹏飞等，2014）。

三、文献述评

现有文献多集中于分析工业化与城镇化互动的机理，也尝试剖析工业化、产业升级与城市化之间的内在关系，这为本书的研究提供了坚实的基础。

现有研究充分归纳了中国工业化道路的特色。工业长期以来是国民经济发展的支柱，新中国成立以来，实施的是优先发展重工业的战略，产业结构严重失衡，城镇化发展相对滞后。进入21世纪后，中国加快推动新型工业化和信息化进程，产业结构调整与升级已不再体现为工业占GDP比重的提升，仅研究工业化与城镇化的协调发展不利于中国在新一轮国际分工中获得战略优势，不利于为新型城镇化提供理论指导与决策参考。

现有关注工业化与城市化关系的研究，大多偏重于从工业或服务业发

展本身讨论其对城市化的影响，较少基于三次产业结构的整体演进状态及发展规律来分析其与城市化的关系，也较少从时间维度与空间维度研究中国产业演进与城市化的关系，并由此研究中国长期以来城市化相对滞后的事实与原因。由于中国区域工业化程度存在显著差异，要解决人口城镇化滞后需要推动产业转型升级以同时促进新型工业化与经济服务化。

党的十八大以来，有关新型城镇化的研究涌现，多集中于讨论新型城镇化的意义、作用、实施路径等。多数文献理论上支持城镇化与工业化及产业结构变化相互促进的关系，但基于中国特色新型城镇化内涵的要求和主要国家城市化发展的经验，探讨城镇化良性发展所需要的系统性条件及其与产业结构转型升级互动关系的研究较少；基于产业转型升级的智能化、服务化要求，探讨产业转型升级与城市效率提升及技术创新的研究也鲜有。而且，现有文献未将城镇化与产业转型升级互动过程视为多个机制作用的复杂系统，未深入研究产业转型升级和新型城镇化的互动的机理、路径及实现机制。

本书以现有研究为基础，基于发展经济学理论、内生增长理论、产业集聚理论、空间经济学理论等相关理论对新型城镇化的内涵及特征进行深入阐述，对产业结构演进及转型升级的内涵与规律进行深入剖析，基于中国城镇化与产业发展的经验事实并借鉴国际上的成功经验，对城镇化与产业演进的互动关系进行理论探讨与经验分析。

第三节
研究方法与研究思路

一、研究方法

（一）演绎分析法

基于发展经济学理论、内生增长理论、产业集聚理论、空间经济学理论等相关理论，一方面，依据理论逻辑全面地分析新型城镇化与产业转型升级演进的关系，探讨两者互动发展的理论基础、作用机制、影响因素及政策保障；另一方面，通过构建理论模型，有针对性地剖析城镇化与产业转型升级进程中一些突出问题，如人口城镇化与产业转型升级双滞后问题、城市人口规模对产业集聚模式选择的影响、生产性服务业集聚影响城市经济效率的机理等。

（二）历史经验分析与归纳分析法

划分不同的阶段和时间节点，归纳新中国成立以来城镇化与工业化、产业结构变迁之间的关系，以及政府推动城镇化与工业化发展的经验与不足，总结新型城镇化与产业转型升级演进过程中的趋势性变化规律。以相关历史事实为基础，分析工业革命以来以美国、英国、日本为代表的主要发达经济体和以墨西哥、印度、巴西为代表的主要发展中国家城市化与工业化的变动关系，厘清经济发展不同阶段城市化与工业化、产业结构变迁之间的关系，以及政府在其中的作用，由此总结各国推动城市化与产业转型升级互动的共性经验及规律。

（三）统计与计量分析

一是最大限度地提高数据的全面性和精准性。通过收集世界银行、国际货币基金组织（IMF）以及亚洲开发银行的数据，《国际统计年鉴》《中国统计年鉴》《中国城市统计年鉴》《中国第三产业统计年鉴》《中国工业经济统计年鉴》等宏微观数据，整理形成一个研究新型城镇化与产业转型升级的小型数据库，为实证研究提供基础。

二是进行计量分析。根据相关理论构建城镇化与各影响因素关系的计量模型，检验城镇化滞后问题，构建新型城镇化与产业转型升级互动关系模型检验两者的互动程度，构建人力资本投资、产业集聚、技术创新等作用机制模型，运用面板数据和中国综合社会调查（CGSS）数据等进行实证检验。

三是统计指标的测算与比较分析。在经验事实分析和实证检验中，分阶段统计了工业化率、城镇化率、各产业产值或就业比重并进行比较分析，测算了市民化程度指数、新型城镇化指数、产业结构优化指数、产业转型升级综合指数、人力资本结构高级化指数、产业集聚指数、城市数字经济发展指数等，以用于分析或检验新型城镇化与产业结构转型升级的互动关系。

二、研究思路与框架结构

本书综合运用理论研究、经验研究、实证检验等方法，大致遵循先归纳后演绎的思路展开研究。本书的第一章至第五章总结了中国城镇化进程与产业结构演进的历程、特征与经验，阐述了新型城镇化与产业转型升级良性互动的理论基础、实现机制与互动路径，并实证检验了城镇化滞后与产业结构优化程度的关联性、新型城镇化与产业转型升级互动的实现程度。由于城市是人口和产业在空间上协同集聚的结果，基于中国人口城镇化和产业转型升级的现状，借鉴世界上主要国家城镇化的经验，本书分析认为当前推动新型城镇化与产业转型升级良性互动的实现机制中，人力资本积累、技术创新及其决定的产业集聚与分工体系是最重要的机制。为此，本书第六章至第十章分别研究了人力资本投资提升农业转移人口收入与市民化能力的作用，人力资本结构高级化促进产业转型升级的作用，不同规模城市如何选择适宜的产业集聚模式以实现产城融合，生产性服务业集聚是否有助于提升城市经济效率，以数字技术赋能的数字经济发展对产业服务化、智能化、绿色化升级的作用。全书共分为十二章，主要内容如下：

第一章为导论，明确研究背景与研究意义，界定研究对象，在初步解析新型城镇化与产业转型升级良性互动的内涵、意义与目标的基础上，对相关文献进行梳理，明确研究方法、思路与框架结构。

第二章为城镇化与产业结构变迁互动的理论分析，是本书的理论基础。主要阐释新型城镇化的由来及内涵，归纳习近平总书记关于新型城镇化的系列论述，比较传统城镇化和新型城镇化的异同；阐释产业转型升级的内涵，梳理产业结构变迁的理论演进、产业转型升级与城镇化互动的理论基础，依据理论阐述新型城镇化与产业转型升级实现良性互动的作用机制与实现路径等。

第三章为中国城镇化与产业结构互动发展的经验事实。依据不同的时间节点总结中国产业结构与城镇化互动发展的历程、特点及相互关系；通过分析工业化率、城镇化率、各产业产值占比与就业占比，依据钱纳里"发展模型"判断中国城镇化是否滞后；构建市民化测度指标，测算农业转移人口市民化程度并分析制约市民化进程的因素，总结人口城镇化相对滞后的主要影响因素。同时，对城市群发展与产业结构演进的关系进行分析，揭示了城市群在促进城镇化与产业转型升级互动中的核心主导作用。

第四章为世界上主要国家城市化与产业结构变迁互动的经验总结。通过对主要发达国家和发展中国家城市化演进与产业结构变迁经验的总结，分析经济发展不同阶段城市化与工业化、城市化与产业结构变迁之间的关系，以及政府在其中的作用，厘清城市化与产业变迁之间的共性经验及规律，据此归纳对中国城镇化发展与产业结构变迁有益的经验及启示。

第五章为中国城镇化与产业结构演进关系的实证分析。首先，对产业结构演进及优化程度进行总体考察，计算了 2004～2019 年中国 274 个地级及以上城市产业结构合理化和高级化指标，构建计量模型检验城市化滞后与产业结构优化程度之间的关系；其次，基于新型城镇化和产业转型升级发展的实践，测算新型城镇化综合指标评价体系和产业转型升级综合指标评价体系，通过构建联立方程模型对产业转型升级与新型城镇化两者之间的互动关系进行检验，为实现新型城镇化与产业转型升级良性互动提供实证支撑。

第六章考察了人力资本投资对农业转移人口收入提升及市民化能力提升的作用。在初步分析农业转移人口人力资本存量和收入状况的基础上，本章利用中国综合社会调查（CGSS）的微观调查数据测算农业转移人口与城市户籍居民之间的相对收入差距，构建人力资本投资影响农业转移人口相对收入的分析框架，并将其分解为受教育程度、工作经验、技能培训、自评健康水平和体质指数五个指标，综合考察人力资本投资对农业转移人口收入的影响，根据研究结论从政府政策和农业转移人口自身等角度提出提高农业转移人口人力资本水平的建议。

第七章研究了人力资本结构高级化对产业转型升级的作用。本章对人力资本结构高级化与产业转型升级之间的关系进行了机制探讨和实证检验，结果表明中国人力资本结构高级化进程显著推动了产业转型升级，这一结论在考虑了测度指标测算差异、样本差异及相关内生性问题后仍然成立。机制检验结果证实这种推动作用除要素结构转换的直接影响外，还主要通过促进研发投入、推动城镇化和促进消费升级等中间效应实现，且城镇化效应渠道发挥着最重要的作用。

第八章研究了城市人口规模约束下城市最优产业集聚模式的选择问题。以城市人口规模为门槛变量，本章分别构建专业化集聚和多样化集聚影响城市经济增长的非线性动态面板门槛模型，并利用中国285个地级及以上城市的面板数据进行估计，发现两种集聚模式对城市经济增长的影响均存在显著的门槛效应。本章验证了现有研究的一些基本结论，且更精确地估计出了最优产业集聚模式下具体的城市人口规模区间，并认为不同规模等级的城市在制定产业发展政策时应充分考虑自身的人口规模，避免盲目追求单纯的专业化或者多样化的产业集聚模式。

第九章研究了生产性服务业集聚对城市经济效率的影响。加快发展生产性服务业是促进中国产业逐步由生产制造型向生产服务型转变，进而提高城市经济效率和实现高质量增长的重要途径。本章利用城市面板数据，基于产业层次和城市规模差异，对生产性服务业集聚与中国城市经济效率之间的关系进行检验。实证结果发现生产性服务业集聚对城市经济效率的影响整体呈倒"U"形，目前处于提升城市经济效率的上升阶段，且这一效应因不同产业层次和不同规模城市存在异质性。据此本章认为各地方政府应因地制宜地选择符合本地实际需求的生产性服务业，推动生产性服务业集聚发展。

第十章研究了城市数字经济发展对产业转型升级的影响。数字经济时代下，数据是新的生产要素，数据的使用和数字技术赋能能够刺激传统产业转型升级和新兴产业发展，重塑产业结构，推动产业向服务化、智能化和绿色化转型升级。研究发现城市数字经济的发展能够促进地区产业服务化、智能化和绿色化升级。但这一影响因不同地区、不同规模城市而存在差异，东、中部地区和特大城市数字经济发展促进地区产业服务化、智能化、绿色化升级的效应最明显。

第十一章构建了新型城镇化与产业转型升级良性互动的政策方案。本章基于全书所有章节的内容与结论，从中央和地方两个层面构建政策保障体系，研究政策保障在新型城镇化与产业转型升级良性互动中的支撑作用。

第十二章概括了本书的主要结论并指出未来的研究展望。

本书的研究框架如图1-1所示。

研究思路 　　　　　　　　　　　　总体框架 　　　　　　　　　　研究方法

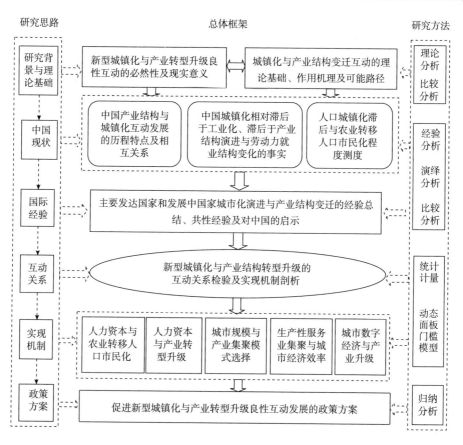

图 1-1 　本书的研究框架

第四节

研究贡献

1. 诠释了新型城镇化与产业转型升级良性互动的必然性与机理

在理论框架方面，本书不同于现有的关于城镇化和工业化或产业结构关系的相对孤立、静止的研究，而是基于城镇化演进和产业结构变迁的动态视角进行研究。首先，本书全面分析了传统城镇化与新型城镇化的区别和联系，系统阐述了新型城镇化的由来、内涵和本质特征；同时将工业化、传统产业转型升级、产业价值链攀升、产业空间转移集聚均视为产业结构演进的不同阶段或表现形式，赋予了产业转型升级丰富的内涵，在此基础上，阐释了工业化与城镇化的互动关系演变为新型城镇化与产业转型升级互动关系的必然性。其次，结合发展经济学理论、区域经济学理论、产业集聚理论等，剖析城镇化与产业转型升级良性互动的理论基础，以劳动力流动集聚和产业转移集聚为主线，论证了人力资本积累、物质资本积累、技术创新等机制在城镇化和产业结构演进互动中发挥的作用。这种互动又具体体现为两条路径：一是从城市的演进与转型来看，以人为核心的新型城镇化首要任务是促进农民工的市民化，市民化过程意味着人口集聚带来的要素增加、消费扩张和对公共服务需求的稳定增加，不仅有效增加了非农产业劳动力供给，并激励家庭和社会对人力资本和公共服务设施的投资，为城市产业集聚提供人力资本与物质资本基础，促进产业转型升级。市民化也有利于推动都市圈产业升级和城市层级体系的形成。二是从产业的演进与转型升级来看，产业转移和集聚内生于区域间动态转化的比较优势与循环累积的经济因果链。在产业转移、集聚路径的驱动下，不同地区会选择符合本地区比较优势的主导产业，实现地区优势产业集群并推动特色城镇化的发展，最终实现产业转型升级与城镇发展的良性互动。因此，本书认为劳动力流动聚集形成的人力资本积累和产业转移集聚产生的效应是促进城镇化与产业结构演变良性互动的关键性作用机制。

2. 梳理了中国城镇化与产业结构变迁互动的过程

从时间维度来看，本书系统梳理了新中国成立以来城镇化与产业结构演进的历程及发展经验，揭示了城镇化较长时期相对滞后的事实，并依据钱纳里"发展模型"判断不同时期中国城镇化滞后的状态，侧重分析了农业转移人口市民化进程滞后，采用专家赋值法构建了市民化指标，估算了2008~2017 年农业转移人口市民化程度单项指标和综合指数，剖析了城镇化相对滞后的主要影响因素。从空间维度来看，本书揭示了不同规模城市产业结构指标与城市人口增长的关系，总结分析了京津冀、长江三角洲和粤港澳大湾区三大城市群的发展与产业转型升级的关系；系统归纳了国际上主要发达国家和发展中国家城市化与产业结构变迁互动的经验，并侧重比较了中国、印度、巴西、墨西哥等发展中国家不同的城市化路径及其产生的问题。

3. 剖析了人力资本投资在新型城镇化与产业转型升级良性互动中的重要作用

结合理论分析和当前人口红利削减、经济进入新常态与全球经济发展不确定性增加等现实背景，本书强调了人力资本投资在推进新型城镇化与产业转型升级互动发展中的重要作用，并从两方面进行论证。一方面，人力资本投资的战略作用体现在促进农业转移人口市民化能力和相对收入提升。本书将人力资本分解为受教育程度、工作经验、技能培训、自评健康水平和体质指数五个指标，构建了人力资本投资影响农业转移人口相对收入的分析框架，利用中国综合社会调查（CGSS）2012~2017年的微观调查数据测算客观相对收入指数，论证了不同人力资本投资路径对农业转移人口相对收入的影响。另一方面，构建人力资本结构高级化指数和产业转型升级综合指标，论证了人力资本结构高级化进程如何推动产业转型升级。

4. 论证了产业集聚是新型城镇化与产业转型升级良性互动的重要机制

现有研究对产业空间集聚产生的经济效应关注较多，但鲜有文献探讨不同规模城市最优产业集聚模式的选择问题。本书以城市人口规模为门槛变量，分别构建专业化集聚和多样化集聚影响城市经济增长的非线性动态面板门槛模型，利用地级及以上城市面板数据研究发现，专业化集聚和多样化集聚在人口规模的约束下对城市经济增长的影响均存在显著的门槛效应。不同规模等级的城市在制定产业发展政策时需选择与自身条件适宜的工业化战略和产业集聚模式，才能实现城镇化与产业发展良性互动。

5. 阐明了服务化、智能化、绿色化是产业结构转型升级的三大方向

本书认为产业结构转型升级的方向主要体现为服务化、智能化、绿色化转型升级。大力发展生产性服务业是产业转型升级的方向之一，本书从理论和实证角度分析了生产性服务业集聚能有效地为城市转移人口就业提供支撑，并对城市经济效率的提升存在非线性作用。同时，从城市数字经济发展的视角，构建产业服务化、智能化和绿色化升级三个维度的指标以及城市层面数字经济发展指数，实证检验数字经济发展对产业转型升级多维度的影响。

城镇化与产业结构变迁互动的
理论分析

工业革命以来，人类社会的发展实践表明城市化与工业化存在长期的互动关系。学者们对这一关系进行了充分研究，并形成了一些关于工业化与城市化互动关系的代表性理论。而后起的发展中国家在完成工业化的进程中需同时推进现代工业和现代服务业，并需利用新一轮信息技术革命推动不同产业的转型升级，因此城镇化与工业化的关系演变为城镇化与产业转型升级的关系。本章通过理论梳理，归纳总结出城镇化与产业转型升级互动的理论基础与作用机制，为后续研究提供理论依据。

第一节
城镇化与新型城镇化释义

一、新型城镇化的由来及内涵

城镇化是伴随经济发展的自然历史过程，实践证明城镇化是内嵌于国家经济体系的动态演进过程，经济发展阶段特征与制度政策体系等因素共同决定着城镇化模式与水平（陆大道、陈明星，2015；李兰冰等，2020）。就一般的内涵而言，城镇化是指随着生产力的提高和产业的演进，农村人口和劳动力向城镇转移，第二、第三产业向城镇聚集发展，农业人口同时实现了空间转移、职业转换和生活方式改变的过程，也是城镇人口规模扩大、城市数量增加及城镇经济社会现代化和集约化程度提高的过程。

改革开放以来，中国迫切需要解放生产力，加快现代化建设进程。为此，中国逐步改革计划经济体制并探索建立社会主义市场经济体制，重塑和调整传统"城乡二元结构"格局，破解要素市场化流动桎梏，推进工业化进程，促使农村劳动力大规模地由农村向城市流动，从而推动了城镇化进程。据国家统计局的数据计算，到 2011 年，中国城镇化率已由 1978 年的 17.92% 快速上升到 51.27%，增长了近 34 个百分点，其中 2001~2010 年 10 年间城镇化率提高了 12.29 个百分点，为新中国成立以来城镇化发展最快的 10 年。高速发展的城镇化进程为中国经济高速发展奠定了要素基础，但此时的城镇化模式具有明显的粗放式特征。农业剩余人口进城的规模和速度远远超过了城市基础设施建设的速度，超过了文化和公共服务等软件设施所能承载的容量。这一时期为集中要素与物力促进 GDP 增长和做大国民收入"大蛋糕"，中国的城镇建设理念是典型的"物化"城镇化，以运营土地为核心，以增长为导向，带动劳动力的非农化，强调土地城镇化，追求土地财政（刘守英等，2020）。从中国改革开放到党的十八大召开的 30 余年受传统城镇化模式的影响，中国经济社会发展矛盾日益突出，表现为城乡收入差距和区域收入差距趋于扩大，农业转移人口城市归属感不强，城市化发展质量低下，同时"城市病"也不断凸显，房价快速上涨并引致居民负债率不断提高，优质的教育、医疗资源越发紧缺等问题，此时的城镇化迫切需要由速度型向质量型转变。

随着经济结构矛盾日益凸显，中国经济进入了"稳增长、调结构"的新阶段，即经济新常态时期，城镇化建设也进入一个新阶段。党的十八大报告提出"坚持走中国特色新型工业化、信息化、城镇化、农业现代化道路"。2013 年 11 月召开的党的十八届三中全会明确提出"坚持走中国特色新型城镇化道路"。2013 年 12 月召开的中央城镇化工作会议也强调"走中国特色、科学发展的新型城镇化道路"，并要求"要以人为本，推进以人为核心的城镇化"。2014 年 3 月，中共中央、国务院印发的《国家新型城镇化规划（2014—2020 年）》（以下简称《规划》）对深入推进新型城镇化进行顶层设计和全面部署，标志着中国城镇化发展模式开始全面转型。表 2-1 汇总了党的十八大以来习近平总书记关于新型城镇化的重要论述。

表 2-1　党的十八大以来习近平总书记关于新型城镇化的重要论述

时间及背景	主要内容	重要观点
2013 年 3 月 8 日，十二届全国人大一次会议江苏代表团审议会	要积极稳妥推进城镇化，推动城镇化向质量提升转变，做到工业化和城镇化良性互动、城镇化和农业现代化相互协调	推动城镇化向质量提升转变

续表

时间及背景	主要内容	重要观点
2013 年 7 月 21～23 日，湖北省考察工作	既要有工业化、信息化、城镇化，也要有农业现代化和新农村建设，两个方面要同步发展。要破除城乡二元结构，推进城乡发展一体化，把广大农村建设成农民幸福生活的美好家园	要推进城乡发展一体化
2013 年 11 月 28 日，山东省农科院座谈会	城镇化不是土地城镇化，而是人口城镇化，不要揠苗助长，而要水到渠成，不要急于求成，而要积极稳妥	城镇化不是土地城镇化，而是人口城镇化
2013 年 12 月 12～13 日，中央城镇化工作会议	解决好人的问题是推进新型城镇化的关键，城镇化最基本的趋势是农村富余劳动力和农村人口向城镇转移。从目前我国城镇化发展要求来看，主要任务是解决已经转移到城镇就业的农业转移人口落户问题。人要在城市落得住，关键是要根据城市资源禀赋，培育发展各具特色的城市产业体系，强化城市间专业化分工协作，增强中小城市产业承接能力，特别是要着力提高服务业比重，增强城市创新能力，营造良好就业和生活环境	解决好人的问题是推进新型城镇化的关键。要推进农业转移人口市民化
2014 年 6 月 6 日，中央全面深化改革领导小组第三次会议	全面放开建制镇和小城市落户限制，有序放开中等城市落户限制，合理确定大城市落户条件，严格控制特大城市人口规模，促进有能力在城镇稳定就业和生活的常住人口有序实现市民化，稳步推进城镇基本公共服务常住人口全覆盖	促进有能力在城镇稳定就业和生活的常住人口有序实现市民化
2015 年 2 月 10 日，中央财经领导小组第九次会议	城镇化是一个自然历史过程。推进城镇化的首要任务是促进有能力在城镇稳定就业和生活的常住人口有序实现市民化。农民工市民化，大中小城市有不同要求，要明确工作重点。推进城镇化不是搞城乡一律化	农民工市民化，大中小城市有不同要求，要明确工作重点
2015 年 11 月 10 日，中央财经领导小组第十一次会议	做好城市工作，首先要认识、尊重、顺应城市发展规律，端正城市发展指导思想。考察一个城市首先看规划，规划科学是最大的效益，规划失误是最大的浪费，规划折腾是最大的忌讳	做好城市工作，首先要认识、尊重、顺应城市发展规律，端正城市发展指导思想
2015 年 4 月 30 日，中共十八届中央政治局第二十二次集体学习	推进城乡发展一体化，是工业化、城镇化、农业现代化发展到一定阶段的必然要求，是国家现代化的重要标志。要坚持从国情出发，把工业和农业、城市和乡村作为一个整体统筹谋划，促进城乡在规划布局、要素配置、产业发展、公共服务、生态保护等方面相互融合和共同发展	促进城乡在规划布局、要素配置、产业发展、公共服务、生态保护等方面相互融合和共同发展

时间及背景	主要内容	重要观点
2016年2月23日，对深入推进新型城镇化建设作出重要指示	要坚持以创新、协调、绿色、开放、共享的发展理念为引领，以人的城镇化为核心，更加注重提高户籍人口城镇化率，更加注重城乡基本公共服务均等化，更加注重环境宜居和历史文脉传承，更加注重提升人民群众获得感和幸福感。要遵循科学规律，加强顶层设计，统筹推进相关配套改革，鼓励各地因地制宜、突出特色、大胆创新，积极引导社会资本参与，促进中国特色新型城镇化持续健康发展	新型城镇化的发展理念是以创新、协调、绿色、开放、共享为引领，以人为核心
2017年10月18日，党的十九大报告	使市场在资源配置中起决定性作用，更好发挥政府作用，推动新型工业化、信息化、城镇化、农业现代化同步发展	以城市群为主体构建大中小城市和小城镇协调发展的城镇格局
	以城市群为主体构建大中小城市和小城镇协调发展的城镇格局，加快农业转移人口市民化	
2018年3月7日，十三届全国人大一次会议广东代表团审议	城镇化进程中农村也不能衰落，将来我国也还会有三四亿人生活在农村，所以农村发展和城市化应该相得益彰、相辅相成	农村发展和城市化应该相得益彰、相辅相成
2018年4月26日，在深入推动长江经济带发展座谈会上的讲话	要下大气力抓好落后产能淘汰关停，采取提高环保标准、加大执法力度等多种手段倒逼产业转型升级和高质量发展。要在综合立体交通走廊、新型城镇化、对内对外开放等方面寻找新的突破口，协同增强长江经济带发展动力	区域新型城镇化与产业转型升级要协同推进
2019年8月26日，在中央财经委员会第五次会议上讲话	产业和人口向优势区域集中，形成以城市群为主要形态的增长动力源，进而带动经济总体效率提升，这是经济规律。区域协调发展的基本要求是实现基本公共服务均等化，基础设施通达程度比较均衡。要完善土地、户籍、转移支付等配套政策，提高城市群承载能力，促进迁移人口稳定落户	提高城市群承载能力，促进迁移人口稳定落户
2019年12月10~12日，中央经济工作会议总结讲话	推进京津冀协同发展、长三角一体化发展、粤港澳大湾区建设，打造世界级创新平台和增长极。要扎实推进雄安新区建设，落实长江经济带共抓大保护措施，推动黄河流域生态保护和高质量发展。要提高中心城市和城市群综合承载能力	要提高中心城市和城市群综合承载能力

资料来源：笔者整理。

本节结合相关文献和《规划》内容对新型城镇化的内涵进行以下阐述。

第一，新型城镇化的"新"是较传统城镇化而言的，是在传统城镇化注重"量"的基础上更加注重"质"的提升，是以人为本、以提高质量为导向的城镇化。新型城镇化以建设高质、生态、宜居、宜业的城镇和城市群为依托，其最终目标是实现人的幸福和全面发展，实现经济、社会、文化和环境全方位发展及城乡一体化发展。

第二，新型城镇化的核心是"以人为本"。传统城镇化在价值取向上呈现"以物为本"的特点，而新型城镇化强调"以人为本"，是以"城乡一体、城乡统筹、产城互动、生态宜居、节约集约、和谐发展"为基本特征的城镇化，是规模不同的新型农村社区、城镇和城市相互协调、相互促进的城镇化，是与新型工业化、信息化、农业现代化协同推进的城镇化。新型城镇化要把农业转移人口市民化作为首要任务，要夯实城镇产业基础，推进基本公共服务向城镇常住人口全覆盖，要使进城人口实现三维转换：从农业到非农业的职业转换、从农村到城镇的地域转换、从农民到市民的身份转换（辜胜阻，2014），最终实现农业人口进城后的生产方式与生活方式真正融入城市，享受真正的市民待遇。因此，新型城镇化并非单纯的城市人口比例的扩大或者城镇规模的扩张，而是包含人口、经济、社会等内容的全方位的城镇化。

第三，新型城镇化以可持续发展为指导思想。新型城镇化是高效节能、城乡基础设施一体化、城乡相互促进、环境友好的现代化城镇化。2012年，中央经济工作会议提出，要把生态文明理念和原则全面融入城镇化全过程，走集约、智能、绿色、低碳的新型城镇化道路。可持续发展的城镇化强调以发展产业为支撑，强调以实体经济为基础，打造的是"既要有城，更应有产"的城市发展模式。新型城镇化是要在产业支撑、宜居环境、公共产品等方面真正实现农业转移人口从"乡"向"城"的根本转化，确保农业转移人口进得了城，也留得住，实现真正的市民化。

第四，新型城镇化的重要抓手是新型工业化。新型工业化是要实现信息化与工业化协同推进，既要以信息化促进工业化，又要以工业化带动信息化；是由高速度的工业化向高质量的工业化转变的工业化；是经济效益更好、科技含量更高、资源消耗更低、环境污染更少以及更充分发挥人力资源优势的工业化，是以可持续发展为指导思想的工业化。同时，新型工业化需要与新型城镇化协同推进。

二、传统城镇化与新型城镇化的比较

改革开放以来，中国城镇化率得以快速提升，创造了世界城镇发展史上的奇迹，但在改革开放的前30多年，城镇化速度的快速提升未伴随质量的相应提升，特别是忽视了人的城镇化，为此将这一阶段的城镇化界定为传统城镇化。党的十八大以后新型城镇化战略的提出和《规划》的实施，正在逐步改变传统的粗放式城镇化模式并取得了明显的成就。新型城镇化并非与传统城镇化对立，而是建立在传统城镇化基础上的以人为核心的城镇化，是速度适度合理、市民化质量有效提高、城镇化格局均衡有序、城乡发展深度融合、绿色健康可持续的中国特色高质量城镇化之路（魏后凯等，2020）。

传统城镇化为推动新型城镇化也提供了许多值得肯定的经验，具体表现为：第一，传统城镇化是工业化带动的城镇化，是先有产业经济活动的集聚再带动人口的集聚，避免了大规模的失业现象，也基本上避免了城市贫民窟；第二，传统城镇化扩张模式会优先建设基础设施，为企业的进驻提供良好的生产保障以及工人的生活保障；第三，传统城镇化在一定程度上是土地财政驱动的城镇化，促进了房地产市场的繁荣，导致了"买房难"等社会问题，但无疑对经济增长与城镇化水平的提升发挥了重要作用。两者的区别与联系如表2-2所示。

表2-2　传统城镇化与新型城镇化比较

比较项	新型城镇化	传统城镇化
发展理念与目标	以人为核心，以创新、协调、绿色、开放、共享为理念，以实现人的幸福和全面发展、实现经济、社会、环境和文化全方位发展和城乡一体化发展为目标	一定程度上也注重协调、创新、可持续发展，以实现城市的数量扩张、GDP增长和财富增长等为目标，相对忽视人的城镇化
发展思路	尊重科学，加强顶层设计，以户籍制度改革为核心，通过产业转型升级、"四化"协同，促进城乡生产要素有序流动，有序解决有能力在城镇稳定就业和生活的常住人口的市民化，提升社会资本、财政资金和土地的规模经济效益	土地财政带动工业化与城镇化；工业化带动城镇化；产业集聚带动人口集聚，推动城镇化水平的提升；基础设施优先发展，为城镇化发展夯实基础
体制机制	城乡一体化的管理体制；城乡要素有序流动和重组；社会主义市场经济体制	城乡分割的要素市场、城乡分割的二元管理体制；不完善的市场经济体制

续表

比较项	新型城镇化	传统城镇化
发展动力	具有多元、平衡、协同驱动的动力机制：新型城镇化、工业化、信息化以及农业现代化四化协同驱动城镇化的发展	传统城镇化更加偏向于外向型工业化带动，且更多地依仗重工业，同时由土地财政和房地产业内在地驱动
运营方式	既要让进城农民实现地域转移和职业转换，又要实现身份的转换，通过户籍制度等一系列改革实现农民工的市民化，让农民工享受到城市发展的红利，实现其就业方式、人居环境、社会保障等由乡到城的重大转变，成为真正的城市居民	政府以低价从农民手中购买土地，通过招商引资推高房价带动地价上涨，获取卖地收益和房地产税收，再用这些资金进行城市设施建设，同时通过实施与户籍管理制度关联的教育、医疗等社会保障政策，减少公共服务支出
公共服务	城镇基本公共服务的全覆盖和均等化	城市公共服务短缺，乡村公共服务匮乏
发展特征	注重城市发展质量提升，新型城镇化与乡村振兴同步推进，更加注重生态宜居和和谐发展，更加注重提升人民群众幸福感和获得感，具有集约、内涵式发展的特征	注重城市规模增长与外延扩张；城乡二元结构强化，具有粗放、外延式发展的特征
可持续性	新型城镇化要实现与产业转型升级协同发展，要实现社会、环境、人的协调发展，实现城乡一体化发展	普遍存在着重经济轻文化、重生产轻生活、重生产轻资源使用效率和环保、重建设轻管理；城镇基础支撑体系建设乏力，城镇功能单一或不足，辐射力弱，城镇就业严重不足、城镇人口过度集中与分散并存
城市建设管理	环境友好，宜居宜城，传承传统文化，生活舒适方便，充满人情味，基本公共服务有保障，注重城市管理服务	贪大求洋，资源大量消耗，环境恶化，千城一面，特色不足，重建设轻管理服务
城乡关系	统筹城乡，城乡共赢，城乡一体化；共同富裕，外来人口融合、市民化	城乡对立，二元分割：城市繁荣，乡村凋敝；外来人口的半城镇化
社会特征	农民工融入城市成为新市民；中等收入阶层扩大	城市内二元结构、社会冲突与分裂、贫富分化、代际转移
空间特征	以城市群作为主体形态，促进大中小城市和小城镇合理分工、功能互补、协同发展	大城市过度集中与空间蔓延；小城镇过渡分散
共性问题	新型城镇化的推进需要一个较长的过程，是在传统城镇化的基础上逐步改进的，并非一个能快速替代的完全不同的新模式，很多过去存在的问题仍然不同程度的存在，如大城市的户籍制度没有完全放开、农业转移人口仍然受到一定程度的歧视与排斥，以非正规就业为主，收入低、社会保障不足、居住环境差，大城市的公共服务仍然未实现真正的均等化等	

资料来源：笔者整理。

第二节
产业转型升级的内涵与理论演进

一、产业转型升级的内涵诠释

（一）产业转型升级的内涵

在产业经济学研究中，一般认为产业是进行同类经济活动组织的综合，是具有某种同一属性组织的集合。而"同类经济活动"和"同一属性"指的是供给和需求两方面都具有相近的产品服务和生产技术。产业的产生、形成和发展是同社会分工的产生与发展相联系的。而随着经济社会的不断发展，产业升级、产业转型以及产业转型升级等词汇越来越成为学者们研究关注的焦点。从学者研究来看，产业转型与产业升级被认为是两个紧密相关或内涵相近的概念，通常合二为一统称为产业转型升级，对其内涵的认识，也在不断推进。

对产业转型的理解始于对产业结构调整的认知，指产业结构随地区与国家经济发展阶段的不同所呈现的全局性调整，用来宏观描述国民经济结构中三次产业间及各产业内部结构的变动，并认为产业转型实质上是主导产业部门依次更替的过程（凌文昌、邓伟根，2004）。产业转型是指内涵意义上的经济增长方式的转变，所具有的特征更多是宏观层面的。而产业升级更多地被理解为基于技术进步而产生的产业体系发展过程，更多地体现为具体的技术进步过程。就特定产业而言，产业升级是指其在生产技术改良、产品创新的基础上实现从资源粗加工、产品低附加值向资源精加工、产品高附加值的转换过程。就一个产业链而言，产业升级是指通过技术创新、产业创新实现从低端分工的链条环节向高端分工的链条环节跳跃的过程。就整个产业体系而言，是指通过产业创新实现从以传统产业为主导向以高端技术产业为主导的变革过程。波特（2002）强调了技术进步在产业升级中的关键作用，并认为产业升级是一个国家的资本、技术禀赋优于劳动力、土地等资源禀赋时，要素比较优势推动资本、技术密集型产业发展的过程。部分学者认为产业转型是产业升级的前提（于宗先，2005；刘志彪，2015），产业升级意味着不同产业生产效率的提升，其内涵不仅包括三次产业中第二、第三产业在国民经济中所占比重的提高，还包括各产业内部劳动生产率的提升以及产业资源配置效率的提升（曹芳芳等，2020）。

当前，越来越多的学者将产业转型升级视为一个整体来论述，既表现为产业不断创新，单位劳动力生产出附加值更高的产品，又表现为劳动力从生产较低附加值产品的部门转移到较高附加值产品的部门（宋锦、李曦晨，2019）。另外，部分学者强调了产业转移与产业转型升级的关系，认为产业升级与产业转移、集聚是从两个方面反映了同一个问题（王春晖、赵伟，2014）。在新经济地理学的分析框架下，产业集聚有利于技术在厂商和企业之间的扩散和外溢，从而促进企业技术进步和升级，而这种效应从中观的产业层面上来看，就会促进产业转型升级。因此，产业升级可以认为是产业部门结构的转换和优化的过程，一个地区的产业升级会带动周边地区的产业升级，在产业价值链上实现优化发展，并产生区域一体化与城市化等经济地理效应。在开放条件下，随着产品的全球生产分工逐步细化、多国多产业间协调合作的逐步深入，原有单纯的国内产业升级问题正逐步深入、细化到全球生产网络分工中，产业转型升级又被赋予了另外两层含义：一是推进工业化发展进程，实现产业发展的"从无到有"，即建立新产业；二是促进一国在全球产业价值链中的攀升，从微观角度来看就是学术界通常所说的向"微笑曲线"两端攀升。在经济全球化背景下，一国产业升级意味着该国的国际分工和产业地位的提升（高波等，2012），并将获取更多的国际分工利益。当前全球产业转型升级的主流方向是产业高端化、信息化、智能化、集群化、融合化、生态化、国际化，是链的升级，是产业从价值链的中低端向中高端的上升过程，是产业全球竞争力的全面提升（费洪平，2017）。

综合以上论点，产业转型升级可归纳为以下几个方面：其一，产业转型升级整体上表现为一国产业结构的演变与高级化，即第一产业资源与生产要素逐步向第二产业转移，到一定阶段之后再向第三产业转移，在三大产业结构高级化的同时，产业内部技术水平高级化和产品附加值高度化，即由劳动密集型逐步向知识与技术密集型转变。其二，产业转移、集聚是产业转型升级的空间体现。例如，在城市群、都市圈引领的中国城市空间布局结构中，城市群的中心城市集聚了大量的高端制造业和现代服务业，低端制造业及其他低附加值产业则逐步向中心城市外围的其他城市转移扩散，通过新兴产业的集聚和传统产业的转移实现各地区产业转型升级。其三，开放经济体系之下，产业转型升级体现为一国产业在国际分工体系中由处于全球价值链的中端、低端主体地位逐步向中端、高端主体地位转移，表现为一国国际分工地位的整体提升。

（二）新型城镇化对产业转型升级的要求

新型城镇化是以人为核心的城镇化，是能使农业转移人口真正实现"市民化"的城镇化，而"稳就业"是农业转移人口"市民化"的前提，迫切需要在产业转型升级过程中挖掘和释放大量就业岗位来满足农业转移人口"市民化"的就业需求，这就要求新型城镇化的发展要以产业发展和产业升级为支撑，走产城融合道路（谢呈阳等，2016）。传统城镇化、工业化进程中的产城分割发展路径导致了产业布局不合理、城市土地利用效率低、环境污染、房价高企等弊端，城市不宜居也不宜业。相较而言，新型城镇化视角下产城融合发展既要重视和大力推动战略性新兴产业和服务业的发展，也要根据各地的要素禀赋和资源优势促进产业合理布局和城市之间产业的有效分工，使农业转移人口进入城市后既宜居也宜业。因此，产业转型升级被理解为产业适应社会经济形态与人们生产生活变化，适应并引领高新技术发展，由"三低两高"（低技术水平、低附加值、低开放度、高污染与高资源消耗）向高技术水平、高附加值、高开放度和绿色发展升级。总之，新型城镇化背景下的产业转型升级既要实现产业链的攀升和技术水平的升级，更要切实服务于农业转移人口市民化的需要，要实现产业与城市融合发展、城镇化与产业转型升级良性互动。

当前，中国正处于经济结构转型的关键时期，产业转型升级是经济转型的核心内容和重要支撑，发达国家的发展实践表明产业转型升级是一个长期发展过程。从中国的发展实践和要素禀赋来看，劳动密集型产业仍是中国产业的主体，中国制造业目前尚处于全球价值链的中端和低端，关键核心技术对外依存度偏高，以企业为主体的技术创新体系不完善，产业转型升级的内在创新驱动能力还亟待提升。同时，实现产业转型升级尤其是关键领域产业发展所必需的技术人才、高水平人才等还相对欠缺。而传统产业占据社会分工的比例很大，在产业转型过程中处理不当就会引发各种社会矛盾。同时，新型产业的发展存在高收益、高风险的特征，因而无法在短期内获得稳定的高额收益，这也使中国传统产业的地位难以改变，稳定经济和就业的压力仍然较大。当然，产业转型升级并不是一味强调新兴产业，在通过发展服务业等行业实现产业升级的同时也要适当保留传统产业，实现产业发展多元化，否则产业发展中的社会条件会变得单一，这不利于产业的长期均衡发展。中国的产业转型必须走长期均衡的发展路线，即在产业发展过程中要考虑到劳动力市场的就业需求，避免出现"一刀切"的产业发展状况。

二、产业结构变迁与升级的理论演进

产业的演进和产业结构的变迁受多种因素的影响，通常可归为以下三类：一是供给因素，包括自然资源禀赋、劳动力与资本、技术进步等；二是需求因素，包括消费需求与投资需求、对外贸易或外需等，俗称"三驾马车"；三是其他因素，比如体制机制、产业政策、国际环境、社会文化因素等。虽然各国产业发展路径不同，但产业结构的演进有规律可循，配第—克拉克定理、库兹涅茨法则和钱纳里的工业化阶段理论对此都进行了详细描述，其中以人均国民收入或人均 GDP 的变化描述产业结构演进是分析的一条主线。

17 世纪，英国经济学家威廉·配第（William Petty）在 1672 年出版的《政治算术》（*Political Arithmetick*）中首次提出产业间收入差别是导致就业发生变动的原因，比较直观地揭示了劳动力在产业间分布和转移的动因。之后，费歇尔（Fisher，1935）从三次产业结构转变角度解释了产业升级的内涵，在其所著的《安全与进步的冲突》（*The Clash of Progress and Security*）一书中，根据经济活动与自然界的关系，将人类的经济发展归纳为三个阶段：①经济活动的初级阶段为第一阶段，该阶段的产业即为第一产业，人类的主要活动是农业和畜牧业；②英国工业革命之后进入第二阶段，该阶段的产业即为第二产业，此阶段纺织、钢铁及机械制造等机器制造业迅速发展；③通常认为 20 世纪初开始了第三阶段，大量的资本和劳动力逐渐从第一、第二产业向非物质生产部门转移，即服务业部门，亦称之为第三产业，代表性的产业如金融保险、交通运输业、通信产业、商业、餐饮业、教育、公共服务等非物质生产部门。

1940 年，科林·克拉克（Colin Clark）利用费歇尔的三次产业分类法①，在配第关于收入与劳动力流动关系的研究成果基础上，进一步验证了产业结构的演变规律，随着经济的发展和人均国民收入水平的提高，劳动力首先由第一产业向第二产业转移，然后再向第三产业转移。后来，学者们发现这一定理也可以用来描述城镇化与产业结构变迁之间的关系。

库兹涅茨（Kuznets，1971）在继承克拉克研究成果的基础上，进一步从国民收入和劳动力在三次产业间的分布两方面探讨产业结构演变的规律。库兹涅茨分别把一、二、三次产业称为"农业部门""工业部门"和"服务部门"，发现随着时间的推移农业部门的国民收入占整个国民收入的比重和农业劳动力占全部劳动力的比重有不断下降的趋势，并且农业国民收入占比下降的程度超过劳动力占比下降的程度；工业部门国民收入占比有逐渐上升的趋势，劳动力就业占比大体不变或略有上升；服务部门的国民收入占比大体不变或略有上升，而劳动力就业占比是上升的。劳动力逐步从农业部门中解放出来转向工业部门和服务部门的现象被称为库兹涅茨法则。

库兹涅茨还引入了"比较劳动生产率"的概念用来描述产业间出现的收入相对差异。通常农业部门的比较劳动生产率小于1，工业部门和服务业部门的该比率均大于1。库兹涅茨认为人均国民收入的变化会导致产业结构的变化，其根源在于随着人均收入的变化而导致需求因素的同步变化。在人均收入水平逐步提高的过程中，农产品需求相对减少，工业品需求先升后降，并逐步让位于服务产品的需求。其中，劳动力在不同产业间转移的动因首先是产业之间相对收入的差异，其后也受到了因相对收入变化而导致的消费需求变化，进一步引致消费结构的变化，由需求再倒逼生产（供给）高级化，或者说倒逼产业转型升级。

基于对发展中国家工业化进程的研究，钱纳里和赛尔昆（1988）提出

---

① 本书中三次产业的划分方法均按照"经济合作与发展组织"提出的划分方法。

了经济发展结构的"标准模型",即经济发展不同阶段的经济结构（投资结构、劳动力就业结构、生产结构、贸易结构）标准数值,从劳动力转移与经济发展水平之间的数量关系角度,为发展中国家提供了参考。其中,对于劳动力结构的描述概括为农业劳动力所占比重逐步下降,工业劳动力的份额变动缓慢,而服务业则吸收农业转移出来的大量劳动力。同时,他们还提出就业结构转换滞后于产值结构的转换滞后理论,分析了不同经济发展阶段中产业与就业两者的变动关联,发现在经济发展比较好的地方产业与就业基本是同步发展的,而经济发展慢的地方就业结构相比产业结构的调整则慢很多。发展中国家产业结构与劳动力之间不能够互相匹配,劳动力就业结构滞后于产业结构调整是因为工业与农业两者经济价值有很大差别。一方面,工业从业门槛限制了从业人员;另一方面,不顾实际情况发展工业,导致两者发展不协调,农业生产经济价值远低于工业生产经济价值。发展中国家在工业化过程中,通过采取恰当的产业政策,可以使工业化及伴随而来的产业结构变化发挥最大可能的就业促进效应。

钱纳里的工业化阶段理论也详细阐述了人均收入引致的产业结构变动方向,与配第—克拉克定理不同,钱纳里依照人均 GDP,将人类社会发展归为六个阶段,后一产业阶段以前一产业阶段发展为基础,产业阶段难以逾越,但可以缩短。第一阶段是以农业为主,为不发达经济阶段;第二阶段是工业化初期阶段,以劳动密集型产业为主;第三阶段是工业化中期阶段,在此阶段,制造业内部轻型工业会由重型工业取代并迅速增长,产业多属于资本密集型产业;第四阶段是工业化后期阶段,第三产业开始由平稳增长转入持续高速增长;第五阶段是后工业化社会阶段,技术密集型产业迅速发展,并成为该阶段产业发展的主要特征;第六阶段是现代化社会,第三产业内部开始分化,服务业中的知识密集型产业单独分离出来,并占据主导地位,且人们的消费欲望趋向多元化,个性消费成为时尚。工业化阶段理论为判断中国产业发展所处的阶段提供了依据,也为研究中国城镇化与工业化、产业结构的关系提供了启示。

随着国际贸易在一国发展过程中发挥着越来越重要的作用,学者们对于一国产业转型升级的研究也由国内延伸到了全球范围。赤松要（Akamatsu,1932）提出"雁行模式"（Flying Geese Pattern）,认为工业后发国家要实现产业升级和经济发展目标，其产业要依次经过进口、国内生产、出口三种不同的发展阶段，其工业化的实现也将先后经历工业化、重工业化到高加工度化的过程，由此诠释了国际贸易与产业结构高级化的关系。同时，该理论还描述了生产与消费的循环过程，即消费的重点也是依次由轻工业品、重工业品再到重化工业品转移的过程。后来，山泽逸平（Yamazawa，1990）拓展了该理论，将赤松要的三个阶段描述为"引进—进口替代—出口成长—成熟—逆进口"五个阶段，由此详细描述了后进国家引进先进国家的技术和进口先进产品实现自身经济起飞的路径。

进一步地，小岛清（Kojima，1978）从产业转移的角度提出，20世纪70年代达到与日本发展水平接近的国家，需要逐渐缩减已经处于或即将处于比较劣势的产业，通过对外直接投资将其转移至国外来实现产业转型升级。20世纪90年代以来，随着经济全球化的深入和信息技术的迅猛发展，全球性竞争日益激烈，为了维持并加强自身的竞争优势，来自发达国家的跨国公司纷纷基于价值链进行全球性布局，进而促使生产活动由一国内部或区域间的分工转变成全球范围内的分工。Gereffi（1999）基于对东南亚和墨西哥服装业的研究提出了"全球商品链理论（GCC）"，他将全球价值链分工分为生产领域以产业资本为动力的生产者驱动（Producer-driven）和流通领域以商业资本为动力的购买者驱动（Buyer-driven），前者指的是跨国公司凭借核心技术优势推动了全球生产的垂直分工体系，后者更多强调的是发达国家公司凭借品牌优势推动的OEM（贴牌生产）、外包等方式的全球分工方式。后来Humphrey（2004）等更多学者在此基础上进行进一步研究，形成了较为成熟的全球价值链理论（GVC），涵盖了生产在地理空间的片段化、价值链动力和治理、价值链协调等细化的研究内容。全球价值链理论赋予了产业转型升级在开放经济条件下更丰富的内涵，有力地扩大了产业转型升级研究广度。

第三节
城镇化与产业转型升级互动的理论基础

一、二元经济结构理论对工业化与城镇化关系的解释

关于工业化和城市化互动关系的理论研究最早可追溯到刘易斯（Lewis，1954）提出的古典二元经济结构理论。刘易斯用维持生计的传统农业部门和现代化的工业部门来划分发展中国家的经济结构，奠定了农村劳动力无限供给的二元经济结构理论基础，并由此构建了"二元经济人口流动模型"。该模型认为农业中存在着大量的剩余劳动力，这部分劳动力的边际产出极低，甚至为零，而工业部门增长迅速，生产率较高，因此工农业部门之间存在明显的收入差距，这种收入差距会吸引大量的农村剩余劳动力源源不断地流入城市和工业，在不存在流动壁垒的情况下，工业部门可以以既定的工资水平获得无限供给的劳动力。为此工业部门将持续扩张并推动工业化和城镇化进程。随着农村剩余劳动力的不断转移，劳动力的供给开始进入"短缺状态"，农业部门的边际生产率和生产报酬开始提高，农业收入和工业收入开始同步增加，二元经济结构逐步缩小并最终向一元结构转变。该模型从农村人口流动的角度解释了工业部门发展壮大的原因及工业化与城镇化的互动关系。从中国的现实看，产业转型升级是推动工业化和经济服务化的重要抓手，将不断创造出新的就业机会，吸引农业转移人口进入城市并提供就业岗位，形成城市人口聚集，同时人口的集聚效应会反过来助推工业和服务业的发展，这为研究产业发展与城镇化的良性互动关系提供了理论分析的起点。但刘易斯的二元经济结构理论忽视了农业技术进步与农业部门在工业化和城镇化过程中的作用。

拉尼斯和费景汉（Ranis and Fei，1961）对刘易斯的二元经济结构理论进行了补充和修正，并形成了"刘易斯—拉尼斯—费景汉模型"，该模

型将经济发展分成三个阶段：第一阶段，农业部门仍然存在着大量的剩余劳动力，这些劳动力的边际产出较低，并处于无限供给的状态；第二阶段，工业部门较高的生产率和收入水平使大量的农村剩余劳动力进入城市和工业，这其中也包括那些边际产出大于 0 的劳动力，这样就使农业的总产出下降，农产品的供给出现短缺，于是工农业之间的贸易条件开始朝着有利于农业的方向发展，劳动力的供给也开始进入转折点；第三阶段，为了吸引更多的劳动力进入工业部门，工业部门的工资开始上涨，当农村中的全部剩余劳动力都进入工业以后，农业开始进入商业化阶段，其收入水平和工业一样都是由其边际生产力所决定的，当工农业的边际生产力相等时，经济就由二元结构进入古典的一元结构。"刘易斯—拉尼斯—费景汉模型"强调了城市和工业化的双向扩张，在二元经济结构理论分析框架中，农业部门中用农产品来衡量的工资率不高，存在大量隐蔽性失业，在劳动力供给完全弹性前提下，工业部门只需支付维持农业部门劳动力生存的少量工资，即可吸收大量的农村剩余劳动力，并为工业部门的资本积累奠定基础。当然，这一理论也存在一定不足，比如相对忽略了农业技术进步对农业剩余劳动力的催生作用和城市失业不断加剧的问题（Harris and Todaro，1970）。

乔根森（Jorgenson，1967）对古典二元经济结构理论中农村剩余劳动力边际生产率为零的假设提出了质疑，提出了新古典主义二元经济模型，即著名的二元经济三阶段发展理论。该理论分析了经济发展的三阶段人口增长与部门劳动力增长率之间的变化规律，涉及人口增长率、农业与工业、技术进步等的变动关系，其中前两个阶段属于古典发展阶段。第一阶段为工业化起步阶段，在此阶段人口增长率与农业技术进步率呈现同步上升的状态，新增人口都会成为剩余劳动力，隐蔽性失业开始出现。第二阶段，农业部门劳动边际生产力低于以农产品计算的农业部门实际工资率，工业部门的产业、就业和资本的增长率不断上升，但此阶段产业增长率大于资本增长率，创造了大量可吸纳农业剩余劳动力的就业机会。此时，人口增长率等于农业技术进步率与土地供给的产出弹性之比，隐蔽性失业消失。第三阶段，亦可以称之为刘易斯二元经济结构理论的新古典阶段，此阶段农业劳动力增长率呈现下降趋势。新古典主义二元经济模型加入了对农业技术进步和农业发展的考虑，认为农业技术进步使社会消费结构发生变化，即对农产品需求减少，对工业品需求增加，从而产生了农业剩余，促进了农业劳动力的转移。

近年来，部分学者对二元经济结构的分析进行了进一步的引申和拓展。Becker 和 Morrison（1999）指出不仅在城乡之间存在二元经济结构，即使在城市内部也存在着传统部门和现代工业部门的二元结构。尤其是对于广大的发展中国家来说，大量的农村剩余劳动力进入城市，但是由于缺乏必要的教育背景和专业技能，因此只能被城市中的传统部门或者贫困部门所吸收，由此逐步形成了城市中的贫困阶层。如果不考虑这种新型的二元结构，一味地让农村剩余劳动力流入城市，就会导致城市传统部门恶性膨胀，社会问题频发，贫富差距扩大，并最终陷入"中等收入陷阱"，这也解释了拉美国家城镇化率提高却没有带来经济增长的根源所在。实际上，从古典二元经济模型到新古典主义的二元经济模型理论演变的过程，也正好解释了中国城镇化的演进过程。新中国成立初期，政府通过建立城乡分割的户籍管理制度严格控制农村人口向城市转移（陈斌开、林毅夫，2013），高度集中的资源计划配置、扭曲的产品价格和要素价格政策阻碍了生产要素自由流动，形成了典型的"城乡二元结构"分化格局（李兰冰等，2020）。改革开放以后，中国开始以经济建设为中心，经济体制改革促使大规模城乡劳动力自由流动并显著推动了城镇化进程，中国城镇化发展速度得到空前释放，但城镇化过程中出现了"新型二元结构"，一味地让农村剩余劳动力流入城市，也逐步引发了城乡差距、地区差距与收入差距相互交织的矛盾，迫切需要以高质量产业发展为城镇化发展提供有力支撑。

二、乡—城劳动力迁移模型对产业演进与劳动力转移的解释

城市化与工业化一直以来所讨论的核心问题是如何有效实现农业人口向城市的转移，但"刘易斯—拉尼斯—费景汉模型"以农业部门劳动力无限供给和城市零失业的假设为前提，这与现实中发展中国家的现状相悖。事实上，发展中国家城市化往往没有与工业化或产业演进协同发展，多处于滞后状态（墨西哥、巴西的城市化过度超前），农业转移人口进城后没有足够的工作岗位，城市存在大量的失业人口，由此造成城镇化过程中一

系列的社会问题。20 世纪 70 年代初，基于发展中国家城市中存在的失业现象，托达罗（Todaro，1969）首次提出了"乡—城劳动力迁移"模型，对劳动力迁移的原因和城市失业现象做出解释，该模型指出不仅农村存在着大量的剩余劳动力，城市也存在着日益严重的失业，这意味着农村的剩余劳动力即使转移到城市，也可能面临着找不到工作的风险。因此转移人口在进行迁移决策时不仅要考虑现实的收入差异，还要考虑找到工作的概率，很显然城市的失业率越高，则转移人口找到工作的概率就越小，这也是学者们常讨论的城镇化发展的产业支撑力不足造成的失业问题。"乡—城劳动力迁移"模型剖析了发展中国家工业化过程中实现产业发展与城镇化发展良性互动的必要性和重要意义。

"乡—城劳动力迁移"模型认为在完全市场（Complete Market）假设之下，城乡劳动力自由流动，劳动力市场出清，不存在失业。在此条件下，城市与农村劳动力边际产出相等，且有城市工资水平 W_μ 与农村工资水平 W_r 相等，即：

$$W_\mu = W_r \qquad (2-1)$$

假定市场不完全（Imperfect Market），且城市中存在失业，即劳动力市场处于未出清状态；农村工资水平恒定为 W_r；城市工资水平由市场决定，假定城市的就业率为 μ，农村进城转移人口的期望工资为 μW_μ，只要满足 $W_r < \mu W_\mu$，农村人口就有向城市转移的动力。假定农业转移人口数为 M，则 M 可定义为农村预期工资水平与农村工资的一个函数，即：

$$M = f(\mu W_\mu, W_r) \qquad (2-2)$$

若 $\mu W_\mu > W_r$，则 $M > 0$，农业人口会不断向城市转移，即城镇与农村的工资收入差异是影响农业人口是否向城市转移的关键因素。只要农业人口预期城镇工资水平高于农村工资水平，农村劳动力就会倾向于从农村向城市迁移。托达罗模型假定农业转移人口的就业机会与城市新增的就业机会同比例增长，故政府为提升工业化水平而采取的一系列政策措施，将创造更多的就业岗位吸引农村人口不断向城市迁移，形成人口集聚效应，并不断推升城市发展和工业部门扩张。不过现实中政府为促进城市发展而吸引来的农业转移劳动力实际数量往往远大于新增就业岗位数量，故工业化所带来的城市人口集聚在推动城镇化的同时也造成了城市人口大量失业，甚至出现贫民窟问题。

总体来说，托达罗的"乡—城劳动力迁移"模型从农业人口转移的角度阐述了产城相互促进的理论关系，但也过度强调了工业化通过就业渠道对城市化的拉动作用。在中国城市化与工业化的发展实践中，改革开放前牺牲农业优先发展工业的举措不仅使农村经济低水平均衡发展，还使经济增长低效率和经济结构低级化，城镇化水平难以提升，产业结构严重失衡。其结果是不但没有实现农业的现代化，城市发展也相对滞后。实际上新中国成立以来城镇化滞后凸显了产业和城市发展融合的重要性。城镇是产业的空间载体，而产业又是城镇发展的关键支撑（马野驰、祝滨滨，2015），因此，迫切需要实现城镇化和产业协同发展，即走新型城镇化与产业转型升级良性互动的"产城融合"的发展道路。

三、区域非均衡发展理论对产业转移与劳动力流动的解释

　　二元经济结构理论和乡—城劳动力迁移模型实际上已经蕴含了不平衡发展的思想，在经济由二元向一元转化的过程中，城市处于中心地位，农村则属于外围。非均衡发展理论是对二元结构非均衡发展现象的另一角度的描述，主要包括增长极理论、中心—外围理论以及循环累积因果理论等，对于解释中国产业转型升级和新型城镇化互动具有指导意义。

（一）增长极理论

　　佩鲁（Perroux，1950）提出的"增长极"理论认为经济增长不可能同时出现在所有区域，而必须首先形成区域性的"增长极"。"增长极"的概念是由磁极的概念中引申出来的，是把发生支配效应的经济空间看作力场，并将此力场中的推进性单元视为增长极。从工业化视角来看，增长极是围绕那些具有引领社会发展的推进性主导工业部门而形成的高度联合的一组产业，这些产业一方面加速自身的发展，另一方面将通过该组产业的乘数效应来推动其他部门增长。首先，佩鲁提出了一个完全不同于地理空间的经济空间。他主张经济空间是以抽象的数字空间为基础，经济单位不是存在于地理上的某一区位，而是存在于产业间的数学关系中，表现为存在于经济元素之间的经济关系。其次，佩鲁认为经济发展的主要动力是技术进步与创新。创新集中于那些规模较大、增长速度较快、与其他部门的相互关联效应较强的产业中，具有这些特征的产业被佩鲁称为推进型产

业。推进型产业与被推进型产业通过经济联系建立起非竞争性联合体，通过后向、前向连锁效应带动区域的发展，最终实现区域发展的均衡。这种推进型产业就起着增长极的作用，它对其他产业（或地区）具有推进作用。此外，增长极理论的核心是推进型企业对被推进型企业的支配效应。该理论阐述了增长极对其自身和其他地区发展的积极作用，而忽视了增长极对其他地区发展的消极影响。Boudeville（1972）将增长极理论对产业空间的强调转移到对地理空间的强调，并引入区域经济理论，认为增长极能在较大程度上吸引高素质人才与高质量资本、高新技术等的空间集聚，经济活动的集聚效应更加优于经济活动分散的状态，从而推动城镇的功能升级，并推动区域经济发展。而区域经济的发展也需要有效规划配置增长极并通过其推进工业化水平的提升来实现。这一理论也间接描述了产业转型升级与城镇化发展之间的动态关系。

（二）中心—外围理论

Prebisch（1950）在《拉丁美洲的经济发展及其主要问题》的报告中，对世界经济体系中主体经济所存在的"中心—外围"依存关系进行了系统阐述。后来Vernon（1966）则将"中心"和"外围"之间的关系形象地描绘为梯度转移，其认为无论是在世界范围内还是在一国的区域范围内，经济发展都是不平衡的，每一个国家和地区都处在特定的发展梯度上。在传统的国际分工基础上，世界经济被分成"大的工业中心"（中心）和"为大的工业中心生产粮食和原材料"（外围）两个大部分，形成并非古典或新古典主义经济学所描述的互利的"中心—外围"关系。由于技术进步及其传播机制在"中心"和"外围"之间具有相异的表现和影响，这两个体系之间的关系并不对称，且呈现出中心与外围的非均衡发展态势，从而中心与外围的发展差距也越来越大。

Friedman（1966）对Vernon的理论进行了修正，指出经济发展是一个不连续但是却可以逐步累积的创新过程，其实现通常源于区域内少数的"创新中心"。这些中心的创新会逐步向周边扩展，从而带动周边区域的发展。Krugman（1991）进一步将"中心"和"外围"的理论引入到区域经济学领域，创立了著名的"中心—外围"理论，在Dixit-Stiglitz垄断竞争模型基础之上，将规模报酬递增、运输成本、不完全竞争等因素放在空间经济中进行分析，且用动态演化和计算机应用等方式构建了新模型，并创建了新经济地理学（New Economic Geography，NEG）。新经济地理学认为规模经济、运输成本、市场规模及关联效应是促成"中心—外围"两种不同地区的空间结构、产业非均衡分布和产业集聚的原动力。中心地区最先获得发展，并对外围地区的资本要素和劳动力要素产生强大的吸力，形成对外围地区的极化效应。外围地区通过运输商品来赢得一定的市场和竞争力，并获得要素收入。理论分析表明，市场准入效应、生活成本效应和市场挤出效应都是促成各产业在地理位置与区域选择上集聚的原因。其中，市场准入效应和生活成本效应使生产者和消费者在地理上集聚，通过相互作用最终导致累积效应；而市场挤出效应则产生离心力，驱动厂商在地理上的扩散，亦可归之为扩散效应。

随着中心地区产业的不断集聚，由于不可流动的生产要素、地租价格攀升、拥挤成本上涨、其他外部不经济等产生的市场竞争效应使该地区的要素收入下降，直至形成某个临界点，产生扩散效应，即人口和劳动力开始向外围地区流动，也会使大量产业向外围地区转移，尤其是拥挤成本较大的产业，这样会腾出较大的空间和机会为中心地区发展优势产业夯实基础。于是，产业集聚、转移机制作用的过程也是中心地区和外围地区产业结构优化升级的过程。同时，劳动力要素也将随着产业的转移而流动，一方面，外围地区吸引了更多劳动力的进入，提高了外围地区城镇化水平；另一方面，中心地区通过转移不符合本地区竞争优势的产业，实现了资源的有效配置和产业转型升级，实现了城市的功能升级，相应产业所需要的人力资本不断进入中心地区，也促进了中心地区城镇化进程。

（三）循环累积因果理论

Myrdal（1957）在 Perroux（1950）的增长极理论基础上，提出了循环累积因果理论，即"地理上的二元经济"（Geographical Dual Economy）结构理论。该理论利用扩散效应和回波效应概念，阐释了经济发达地区优先发展对其他落后地区的促进作用和不利影响。Myrdal 认为新古典主义基于传统静态均衡分析方法推出的经济发展理论与发展中国家的实际情况并不相符，新古典主义经济发展理论认为市场作为"看不见的手"可以自发引导资源的流动和配置，进而实现相异地区均衡发展。事实上，地区非均衡发展在发达国家也是普遍现象。循环累积因果理论指出经济社会各因素间的关系都是互为因果的关系，各因素相互作用、相互影响，它们彼此形成循环累积的发展态势，并推动社会经济各区域的趋势性非均衡发展。循环累积因果理论认为地区经济各因素之间的循环累积因果关系形成了两种效应：一是回波效应（Backwash Effect），亦称极化效应，即因为要素收入会随着地域的因素而相异，劳动力、资源等会从不发达地区流向经济发展状况好的地区，并进一步累积，推动该地区经济的进一步发展，形成"极化效应"，扩大与周边地区发展差距、收入差距。二是扩散效应（Spread Effect），指发达地区发展到一定水平时，地区差距扩大到一定程度，发达地区会出现因资源匮乏、污染严重等缘由致使企业的生产成本上涨，要素收入减少，从而该地区经济增长速度趋缓，此时落后地区的吸引力上升，发达地区部分劳动力、资金、技术等扩散到落后地区。循环累积因果理论指出市场对地区间发展的影响通常是扩大该地区的不平衡，如果一个地区在最开始的时候就获得一定的比较优势，相较于另一个地区发展更快、更优，则这种态势往往会持续下去，即所谓的强者恒强，这就是循环累积因果原理，由此形成了"地理上的二元经济"结构。当然，"扩散效应"和"极化效应"之间的抗衡决定了发达地区与不发达地区的差距大小。为缩小区域经济发展差距，不平衡发展战略是优势战略，通过培养增长极，通过增长极的"扩散效应"实现发达地区带动不发达地区的产业转移和发展，促进不发达地区的经济社会发展。

以上对三类非均衡发展理论的阐述表明中心地区具有"极化效应"，在集聚各类要素并成为经济活动中心的同时，会逐步向外围地区扩散和转移产业、人口、技术，最终形成"扩散效应"。产业转移是促成产业转型升级的重要推手，中心地区通过转移附加值较低的产业到外围地区，而集聚附加值较高的产业。对于发展梯度高的大中型城市，产业的转移和优化升级既推动了自身的可持续发展，又推动了周边地区的城镇化进程（吴福象、沈浩平，2013），周边的欠发达地区则发挥自身的资源优势，积极承接发达地区的产业转移。例如，在欠发达地区建立工业园，吸引产业集聚并通过良性循环壮大集聚规模；工业园区的发展会带动周边基础设施的建设与完善，并引导劳动力的流动，促进当地的就业，拉动当地的消费和经济发展，实现产业发展与城镇建设相融合。

事实上，中国的城镇化也可以分为离散、极化、扩散和成熟四个阶段。推进工业化之初，尚不存在经济意义上的"中心"城市，不同规模城镇分散在不同区域中，没有形成明显的等级系统，城镇化处于离散阶段；随着工业化的迅速推进，相应的主导产业开始在特定城市出现，中心城市开始快速增长，并迅速拉大其与外围城市的差距，极化阶段开始出现；随着产业不断升级，中心城市需要将传统的产业向外围地区转移，并开始形成城市分布的"点轴"结构，城市化由此进入扩散阶段；随着产业不断转型升级，信息产业和高端服务业得到发展，城市网络开始形成，"中心—外围"的空间格局逐渐被一体化的城市化区域所取代，城镇化进入城市群发展阶段。

第四节
新型城镇化与产业转型升级互动的途径

一、两者互为发展的基础与动力

从理论上分析，产业转型升级与新型城镇化既具有内在的依存关系，又互为发展的基础与动力。中国传统的工业化战略在改革开放后对城镇化的快速推进起了主导作用。但当工业化进入中期、后期阶段，工业产值在国民生产总值中的比重趋于稳定，工业就业份额趋于下降，其自身对城镇化的推动作用大幅度下降。而产业转型升级意味着既要推进新型工业化和信息化的融合，又要促进制造业和服务业的融合；既要实现传统产业的产业内转型升级，也更加注重服务业发展的产业间转型升级，还包括产业结构的高级化。相比于传统的工业化，产业转型升级要以更丰富的内涵、更多的方式成为推动新型城镇化的主力。产业转型升级既要创造更多的就业机会，也要能满足人们日益增长的物质文化需要，适应并引领社会的消费升级。因而，新型工业化与产业转型升级是新型城镇化快速发展的重要基础，对推进新型城镇化具有吸纳、溢出、协调和环境友好等多重效应，是推进新型城镇化的物质基础与保障。

新型城镇化是涵盖人口城镇化、城镇基本建设、经济发展、社会投入和生态环境保护的综合概念。以人为核心的新型城镇化具体体现为通过户籍制度改革和基本公共服务全覆盖促进农民工的市民化，市民化过程是人口转移与集聚的过程，这个过程可以有效增加非农产业劳动力供给、激励家庭和社会对人力资本投资、挖掘资源重新配置的潜力（蔡昉等，2020）。随着农民工市民化进程的推进和相关公共服务供给水平及质量的改善，新型城镇化将有效地提高人力资本水平，为产业转型升级提供充足的劳动力供给和智力支撑，将逐步提升居民收入水平与消费能力，尤其是提升转移人口的消费能力，引领产业调整与升级。随着城市基础设施的完善和功能的提升，城市将进一步深化社会分工，促进经济活动的聚集与竞争，强化技术创新，加剧本地市场竞争，迫使本地产业技术创新提高生产效率，间接推进了地区产业转型升级。同时，新型城镇化强调生态环境保护，势必会对原有产业发展模式产生变革性引导作用，部分粗放型企业势必会因此退出市场，而集约型、高附加值型的新型企业方可存活下来，这种"选择效应"促进了产业转型升级（孙叶飞等，2016）。

总体来看，产业转型升级伴随大量的新要素需求的出现，人口、资本、土地等生产要素重新组合且进一步集聚，并夯实城镇化的物质基础，而城镇化带来的集聚效应又从要素总量上为产业转型升级提供源源不断的支撑。人力资本积累、物质资本积累、技术创新、消费升级等是促进两者互动的主要机制。

二、两者互动发展的机制和路径

（一）人力资本积累

人力资本理论强调人力资本是基于人身上的资本，是科学素质和知识技能在劳动者身上长期的积累（刘智勇等，2018）。从个体属性来看，人力资本水平越高，越有利于劳动者掌握先进技术，增强其创造力和创新能力，诱发技术创新并产生溢出效应，从而快速促进企业生产率的提升。从作为要素的属性来看，人力资本积累能为一个地区产业发展和结构升级提供人力基础和智力支持，人力资本积累程度越高，越能推动区域进入更高附加值的产业，并增强产业活力和产业转换的承受力，实现经济的快速增长和产业结构的调整，推动地区产业转型升级。

西方发达国家城镇化发展的经验表明，人力资本一直是决定城镇化进程和质量的决定性因素之一，夏怡然和陆铭（2019）通过展示中国城市人力资本的发展足迹，揭示了人力资本对城市发展路径依赖性的影响。随着城镇化发展阶段不断演进，人力资本积累的水平、质量与结构在新型城镇化中的作用愈加显著。人力资本的提高意味着人们受教育程度和认知水平的提高，意味着提高生活品质的能力和愿望的增强，由此将切实地促进房地产业、金融业、交通运输业等生活型服务业的发展，推进城镇功能的进一步完备。同时，新型城镇化的推进将从户籍制度的改革和公共服务的供给等各方面提升农业转移人口的人力资本水平，扩大人力资本存量。而人力资本存量的扩大将从个体属性和要素属性角度为产业转型升级提供源源不断的人力、智力支持。随着中国经济发展的动力转向创新驱动，人力资本积累在促进产业转型升级与新型城镇化互动发展中的作用越发重要，本书将在后续章节进行深入分析与论证。

（二）物质资本积累

物质资本作为关键的生产要素，是生产函数的基本变量之一，既是社会扩大再生产的物质前提，也是促进产业转型升级和新型城镇化互动发展必需的物质基础。

推进新型城镇化，实现农业转移人口的"市民化"，既要稳定农业转移人口的工作机会，又要使之享受真正的市民待遇。市民化过程是人口转移与集聚的过程，而城市人口聚集将引致大规模的就业需求和公共服务需求，这种需求的满足均以资本要素投入为前提。其中，产业资本投入是城镇非农产业发展和提供就业机会的前提和基础，公共资本投入则是城市基础设施与公共服务供给的前提和基础，人口布局与经济布局协同发展的重要机制就是物质资本要素。城市公共物质资本积累意味着有大量资金投入城市道路、通信、公共服务设施及水利等基础设施的建设，为人口集聚与产业集聚创造更优越、更有吸引力的环境。公共配套设施的完善是促进城市产业转型升级的物质前提。产业资本的积累既促进了产业规模的扩大，从而创造了就业岗位，又促进了技术和知识的进步。因为科学技术和知识转化为直接生产力的一个重要途径是物化于生产资料之中，特别是通过耐久的劳动手段（如机器、设备等）体现出来。随着资本的不断深化，物质资本结合技术和知识成为促进产业结构转型升级的重要手段，并为新型城镇化提供坚实的产业体系支撑。

（三）技术创新和技术扩散

技术创新是推动人类社会发展与进步的不竭动力。产业转型升级和城市功能的提升在很大程度上取决于地区技术创新能力及实用技术的应用与扩散。改革开放以来经过多年的积累，资本和自然资源对中国经济增长的约束已大为缓解，经济增长日益依赖于技术进步（李建伟，2020）。党的十八大以来，中国经济增长的动力日益由要素驱动转向创新驱动，并以技术创新引领产业转型升级与新型城镇化建设。技术创新在推动产业结构演进和高级化的同时，也促进传统产业的革新升级和新兴产业的诞生与发展。当前随着智能化技术的应用和数字经济的发展，技术创新正推动产业向服务化、智能化和绿色化方向转型升级。产业转型升级在空间上体现为产业的转移集聚，技术创新往往是集聚效应的产物。人口、产业和各类经济活动集聚于大城市或城市群，经济的集聚与竞争会强化技术创新，而技术创新又推动产业转型升级与城市功能的提升。随着发达地区的产业转移及其产生的技术扩散效应，欠发达地区一方面直接获得较先进的技术，另一方面通过承接产业转移加剧了本地市场竞争，刺激本地产业进行技术创新，进而推动本地产业转型升级。因而，发达地区与欠发达地区之间、中心城市与周边城镇之间将形成技术创新→产业升级与产业转移→技术扩散与创新的循环路径。

从区域非均衡发展的角度来看，中国东部发达地区既要引领技术创新，依靠创新驱动发展，保持增长极地位，又要推动技术向欠发达地区扩散，为产业转型升级注入源源不断的动力。尤其是粤港澳大湾区、京津冀、长江三角洲等区域，要着力打造具有国际化水准的城市群，逐步成为引领全球创新的核心区域，以创新驱动产业升级，助推中国在全球产业链的地位不断上升，形成新型城镇化与产业转型升级协同推进的典范。而中西部欠发达地区技术水平较低，在技术创新和产业转型升级等方面往往处于相对被动地位，需要积极有效地承接发达地区转移的产业和技术，优化产业布局，形成与发达地区分工互补的发展格局，逐步提升自身创新能力，提高城市发展质量，促进产业和城市互动发展。

（四）消费需求扩张与升级

新型城镇化是以人为本的城镇化，在实现农村人口向城镇人口转变的过程中将逐步消除户籍制度的约束，农业转移人口能够真正享受市民待遇，获得比在农村生活更高的收入水平，并改变原来非市民化所导致消费水平长期低于收入水平的状况。农村人口的市民化意味着"密集市场"效应与消费能力的提升（宁光杰、刘丽丽，2018），消费引领产业调整与升级，促进城市繁荣与可持续发展，城市繁荣将进一步聚集生产要素、增加消费与投资需求并推动产业与城市的协调发展（丛海彬等，2017b）。

在新型城镇化与产业转型升级的互动过程中，消费需求扩张与升级既是两者互动的结果，又是两者互动的动力，具体表现在：第一，农业转移人口市民化将直接促使城镇的消费需求总量扩张。长期以来，受农村生产生活方式和农民收入水平不高等因素的影响，农民消费结构中自给自足性消费占比较大，市场化效率不高。当农业转移人口完成市民的身份转换之后，其消费将转化为完全的商品性消费，扩大城镇消费总量，并形成新的消费热点与商机。而农业转移人口市民化为城镇带来的消费需求总量的增长，既可化解城市业已存在的过剩产能（于斌斌、陈露，2019），又倒逼现有产业通过转型升级来增加供给。第二，市民化过程也是消费结构调整的过程，新型城镇化将逐渐改变居民的消费结构。随着收入的增加，农业转移人口进城后将逐步降低其消费结构中需求收入弹性较低的商品的消费比重，逐步增加需求收入弹性较高的商品的消费比重，如高端制造业商品、医疗与教育等公共服务产品、娱乐休闲等精神产品，由此带动城市教育、文化娱乐、体育休闲和医疗保健等行业的需求上升，刺激相关行业和产业的投资增加。消费结构的变化将引致产品结构的变化，从而带动产业转型升级（杨天宇、陈明玉，2018）。而城镇社会服务功能的提升，亦将产生基础设施的溢出效应，引致产业转型升级并将大幅度增加对服务业的需求。第三，农业转移人口市民身份的转变也有利于促使其消费理念与生活方式转变，从而形成新的消费示范效应。进城的转移人口将受到同一收入阶层或更高收入阶层城市居民生活方式和消费方式的影响，这种影响通过各种关联方式形成消费示范效应，促进消费水平整体上升。当前挖掘国内超大规模市场潜力是促增长的必然选择，而新型城镇化是一个重要契机，有利于把超大规模市场潜力转化为巨大消费需求。推进农村人口的市民化，提升新型城镇化水平，可以进一步挖掘市场消费潜力，扩大市场容量，为产业的大规模化发展与转型升级创造条件（蔡昉等，2020）。

（五）国际贸易和投资

改革开放以来在积极的对外开放政策的作用下，对外贸易和国际投资成为推动中国经济增长、产业转型升级和城镇化的重要力量。中国通过扩大出口引导国内的优势资源、生产要素流向出口部门，化解国内生产过剩问题并带动产业升级，同时贸易发挥了扩大就业总量和转移农村剩余劳动力的重要作用，直接推动了城镇化进程（袁冬梅等，2018）。在经济全球化的背景下，由于各国的要素禀赋和发展条件存在着较大的差异，不同国家根据比较优势的原则来参与国际分工，通过出口具有比较优势的产品满足国际市场需求，带动本国相关产业的发展，同时通过进口外国具有优势的产品以满足国内供给。这种产品和服务的国际间交流与合作，使一国产业发展发生了较大的变化，本国的产业结构与国际市场的需求结构和供给结构紧密联系起来，并通过承接产业和转移落后产业嵌入国际产业分工，实现价值链升级。

国际投资包括本国资本的对外投资和国外资本的直接投资两种形式，它们都会引起国内产业结构的变化，同样也会影响本国城镇化进程。相对来说，外国直接投资对一个国家或地区产业转型升级和城镇化的影响更为具体和直接，外国直接投资是资本、技术、管理经验和人才的集合体，对东道国会产生资本积累效应和技术外溢效应（袁冬梅、马梦姣，2020），从而会对一个国家或地区产业转型升级和城镇化互动发展产生影响。具体来看：第一，外国直接投资的资本积累效应促进了产业的扩张与升级，提高了从事非农行业的劳动力比重，从而推动了城镇化进程。第二，外国直接投资的技术外溢效应有利于吸引产业的集聚和集群式发展，产业集聚水平的不断提高一方面可以通过集聚效应对地区产业转型升级产生促进作用，另一方面增强了城镇对人口和要素的吸纳能力，增强了城镇综合承载力，有利于实现地区产业转型升级与城镇化的互动发展（袁冬梅等，2017）。

（六）主要机制的作用路径

梳理前述产业转型升级与新型城镇化互动发展的主要机制，不难发现各机制几乎都是通过劳动力流动、要素集聚以及产业转移集聚等路径发挥作用。从城市发展的历史来看，抛开城市选址的其他决定因素，所有城市的形成和发展均可以理解为人口与产业协同集聚的结果。新型城镇化的推进同样呈现了人口和产业向中心城市及城市群迁移聚集的规律与趋势。因而，人力资本积累、物质资本积累、技术创新与扩散、消费需求扩张与升级等机制最终都是在劳动力流动集聚和产业转移集聚的动态路径下发挥作用，并形成循环互动的系统回路。在众多作用机制中，人力资本积累、技术创新及其决定的产业集聚与分工体系是最重要的机制，产业集聚是动态路径的同时其本身也是作用机制。

从城市的演进与转型来看，城镇的本质是各种要素资源在空间的集聚，产业的转型升级依赖于有效的要素供给。以人为核心的新型城镇化的首要任务是促进农民工的市民化，市民化过程既要稳定农业转移人口的工作机会又要使之享受真正市民待遇，意味着人口集聚带来的要素增加、消费扩张和对公共服务需求的稳定增加。这不仅有效增加了非农产业劳动力供给和物质资本的供给，为城市产业集聚提供人力资本与物质资本基础，还有利于扩大城市需求，增加家庭和社会对人力资本和公共服务设施的投资，促进产业转型升级。

从中国城市层级形成来看，由于大城市体量大，产业类型多且就业机会多，往往是农村转移人口相对集聚的地区，这会促使大城市在扩张的过程中，一方面实现产业升级，大力发展新兴产业、积极引进国外先进技术促进现有产业的升级改造；另一方面将相对落后产业转移到周边次级城镇，推动都市圈和城市群的发展，促进不同层级城市的功能分工和产业优化，有利于推动都市圈产业升级并创造更多的就业岗位。对于相对落后的城镇，其在承接吸收大城市产业转移的基础上，创造出大量的就业岗位，并不断吸引其他地区的资本、劳动力等生产要素向本地区转移，形成要素集聚，并对本地经济活动产生积极的外部影响，形成集聚经济。集聚经济的外部性又会吸引其他地区劳动力和产业不断向本地区转移，以此形成良性循环，推动落后地区的城镇化。可见，城镇化从要素总量上为产业转型升级提供源源不断的支撑，而产业转型升级则催生了大量的新需求，人口、资本、土地等生产要素重新组合且进一步集聚，又为新型城镇化奠定物质基础，有效推动了产业转型升级与城镇发展的良性互动。

从产业的演进与转型升级来看，产业转移和集聚内生于区域间动态转化的比较优势与循环累积的经济因果链。"中心—外围"理论表明，当一个区域的产业集聚到一定程度，由"拥挤效应"产生的离心力逐渐超过产业集聚的向心力时，产业转型升级或者产业转移成为该区域经济发展的内在要求。由于不同区域间比较优势的转换，发达地区的城市从极化效应逐步向扩散效应转化，那些不再具备优势的产业逐渐转移到相对落后地区，既促进了承接地区产业的转型升级，同时也为转出地区推进产业转型升级创造了条件（李雯轩、李晓华，2021）。那些承接产业转移的二级城市或更低级别城市也会逐渐形成集聚效应、进行产业转移升级与城市功能提升，从而推动产业结构优化与城市可持续发展。中国在参与国际分工提升产业链、供应链价值地位的过程中，中国东部地区具有技术创新和参与全球价值链的相对优势。东部地区产业向中部、西部地区转移既是国际市场竞争和技术创新的结果，也是比较优势转换导致的要素投入成本上升的结果，产业的转移促进了东部地区产业升级，也促进了中部、西部地区产业集群发展并创造大量的就业机会，从而吸引要素集聚并推动当地城镇化发展，实现产业转型升级与新型城镇化的良性循环互动。可见，在产业转移、集聚路径的驱动下，不同地区会选择符合本地区比较优势的主导产业，实现地区优势产业集群并推动特色城镇化的发展，最终实现产业转型升级与城镇发展的良性互动。图 2-1 为产业转型升级与新型城镇化实现良性互动的路径。

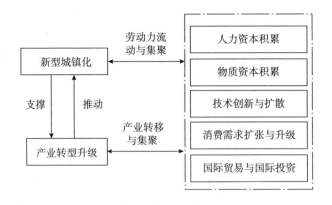

图 2-1 产业转型升级与新型城镇化良性互动的路径

三、两者互动发展的其他影响因素

（一）政府推动作用

产业转型升级和新型城镇化的互动发展虽然可以在市场机制的作用下自发进行，但是由于存在着市场失灵，仅仅依靠市场力量的推动容易出现偏差和问题。从实践来看，不同国家和地区都会对产业转型升级和城镇化互动发展进行一定的政府干预（杨新华，2015），因此产业转型升级和新型城镇化的互动发展，离不开政府作用的发挥。政府在产业转型升级和新型城镇化的互动发展中，承担着提供制度与政策安排的重要任务。政府还是推动基础设施建设和提供公共服务的主要力量。第四章的分析表明政府的推动作用在西方国家的城市化进程中也是必不可少的重要力量。

（二）金融发展水平

作为关键的生产要素，物质资本对产业转型升级和新型城镇化的互动发展意义重大，但是物质资本的积累需要金融作为中介才能实现资金在产业资本和社会资本间的有效配置。从实践来看，一个国家或地区的金融发展水平影响着资金供应的总量与规模、投入的方向和比例、投入的速度与结构，会对产业转型升级和新型城镇化的互动发展产生直接影响。在产业不断升级的过程中，产业部门的研发投入、风险特性与资金需求也在不断地变化，金融作为现代经济的核心，以银行和金融市场为主的金融体系在产业转型升级过程中扮演着关键支撑角色（袁冬梅、李恒辉，2018）。同时，"以人为本"的新型城镇化建设将产生大量的资金需求，城镇化过程中的基础设施及公共服务等均需要金融资金支持（袁冬梅等，2017）。《国家新型城镇化规划（2014—2020 年）》中就明确提出，要创新城镇化的资金保障机制，加快财税体制和投融资机制改革，创新金融服务，逐步建立多元化、可持续的资金保障机制。

（三）环境规制

环境规制是新型城镇化的内在要求，因为新型城镇化是以人为本、更加注重质量与内涵的城镇化，是物质资本、人力资本与生态资本有机结合的新形态。产业转型升级则在一定程度上是环境规制的结果，是环境、资源约束倒逼的结果。新型城镇化要求充分考虑地区的发展阶段、区域环境和环境容量特点，针对不同地区和行业实施差异性的环境政策。根据波特的创新补偿假说，新型城镇化对环境规制的要求，能够激发企业的创新行为，进而提高生产效率、降低企业成本，促进企业自身结构的调整优化，从而促进整个社会产业的转型升级。同时，不同经济发展水平的地区，执行环境政策的严厉程度不同，对企业生产成本的影响也不同。经济相对落后的地区更倾向于实施宽松型环境规制政策以吸引资本流入，带动地区经济发展，而污染型企业为降低排污成本更倾向于选择环境政策较为宽松的地区进行生产。中国本土的污染型企业往往向环境政策相对宽松的中部、西部地区或境外欠发达地区转移，这种转移效应有利于促进转出地区的产业转型升级（沈坤荣等，2017）。此外，随着居民环保意识逐渐增强和对绿色环保产品消费需求的增加，企业不得不转变生产方式和调整产品结构以更好地适应和满足市场需求的变化，居民和企业环保意识的增强都将有利于产业转型升级和城市生态文明建设。

第五节
本章小结

城镇化是伴随经济发展和产业演进的自然历史过程，城镇化的推进既离不开工业化，也需要与产业转型升级实现良性互动。中国的城镇化经历了传统发展模式转向新型城镇化的过程，新型城镇化既蕴含传统城镇化的优势，又更好地体现以人为本的发展理念，具有丰富的内涵。本章阐释了新型城镇化和产业转型升级的内涵，归纳了习近平总书记关于新型城镇化的系列论述，比较了传统城镇化和新型城镇化的异同，梳理了产业结构变迁的理论演进、产业转型升级与城镇化互动的理论基础。发展经济学、产业经济学、新经济地理学等理论充分阐述了产业结构演进、城乡劳动力流动与城镇化的关系，为本章从理论上剖析新型城镇化与产业转型升级两者之间的互动关系提供了坚实的理论依据。刘易斯的二元经济结构理论、托达罗的"乡—城劳动力迁移"模型、区域非均衡发展理论等，均从不同层面剖析了产业结构变迁与城镇化互动的关系。基于这些理论并结合中国的发展现实，本章归纳了新型城镇化与产业转型升级互动发展的主要实现机制与路径。具体来说，新型城镇化与产业转型升级互为发展的基础与动力，并在劳动力流动和要素集聚、产业转移和产业集聚的作用路径下，通过人力资本积累、物质资本积累、技术创新与扩散、消费需求扩张与升级、国际贸易和投资等机制作用下形成循环互动的系统回路。此外，新型城镇化与产业转型升级的互动发展也会受到其他外部因素的影响，例如政府推动作用、金融发展水平和环境规制等。

中国城镇化与产业结构
变迁互动的经验事实

本章从时间维度梳理了新中国成立以来城镇化与产业结构变迁的历程，深入剖析产业结构变迁脉络及与城镇化水平变动的关系，分析不同时期中国宏观政策和发展战略在其中的作用，重点分析改革开放以来城镇化发展特征，为新时期新型城镇化与产业转型升级的协同推进提供历史经验借鉴，既有利于促进新型城镇化与产业转型升级的良性互动，也可为中国经济的转型升级与高质量发展提供决策参考。

中国城镇化与产业结构变迁互动的历程

一、计划经济体制时期城镇化与产业结构演进

新中国成立初期，中国经济的总体特征表现为城镇化起点低、产业结构失衡。在此后将近 30 年的时间里，中国以单一公有制和计划经济体制为基础，实施优先快速发展重工业的战略，第二产业发展相对超前，农业与服务业发展相对滞后，初步建立起了比较完整独立的工业体系和国民经济体系，为国民经济的恢复发展和 1978 年后的改革开放奠定了物质基础。但这一时期工业化未有效带动城镇化的相应发展，城镇化严重滞后，且在一定程度上是以牺牲农业来促进工业化，城乡二元结构明显，具体可分三个时期展开论述。

（一）1949~1952 年新中国成立之初的经济恢复时期

新中国成立之初，国内受长年战争影响，全国范围内工农业生产遭受严重破坏，通货膨胀严重，城乡交流几近瘫痪，国际上新生政权仍然受到战争的威胁，但国民经济在较快时间内得到基本恢复。这一时期的产业结构发生了显著变化，1952 年工业增加值达到 119.5 亿元，三次产业占比为 50.5∶20.9∶28.6，产业结构呈现明显的失衡特征，轻工业和服务业发展相对滞后，工业内部重工业也相对薄弱，数据显示 1949 年规模以上重工业

与轻工业总产值比约为 2.78∶1，1952 年该比值下降为 1.81∶1[①]。由于该阶段的主要任务是理顺经济关系、恢复工业生产，人民生活水平总体上仍然处于最贫困状态。受益于工业生产的恢复和国防建设，城镇化率由 1949 年的 10.64%提高到了 1952 年的 12.46%[②]，上升了 1.82 个百分点，城镇化整体水平较低且发展迟滞。

（二）1953~1957 年"一五"计划和社会主义改造时期

经过三年恢复期，1953 年以"一五"计划实施为标志，中国从真正意义上开启了面向现代工业的发展道路。鉴于当时国内外发展环境和苏联的经验教训，中央领导集体基本形成了优先发展重工业的战略认识，并着力从两个方面推进经济社会工作：一是集中资源进行工业化建设；二是加快推进各经济领域的社会主义改造。到 1957 年底，中国的产业结构得到明显改善，工业的发展速度最快，农业和服务业得到较快发展，国民经济基本迈上良性循环的轨道。1953~1957 年，第一、第二、第三产业增加值占GDP 的比重由 46.3∶23.4∶30.4 调整为 40.6∶29.6∶29.8[③]，工业增加值由 163.5 亿元增长到 271 亿元，其占国内生产总值比重由 19.8%上升到 25.3%，而第一产业增加值占国内生产总值比重则下降了 5.8 个百分点。但在工业内部结构方面，1957 年轻工业占比仍高达 55%，重工业占比偏低，成为工业发展的瓶颈[④]。

在大规模的经济建设与产业结构改善的进程中，工业化水平的提升带动了城市化的发展。国家统计局的数据显示，1953~1957 年，城镇人口由 7826 万人增长到 9949 万人，城镇化率由 13.31%上升到 15.39%[⑤]。但此时的城乡间人口流动受户籍制度的严格限制，从人口进入城市的集中度来看，北京、上海、重庆、武汉和西安五个城市的人口分别净增 50 万以上，另有 12 个城市人口分别净增 30 万以上[⑥]。受优先发展重工业的影响，东

①④ 陶长琪，陈伟，郭毅. 新中国成立 70 年中国工业化进程与经济发展［J］. 数量经济技术经济研究，2019，36（8）：3-26.

② 资料来源：中华人民共和国中央人民政府网，http：//www.gov.cn/shuju/2019-08/16/content_5421576.htm.

③ 资料来源：《新中国六十五年》.

⑤ 按照城镇人口/年底总人口计算.

⑥ 石雅著. 20 世纪 50 年代以来中国人口城市化进程分析［D］. 吉林大学硕士学位论文，2004.

北地区的沈阳、抚顺、本溪、鞍山等工业、矿业城市迅速发展。一些新型工业城市崛起，如因石油而崛起的城市大庆、克拉玛依、玉门，因钢铁和煤矿而崛起的城市邯郸、淮南、包头等，还有综合性工业城市石家庄、淄博、格尔木等。这段时期城镇化的重要特征是典型的工业化（特别是重工业化）带动城市化。

（三）1958~1978 年国民经济曲折前行时期

自 1958 年开始，中国面临复杂的国际国内环境，国民经济和产业发展开始在曲折中负重前行。产业结构的演进经历了由失衡到基本协调再到严重失衡的过程。三次产业比重关系由 1958 年的 34.4∶37∶28.7 演变为 1978 年的 28.2∶47.9∶23.9，三次产业结构中工业比重偏高，第一产业严重滞后于工业发展，第三产业占比也在极不正常地下降。在工业内部结构中重工业比重偏高，1977 年底规模以上轻重工业总产值之比为 0.78∶1[①]。两次产业结构严重失衡时期分别为：一是 1957~1960 年，工业内部轻工业占比由 55% 降低到 33.4%，重工业占比由 45% 骤升至 66.6%，重工业占比差不多是轻工业的两倍，工业内部结构严重失衡；二是 1965~1978 年，三次产业产值比重由 38.3∶35.1∶26.7 演变为 28.2∶47.9∶23.9，农业和服务业发展严重滞后于工业（郭旭红、武力，2018）。产业结构失衡既有单一公有制和计划经济体制对经济运行的干预等主观原因，也有应对国内外严峻环境尽快建立独立的工业体系等客观要求。总体上来看，经历了曲折发展后国民经济与产业结构演变逐步呈现向好的态势。

与产业结构的失衡相对应，这一时期的城市化经历了大起大落的过程。1958~1960 年城市化率快速提升，由 1958 年的 16.25% 提升到 1960 年的 19.75%，3 年提升 3.5 个百分点。但城市人口超常增长与集中资源优先发展重工业的产业结构不协调，出现了城市产业难以支撑、就业压力大、劳动生产率下降等问题。而此后发生的逆城市化运动使城镇人口锐减，到 1963 年底，中国城镇化率下降至 16.84%，相对于 1960 年城镇人口减少 1427 万人。此后的十多年，城市人口的增长速度大多数年份低于同期中国总人口的增长速度，甚至出现多年的负增长，其中 1964~

---

　　① 陶长琪，陈伟，郭毅. 新中国成立 70 年中国工业化进程与经济发展［J］. 数量经济技术经济研究，2019，36（8）：3-26.

1972 年城市化率由 18.34% 下降至 17.13%，9 年时间下降了 1.21 个百分点①。

总体来看，这一时期由于产业结构失衡和逆城市化运动，中国的城镇化异常缓慢，几乎出现了发展停滞，到 1978 年底城镇化率仅为 17.92%，较 1958 年底的 16.25% 只提升了 1.67 个百分点。虽然通过优先发展重工业初步建立了工业体系，但工业化没有成为带动城镇化发展的力量，两者也没有形成正常的互动关系。

二、改革开放以来城镇化与产业结构演进

改革开放以来，中国经济逐步进入发展的快车道，产业结构不断优化。具体来看：1978~1991 年，国家的主要工作是纠正产业结构的严重失衡、推进各产业协同发展并稳步推进城镇化建设；1992~2012 年，邓小平"南方谈话"和"入世"将中国的改革开放推向一个新的高度，对外开放步伐加快，消费需求和投资需求显著增长，产业结构与消费结构同步升级，中国城镇化也进入了快速发展轨道；2013 年以来，中国经济进入新常态，为实现经济高质量发展目标，在"稳增长、调结构"的客观要求下，中国积极推动供给侧结构性改革，加快产业结构转型升级步伐，推进新型城镇化的规划与建设。近几年在国际形势变化和疫情的冲击下，中国正积极推动构建"双循环"新发展格局。本节将依照改革开放以来的重要时间节点，将该阶段分为三个时期来论述。

(一) 1978~1991 年市场化改革转轨期

1978~1991 年是市场化改革的转轨时期，产业结构的失衡逐步被纠正并进入相对均衡发展阶段。1978 年，党的十一届三中全会决定将党的工作全面转向社会主义现代化建设，经济调整作为改革开放初期的首要任务。针对产业结构和就业结构的严重失衡、人民生活尚未达到温饱水平，中央着力调整优化产业结构，由前期的重点发展重工业转变为扶持轻工业和服务业发展，推动国民经济走上快速协调发展道路。经过全党、全国人民十余年的艰苦努力，到 1991 年底中国已基本完成了该阶段的主要任务。根据国家统计局公布的数据，1986 年国内生产总值首次超过万亿元，达到

---

① 资料来源于国家统计局公布的数据，经笔者计算获得。

10376.2 亿元，1978～1986 年非农产业增加值占国内生产总值比重由 72.3%上升到 73.4%，其中工业占比由 44.1%下降到 38.6%，服务业占比则由 24.6%上升到 29.8%。到 1991 年底，三次产业的比重演变为 24：41.5：34.5，产业结构逐步趋向合理。工业结构中轻重工业比例由 1978 年的 43.1：56.9 调整为 1990 年的 49.4：50.6（郭旭红、武力，2018），就业结构中非农就业人员比重从 1978 年的 29.5%上升到 1991 年的 40.3%。这期间人均国内生产总值由 385 元上升到 1912 元。在推动产业结构与经济结构调整优化的过程中，中央也推出了构建市场经济体制、实行对外开放等一系列重大改革举措，有效地解放了生产力，使国民经济逐步走上有活力、快速协调的发展道路。

改革开放的推进，特别是以家庭联产承包责任制为核心的农村经济体制改革，将农村剩余劳动力解放出来，使长久被压抑的劳动力自由流动潜力被逐步释放，城镇化进程得到加速。得益于乡镇工业的异军突起和外资的大量流入，20 世纪 80 年代以后的乡镇企业成为城镇化发展的重要推动力，以轻工业为主导的城镇化是该时期城镇化的重要特征。到 1991 年，中国农村小城镇已经增加到 12455 个①。1982～1992 年，城镇化进程中新建城市占据了主导地位，城市总数增加到 517 个②。国家统计局公布的数据显示，这一时期城镇人口也由 1979 年底的 18495 万人上升到 1991 年的 31203 万人，城市化率上升到 26.94%，较 1978 年底提高了 9.02 个百分点，城镇人口的增加主要源于进城务工的农民工规模扩大，也包括部分落实政策返城的知识青年。

（二）1992～2012 年市场经济体制形成期

1992～2012 年为社会主义市场经济体制逐步形成时期。邓小平"南方谈话"和党的十四大建设社会主义市场经济体制目标的确立标志着中国改革开放与现代化建设进入全新阶段。1993 年 11 月，党的十四届三中全会审议并通过了《中共中央关于建立社会主义市场经济体制若干问题的决定》，各个领域的改革开放力度不断加大。这一阶段，中国实施了一系列改革举措，如大刀阔斧地对国有企业进行改革，推进建立现代企业制度，

---

① 张俊.1978 年后中国小城镇数量与规模变化研究［J］.上海城市管理职业技术学院学报，2006（6）：32-35.

② 郑定铨.改革开放促进了城市的发展［J］.城市问题，1993（4）：26-30.

实施"分税制"的财政体制改革，极大地激发了经济发展活力。党的十五大进一步确立了社会主义初级阶段的基本经济制度，指出要充分发挥市场机制对资源配置的基础性作用。

与此同时，中国经济增长的动力发生变化，随着 1998 年后人民温饱问题的解决，消费对经济增长的贡献下降，投资、出口逐渐成为经济增长的主要驱动因素。2001 年加入 WTO 后，中国紧紧抓住全球化的机遇促进出口高速增长，出口占世界的比重从 2000 年的 3.9% 上升到 2010 年的 10.4%[①]，先后超过了日本、美国和德国，跃升为世界第一出口大国和"世界制造工厂"，加速了中国基础工业和加工工业的发展，也为农业剩余劳动力的大规模转移创造了有利的时机。这期间，中国还遭遇了两次全球性金融危机的冲击，经历了 1998 年特大洪水、2003 年"非典"和 2008 年汶川大地震等特大灾难。面对金融危机与自然灾害，中国政府通过实施积极的财政政策和稳健的货币政策保证了经济的快速增长。国家统计局公布的数据显示，2001 年国内生产总值超过 11 万亿元，达到 110863.1 亿元，较 1992 年增长约 4.07 倍。2010 年国内生产总值较 2001 年又增长约 3.72 倍，超越日本位居世界第二。1992~2012 年是中国经济总量增长速度最快的时期。

在外资、外贸和经济高速增长的推动下，中国的产业结构朝着优化升级的方向演进。表 3-1 汇总了 1991~2012 年中国城镇化率、三次产业增加值及就业占比变化情况。到 2003 年，三次产业增加值占国内生产总值的比重为 12.3∶45.6∶42.1，相较于 1993 年的 19.3∶46.2∶34.5，农业占比下降 7.0 个百分点，服务业占比上升 7.5 个百分点。到 2012 年，三次产业增加值占国内生产总值的比重进一步调整为 9.1∶45.4∶45.5。这一阶段第二产业增加值占比基本上处于 44.5%~47.6%，并在 1996 年和 2006 年形成两个高峰值，第三产业增加值占比基本稳步上升，2012 年首次超过第二产业，产业结构由"二三一"发展模式转向"三二一"模式。

---

① 胡鞍钢.2030：世界绿色工业强国——全球视野下的中国工业化道路［J］.人民论坛·学术前沿，2013（16）：72-83.

表 3-1　1992~2012 年中国城镇化率、三次产业增加值及就业占比

单位:%

年份	城镇化率	年上升百分点	第一产业产值占比	第二产业产值占比	第三产业产值占比	第一产业就业占比	第二产业就业占比	第三产业就业占比
1992	27.46	0.52	21.3	43.1	35.6	58.5	21.7	19.8
1993	27.99	0.53	19.3	46.2	34.5	56.4	22.4	21.2
1994	28.51	0.52	19.5	46.2	34.4	54.3	22.7	23.0
1995	29.04	0.53	19.6	46.8	33.7	52.2	23.0	24.8
1996	30.48	1.44	19.3	47.1	33.6	50.5	23.5	26.0
1997	31.91	1.43	17.9	47.1	35.0	49.9	23.7	26.4
1998	33.35	1.44	17.2	45.8	37.0	49.8	23.5	26.7
1999	34.78	1.43	16.1	45.4	38.6	50.1	23.0	26.9
2000	36.22	1.44	14.7	45.5	39.8	50.0	22.5	27.5
2001	37.66	1.44	14.0	44.8	41.2	50.0	22.3	27.7
2002	39.09	1.43	13.3	44.5	42.2	50.0	21.4	28.6
2003	40.53	1.44	12.3	45.6	42.1	49.1	21.6	29.3
2004	41.76	1.23	12.9	45.9	41.2	46.9	22.5	30.6
2005	42.99	1.23	11.6	47.0	41.3	44.8	23.8	31.4
2006	44.34	1.35	10.6	47.6	41.8	42.6	25.2	32.2
2007	45.89	1.55	10.2	46.9	42.9	40.8	26.8	32.4
2008	46.99	1.10	10.2	47.0	42.9	39.6	27.2	33.2
2009	48.34	1.35	9.6	46.0	44.4	38.1	27.8	34.1
2010	49.95	1.61	9.3	46.5	44.2	36.7	28.7	34.6
2011	51.83	1.88	9.2	46.5	44.3	34.7	29.6	35.7
2012	53.10	1.27	9.1	45.4	45.5	33.5	30.4	36.1

注：笔者根据国家统计局网站公布的历年数据整理。此处的城镇化率为常住人口城镇化率。

　　产业结构的优化带动了就业结构的优化和城镇化进程。表 3-1 表明，1993 年第一产业劳动力就业占比高达 56.4%，第二产业和第三产业劳动力就业占比分别为 22.4% 和 21.2%，大量剩余劳动力滞留农村和服务业发展滞后的情况仍然很严重，该年中国的城镇化率仅为 27.99%。2003~2012 年，三次产业就业占比由 49.1∶21.6∶29.3 调整为 33.5∶30.4∶36.1，且 2011 年服务业就业占比首次超过农业就业占比达到 35.7%，农业的就业占

比降低到 34.7%，为城镇化的快速推进奠定了产业与要素基础。

这一时期中国的城镇化由缓慢转向快速发展。1993~1995 年，城镇化率每年仅上升约 0.5 个百分点，处于相对缓慢的发展状态，1996 年后城镇化速度开始加快。随着改革开放的深入和工业化战略的调整，大中城市成为现代工业和服务业发展的主要载体，也成为对外开放的主要窗口。出口的高速增长和中国"世界制造工厂"地位的夯实创造了大量就业岗位，大规模的农民进城打工，加速推动了城镇化进程。在此背景下，国家调整了城镇化发展战略，并出台了一系列有利于城市规模扩张的政策。2001 年，国务院发布并实施的《"十五"城镇化发展重点专项规划》指出："完善区域性中心城市功能，引导城镇密集区有序发展"，并强调完善区域性中心城市功能，发挥大城市的辐射带动作用。1998 年和 2003 年国务院先后发布了《国务院关于进一步深化城镇住房制度改革加快住房建设的通知》和《国务院关于促进房地产市场持续健康发展的通知》，住房制度改革和房地产市场的发展为城镇化注入了活力。城市基础设施投融资体制改革则为旧城改造、新区建设和基础设施投资提供了大量资金。城市的基础设施建设、公共服务供给和房地产业的繁荣，进一步推动了工业和服务业的发展。城市新增人口和城镇化率迅速增长。1996~2007 年城镇化率从 30.48% 上升到 45.89%，几乎每年上升近 1.5 个百分点，此后也一直保持每年 1 个以上百分点的速度上升。到 2012 年底城镇化率已达到 53.10%，较 1992 年上升了 25.64 个百分点（见表 3-1）。美国著名经济学家、诺贝尔经济学奖获得者约瑟夫·斯蒂格利茨（Joseph Eugene Stiglitz）认为，中国的城镇化是影响 21 世纪世界经济的两件大事之一，也是世界城市发展史上的奇迹。

农业剩余劳动力非农转移和重新配置在很长一段时期成为中国经济增长最根本的源泉（蔡昉，2017）。不过这个阶段城镇化的快速发展具有明显的粗放式特征。制造业规模的迅速壮大、外贸外资推动下的加工工业飞速发展是助推城镇化的产业基础，而财政分权改革、城镇住房制度改革驱动下的房地产繁荣是助推城镇扩张的内在动力，同时在周期性放松的财政货币政策刺激下，基础设施建设、传统制造业扩张也起了显著的推动作用。但由于户籍制度改革、转移人口所需的软件设施和公共服务发展相对滞后，这一阶段的城镇化更多地表现为"物化"的城镇化，转移人口的市民化进程则滞后很多。据国家统计局公布的数据计算，2005~2018 年，中国城市建成区面积增长了 79.7%，但城镇人口仅增长了 47.9%（包括转移人口与城市新增人口），人口城镇化速度明显慢于土地城镇化速度，造成人地增长不匹配，土地利用效率低。根据倪鹏飞（2018）的测算，1978~2016 年中国城镇空间（建成区面积）与城镇建设用地分别增长了 7.44 倍和 7.88 倍，但城市人口仅增长了 3.59 倍。这种粗放式的城镇化模式既忽视了人的城镇化，也不利于城乡融合发展，使农村出现了劳动力不足、"三留守"等新问题，城乡收入差距也趋于扩大。在此情形下，推动城镇化模式转型，走以人为本、注重质量的新型城镇化发展道路日益成为共识。

（三）2013 年以来的经济新常态时期

这是中国推进经济结构性改革和新型城镇化的阶段。2013 年以来，世界经济呈现持续低迷的复杂局面，中国经济也进入增长速度换挡期、结构调整阵痛期、前期刺激政策消化期"三期叠加"的状态。面对复杂严峻的国际国内环境，中国坚持稳中求进工作总基调，着力深化改革扩大开放，统筹推进稳增长、促改革、调结构、惠民生、防风险各项工作，确保了经济运行稳中有进、稳中向好。"稳增长、调结构"成为这一阶段经济运行的主题，以新发展理念推进高质量发展成为经济发展的主要目标，中国经济发展由此进入新常态，并呈现以下特点：一是从高速增长转为中高速增长；二是经济结构不断优化升级，第三产业、消费需求逐步成为经济发展主力；三是从要素驱动、投资驱动转向创新驱动。

"稳增长、调结构"重在供给侧结构性改革。2015 年，党的十八届五中全会明确了结构性改革的方向，指出要推进农业现代化、加快制造强国建设、加快服务业发展、提高基础设施网络化水平等，推动形成新的增长点。这一年结构调整取得积极进展。服务业占国内生产总值的比重上升到 50.8%，首次占据"半壁江山"，居民最终消费支出对国内生产总值增长的贡献率达到 70%。高技术产业和装备制造业增速快于一般工业。2016 年以来，党中央进一步强调要加大供给侧结构性改革力度，以有效化解产能过剩为重点，促进产业优化重组，降低企业成本，发展战略性新兴产业和现代服务业，增加公共产品和服务供给。通过"三去一降一补"，三次产业结构持续优化，工业内部传统产业加快转型升级。2017 年以来，中国将加快培育壮大新兴产业作为主要任务，全面实施战略性新兴产业发展规

划，加快新材料、新能源、人工智能、集成电路、生物制药、第五代移动
通信等技术研发和转化，大力改造提升传统产业。随着大数据、云计算、
物联网等信息技术的应用，新业态和新的商业模式不断涌现，并推动传统
生产、管理和营销模式变革。

从产业结构的变动情况来看，中国三次产业增加值占国内生产总值的
比重由 2013 年的 8.9∶44.2∶46.9 调整为 2020 年的 7.7∶37.8∶54.5。
2013~2020 年第三产业增加值占比均高出第二产业且呈逐年上升趋势，而
第二产业增加值占比缓慢下降，第一产业增加值占比出现先下降后小幅上
升的态势，表明中国产业结构持续优化，服务业占主导地位的状态得到强
化，新业态、新商业模式不断涌现。第一产业增加值占比在 2018 年达到最
低点 7.0 后小幅上升，表明农业的基础地位得到巩固（见表 3-2）。

表 3-2　2013~2020 年中国城镇化率、三次产业增加值及就业占比

单位:%

年份	城镇化率	年上升百分点	第一产业产值占比	第二产业产值占比	第三产业产值占比	第一产业就业占比	第二产业就业占比	第三产业就业占比
2013	54.49	1.39	8.9	44.2	46.9	31.3	30.3	38.4
2014	55.75	1.26	8.6	43.1	48.3	29.3	30.2	40.5
2015	57.33	1.58	8.4	40.8	50.8	28.0	29.7	42.3
2016	58.84	1.51	8.1	39.6	52.4	27.4	29.3	43.3
2017	60.24	1.40	7.5	39.9	52.7	26.7	28.6	44.7
2018	61.50	1.26	7.0	39.7	53.3	25.7	28.2	46.1
2019	62.71	1.21	7.1	38.6	54.3	24.7	28.2	47.1
2020	63.89	1.18	7.7	37.8	54.5	23.6	28.7	47.7

注：笔者根据国家统计局网站公布的历年数据整理。此处的城镇化率为常住人口城镇化率。

产业结构的调整加快了劳动力在不同产业间的转移，主要是助推了农
业剩余劳动力向第二、第三产业转移。从就业占比来看，2014 年第一产业
就业占比为 29.3%，首次低于第二产业就业占比 30.2%，此后逐年下降；
第三产业就业占比逐年上升；第二产业就业占比小幅下降，至 2020 年又有
所回升（见表 3-2）。劳动力的职业转换和空间集聚加快了城镇化步伐，
截至 2021 年底，中国常住人口城镇化率已达到 64.72%，较 2013 年上升了

10.23 个百分点。

自 1996 年以来中国城镇化步入快速发展轨道，但城镇化质量有待提高，城镇化模式需要转型。2012 年，党的十八大报告明确提出坚持走中国特色新型工业化、信息化、城镇化、农业现代化道路，之后中央出台了一系列推进新型城镇化的举措。2013 年 12 月，中央城镇化工作会议召开，强调了城镇化对扩大内需、促进产业升级和全面建成小康社会具有重大现实意义和深远历史意义。2014 年 3 月，中共中央、国务院印发的《国家新型城镇化规划（2014—2020 年）》明确了新型城镇化建设目标、战略重点和配套制度安排。近年来，中国通过深入推动户籍制度改革，加大城镇棚户区和城乡危房改造力度，制定并实施城市群规划，有序推进基础设施和基本公共服务同城化，扎实推进新型城镇化。2020 年 4 月，国家发展改革委印发的《2020 年新型城镇化建设和城乡融合发展重点任务》则将提高农业转移人口市民化质量、优化城镇空间格局、提升城市综合承载能力和促进城乡融合发展等建设任务落实到具体部门。经过多年的努力，中国城镇常住人口持续增长，城镇就业规模持续扩大，根据第七次全国人口普查公报，截至 2020 年 11 月 1 日零时，城镇常住人口已达到 90199 万人。城镇经济在国民经济中的地位越来越高，2019 年地级以上城市 GDP 占全国 GDP 比重为 90.44%，比 1989 年高出 22 个百分点，地级以上城市地方财政一般预算内收入为 82213.2 亿元，是 1989 年的 56.76 倍。①

新型城镇化的推动有赖于产业结构的优化升级，这一阶段第三产业成为吸纳劳动力就业的主体。根据库兹涅茨关于工业化与城市化演进关系的归纳，通常在工业化初期，一国城市化率会缓步提升至约 30%；工业化中期，城市化发展速度比工业化的发展速度快 1.5~2.5 倍，城市化率约提升至 70%；工业化后期，城市化率将基本上保持在 70% 左右的水平。由此看来，中国工业化正处于由中期向后期过渡的阶段，到 2020 年底常住人口城镇化率达到 63.89%，但户籍人口城镇化率为 45.4%，因此在推动以新型工业化、经济服务化为方向的产业结构转型升级的同时，大力推进市民化进程，加快与城市户籍相关的系列改革，才能有效推动产业转型升级与新型城镇化的良性互动发展。

① 资料来源：《中国城市统计年鉴》，1989 年地级以上城市的数据缺失较多，把缺失值的城市删去后剩下 249 个，2019 年的数据相应与其匹配。

从产业的发展现状来看，中国产业结构转型尚存在高端制造产能不足、低端制造产能严重过剩、创新能力不足、能源效益偏低，绿色生产任重道远等问题（郭旭红、武力，2018），同时制造业产业链、供应链现代化水平相对较低，服务业转型升级较慢，先进制造业和现代服务业未实现深度融合。2019年11月，国家发展改革委等15部门联合印发了《关于推动先进制造业和现代服务业深度融合发展的实施意见》，为先进制造业和现代服务业融合发展提供了强有力的政策支持，但融合发展需要时日。

从城镇化进程来看，由传统城镇化转向新型城镇化仍面临一系列挑战：一是城镇化进程呈现区域发展很不平衡的特点。2019年东部地区常住人口城镇化率达到68.49%，而中部、西部地区分别只有56.55%、54.06%①，中西部地区都市圈、城市群发育明显不足。这也注定了中国的城镇化将经历更长的过程。二是新型城镇化的本质是人的城镇化，最核心最关键的是要真正解决农业转移人口的市民化，并有效提高市民化质量。当前市民化的速度明显慢于城市常住人口增长的速度，市民化质量有待提升。绝大多数城市尚未摆脱传统城镇化模式下对土地财政和房地产业繁荣的依赖，转移人口在身份认同、享受城市基本公共服务等方面仍然面临制度的壁垒，进城安家仍然面临高昂的经济成本以及自身能力素质差异所导致的就业不稳定、收入偏低等一系列挑战。当前中国在提高农业转移人口市民化质量、优化城镇化空间格局、提升城市综合承载能力和促进城乡融合发展等方面还有很多工作要做。

第二节
中国城镇化相对滞后的经验事实

产业结构的演进影响就业结构，并形成相应的劳动力结构作用于城镇化；城镇化则为人口的聚集、产业的发展提供空间载体，两者相互依存、

---

① 资料来源：《中国统计年鉴（2020）》。

相互促进。通过前述总结归纳中国不同时期的城镇化与产业演进历程，不难发现，两者在较长时期内未真正实现相互促进的协调发展状态，主要表现为城镇化相对滞后于工业化，工业及服务业对城镇化的带动作用还需进一步提升，当前推动城镇化的主要任务应是进一步加快市民化进程。

一、城镇化相对滞后于产业结构演进及就业变化

从全国范围来看，大致可以 1978 年为节点分为前后两个阶段进行分析。1978 年前，中国城镇化进程处于缓慢且趋于停滞的状态，这一时期的典型特征是农业占主导地位的情况下快速发展工业，且以重工业发展为主，城镇化与产业演进未形成真正的互动关系。1952~1978 年，城镇化率仅从 12.46% 上升到 17.92%，而第一产业就业占比长期保持在 70% 以上（见图 3-1）。

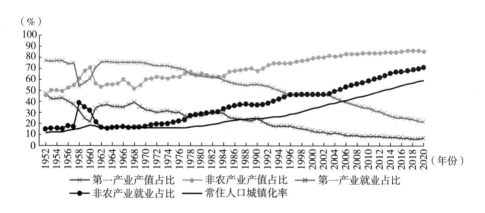

图 3-1 1952~2020 年非农产业增加值与就业占比及城镇化率变化趋势

资料来源：笔者根据《新中国六十五年》中数据整理获得。

1978 年后，三次产业产值占比与就业人数占比发生较大的变化，产业结构由以往的"二一三"向"三二一"转变。根据国家统计局公布的数据，1978~2011 年第二产业产值占比在 45% 上下波动，服务业产值从 1978 年的 24.6% 上升到 2011 年的 44.29%，2012 年超过第二产业产值占比达到 45.5%，2015 年上升到 50.8%，2015 年后第二产业产值占比一直低于 40%，第三产业产值占比持续上升，到 2020 年已达到 54.5%。第二、第三

产业对经济增长和就业吸纳的贡献更为突出,但整体来看,到 2020 年非农产业产值占比仍高出非农就业率 15 个以上百分点,两者的差距呈现缩小趋势,而非农就业率也高出常住人口城镇化率 10 个以上百分点,2020 年非农产业产值占比达到 92.3%,非农就业率则为 76.4%,常住人口城镇化率为 63.89%,户籍人口城镇化率为 45.4%。2020 年服务业就业占比为 47.7%,2019 年后工业吸纳的就业人数也有所增加。

可见中国在很长时期内产业结构以工业为主导,工业化在壮大第二产业的同时促进了服务业的发展,并通过这种方式带动了城镇化。随着产业结构不断优化,中国城镇化水平也逐步上升,但总体来看,城镇化相对滞后于工业化,滞后于产业结构的演进及就业的变化,特别是户籍人口城镇化率滞后。

(一)城镇化滞后于工业化的经验判断

早期关于城镇化与产业结构演进的研究中,钱纳里构建了描述一国城镇化进程与工业化程度的发展模型(以下简称"钱纳里模型"),认为在城镇化初期,工业水平较为低下,两者基本处于同步发展的状态,随着城镇化水平的提高,工业化的速率逐渐稳定并逐步呈现落后于城镇化率的态势。表 3-3 给出了城镇化率与工业化率的对应关系。

表 3-3 钱纳里模型中城镇化率、工业化率的对应关系 单位:%

城镇化率	对应的工业化率	城镇化率	对应的工业化率
12.8	12.5	52.7	29.4
22.0	14.9	60.1	33.1
43.9	25.1	63.4	34.7
49.0	27.6	65.8	37.9

资料来源:霍利斯·钱纳里,莫伊思·赛尔昆.发展的型式:1950-1970 [M].李新华,徐公理,迟建平,译.北京:经济科学出版社,1988.

依据钱纳里模型推算中国城镇化与工业化的对应关系,2017 年以前中国城镇化进程明显滞后于工业化进程。根据表 3-3 的要求,当工业化率为 33.1% 时,城镇化率应达到 60.1%,而中国 1952~1970 年工业化率低于 38%,对应的城镇化率则低于 20%。此后工业化率一直在 40% 上下波动,直到 2013 年又回落到 38%以下，而此阶段城镇化率一直上升，2003 年超过工业化率（40.29%）达到 40.53%，2013 年为 53.7%，2016~2019 年工业化率在 32%~33%，而城镇化率从 57.4%上升到 60.6%（见表 3-4）。改革开放 40 多年，中国工业化与城镇化的演进关系具有钱纳里模型描述的规律性特征，但总体来看工业化一直超前发展，城镇化滞后于工业化，直到 2011 年后状况才持续改善，2017 年后逐渐接近钱纳里模型的预测。2019 年，城镇化率达到 60.6%，出现了略高于工业化水平的情况。但户籍人口城镇化率始终低于钱纳里模型要求下的工业化率对应的城镇化率，说明仍然存在城镇化滞后的问题，也说明了工业化对城镇化的推动作用逐渐减弱，需要依靠服务业的发展进一步推动城镇化。

表 3-4　2012~2019 年城镇化率与工业化率的对应关系　　单位:%

年份	工业化率	常住人口城镇化率	是否同步	城镇化是超前还是滞后	户籍人口城镇化率	是否同步	户籍人口城镇化是超前还是滞后
2012	38.8	52.6	否	滞后	35.3	否	滞后
2013	37.5	53.7	否	滞后	35.9	否	滞后
2014	36.2	54.8	否	滞后	36.0	否	滞后
2015	34.1	56.1	否	滞后	39.9	否	滞后
2016	32.9	57.4	否	滞后	41.2	否	滞后
2017	33.1	58.5	否	滞后	42.4	否	滞后
2018	32.8	59.6	是		43.4	否	滞后
2019	32.0	60.6		略超前	44.4	否	滞后

注：工业化率＝工业产值/国内生产总值。

资料来源：历年的《中国统计年鉴》。

（二）服务业对非农就业的贡献

城镇化的主要表现是农业剩余劳动力进城以后进入到第二、第三产业从事非农工作，第二产业能够吸纳的劳动力始终有限，当第二产业的劳动力供过于求时，第三产业就逐渐发挥它的就业吸纳作用。钱纳里模型指出，随着城镇化水平的提高，工业化率会明显落后于城镇化率且处于相对稳定水平，此时服务业逐渐成为推动城镇化的主导力量。考虑到中国各地区工业化实现的程度差异很大，中西部不少地区的工业化还处于上升期，随着技术进步和社会分工的日益完善，现代工业制造业不断地将部分环节外部化为服务业，两者加速融合并共同推动城镇化。

从中国产业发展的历程与经验事实来看，服务业对城镇化的贡献日益明显。如图3-2所示，1963~1983年服务业的产值占比不断下降，工业的产值占比在波动中总体上升，非农就业占比也呈现上升趋势。1983年以后，服务业产值在国内生产总值中所占的比重逐渐提高，服务业就业占比同步上升，且两者变化趋势一致。1994年，服务业吸纳的劳动力占总就业人口的比重达到23.0%，超过第二产业的22.7%。2012年以后服务业就业占比上升的速度加快，对非农就业的贡献进一步显现。2019年，服务业产值占比达到54.3%，吸纳约47.1%的就业人口，说明服务业已经占有绝对优势，在推动城镇化进程中发挥了主导作用。

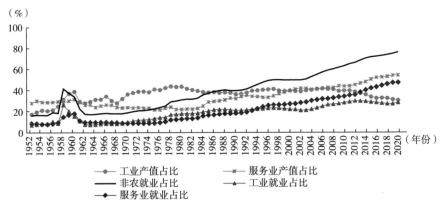

图3-2　1952~2020年第二、第三产业增加值与就业占比变化趋势

资料来源：1952~1977年数据笔者根据《新中国六十五年》整理获得，1978~2020年数据来源于《中国统计年鉴（2021）》。

对照发达国家的经验数字来看，日本自2009年以后服务业产值占GDP的比重超过70%，美国则自20世纪90年代开始服务业产值占GDP的比重超过70%，2010年服务业产值占比达到76.2%，相应地，就业人数占比为78.9%[①]，两者基本接近，说明服务业是吸纳就业的主要领域。从中国城市与产业发展的长期方向来看，优化产业结构、提高经济服务化水平

---

① 资料来源：Wind数据库。

是进一步推动新型城镇化与产业结构升级良性互动的必要抓手。尽管中国非农产业产值占比与非农产业就业占比的差距呈现逐年缩小趋势，但到2020年非农产业就业占比仍高于城镇化率10个以上百分点。随着产业结构的升级，第二产业产值和就业占比在保持稳定趋势下趋于下降，因此加快服务业发展，提高服务业对就业的贡献，是缩小上述两大缺口的主要途径。两大缺口的存在说明中国的城镇化进程仍大大滞后于产业结构的演进过程，而城镇化滞后主要表现在市民化进程缓慢、市民化质量有待提高。

二、人口城镇化滞后的制约因素与市民化进程估算

随着城镇化战略的推进，中国自20世纪90年代以来，常住人口城镇化率几乎每年上升1个多百分点，从1990年的26.41%上升到2020年的63.89%，但长期以来，中国农业转移人口的市民化进度比较缓慢，导致常住人口的城镇化与户籍人口城镇化存在较大的偏差，"人口半城镇化"现象严重，2020年中国户籍城镇化率仅为45.4%，4.92亿人户分离人口中有2.87亿为农业转移人口[①]。《国家新型城镇化规划（2014—2020年）》提出了走中国特色新型城镇化道路、全面提高城镇化质量的要求。党的十九大报告明确提出加快农业转移人口市民化，实现城乡区域发展差距和居民生活水平差距显著缩小，则进一步强调了推动市民化进程的紧迫性。解决人口城镇化滞后的根本途径是加快农业转移人口市民化进程，本部分在分析总结农业转移人口市民化制约因素的基础上，对历年的市民化程度进行测度。

（一）农业转移人口市民化的制约因素

中国的城镇化自新中国成立以来就开始推进，但当时城镇化发展一直较为缓慢，其中最大的障碍是制度障碍，即当时实施的城乡二元分割管理的户籍制度阻碍了城市化的发展。这种二元分割管理体制滋生出城乡巨大的差别待遇，特别是由户籍制度衍生出的公共服务权利分配的差别待遇目前仍在不同层面制约着市民化的进度。

为此，中国自20世纪90年代末期以来加快了户籍制度改革的进程，

---

① 资料来源：户籍城镇化率数据来源于第七次人口普查公报（第七号），http://www.stats.gov.cn/ztjc/zdtjgz/zgrkpc/dqcrkpc/ggl/202105/t20210519_1817700.html；农业转移人口人数来源于《农民工监测调查报告（2020）》，http://www.stats.gov.cn/tjsj/zxfb/202104/t20210430_1816933.html。

如 1997 年放松小城镇落户条件，规定满足条件的外来务工人员可以落户；2014 年 7 月，国务院印发了《国务院关于进一步推进户籍制度改革的意见》，建立了城乡统一的户口登记制度和居住证制度。截至 2015 年底，北京、上海、广州、深圳四大一线城市也开始实施居住证制度和积分落户政策。2019~2022 年，国家发展改革委连续 4 年发布新型城镇化和城乡融合发展重点任务，持续深化户籍制度改革。自此，农业转移人口市民化的宏观障碍日益减少，而综合素质、市民化能力逐渐成为农业转移人口市民化的微观障碍因素。

1. 农业转移人口城市融入感提升但无力承担较高的市民化成本

农业转移人口完成市民化，首先需要有成为市民的意愿。相比于受传统小农思想影响、更习惯于"候鸟式"生活的老一代农民工，新生代农民工大多缺乏农业生产技能，对农村的感情不深，城市融入感更强，具有成为城市居民的强烈意愿。《2020 年农民工监测调查报告》显示，进城农民工中有 41.4% 认同自己的"本地人"身份，83.3% 的群体对城市生活非常适应和比较适应。但在适应城市生活的背景下，愿意迁入城市的比例较低。据杨巧和陈诚（2019）的估算，2016 年中国流动人口长期居留意愿高达 61.61%，其中乡城流动人口长期留城意愿高达 59.05%，但是市民化意愿仅有 30.18%。朱纪广等（2020）的研究认为 2016 年仅有 23.27% 的农民工愿意将户口迁入城市。王成利和王洪娜（2020）利用 2017 年 CLDS 数据测算发现，约有 55.7% 的流动人口具有长期居留意愿，但其中愿意落户城市的比重为 53.86%。中国农村转移人口长期居留意愿与市民化意愿差距大，重要原因在于农业转移人口的市民化成本偏高，超出了其自身承担能力。

从私人成本来看，市民化成本包括农业转移人口迁入城市需支付的迁移成本、生活成本等，其中占比最大的是城市购房或租房成本；从社会成本来看，市民化成本包含了政府在基础设施、社会保障、教育和公共服务等方面的财政支出。刘斌（2020）利用 2015 年 CHFS 数据测算得到农民工市民化一次性人均住房成本平均达到 2.8 万元，而当年农民工月平均收入约为 2864 元，换言之，农业转移人口当年收入的 81.4% 要用于支付住房成本，相比于城市人口而言住房负担更重。中国社科院发布的《中国农业转移人口市民化进程报告（2013）》指出，农业转移人口实现市民化的人均公共成本总计约为 13 万元，东部、中部、西部地区稍有差异，分别是

17.6 万元（社会保障成本约 5.4 万元/人；随迁子女教育和住房保障成本分别为 1.8 万元/人和 1.6 万元/人）、10.4 万元和 10.6 万元。

2. 农业转移人口人力资本水平低制约其收入的增长

此处主要使用受教育程度和技能培训来衡量农业转移人口的人力资本水平。据历年《农民工监测调查报告》统计，农民工群体受教育程度以完成初中学历为主，青年农民工和外出农民工文化程度相对较高，具有高中及以上学历的人数整体呈现不断上升趋势，从 2009 年的 5675 万人上升到 2019 年的 8054 万人，增长了 41.9%，占全部农业转移人口的比重提高了 3 个百分点。但这一比重仍然偏低，且 2017 年以后接受高中以上教育的人数比重增加缓慢。总体偏低的受教育水平不利于农业转移人口从事收入高、技术含量高的工作，也影响其就业稳定性。

从技能培训来看，历年《农民工监测调查报告》显示，整体上接受技能培训人数不断增长，但占全部农业转移人口的比重呈现先递增后递减趋势。2012~2014 年，接受技能培训人数占比由 30.8% 增长到 34.8%，但到 2017 年该占比已经下降到 32.9%；接受非农技能培训的人数占比同样呈现先增后减的变化趋势，2012~2014 年这一占比由 25.6% 增长到 32%，而 2014 年以后则逐步下降，2017 年已降为 30.6%，同比下降 0.1 个百分点。两者的差额表明在这六年间仍有相当一部分农业转移人口进城后接受的是农业技能培训，职业收入难以负担城市生活成本。

农业转移人口的收入水平是影响市民化进程的重要因素，基于历年《农民工监测调查报告》收集的月收入数据得出的收入变动趋势显示，农业转移人口月平均收入在不断增加，从 2011 年的 1690 元增长到 2019 年的 3962 元。但相对上一年同比增速逐渐降低，从 2011 年的 21.24% 下降到 2019 年的 6.48%。历年《中国统计年鉴》数据中的城镇单位就业人员包括了农业转移人口与城市户籍居民，因此可通过与《农民工监测调查报告》的数据进行对比，侧面反映农民工和城市户籍人口的工资收入差距。图 3-3 表明 2008~2019 年城镇单位就业人员与农业转移人口的人均就业收入存在较为明显的差距，2013 年收入比值最高，为 3.20，2016 年收入比值最低，为 1.72。需要注意的是，城镇单位就业人员中还包括了农民工群体，农民工群体会拉低城镇单位就业人员的平均工资，所以城镇职工年工资实际上会比农民工工资高出一倍多。

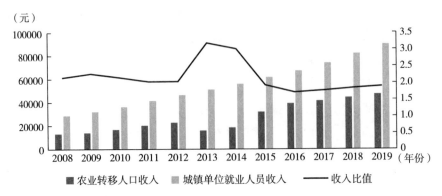

图 3-3 2008~2019 年城镇单位就业人员与农业转移人口人均收入及其比值

注：农业转移人口收入来源于历年《农民工监测调查报告》，年收入按照月均收入×12 计算得出，城镇单位就业人员收入来源于历年《中国统计年鉴》。

（二）市民化进程的估算

1. 指标选取与测算方法

农业转移人口市民化主要涉及经济、社会、文化三个层面，关于市民化进程的指标设计，学者们多从经济、政治和文化素养等方面进行，估测范围涉及农业转移人口在城市的定居时间、受教育程度、享受到的公共服务、社会保障参与程度等客观领域，还包括对他人的信任程度、自我认同程度等主观领域。市民化进程测算的常用方法有专家赋值法、几何平均法、等权赋值法等（见表 3-5），由于专家赋值法在权重的赋予上更具有权威性，采用这种方法的研究也较多，本节将使用这种方法测算农业转移人口市民化程度。

表 3-5 相关文献市民化指标涵盖的子项目及测算方法

代表性文献	测算方法	指标选取
王桂新等（2008）	等权赋值法	居住条件、经济生活、社会关系、政治参与、心理认同
刘传江和程建林（2008）	几何平均法（市民化意愿与收入差距乘积的平方根）	个人素质、收入水平、城市中居住时间、自我认同
刘传江等（2009）	专家赋值法、AHP 层级分析法	生存职业、社会身份、自身素质、意识行为
周密等（2012）	Biprobit 模型	市民化意愿、市民化需求

续表

代表性文献	测算方法	指标选取
魏后凯和苏红键（2013）、辛宝英（2016）、俞林等（2019）	专家赋值法	政治权力、公共服务、经济生活条件、综合文化素质
刘松林和黄世为（2014）	Likert 量表法	教育水平、工资水平、住房面积、消费能力
鲁强和徐翔（2016）	制度歧视系数算法	市民化能力、意愿、承受、制度、法律、环境

资料来源：笔者整理。

结合现有文献的研究，本节选取经济生活、公共服务、文化素质三个指标来估算农业转移人口的市民化进程，具体的细分指标如下：①经济生活指标，包括月平均工资、人均月消费支出、居住支出外的支出占比、自购房或独立租赁人数占比；②公共服务指标，包括城镇社会保险参与率（涉及工伤、医疗、养老、失业、生育保险项）、签订劳动合同人数占比、随迁子女接受公办义务教育占比、住房保障覆盖占比；③文化素质指标，包括高中或中专及以上人口占比、大专及以上人口占比、接受过技能培训人数占比三个要项。下面选取相应的指标进行测算，首先运用专家打分法对相关指标赋权，构建农业转移人口市民化程度综合评价指标体系；其次将城镇居民相关指标的平均值设为标准值，将农民工相关指标的平均值设为测算值，通过测算值除以标准值得到的进程值评价农民工在市民化各个方面与城镇居民的差距，进程值范围在 0~1 之间，值越大说明差距越小。进程值的计算公式为：

$$p_{ji} = x_{ji}/X_{ji} \tag{3-1}$$

其中，p_{ji} 表示第 j 分项第 i 个指标的进程值，x_{ji} 为测算值，X_{ji} 为标准值。

第 j 分项的市民化程度的计算公式为：

$$P_j = \sum_{j1}^{jk} p_{ji} \times \left(\omega_{ji} / \sum_{ji}^{jk} \omega_{ji} \right) \tag{3-2}$$

其中，P_j 表示第 j 分项的市民化程度，ω_{ji} 是第 j 分项第 i 个指标的权重，$\sum_{ji}^{jk} \omega_{ji}$ 是第 j 大项的总权重，记作 ω_j。

由式（3-1）和式（3-2）得到市民化程度综合指数的计算公式：

$$P = \sum_{j}^{n} P_j \times \omega_j \qquad\qquad (3-3)$$

2. 数据来源与测算结果

鉴于数据的可获得性，本节利用 2008~2017 年的数据进行测算，这些数据分别源于历年《中国统计年鉴》《全国农民工监测调查报告》《中国人口和就业统计年鉴》《人力资源和社会保障事业发展统计公报》《全国教育事业发展统计公报》等。其中，城镇居民月平均工资取城镇单位就业人员人均工资除以 12 计算得到，人均月消费支出取城镇居民家庭人均现金消费支出除以 12 计算得到，城镇社会保险参与率取城镇各项保险参保人数与城镇就业人数之比，居住支出占比取城镇居民家庭人均现金消费支出中居住支出占比，随迁子女接受公办义务教育占比以随迁子女接受义务教育人数比全部农民工子女接受义务教育人数得到，住房保障覆盖占比为雇主提供免费住宿或住房补贴的比例，部分指标取值"100"表示城镇居民该指标全部实现或基本实现。

依据上述指标、方法和相关数据测算中国农业转移人口市民化进程，表 3-6 依据式（3-3）测算了 2017 年的市民化综合指数。具体结果如下：

表 3-6　2017 年中国农业转移人口市民化程度综合评价

	指标	权重	标准值	测算值	进程
经济生活	月平均工资（元）	10	6193.17	3805.00	0.61
	人均月消费支出[a]（元）	10	2037.08	1146.37	0.56
	居住支出外的支出占比（%）	3	90.23	57.40	0.64
	自购房或独立租赁人数占比（%）	10	100.00	19.00	0.19
公共服务	城镇社会保险参与率（%）　工伤保险	3	52.59	27.25	0.52
	医疗保险	10	51.58	21.73	0.42
	养老保险	10	93.25	21.65	0.23
	失业保险	5	43.47	17.09	0.39
	生育保险[a]	2	44.67	7.10	0.16
	签订劳动合同人数占比（%）	5	100.00	41.80	0.42
	随迁子女接受公办义务教育占比（%）	5	100.00	73.55	0.74
	住房保障覆盖占比（%）	2	100.00	53.20	0.53

续表

指标		权重	标准值	测算值	进程
文化素质	高中或中专及以上人口占比（%）	5	57.50	30.80	0.54
	大专及以上人口占比（%）	10	31.20	13.50	0.43
	接受过技能培训人数占比（%）	10	100	35.5	0.355

经济生活市民化指数	公共服务市民化指数	文化素质市民化指数
47.21	40.96	42.22

市民化综合指数	43.34

注：a 为估算数据。

表 3-7 测算了 2008～2017 年的各单项指标和综合指数。数据显示，中国市民化程度在 2009～2011 年略有下降，原因可能在于 2009 年工伤保险和医疗保险参与率和随迁子女公办义务教育覆盖面较低，2011 年的人力资本积累较低，高中以上人口比重和接受技能培训人口较上一年有所下降，2011 年以后市民化程度逐渐上升但数值仍较低。到 2017 年底，农业转移人口市民化程度约为 43.34%，经济生活、公共服务、文化素质三大指标测算的市民化程度分别为 47.21%、40.96% 和 42.22%，公共服务和文化素质的市民化程度低于经济生活指标，说明当前农业转移人口市民化水平整体仍不高，而公共服务均等化程度及文化素质水平的低下表现更为突出。

表 3-7　2008～2017 年农业转移人口市民化程度单项指标评估结果

单位：%

指标	年份	2008	2009	2010	2011	2012	2013	2014	2015	2016	2017
经济生活	月平均工资	55.64	52.74	55.50	58.82	58.76	60.81	60.98	64.98	63.44	61.44
	人均月消费支出	55.01	55.84	56.30	55.41	52.75	59.39	61.27	56.77	55.96	56.28
	居住支出外的支出占比	61.13	63.56	65.84	57.44	94.29	54.60	58.58	58.55	61.36	63.62
	自购房或独立租赁人数占比	19.70	17.90	16.90	15.00	14.10	18.20	17.60	20.20	17.80	19.00
	经济生活市民化指数	45.06	44.10	44.99	44.38	46.64	46.90	47.71	48.34	47.15	47.21

指标 \ 年份		2008	2009	2010	2011	2012	2013	2014	2015	2016	2017
公共服务	工伤保险	56.12	48.77	51.73	48.02	47.07	55.13	57.13	51.53	51.21	51.81
	医疗保险	28.06	24.77	27.88	31.73	31.73	33.07	34.34	35.66	33.16	42.12
	养老保险	14.37	10.75	12.82	17.63	17.52	18.77	19.08	23.29	23.38	23.21
	失业保险	9.58	10.22	12.71	20.12	20.57	21.36	22.83	35.91	38.45	39.31
	生育保险	6.94	7.35	8.15	14.51	14.74	15.51	16.54	16.35	16.18	15.90
	签订劳动合同人数占比	43.06	42.80	42.00	43.80	43.90	41.30	41.40	39.70	38.20	41.80
	随迁子女接受公办义务教育占比	51.36	44.83	51.38	57.31	61.38	60.05	62.38	67.70	70.93	73.55
	住房保障覆盖占比	51.67	57.90	43.40	58.70	58.70	55.10	55.40	54.00	53.70	53.20
	公共服务市民化指数	29.28	26.70	28.47	33.10	33.57	34.25	35.30	38.13	38.02	40.96
文化素质	高中或中专及以上人口占比	60.39	63.69	59.95	45.91	53.00	47.80	49.90	49.73	51.32	53.57
	大专及以上人口占比	34.38	35.72	31.35	21.03	30.95	30.71	32.98	35.43	40.20	43.27
	接受过技能培训人数占比	51.56	48.90	47.60	31.20	30.80	32.70	34.80	33.10	35.60	35.50
	文化素质市民化指数	46.46	46.58	43.57	30.07	35.30	34.92	37.09	37.36	40.59	42.22
市民化综合指数		38.78	37.41	37.70	36.07	38.31	38.60	39.84	41.30	41.67	43.34

资料来源：笔者计算整理。

三、城镇化相对滞后的主要影响因素

过去较长一段时期，中国的城镇化进程相对滞后于工业化和产业结构的演进过程，且产业结构内部服务业发展相对滞后。这既与当时国情下经济体制的演变、资源的配置方式及推行的工业化发展战略有关，也是中国在经济实力相对偏弱、由农业国转变为工业国和制造业大国过程中必然出现的现象。具体来看，影响城镇化进程的主要因素有如下方面：

1. 工业化战略的演变很大程度上决定了城镇化进程

新中国成立之初至改革开放前，国际国内的大背景助推了优先发展重工业以实现国家现代化的工业化战略。这一战略的推出，主要基于以下原因：一是苏联及其他工业化国家的成功经验对中国的示范效应；二是重点发展国防和军事等重工业是保家卫国的需要；三是当时主流的发展经济学理论大多支持发展中国家加速推进工业化战略。这一战略的实施，使重工业获得优先发展，以工业产值比重衡量的工业化水平快速上升。鉴于当时经济基础薄弱和技术、资金等要素极为短缺，优先发展工业必然难以兼顾农业和农村的发展，且用于改善人民生活的服务业的发展也被忽视了，从而使农业人口向城市转移的机制难以建立，城市化进程迟缓且滞后于工业化。这一状况直到改革开放后特别是 20 世纪 80 年代农村改革后才得以改善。改革开放后，农业劳动生产率的提高为工业发展提供支撑，工业内部结构的优化和对外开放比较优势的发挥，逐渐使农业人口向城市转移的正常机制得以恢复，工业的发展也促进了服务业的发展，城镇化滞后的状况逐渐改善。因此，从新中国成立时的优先发展重工业的工业化战略到改革开放后相对注重经济结构均衡的工业化战略，对中国城镇化产生了先抑制后推动的作用，综合其他因素总体来看，工业化战略很大程度上决定了城镇化进程。

2. 传统体制下形成的资源配置方式和人口管理制度阻碍了城镇化

优先发展重工业以尽快建立独立完整的工业体系，重点发展国防和军事等重工业以保家卫国，对于经济基础薄弱和技术、资金等要素极为短缺的新生社会主义大国来说，必然要求建立相对集权、能够统一调配资源和要素的制度保障。计划经济体制和户籍管理制度确保了物资、人力等的统一调配。具体来看：一是计划经济体制下的统购统销制度在资源配置中起决定作用，城乡资源主要配置向工业部门，帮助工业部门完成资本积累，因而农业、农村正常的生产与生活积累机制难以建立，农业发展的基础地位弱化不利于支撑城市化发展。二是户籍管理制度限制农村户籍人口向城市转移，早期实施差别化的城乡就业和福利制度导致城乡分割，改革开放后随着户籍管理制度的松动和改革，农村剩余劳动力向城市流动的制度壁垒已大大降低，但其进城后的市民化待遇仍在很大程度上与户籍挂钩。近 40 年来，常住人口城镇化率大幅度提高，但户籍人口城镇化率仍然落后十多个百分点。有专家呼吁淡化户籍人口城镇化率，加快推动"两率"并轨和归一，按常住人口来配置公共资源，加快推进基本公共服务的均等化[1]，

① 魏后凯．从高速城镇化走向高质量城镇化［EB/OL］．凤凰网财经，［2022-03-26］．https：//finance.ifeng.com/c/8Eh3aBzSPjT.

这将有效缓解人口城镇化滞后的问题。

3. 服务业结构升级滞后不利于城镇化推进

城镇化过程是吸纳农业转移人口并使之市民化的过程，其顺利推进很大程度上依赖于产业转型升级和产业结构的优化，其中大力发展服务业是吸收新增城市人口的重要途径。如前文所述，中国工业化发展战略一定程度上抑制了服务业的发展，而20世纪90年代以后土地财政兴起导致的"土地城镇化"现象则加重了服务业结构升级滞后问题。这是因为房地产业作为生活性服务业的重要组成部分，在"土地城镇化"作用下产值增加，造成第二、第三产业互动不足，不利于地方服务业结构升级，且提高了转移人口的留居成本（郭志勇、顾乃华，2013）。同时，土地财政下的资源错配导致服务业结构升级迟滞，削弱了服务业就业吸纳的能力，表现为大量资金流向房地产使生产性服务业融资困难直接抑制了其发展；同时，在土地财政以及经济增长目标刺激下，地方政府更倾向于招商引资，引入可以带来短期经济高速增长的资本密集型企业，长期依赖于资本密集型企业的经济增长模式将带来地方产业的低端"锁定"和高端制造业的发展滞后（余泳泽、潘妍，2019），导致对生产性服务业需求不足，间接抑制了生产性服务业发展。

4. 人力资本投资政策不利于转移人口市民化能力提升

由于城乡二元分割体制和户籍壁垒的影响未彻底消除，改革开放40多年来中国农业剩余劳动力大规模进城务工后其人力资本积累不足的窘况并没有明显改善。农业转移人口在子女义务教育、基本社会保险、最低生活保障和就业等方面不能享受与城市户籍居民同等的待遇。由于更高的劳动生产率和技能溢价效应，城市部门不断受到偏向性教育激励的影响。城市倾向性及地区异质性教育政策在长期强化了城乡技能分布差异，并成为影响农业剩余劳动力收入水平的关键因素（罗良文、茹雪，2019）。在既有的约束条件下，农业转移人口以及农民整体更易于在家庭资本积累和社会资本积累方面形成负向的因果循环，导致贫困的代际传递。薛进军等（2008）、黄祖辉和刘桢（2019）研究发现，传统上中国倾向于城市人口的教育投资政策强化了原本就存在的城乡劳动力之间认知能力和技能水平的差异，使既有的城乡之间收入差距不断扩大。因此，对于农业转移人口而言，较低的人力资本积累水平不仅影响其收入和就业的稳定性，也直接影响其留城意愿和融入城市的能力。目前绝大多数农业转移人口无力承担市民化过程的成本。提升农业转移人口的市民化能力，意味着提升其受教育水平和技能水平，从而提升其收入水平，并使其逐渐从低技能劳动力变为中等或高技能劳动力。

第三节

城市群发展与产业结构演进的关系

随着中国城镇化水平不断提升，城市数量不断增加，作为中国新型城镇化建设主体的城市群在优化国土空间布局、促进经济发展和产业升级中的引领带动作用日益凸显，尤其是在区域协调发展中的战略地位得到了政府及社会各界的高度认同。早在 2013 年，中央城镇化工作会议提出要把城市群作为新型城镇化建设的主体形态。之后，党的十九大报告强调要以城市群为主体构建大中小城市和小城镇协调发展的城镇格局。《2020 年新型城镇化建设和城乡融合发展重点任务》指出要全面实施城市群发展规划，加快发展重点城市群。《中共中央关于制定国民经济和社会发展第十四个五年规划和二〇三五年远景目标的建议》则强调了发挥中心城市和城市群带动作用，建设现代化都市圈。由此可见，中国的城镇化建设目前已经进入了城市群和都市圈时代，城市群建设是中国经济高质量发展的主要平台，是促进创新驱动的新制高点，是当前推动新型城镇化与产业转型升级良性互动的主力和主要的空间载体。本节将主要从作用机理和经验事实两方面总结城市群发展与产业发展的关系。

一、城市群与产业结构演进互动的机理

新经济地理学有关城市演化的"中心—外围"模型（Krugman，1991）指出，在满足一系列假设条件的前提下在特定区域将形成包含不同层次的城市结构体系。城市在发展的过程中，当满足运输成本足够低、制造业产业体量相当大、产业内生产的产品差异性足够明显等假设条件时，某些关

键因素的微小变化会导致原本相互对称的地区其经济优势发生变化，逐渐分化为产业集聚的"中心"（如制造业中心）和非产业集聚的"外围"（如农业外围）。经济活动的空间集聚能够实现城市之间中间投入品、基础设施和公共服务的共享，从而优化资源配置、提高企业效率，形成产业间的集聚经济效应并促进正外部性（Duranton and Puga，2004）。生产要素的流动和产业迁移的结果将使大量的高技能劳动力和高效率生产要素集聚于中心城市，强化正的外部性效应并推动产业结构演进向高端化、服务化转型。而知识技术和投入品相对弱势的中小城市则依靠自身的优势形成与中心城市功能配套的特色化、专业化的产业发展模式。随着城市群不同城市功能的定位和比较优势的形成，城市群内部及城市群之间将推动产业布局的优化，促进产业的转型升级和产业结构的升级。

具体而言，城市群主要通过集聚效应和扩散效应与产业结构形成互动发展的关系，具体包括以下两个机制：一是以人口流动和物质资本空间转移为表现的经济活动的集聚扩散机制；二是以制度创新、技术进步为主要表现的创新机制。

（一）经济活动的集聚扩散促进了城市群的产业升级

城市群在本质上是一个庞大、复杂的城镇一体化系统，通常会经历从大都市到大都市圈再到城市集群的空间城镇体系演变过程。其演变的根本动力来自中心城市与外围城市中各种要素和经济活动在空间上的聚集与扩散。最初依赖自然资源和历史条件形成的城市群，其区域内处于扩张阶段的产业能够通过促进经济活动在空间的集聚从而影响周边地区和相关产业，并诱导区域经济活动进一步发展。这些集聚活动实现了城市群内部中间投入品、基础设施和公共服务的共享，并与企业之间的技术进步、学习机制共享一道形成产业间的集聚经济效应（颜银根、文洋，2017；肖金成、洪晗，2021）。随着人口密度与经济活动密度的增加，集聚效应下中心城市"拥挤成本"上升、资源错配现象加剧，城市集聚的成本优势降低，要素会逐渐向周边城市流动，区域内房价和地租的上涨迫使一些外部经济效应较低的生产活动迁移至周边低成本地区，此时扩散效应的作用较为明显。集聚效应和扩散效应促使产业和劳动力在不同层级的城市集聚、迁移，城市群的产业结构也由同质化竞争演化为异质化互补，制造业逐渐向外围城市转移、服务业逐渐集聚于中心城市，转出地的产业逐步向高端化、服务化的新兴产业发展，产业结构逐渐优化，产业链地位向高端价值链攀升（邵朝对等，2016；袁冬梅等，2020）。随着空间功能的变化，城市群内部的差距也会呈现非线性变化，在分工深化程度越过拐点后将出现区域差距缩小的趋势（赵勇、魏后凯，2015）。这一过程既形成了较好的就业吸纳作用，为人力资本的集中提供了支撑，又增加了劳动力的收入，扩大了消费需求。而高素质劳动力的集中和就业收入的增加从供给和需求两个方面提升了城市质量。城市质量的提升会产生正向反馈效应，进一步推动高端服务业在中心城区的集聚和工业制造业向周边城市的转移，优化产业的空间布局，提高人口城镇化率并逐步形成"服务业—工业制造业"的城市圈层。

（二）制度创新与技术进步促进了城市群的产业高级化

"服务业—工业制造业"的城市圈层的形成也是制度创新与技术进步等创新机制作用的结果。创新机制包括两个方面：一是城市群的形成促成了相对统一的分工制度安排，降低了行政壁垒和地方割据，优化了资源配置、促进了产业结构升级；二是市场竞争加剧和人力资本积累激发企业技术创新的潜力，技术进步助力实现产业结构高级化（王桂新、胡健，2019；李晓阳等，2020）。

在制度层面上，城市群的高质量有序发展和功能互补有利于打破行政区划在政策推行过程中的隐性壁垒，从城市群层面实现生产资源的宏观调度，发挥各城市之间的比较优势。不仅如此，城市群的形成从区域层面降低了地方政府官员在晋升利益最大化上行为的制约，避免了短视化投资政策的推行（张学良等，2017；杨建坤、曾龙，2020），通过优化土地要素配置和实施环境规制缓解了土地要素价格扭曲、低效率高污染企业集聚的现象，激发了企业的创新行为，进而实现产业结构升级（赖敏，2019；林秀梅、关帅，2020）。

从劳动力市场角度看，作为人口和产业的集聚地，城市群具备更优越的经济发展水平、就业机会、公共服务和人居环境，吸引人口和资本的大量流入，形成了庞大的消费市场和生产要素需求市场，更充分的市场竞争和更富裕的人力资本为城市群及周边地区企业的创新提供了沃土。市场竞争不仅降低了成本而且激发了创新，人力资本积累则产生劳动力池效应和知识溢出效应等，两者共同作用促使产业由劳动密集型向资本密集型、技术密集型转变（曹芳芳等，2020）。人力资本积累越高的地区其生产率也会随之提高（Aghion et al.，2015），如制造业生产率的提高引发了企业组织形式的更新和金融市场的创新，机器化、标准化的生产在提高生产效率的基础上解放了劳动力，促使劳动力转向新兴服务业就业，提高了新兴服务业产值占比和就业占比，推动产业结构不断向"三二一"模式转变。因此，城市群能够发挥其在各类人才、资本、创新资源集聚等方面的优势，促进先进制造业集群和现代服务业集群融合发展，形成协同集聚的合理空间布局。

二、三大城市群产业结构演进的经验事实

城市群是当前中国经济发展最具活力的地区，也是推动新型城镇化与产业结构转型升级良性互动的主要载体。本部分选取最有代表性的京津冀城市群、长江三角洲城市群、珠江三角洲城市群（2019年2月后拓展为粤港澳大湾区）作为研究对象，主要分析三大城市群各自的经济规模及对全国经济发展的产业贡献、就业贡献，并由此总结其主导产业的变迁与城市功能的变化。

从城市群常住人口规模看，统计数据显示，2019年京津冀、长三角两大城市群常住人口均超过1亿，粤港澳大湾区年末常住人口达到7264.92万，其中珠三角九市常住人口6446.89万[①]。从经济规模、各产业产值和就业数据来看（见表3-8），2019年三大城市群地区生产总值之和占全国的比重超过40%，其中长江三角洲城市群贡献度最高，地区生产总值占国内生产总值的比重达到23.98%，远超另两大城市群；该地区以电子、汽车、金融等先进制造业和现代服务业为产业发展的核心，产业结构中第二、第三产业增加值占当地生产总值比重分别为40.84%、55.25%，服务业产值占比高于全国水平；三大产业就业人数占全国总就业人数的比重达到18.77%，其中服务业就业人数占全国比重远超其他地区，达到了22.53%。与长江三角洲城市群类似，2019年珠江三角洲城市群第二、第三产业增加值占当地生产总值的比重分别为42.31%、56.11%，且第二、

---

① 资料来源：《河北统计年鉴（2020）》和广东统计信息网发布的《2019年广东人口发展状况分析》《粤港澳大湾区与长三角发展潜力比较研究》，http://stats.gd.gov.cn/tjfx/content/post_2985688.html、http://stats.gd.gov.cn/kycg/content/post_3344840.html。

第三产业增加值占全国比重较为接近。珠江三角洲城市群以构建产业创新中心为发展路径，制造业水平更为发达，第二产业就业人数占该地区就业总人数比重达到了40.34%，但除深圳以外的其他城市布局主要为中低端制造业，自主创新能力不够强，受到政策扶持的力度不高，成为珠江三角洲城市群打造先进制造业、现代服务业基地的不利因素。与上述两大城市群略微不同的是，京津冀城市群以现代服务业为主要产业支撑，2019年总产值中第三产业增加值占比高达66.79%，占全国比重达到10.57%，远超第二产业增加值所占的比重，但第二产业就业人员人均创造的经济价值更高。

表 3-8 2019 年三大城市群产业结构与就业结构对比 单位:%

地区		总产值	第二产业产值占比	第三产业产值占比	总就业人数占比	第二产业就业占比	第三产业就业占比
全国			38.97	53.92		27.50	47.40
京津冀	占全国比重	8.53	6.28	10.57	10.31	8.51	8.40
	占自身比重		28.70	66.79		14.14	38.65
长江三角洲	占全国比重	23.98	25.12	24.57	18.77	31.17	22.53
	占自身比重		40.84	55.25		45.67	56.89
珠江三角洲	占全国比重	8.12	8.81	8.45	6.29	9.22	7.01
	占自身比重		42.31	56.11		40.34	52.81

资料来源：笔者根据《中国城市统计年鉴（2020）》《中国人口与就业统计年鉴（2020）》以及各地《国民经济和社会发展统计公报》整理。

三大城市群产业发展的总体特征如下：

（一）三大城市群的产业结构不断升级

在三大城市群中，京津冀城市群是活力较高和较早受到关注的城市群之一。早在20世纪80年代中期，京津冀城市群已经开始酝酿产业协同政策，2004年国家发展改革委提出了"京津冀一体化"的发展框架，并启动了京津冀区域发展总体规划。得益于政策的较早实施，京津冀地区三次产业比重始终保持"三二一"的发展格局，2005年以后第三产业增加值占比逐年递增并显著高于第二产业，第二产业增加值占比却呈不断下降趋势（见图3-4）。2007年以后京津冀地区生产总值占全国生产总值的比重也趋于下降但2018年前仍占比约一成。

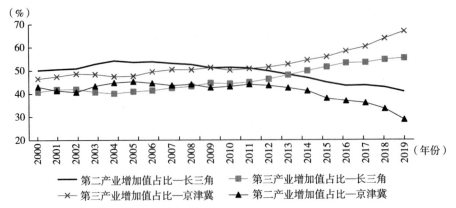

图3-4 2000~2019年京津冀、长江三角洲城市群二三产业增加值及占比变化趋势

资料来源：历年《河北统计年鉴》及长江三角洲地区各地的《城市统计年鉴》。

　　相比于京津冀地区较早实施的城市群政策，长江三角洲城市经济协调会2003年才开始涉及产业发展的相关议题。政策支持为产业结构的合理布局提供了制度保障，城市群经济发展的内生优势和聚集效应促进了产业结构模式的根本转变，2013年长江三角洲地区产业结构由长期以来的"二三一"模式转向"三二一"模式。2019年第二产业增加值占本地区生产总值的比重为40.84%，第三产业增加值占本地区生产总值的比重为55.25%，第一产业的比重较小，产业结构优于全国整体水平，先进制造业和现代服务业发展水平也领先全国（见表3-8）。

　　珠江三角洲地区凭借地理位置和人力资源优势在改革开放初期就成为了港澳台资企业的主要聚集地，20世纪末香港和澳门的相继回归与2003年后CEPA系列协议的签署加强了三地的经贸往来。2008年，《珠江三角洲地区改革发展规划纲要（2008—2020）》的实施推动了珠江三角洲地区劳动密集型产业向东西两翼、粤北山区转移，为该地区的产业升级创造了前提条件。2019年，《粤港澳大湾区发展规划纲要》的出台为粤港澳大湾区的经济协同发展打下了坚实的制度基础。历年《广东统计年鉴》的数据显示，珠江三角洲地区九市的生产总值占全省的比重维持在80%左右，第二产业增加值占该地区生产总值的比重逐年下降，由2006年的51.42%下降到2019年的40.99%；而服务业增加值占比则由2006年的45.95%上升到2019年的57.37%，产业结构逐步优化，服务业对经济增长和就业吸纳的作用越来越明显。

对比分析珠江三角洲核心城市广州、深圳、珠海和港澳地区，可见整体上珠江三角洲地区中心城市产业结构高级化指数呈上升趋势，但始终低于港澳地区；而港澳地区该指数则呈小幅波动，2016 年香港和澳门地区的产业结构高级化指数分别为 12 和 14.15，说明其服务业产值占比较高（见图 3-5，图 3-6）。

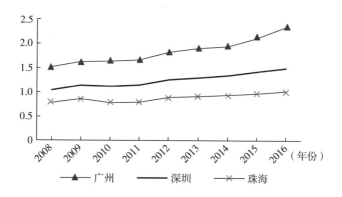

图 3-5　2008~2016 年广州、深圳和珠海产业结构高级化指数变化趋势

资料来源：覃成林，潘丹丹．粤港澳大湾区产业结构升级及经济绩效分析［J］．经济与管理评论，2020，36（1）：137-147.

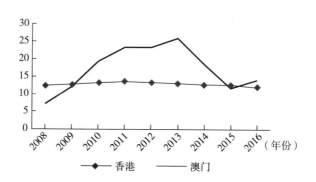

图 3-6　2008~2016 年香港和澳门产业结构高级化指数变化趋势

资料来源：覃成林，潘丹丹．粤港澳大湾区产业结构升级及经济绩效分析［J］．经济与管理评论，2020，36（1）：137-147.

（二）主导产业向战略性新兴化和高技术服务化转变

为进一步分析不同城市群的主导产业，借鉴田野等（2020）提出的语料库分析方法，使用《中国开发区审核公告目录》（2006 年版和 2018 年版）对京津冀城市群和长江三角洲城市群的主导产业词频进行分析，结果如图 3-7 和图 3-8 所示。从图 3-7 可以看出，2006 年京津冀城市群排名前三的产业关键词为机械、食品和电子，其中机械相关的产业出现频次占全部开发区产业总数超过 20%，而战略性新兴产业出现次数较少，如新材料新能源出现频次占全部开发区产业总数比重约为 5.75%，说明当时的京津冀地区仍以传统产业为主，服务业和信息产业尚未发力。

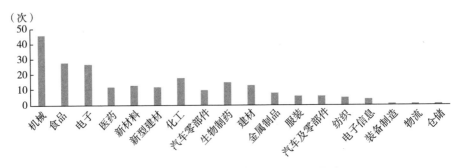

图 3-7 2006 年京津冀城市群主导产业频次

资料来源：《中国开发区审核公告目录》（2006 年版和 2018 年版）。

2015 年《京津冀协同发展规划纲要》实施后为产业结构优化升级指出了方向，要求京津冀在交通一体化、生态环境保护、产业升级转移等重点领域率先取得突破。《中国开发区审核公告目录》（2018 年版）显示北京经济技术开发区主导产业转变为汽车、电子信息和装备制造业，天津地区的主导产业类别也转变为汽车、医药、装备制造。据《中国统计年鉴（2020）》数据计算得到，2019 年京津冀城市群第三产业法人单位达到 197.76 万家，占该地区第三产业法人单位总数的 77.45%，比全国平均水平（73.47%）高 3.98 个百分点。从细分行业来看，2019 年排在前三位的行业分别为租赁和商务服务业、科学研究和技术服务业及信息传输、软件和信息技术服务业，法人单位分别为 32.02 万家、22.41 万家和 12.8 万家，占第三产业法人单位数的比重分别为 16.2%、11.3% 和 6.5%。服务业尤其是现代服务业法人单位数量的增加显示高技术服务业集聚程度相对较高。

与京津冀城市群类似，2006 年长江三角洲城市群排名前十的主导产业大部分为传统的劳动密集型产业，产业构成以传统产业为主。2006 年，排名前三的分别为机械、医药和纺织，其中机械占比超过四成，同期的食品、建材、服装、农产品等劳动密集型产业也排名靠前。2018 年，高附加值产业和新兴产业发展迅速，逐渐成为地区核心产业类型。电子类产业排名从第四跃居首位，频次提升超过 30%，材料类产业从未入围到排名第四。与此同时，2006 年排名居于前列的医药与纺织产业排名与频次则出现较大幅度下滑。除新兴产业以外，机械和装备制造业始终是核心主导产业，尽管机械频次下降，但 2018 年装备与电子并列第一，相关产业占开发区产业总数的 22.1%，说明该时期长江三角洲城市群的传统机械制造业逐渐向高附加值、高技术含量的装备制造业转变（见图 3-8）。

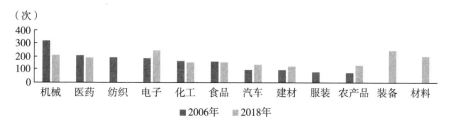

图 3-8　2006 年和 2018 年长江三角洲城市群主导产业频次

资料来源：《中国开发区审核公告目录》（2006 年版和 2018 年版）。

（三）中心城市核心功能日益明显

北京作为京津冀城市群的中心城市，其首都功能和作为全国政治文化中心的独特地位集聚了全国一大批优秀的人才、资本与技术，为其产业的高端化发展提供了坚实的基础和保障。从 2016 年开始，北京地区战略性新兴产业和高技术产业产值有明显的增长（见图 3-9），战略性新兴产业增加值由 2016 年的 5654.7 亿元增长到 2019 年的 8441.9 亿元，占地区生产总值比重由 20.91% 增长到 23.82%。2016 年，高技术产业增加值为 5888.8 亿元，到 2019 年达到了 8689.4 亿元，涨幅达 47.56%，占北京地区生产总值比重达到 24.5%，相比于 2016 年增长了将近 2.73 个百分点[①]。2019 年

---

① 资料来源：《北京统计年鉴（2020）》。

末，北京科学研究和技术服务业、信息传输软件和信息技术服务业、文化体育和娱乐业法人单位数目分别为13.6万家、6.86万家和4.9万家，占北京第三产业法人单位比重分别为16%、8.07%和5.78%，高技术服务业和文化产业集聚程度日益增强，北京作为科技创新中心和文化中心的地位愈加稳固①。

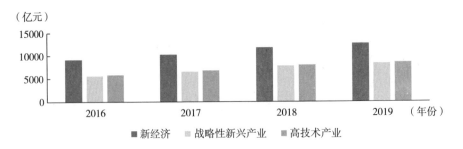

图3-9 2016~2019年北京部分新兴产业增加值

资料来源：《北京统计年鉴（2020）》。

上海作为长江三角洲城市群的中心城市，长期以来凭借经济实力和人口规模占据国内最大城市的宝座。上海独特的地理环境、开放自由的经济环境和现代化的城市治理模式使其成为多功能经济中心。1990年浦东大开发进一步夯实了上海作为长江三角洲城市群龙头的地位，据《上海统计年鉴（2020）》，2019年上海创造了38155.32亿元的生产总值，人均地区生产总值达到157279元，1990~2019年地区生产总值年均增长率达到14.35%。从行政区划来看，上海人均GDP排名始终保持前列。同时，上海的产业结构逐步升级优化，由1998年的1.9∶49∶49.1演变为2019年的0.3∶27∶72.7，第三产业增加值占总产值比重由1998年的49.1%上升到2019年的72.7%，增长幅度达到23.6个百分点。同时，上海也是开放度最高的城市，其海关进出口总额从1990年的74.31亿美元增长到2019年的4938.03亿美元，年均增速达到35%。2000~2019年，外商直接投资合同项目由1814项增长到6800项，合同金额达到502.52亿美元。旅游业也得到了迅猛发展，2019年上海旅游业增加值达到2309.43亿元，占上海

---

① 资料来源：《中国统计年鉴（2020）》。

市生产总值比重达到 6.1%。

广州作为珠三角城市群的中心城市，据《广州市 2020 年国民经济和社会发展统计公报》，2020 年实现地区生产总值 25019.11 亿元，产业结构为 1.15∶26.34∶72.51。2020 年，八大新兴产业合计实现增加值 6757.15 亿元，比 2019 年增长 3.7%，占地区生产总值的 27.0%。此外，广州科技创新基础优良，是国家自主创新示范区城市之一。2018 年，R&D 研发人员达到 22.9 万人，2000~2019 年 R&D 经费支出由 29.06 亿元增长到 677.74 亿元，占地区生产总值比重即研发强度由 1.17% 增长到 2.87%，增幅达到 1.7 个百分点（见图 3-10）。截至 2020 年底，广州已有国家级孵化器 41 家，培育单位 45 家①。广州正逐步形成国际航运中心、物流中心、贸易中心和金融服务体系互相融合的发展格局，成为粤港澳大湾区的政治中心、科技研发中心。

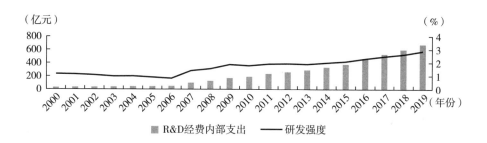

图 3-10　2000~2019 年广州 R&D 研发情况

资料来源：《广州统计年鉴（2020）》。

第四节
本章小结

本章从时间维度梳理了新中国成立以来产业结构与城镇化变迁的历

---

① 资料来源：金羊网，news.ycwb.com/2021-03/02/content_1506632.htm。

程，从两个大的阶段来看：第一阶段，新中国成立以来至改革开放前产业结构演变具有产业结构转型和工业结构升级的双重属性，中央政府积极推动工业化（特别是重工业）以此带动经济增长与改善民生，因而以重工业为主导的产业结构演进主导了城市化的演进。客观上优先快速发展重工业牺牲了农业的发展，导致城市人口的增长速度非常缓慢，城镇化水平滞后于工业化水平。同时，这一阶段中国城市化建设也出现了失误，城市化发展整体上非常缓慢。

第二阶段，改革开放以来，国家不断纠正失衡的产业结构，加大对外开放的步伐，并通过一系列改革措施激发经济发展的活力，产业结构不断趋于合理优化，城镇化进程得以快速推进。但土地财政驱动下的城镇化具有粗放式发展特征，户籍制度壁垒的存在仍然阻碍了农业转移人口的市民化进程。党的十八大以后，国家新型城镇化战略的提出使城镇化逐步走上以人为本、注重质量的发展道路。产业转型升级是推进新型城镇化的重要抓手，但目前中国产业链、供应链现代化水平相对较低，高端制造产能不足、低端制造产能过剩、服务业转型升级较慢等问题仍然较严重，同时城镇化在提高农业转移人口市民化质量、优化空间格局、提升城市综合承载能力和促进城乡融合发展等方面也面临很多挑战。

整体上，中国产业结构逐渐趋向合理化与高级化，但在较长时期内城镇化进程滞后于产业结构的演进过程。尽管当前中国非农产业产值占比与非农就业率的差距呈现逐年缩小趋势，但非农就业率与城镇化率之间的差距仍保持在 10 个以上百分点，且市民化进程滞后于常住人口城镇化进程。从中国城市与产业发展的长期方向来看，优化产业结构、提高经济服务化水平是进一步推动新型城镇化与产业结构升级良性互动的必要抓手。

城市群是当前中国经济发展最具活力的地区，也是提升中国国际竞争力的主要阵地。人口和产业在城市群的集聚，形成了经济活动的集聚和扩散效应，以及技术创新、知识溢出等效应，这些机制作用的结果使产业分工布局优化、资源配置效率提升，并带动了产业结构优化与高级化。通过分析京津冀、长江三角洲和珠江三角洲三大城市群的产业结构和就业结构的数据，表明城市群的产业结构合理化与高级化趋势明显，主导产业向战略性新兴化和高技术服务化转变的特征明显，在促进城镇化与产业转型升级的过程中将发挥核心主导作用。

主要国家城市化与产业结构
变迁互动的经验

自工业革命以后的一个多世纪，城市化在世界各地逐步兴起并初步发展。20 世纪以来，随着工业化进程的加快以及服务业在国民生产总值中所占比重日益提高，发达国家和发展中国家相继进入城市化普遍发展的阶段。英国是最早完成城市化的国家，之后西欧各国、美国、日本等主要发达国家也相继完成了城市化。发展中国家城市化进程稍晚且差异明显，出现了以巴西和墨西哥为代表的过度城市化国家和以印度为代表的城市化滞后国家。本章总结了代表性国家城市化的成功经验和发展失误，为推进中国新型城镇化与产业转型升级的良性互动提供借鉴与参考。

第一节
英国城市化与产业结构变迁互动的经验

一、英国城市化演进过程

受商业经济发展和工业革命的推动，英国在世界上率先开启了城镇化进程，历时 150 余年使城镇化率从 1750 年的 17% 提升到了 1901 年的 77%[①]，此后处于相对稳定和缓慢提升状态。总体来看，英国的城市化与工业化相互促进，发展进程大致可分为以下几个阶段。

第一阶段，16 世纪到 18 世纪中叶英国工业革命前期，对外殖民扩张和对外贸易为城市化的兴起提供了资本与要素的积累。新大陆的发现和以东印度公司为代表的对外殖民扩张为英国积累了大量的原始资本，而"圈地运动"的发生既集中了土地和财富（资本），又加速了农业人口向非农业的转移，这一切为英国的工业革命提供了丰富的资本和劳动力。新航线的开辟则拉动了英国国内船舶制造业与海外贸易的发展，扩大了英国商业经济的辐射范围。随着英国对外贸易的不断增长，作为世界贸易中心的伦

---

① 资料来源：胡光明，刘洪奎．城市史研究（第 2 辑）［M］．天津：天津教育出版社，1990：5.

敦吸引了大量人口集聚，并带动周边其他城市的发展，英国的城市化率由17世纪中期的17%提高到1801年的33.8%①。

第二阶段，18世纪中叶到19世纪40年代，工业革命的基本完成使英国成为世界上第一个工业国家，同时也成为城市化率最高的国家。这段时期工业革命成为推动城市化的主力。首先，工业革命提高了农业生产技术和农产品产量，推动劳动力向第二产业和第三产业转移，并促使非农产业产值比重大幅度提高，为城市化快速发展提供了保障；其次，工业革命引发了"交通运输革命"，便利了货物与人员的流动，改变了原有的城市格局，英格兰中部、西部出现新的工业城镇，如曼彻斯特、利物浦、普雷斯顿等。到19世纪50年代英国形成了基本的铁路运输网，多数城市布局在距离火车站10英里以内的区域，加上公路和运河形成的运输网，英国城乡关系得到加强。到1850年，城市人口占总人口比例已上升到54%。这一阶段，大城市的人口集聚也不断提高，2500人以上的城市人口占全国总人口的比重由1750年的25%提高到1851年的50.2%（纪晓岚，2004）。

第三阶段，19世纪中期到20世纪初，英国进入了高度城镇化阶段，并出现严重的"城市病"。19世纪末期，英国的城市化率达到了77%，城市人口也从19世纪中期的约1100万增加到20世纪初的2500万左右，增长了1.26倍②。在此期间，新型工业化城市的人口快速增长，并形成了以大伦敦市为代表的六大城市群，到1901年该六大城市群人口合计占城市总人口的52.8%。伦敦成为超级大都会，包括郊区人口在内的人口总数高达658.6万人，约占全国总人口的25.9%③。高度的城市化导致"城市病"的出现。19世纪中晚期，城市群地区人口拥挤、住房紧张、城市贫民窟普遍。据伦敦统计学会的调查，1841～1847年伦敦圣吉尔斯地区教堂巷的房屋居住密度由不到5人/间房上升到超过8人/间房（Sykes，1848）。高密度且公共设施落后的住宅区引发令人担忧的卫生和用水问题。同时，工业

---

① 资料来源：胡光明，刘洪奎．城市史研究（第2辑）[M]．天津：天津教育出版社，1990：5。

② 资料来源于 United Nations 发布的"World Urbanization Prospects：The 2005 Revision"。

③ 资料来源：廖跃文．英国维多利亚时期城市化的发展特点 [J]．世界历史，1997（5）：73-79．比例由大伦敦市人数除以六大城市群总人口计算得出。

发展带来的大气、水源等环境污染问题严重，19世纪50年代后期，伦敦市未经任何措施处理直接对泰晤士河排放的污染物高达250吨/天，而水务公司也不经处理直接将污染河水输送给居民区，由此引发了诸如天花、霍乱等传染性极强的病症。1866~1877年约有14000人死于霍乱，19世纪后期约有1/3的死亡病例是因为感染了斑疹伤寒等病症[1]。

第四阶段，20世纪初至20世纪中期，英国的城市化进入生态型城镇化萌芽及实践阶段（曹瑞臣，2015）。受"城市病"集中暴发所产生的严重社会问题与环境问题影响，英国城市化步伐放缓，1931~1951年城市化率只提升了0.9个百分点，其中1951年的城市化率为79%[2]。城市居民开始产生对昔日乡村生活的向往和对城市病的烦恼，以埃比尼泽·霍华德（Ebenezer Howard）为代表的学者提出了创建生态城镇和发展小城镇的新方向，并将其称为"田园城市"，由此开创了战后各国创建生态文明和新型城镇化模式的新阶段。随着生态型城市理念的流行，英国以治理大气污染为抓手，颁发了一系列空气清洁法案并实施了综合治理城市企业污染的大举措，推动对外产业转移以实现城市产业结构的转型升级。同时，英国调整和优化了城市布局，实施大城市与中小城镇齐头并进、协调发展的战略。20世纪80年代后，英国走向一条大中小城镇共同发展、人与自然相协调的城市生态文明之路。到2010年，英国城市化率高达81.3%，城镇化增速达到峰值[3]。

二、英国城市化与产业演进互动的经验

（一）工业革命改变了英国的产业结构和人口结构

工业革命改变了英国的产业结构发展态势，加速了其城市化进程。18世纪初到19世纪中叶工业革命发生发展的整个过程，农业增加值在国民经济中的比重快速下降，第二、第三产业迅速崛起。从表4-1可以看出，

---

① Morris R J. Cholera 1832：The Social Response to an Epidemic［M］. New York：Holmes & Meier，1976：228.

② 资料来源：中国科学院经济研究所世界经济研究室. 主要资本主义国家经济统计集1848~1960［M］. 北京：世界知识出版社，1962；United Nations发布的"World Urbanization Prospects：The 2005 Revision"。

③ 资料来源：Wind数据库。

1801~1901 年第一产业增加值整体上在增长，但占 GDP 的比重却不断下降，第二产业增加值及占比均呈现出不断攀升态势。随着工业化和城市化的持续推进，英国发展成为世界工厂。1850 年英国生铁产量已占世界总产量的 53%，而其人口仅占世界总人口数的 2%（Wright，1965）。1850~1870 年，煤炭产量大幅增加到 6000 余万吨，占全世界总产量的一半（高德步、王钰，2011）；1861 年工业增加值占比接近 36.5%，是农业占比的两倍有余（Wright，1965）。工业化在提高劳动生产率的同时，不断吸引农村富余劳动力流入城市，催生了部分新型工业化城市，如曼彻斯特从 18 世纪初人口不足 1 万的小城镇转变为 1841 年人口高达 35 万的英国第二大城市和新的纺织业中心（Moffit，1925）。同时，产业布局也随之调整，在三大经济区域中，西北部形成了以兰开夏工业区（纺织工业）、哈兰夏工业区（制铁工业）为中心的五大现代工业区；东南部以伦敦为中心的区域则重点发展商业、金融和服务业；中间地带则以现代农业为主，发展畜牧养殖业，为英国的工业化与城镇化进程提供物质保障。三大地区之间分工明确且相互关联（刘景华，2018）。

表 4-1　1801~1901 年第一、第二产业增加值及占比的变化

单位：百万英镑，%

年份	第一产业		第二产业		年份	第一产业		第二产业	
	增加值	占比	增加值	占比		增加值	占比	增加值	占比
1801	75.5	32.5	54.3	23.4	1861	118.8	17.8	243.6	36.5
1821	76.0	26.1	93.0	31.9	1881	109.1	10.4	395.9	37.9
1841	99.9	22.1	155.5	34.4	1901	101.6	6.4	660.7	40.2

资料来源：Deane P，Cole W A. British Economic Growth 1688-1959 [M]. Cambridge：Cambridge University Press，1964.

　　工业化浪潮在吸引农村人口大量涌向城市的同时，也不断向乡村渗透。19 世纪中叶，以"乡村工业"为表现形式的工业村庄蓬勃发展，"离土不离乡"的农业劳动力就业形式一方面促进了工业与农业的分工，形成规模化的农业经营模式；另一方面推动形成更多的新型工业城镇，城镇规模空前扩大。在工业革命初期，城市人口与农村人口之比大约为 1∶4.88，

到 1871 年该比值上升为 1.87：1，城市化率上升到 65.2%（见表 4-2）。

表 4-2　1801~1871 年英国人口分布及其占比　单位：万人，%

年份	城市人口		农村人口		总人口
	人数	占比	人数	占比	
1801	354.9	33.8	695.2	66.2	1050.1
1811	438.1	36.6	758.9	63.1	1197.0
1831	720.3	41.3	905.8	55.7	1626.1
1851	1124.1	54.0	957.6	46.0	2081.7
1871	1699.8	65.2	907.2	34.8	2607.2

资料来源：胡光明，刘洪奎. 城市史研究（第 2 辑）[M]. 天津：天津教育出版社，1990.

（二）工业革命引发了交通运输业革命并改变了城市布局

工业革命以大规模的机械化生产和专业化生产为特征，促进了人力要素和经济要素在地理空间上的集聚，需要便捷的交通运输网络与之匹配，由此催生了交通运输业的大发展，具体表现在：第一，铁路建设飞速发展。铁路的发展既有冶金行业发展所奠定的基础，也是工业化与城市化的内在要求。自 1823 年开始兴建斯托克顿港口—达林顿矿区的铁路以来，英国的铁路里程不断增长，1836~1855 年由 1600 多千米增长到约 1.3 万千米，到 1870 年铁路总里程超过 2 万千米。第二，公路建设起步早。1750~1770 年，每年平均有 40 余个授权修路的法案被通过，1790 年起年均约有 55 个公路建设授权法案被批准通过（Brown，1991）。到 1800 年，共有 1600 余个公路建设授权法案被通过和实施。第三，水路建设成绩斐然。水路运输具有运货量大、安全和成本低等优点，工业化对煤炭的需求量增大，推动水路运输大发展。18 世纪前期，英国对西北部地区利物浦等城市河流进行富有成效的改造，1760 年后兴建或通航一系列运河，到 1830 年前后英国初步完成运河体系的建设，主要城市依靠运河基本实现相互贯通。水路运输也使不少地位下降的港口城市重现发展，比如以水上贸易为主的林肯、雷丁、格洛斯特和纽瓦克。

运输业的快速发展不仅缩短了运输时间，降低了运输成本，更重要的是加快了城乡之间的人口流动，加强了城市和乡村之间的经济联系，助推了城市化与工业化的协同发展。英国交通运输方式的巨大变革，一方面使位于交通枢纽沿线上的城市能够加快发展工业服务业，深化产业分工，加速推进城市化；另一方面也使原本日渐衰落的城市通过交通运输被赋予新的城市功能。

（三）城市化与工业化协调发展离不开政策引导

"圈地运动"和生产资源过度集中的城市化方式严重破坏了农业生产，并引发了环境恶化、城市人口失业等一系列"城市病"。因此，英国政府出台了一系列政策法规将乡村纳入城乡协调发展规划，以促进城市化与工业化协调发展，具体包括：

一是通过颁布法律遏制乡村耕地无序开发、扶持农业发展。英国政府出台了有关农业补贴、扶持农业发展的《斯科特报告》《农业法案》，通过立法规范公园、自然景区的设立以保护乡村耕地面积，构建了乡村生态环境评估长效机制，为实现城市化与工业化良性互动提供制度保障。

二是出台政策和法规帮助失地农民在城市谋生。为解决失地农民进城后的就业问题，英国政府成立了皇家农学会以系统性研究农业生产，并于1982年以法律形式明确规定平民百姓接受教育的合法性，出台《农业培训局法》为提升农业转移人口人力资本存量开设百余种培训课程，还通过社会团体和私立农校、训练班等形式开办短期培训，为农业转移人口进城就业提供政策支持。

三是为乡村经济发展提供财政支持。为支持乡村经济和农业的发展，英国1973年加入了欧洲农业联盟，在欧盟共同政策的支持下每年向农业产出较低的地区提供资金补助。此外，英国为乡村公共事业提供有关职业教育、基本支付等支持计划，推进农业、乡村工业和旅游业统筹发展。21世纪以来，英国政府颁布了《英国农村战略》《第7号规划政策文件：乡村地区的可持续发展》等法律法规，以生态、宜居的乡村经济可持续发展作为发展的方向（武小龙，2020）。

第二节
美国城市化与产业结构变迁互动的经验

南北战争之后，美国经济逐步崛起，城市化进程迅速推进，1890 年后约 30 年城市化率从 35.1% 提升到了 51.2%（马晓河，2020）。美国的城市化进程快速且激烈，较少受到外来偶然因素的影响，各阶段的特点比较鲜明。美国模式对于快速发展的中国来说具有一定的借鉴意义。

一、美国城市化演进过程

作为后起的工业化国家，美国早期的城市化大多未经过传统农业和商业先行发展的阶段，而由快速兴起的工业化直接推动形成，具有工业化、城市化和社会经济同步发展的特征和优势。具体来看，美国城市化进程大致经历了以下三个阶段：

第一阶段，19 世纪初期到 20 世纪初期，在工业化和交通运输业带动下，美国城市化起步后迅速发展。1820 年以前美国属于农业主导的国家，农村人口占总人口比重约为 90%，城市化进程缓慢。1807 年的《禁运法案》和 1812~1815 年的英美战争（美国第二次独立战争）开启了美国工业化的道路。之后美国通过模仿英国的工业化，不断追赶乃至反超，使东北部地区首先成为工业集中区，并催生了该地区城市的发展。1790~1830 年，美国的城市人口比例已从 5.1% 上升至 8.8%[①]，人口超过 2.5 万人的城市数增加到 5 个。

正如英国工业化一样，美国的工业化也推动了交通运输技术改进，19 世纪初期美国逐步进入铁路运输时代。自 1826 年第一条铁路兴建以来，到 1860 年北部和中西部所有城市都实现了铁路相连，西部的铁路网覆盖了 80% 的农场[②]。1869 年第一条横贯北美大陆的铁路建成通车，为美国的经

---

① 王旭. 美国城市发展模式［M］. 北京：清华大学出版社，2006：6.

② J. T. 施莱贝克尔. 美国农业史（1607—1972）［M］. 北京：农业出版社，1981：101.

济发展及现代化建设做出了巨大的贡献。铁路运输网络的扩张带动了中西部地区和五大湖区城市的发展，到 1860 年底城市人口比例已上升至 19.8%，较 1820 年高出 12.6 个百分点，人口超过 10 万的城市达到 9 个（王春艳，2007）。除铁路运输外，进入 20 世纪后汽车制造及公路建设快速发展起来。1913 年，福特公司的汽车装配流水线带来了汽车工业的革命性变化，汽车逐步成为大众化的交通工具。1916 年，美国汽车销量首度突破 100 万辆，4 年后即翻一番达到 200 万辆（黄林秀、欧阳琳，2015）。铁路运输业与汽车工业的共同繁荣推动了一大批东部老牌工业城市的发展，并逐步演化为东部、东北部工业城市群，比如波士顿—华盛顿城市群、芝加哥—匹兹堡城市群等，同时还催生了西部矿业城市、能源城市和交通枢纽城市。如芝加哥得益于铁路运输业的发展成为了美国的第三大城市并跻身世界大都市行列。

随着工业化的逐步推进，工业在国民经济中所占的比重越来越高，1919 年工业与农业增加值之比达到 32∶21[①]。工业化不仅推动了城市化的协同发展，而且促进了农业现代化，美国逐步成为世界上最发达的农业国家，农业的现代化为工业化和城镇化良性发展提供了强有力的保障。

第二阶段，20 世纪 20~70 年代，受益于汽车工业大发展和两次世界大战产生的战争红利，美国的城市化延续了上一阶段快速发展的势头，城市布局和功能出现新变化。20 世纪 20 年代是美国汽车业大发展的黄金时代，到 1929 年大萧条前夕，美国汽车销量已突破了 500 万辆大关。汽车工业也造就了一批汽车城，最为典型的城市就是底特律。底特律早期由于处于五大湖水路的战略地位，逐渐发展成为以航运、造船以及制造业为主的交通枢纽城市。1908 年后，福特、通用、克莱斯勒和阿美利加等美国汽车制造公司的总部及其所属企业相继布局于此，底特律发展成美国第四大城市和世界汽车之都。到 1950 年底特律人口达到 185 万人的峰值，但之后受美国劳动力成本上升和产业转型升级影响，汽车工业大量外迁，人口大幅度减少，到 2010 年底城市人口下降到 71 万人（刘瀚波，2015）。

这一期间两次世界大战对美国的城市功能和布局也产生了一定的影响。两次世界大战推动了美国的工业以及经济的全面发展，第二次世界大

---

① 中国科学院经济研究所世界经济研究室 . 主要资本主义国家经济统计集 1848~1960［M］. 北京：世界知识出版社，1962.

战后美国成了世界上最大的资本输出国和债权国，纽约替代伦敦发展成为世界最大的国际金融中心。美国享受战争带来的经济红利，20 世纪 50 年代以来美国经济持续景气，到 1970 年底城市化率达到 73.6%①。此时的美国不仅实现了农业现代化、工业化和城市化，而且成了世界超级大国。

第三阶段，20 世纪 70 年代至今，"逆城市化"现象出现。随着城市规模的扩张，交通拥堵、环境恶化和失业率上升等"城市病"相继出现，汽车的普及与交通设施的完善为人们将居住与就业重心迁入郊区提供了便利，富裕阶层陆续迁往郊区居住，美国郊区迅速发展（张婷麟、孙斌栋，2018）。多中心城市空间结构和巨型城市带由此兴起，有研究显示 1960 年郊区人口与中心城市人口占比接近，1970 年以后郊区人口占比则逐步超过中心城市，1970 年美国郊区人口占境内人口总数的 37.2%，有约 7600 万人（Abbott，1987）。1960~2000 年，美国排名前 100 的都市中心区的就业占比由 61% 下降到 34%（Baum-Snow，2011），以洛杉矶为例，1990 年主中心和次中心的就业岗位占就业总数的 12%（Gordon and Richardson，1996），城市发展趋势由单中心向多中心蔓延。

历经 200 多年建设，美国形成了由国际大都市、中心城市和小城镇等多层级城市组成的城市体系，构建了均衡发展、相互配合、错落有致的城市群（带）（李军国，2015）。到 2010 年，美国有 13 座 300 万以上人口的城市，78 座 20 万~100 万人口的城市②，以及数量众多、各具特色的小城（镇），城市化率自此逐渐放缓。2020 年受全球新冠肺炎疫情的影响，人口密集型城市影响力被削弱。美国或再次出现"逆城市化"趋势。

二、美国工业化与城市化互动发展的经验

（一）工业化促进农业现代化并为城市化奠定了基础

工业化需要农业的大力支持，而工业化亦是农业现代化的基础。与英国不一样，在美国的城市化进程中工业化与农业现代化同步推进，共同为城市化的发展提供了物质基础和人口，没有出现农业的衰落或退化现象。得益于集约型农业的发展和农业生产效率的提升，1910 年美国基本实现了农业机械

---

① 资料来源：Wind 数据库。
② 资料来源：2010 年美国人口调查局统计数据。

化，到 1920 年人均粮食产量较 1860 年提高了 50%，单个农民的生产量可以满足 8 个人口的粮食需求，到 20 世纪 70 年代可供养的人口数达到 52 人（汪冬梅，2003）。高度的农业现代化还使美国成为世界上最大的农产品出口国，每年约有 20%的农产品供出口为美国带来大量贸易顺差，如 2017 年美国对华农产品贸易顺差达到 164 亿美元。这为美国发展积累了大量盈余资金，并部分弥补了制成品贸易的逆差，也促进了美国城市化的发展。

（二）政府支持交通运输业的发展并由此改变城市空间布局

工业化带来交通运输业的革命。从马车时代进入铁路时代、汽车时代，再进入航空时代，每一次革命既提升了制造业水平、推动交通运输工具性能的更新，又深刻影响了城市化进程及城市的空间布局。

美国政府很早就意识到发展交通运输的重要性。19 世纪 60 年代为带动西部地区发展，国会先后通过了支持铁路建设的《太平洋铁路法案》和《现金补偿法》，给予修建铁路的公司数额不等的贷款及铁路两旁一定的土地开发利用权。在此政策引导下，北太平洋铁路、南太平洋铁路、圣斐铁路等相继建成，成为美国南北战争以来城市化水平快速提升的重要动力，促进铁路沿线新城镇的出现与发展。同样地，为加快高速公路网的建设，美国于 1916 年通过了《资助道路建设法案》、1956 年通过了《高速公路法》，两个法案对推动公路建设发挥了重要作用，到 2017 年底美国公路里程达到 666 万千米，其中高速公路总里程已经达到 9.2 万千米（任泽平等，2020）。

美国城镇化发展的经验表明，一国拥有完善的综合交通运输体系，是促进生产要素跨域流动的前提条件，也是支持城镇化发展、保障城镇社会有序运行、引导城镇产业优化布局、协调区域城镇平衡发展的支撑性条件。

（三）政府完善基础设施建设和公共服务为人口进城提供保障

完善的基础设施和公共服务对支持农业人口进城生活和就业起着关键作用。航运、铁路和高速公路网络的建设提高了人口的流动速度，也扩大了人口的流动范围，而城市道路、电力供应、通信网络等基础设施的完善，住房、医疗以及就业相关政策出台和资金支持则为农业转移人口进城生活提供了便利条件。19 世纪中期，美国北部推行免费的初等和中等教育制度，19 世纪晚期开始实行全民免费教育，20 世纪中期美国通过《中小学教育法》等立法和民间办学税收优惠政策为低收入群体提供政府的教育支持。为了提高农业转移人口的技能水平，美国构建了政府与社区、企业、大学和社会团体合作的培训体系，从法律知识普及、养殖、销售以及计算机操作等方面展开培训。为解决低收入者住房问题，20 世纪 30 年代开始，美国政府投资建设超 2000 套低收入者适用公寓，同时还通过联邦政府贷款向地方政府拨付资金建造住宅并以低租金形式出租。在大萧条时期，美国联邦政府通过兴建城市、港口和改造贫民窟等工程创造百万个就业岗位，1935 年颁布的《社会保障法》和 1965 年颁布的《医疗保险法》以法律形式建立健全了医疗保险和养老保险制度，为城市低收入群体和流动人口提供了制度保障。

自 20 世纪末期以来，美国城市化率已稳定在 70%以上，2018 年城市化率达到 82.26%，城市与农村人口比率趋向稳定。2018 年美国产业结构中服务业增加值对经济的贡献度达到 76.89%，对就业的贡献达到 78.76%[1]，这表明高度城市化的社会也是高度服务化的。此外，国际移民政策的宽松也是促进美国城市和社会发展的重要因素。移民带来了先进技术和丰富的资金，为美国现代化进程做出了重要贡献。1860 年，美国境内最大的 50 个城市中有 40%的人口为国外移民[2]。1920~1965 年有多达 450 万人进入美国，不但扩大了美国城市规模，而且为美国经济发展做出了贡献。

第三节

日本城市化与产业结构变迁互动的经验

日本是亚洲地区工业化与城市化同时推进并协调发展的典型国家，且城市化进程具有激进型特点。日本与中国同属于东亚文化圈，同受儒家文化的影响，且都是在较短时间内通过快速发展经济崛起的国家，所以日本

---

① 资料来源：Wind 数据库。

② 城市化研究课题组，陈胜昌. 城市化的国际经验与中国城市化进程和战略 [C]. 2004 中国生产力发展研究报告，2005：150-188.

的城市化发展能为中国提供较好的经验借鉴。

一、日本城市化演进过程

日本的城市化兴起首先得益于 19 世纪 60 年代末开始的明治维新运动。进入 20 世纪后，日本经过对外扩张，积累了大量发展资金，经济发展势头良好，城市化进程快速推进，城市化水平从 1920 年的 18.04% 上升至 1940 年的 37.72%。第二次世界大战结束后，日本抓住冷战机遇，以加入 GATT 为契机，进一步加快城市化进程，1955 年城市化率攀升至 56.10%，1975 年达到 75.72%[①]。2005 年以后尽管出现人口负增长，但日本的城市化率仍稳步上升，2016 年达到 91.46%，2018 年达到 91.62%（见表 4-3）。

表 4-3　1920~2018 年日本的城市化率变化趋势　　　　单位:%

年份	城市化率	年份	城市化率	年份	城市化率
1920	18.04	1960	63.51	2000	78.65
1925	21.59	1965	68.09	2005	85.98
1930	23.96	1970	72.17	2010	90.81
1935	32.73	1975	75.72	2015	91.38
1940	37.72	1980	76.18	2016	91.46
1945	27.81	1985	76.71	2017	91.54
1950	37.29	1990	77.34	2018	91.62
1955	56.10	1995	78.02		

资料来源：Wind 数据库。

整体上，日本的城市化演进可大致归为如下阶段：

（一）城市化起步发展阶段：1868~1945 年

明治维新之前，日本是典型的农业化国家，大部分人口居于乡村，城市化率极低。19 世纪 60 年代末，日本开启了由上而下、具有资本主义性质的明治维新运动，从政治、经济和文化等方面效仿西方的制度，推动现

---

① 资料来源：《日本历史统计（1868~2002）》。

代化改革，通过加强基础设施建设、优先发展重工业等措施推动工业化进程。工业化推动了农村人口向城市的转移，到 1920 年日本城市化率已达到 18.04%，三次产业就业结构为 53.4∶23.9∶22.7（南亮进，1992）。

第一次世界大战结束之后，日本工业化进程明显加快，以钢铁行业为代表的重工业快速发展，在工业化带动下全国性的交通运输网络建成。到 1934 年日本主要城市轨道里程达到 1008 千米，城市间国有铁路 90 余条，主要港口间航路里程 17850.5 海里。便捷的交通运输网络推动城市化率稳步提升，1920~1940 年城市化率由 18.04% 上升到 37.72%，涌现了一批人口规模较大的城市。1935 年，世界上人口超百万的 31 个城市中日本占了五个，东京排名第二，仅次于纽约，当年日本六大城市（东京、大阪、名古屋、京都、横滨、神户）的人口数占全国城市人口比重达到 52%[1]。

（二）城市化加速阶段：1945~1977 年

第二次世界大战后，美国帮助日本构建了政治经济秩序并使之成为 GATT 的成员国，大力支持日本重工业的发展，日本工业迅速恢复到战前水平。工业化推动了城市化的加速，东京、神奈川、大阪等大城市人口急剧增长。1955 年，城市人口占总人口比重达到 56.1%，且 34.9% 的人口居住在总人口超 10 万的大城市，59% 的劳动力集中在城市的工业和服务业就业[2]。到 1970 年日本就业结构演变为 19.31∶34.05∶46.63，第二产业就业人口比例达到 34.05%，较 20 年前增长了 12 个百分点[3]。到 1977 年，城市化率进一步提升到 76%。

随着城市对劳动力的需求增长以及生产资料向城市的不断集中，东京、名古屋和大阪都市圈成为人口和产业聚集的核心区，都市圈人口占全国人口的比重由 1950 年的 34.2% 上升到 1975 年的 47.6%。同时，日本形成了以京滨、阪神、中京、北九州岛闻名的四大工业地带，1960 年四大工业带工业增加值占全国的比重达到 62%[4]，成为支持日本经济发展的中坚力量。

（三）城市化放缓阶段：1977 年至今

20 世纪 70 年代经历两次石油危机后，日本经济发展滞缓，城市化与

---

① 资料来源：1936 年大阪每日新闻社发布的《日本都市大观——附满洲国都市大观》。
② 资料来源：《日本统计年鉴（1980）》。
③ 资料来源：Wind 数据库。
④ 资料来源：矢野恒太纪念会. 日本 100 年［M］. 北京：时事出版社，1984：224.

工业化均出现停滞，并出现如其他发达国家一样的"逆城市化"现象。1970 年以后随着石油等能源价格和劳动力成本的上升以及信息技术的兴起，日本产业结构开始转型，传统制造业大量从中心城市向都市圈外围和境外转移，电子、信息技术等新兴产业和服务业逐渐向都市圈集聚，城市化速度放缓。1977~2000 年，城市化率仅从 76% 上升到 78.65%。在逆城市化过程中，大都市圈却进一步集聚。到 21 世纪初，三大都市圈东京、名古屋、京阪神拥有城市 256 座，其中东京都市圈拥有的城市数超过 121 座，到 2017 年东京都区部人口数达 946 万，东京都市圈人口数 3700 万人（张惠强、李璐，2018），是全球规模最大的都会区。2000 年以后城市化率有所增长但增速逐渐放缓，2005 年达到 85.98%，2018 年达到 91.62%①。这期间城市人口占比和非农产业占比变化趋势如图 4-1 所示。

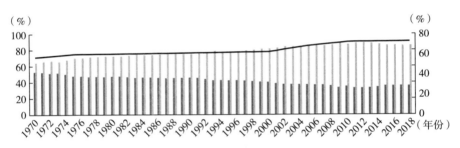

图 4-1　1970~2018 年日本城市化和非农产业演变

资料来源：Wind 数据库。

二、日本工业化与城市化协同推进的经验

（一）大力推进工业化并通过优化工业内部结构推动城市化

20 世纪初，日本的工业化有了初步的基础，工业发展带动人口向城市聚集，并迅速成为推动城市化的主力。第一次世界大战后日本出台优先发展重工业的工业化政策，由此催生了一批新兴工业城市。第二次世界

---

① 资料来源：Wind 数据库。

大战后至 1970 年是日本工业化快速发展并达到顶峰的时期，也是城市化发展最快的时期。这一时期日本政府大力支持钢铁、煤炭、电力和船舶制造四大产业发展并实施出口导向型战略。到 1960 年，钢铁、合成纤维、造纸、石油炼制与石油化工等产业成长为支柱产业。制造业的壮大创造了大量就业岗位，吸引了大量人口向城市聚集，成为推动城市化的重要路径。城市化与工业化能够协同发展，也与工业内部轻重工业之间相对协调发展有关。重工业具有劳动生产率高、高技术资本密集型特征，为轻工业乃至国民经济整体发展提供先进技术设备，而轻工业能更好地吸纳农业转移劳动力，并成为重工业的重要补充，两者共同促进了工业化与城市化的协同发展。到 1970 年，日本政府开始鼓励传统产业向海外转移，并将更多的注意力转向知识与技术密集型产业的发展，此时城市化也进入成熟阶段。

（二）发挥政府政策和发展战略对城市化的引领作用

在城市化与工业化的协同发展过程中，日本中央与地方两级政府发挥了重要作用，政府的做法是通过立法、土地开发规划的制定和产业支持政策等来引导城市化发展方向。从国土开发政策来看，日本在 20 世纪 40 年代就制定了《国土复兴计划纲要》，并分别于 1950 年和 1953 年颁布了《国土综合开发法》《特定区域综合开发规划》。这些法规不仅涉及国土的可持续综合开发、利用和保护，还涉及基础设施建设、国土利用的空间结构和产业布局等方面，对推动城市与产业协同发展起到了宏观指导作用。这与韩国、新加坡等东亚国家和地区有相似之处。

考虑到资源的有限性，日本的城市化战略主要选择"以点带面"的发展模式，优先发展大城市，通过以大城市为中心发展卫星城并继续向外辐射带动周边地区统一发展。在此战略之下，东京、大阪等沿海城市得到优先发展，吸引了大量跨国公司的总部入驻和大量的人才聚集，产生显著的集聚效应，形成东京都市圈和大阪—神户都市圈，其中东京都市圈发展成为世界四大城市群之一，为日本的城市化做出了突出贡献。与此同时，日本政府还制定了《全国综合开发规划》以缩小城乡之间和地区之间的差距，并通过实行工业分散布局以及规划区域建设基本方向保证了城市间的均衡发展（门晓红，2015）。

（三）大力发展教育为城市化提供人力资本支撑

日本是一个非常重视教育的国家，其工业化与城市化发展均离不开教育提供的人力资本的强大支撑。日本对教育的重视首先表现在支持教育的立法方面，1947 年日本政府开始实施《教育基本法》，规定了有关义务教育、社会教育以及女性接受教育的权利等教育原则，老龄化社会到来以后日本相应地对《教育基本法》进行修订，2008 年又制定《促进教育基本计划》以强化教育体系；其次表现在加大教育投入方面，1971～1987 年日本政府支持教育的资金投入占国内生产总值的比重由 3.67% 提高到 5.61%，"泡沫经济"崩溃以后教育开支占比有所下降，但 2015 年又恢复到 3.6%（张卫，2021）。大力扶持教育显著提高了日本的国民素质和劳动生产率，1987~2016 年日本劳动力中受高等教育的劳动者占比从 22.5% 提高到 69.66%[1]。1990 年，日本劳动力预期受教育年限为 13.3 年，平均受教育年限为 9.6 年，到 2017 年这两个指标分别达到 15.2 年和 12.8 年[2]。虽然日本从 20 世纪 70 年代进入人口老龄化社会，但国民的预期与平均受教育年限却在增长。

除了重视普通学历教育，日本政府还通过一系列法律规范职业教育，强化乡—城流动人口的技能培训要求，如 1958 年的《职业训练法》、1961 年的《农业基本法》和 1948 年的《农业改良促进法》等明确了乡—城流动人口在职业教育培训中的地位，鼓励农民工参与公共职业训练并明确职业鉴定制度。1985 年 6 月新颁布的《职业能力开发促进法》和《职业能力开发促进实施细则》取代了原有的《职业训练法》，为提升职业教育在国民教育中的地位提供了政策支持。正规教育和技能培训为日本培养了大量高素质人才和技术管理人才，为经济发展与工业化提供了强有力的支撑，也促进了日本城市的高质量发展。

---

① 资料来源：国际货币基金组织。
② 资料来源于 United Nations Development Programme 发布的 Human Development Reports（2018）。

第四节
代表性发展中国家城市化与产业结构
变迁互动的经验

不同于美国、英国、日本等发达国家实现了工业化与城市化的同步发展，发展中国家城市化具有不同的特点，部分国家城市化出现了严重问题并成为了经济发展的阻力。本节以亚洲的印度以及拉丁美洲的巴西、墨西哥等发展中国家为例，总结这些国家工业化与城市化进程的失误与教训，从而为中国提供警示。

一、印度城市化与产业结构变迁互动的经验教训

（一）印度城市化与产业结构演变的概况

城市化水平取决于一个国家的经济发展水平与产业结构演进状况。自独立以来，由于经济基础薄弱、经济增长速度不够理想、产业结构演进不合理，印度出现了产业发展与城市化双滞后的现象。

从产业结构演进来看，图 4-2 表明 20 世纪 70 年代初期，印度仍然以农业为主，1970~1975 年农业增加值在产业结构中的占比年均超过 40%，工业增加值占比长期较低。20 世纪 70 年代后，农业增加值占比不断下降，服务业得到较快发展并超过农业位居第一，但工业增加值占比直到 20 世纪 90 年代中期才超过农业增加值占比，且在 2008 年后呈明显下降趋势。服务业增加值占比则一直呈上升趋势且在近年超过 50%。很显然，印度的产业结构呈现工业十分落后而服务业相对发达的状况，工业部门在经济发展历程中没有出现占绝对优势并带动其他产业和城市化发展的现象。同样是人口大国，中国在 1990~2012 年第二产业增加值占比为 41%~48%，高于印度 14~20 个百分点。

产业的演进影响城市化的进程，印度的城市化率提升也十分缓慢。1950 年，印度城市化率已达到 17.4%，当年中国仅有 12.3%（姜乾之，

2012)。世界银行统计的数据显示，此后十来年，印度的城市化水平与中国改革开放前的水平接近，1960 年人口城市化率为 17.92%，1991 年上升到 25.78%，到 2000 年上升到 27.67%。在 1990 年之前，印度的城市化率高于低收入国家平均水平 2 个以上百分点，但是此后的城市化率与低收入国家的平均水平接近。2005 年世界低收入国家的平均城市化率为 28.52%，印度的城市化率为 29.24%，到 2020 年才慢慢提升到 34.93%。而改革开放后中国的城市化进入了快车道，到 2005 年中国常住人口城市化率已经达到了 42.52%。

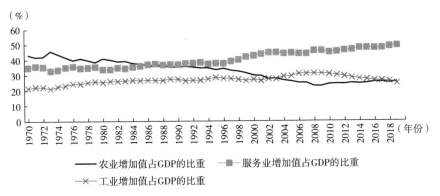

图 4-2　1970~2019 年印度三大产业增加值占 GDP 的比重

资料来源：世界银行。

印度不但城市化水平滞后，而且城市化质量不高、城市运行管理不善。具体表现在：第一，各城市普遍存在贫民窟。大量农村劳动力进城后难以获得稳定的工作和收入，不能获得赖以生存和生活的正当权益，沦为城市中的贫民。根据印度人口普查数据，2001 年百万人口以上规模的城市中居住在贫民窟的人口多达 1656.55 万人，相当于城镇总人口的 23.40%（见表 4-4），而且城镇中贫民窟的人口密度在快速增长。第二，城市公共服务设施相当短缺。2004 年，印度只有 59% 的城市居民拥有基本的粪便处理设施，还有 54.71% 的城镇贫民窟没有厕所[①]。贫民窟由于存在人口拥挤、基础设施落后、日常饮用水供给不足、医疗资源薄弱、污水处理设备

[①]　刘培林. 印度城市化的特点及经验教训 [J]. 城乡建设，2010（10）：76-78.

缺乏等问题，公共卫生隐患极大。新冠肺炎疫情暴发后，印度的贫民窟被视为疫情的"定时炸弹"。

表 4-4　2001 年印度主要城市贫民窟情况　　　　　单位：万人，%

城市	总人口	贫民窟人口	贫民窟人口占比
百万以上城市人口总计	7081.39	1656.55	23.40
孟买	1191.44	582.35	48.90
德里	981.74	185.47	18.90
加尔各答	458.05	149.08	32.50
金奈	421.63	74.79	17.7
班加罗尔	429.22	34.52	8.00

资料来源：刘培林．印度城市化的特点及经验教训［J］．城乡建设，2010（10）：76-78.

（二）印度城市化水平滞后的主要原因

一是基础设施落后，城市公共产品严重不足。长期以来，印度的基础设施建设严重滞后，阻碍了其城市化进程。以交通基础设施为例，早年在英国殖民统治时期，印度就已经建成较有规模的铁路运输网，1890 年铁路总里程达到 2.64 万千米，而当时中国铁路总里程仅为 10 千米。1950 年，印度铁路总里程达到了 54845 千米，是中国当年铁路总里程 2.22 万千米的2.5 倍（胡鞍钢，2006）。但印度政府对城市公共交通领域的投资越来越少，城市公共交通投资所占的比例从 1994 年的 40% 下降到 2010 年的 30%，远远低于国际基本标准所规定的 50% 和国际最高标准所规定的 82%（任冲、宋立军，2013）。除了交通基础设施建设滞后，城市各项配套服务设施也严重滞后，社会保障、医疗服务、义务教育等公共产品严重供给不足。所有这些严重制约了印度城市化规模与城市化质量。

二是工业化水平偏低及产业结构演进不合理。印度虽然工业化起步时间较早，但工业化进程十分缓慢。早在英国殖民统治时期，印度得益于遍及全国主要城市的铁路系统，工业发展有了较好的基础。但是，印度的工业化却没有跟上世界经济发展步伐。根据威廉姆森（2016）提供的数据，印度在世界制造业产出中的占比从 1750 年的 24.5% 逐步下降到 1938 年的2.4%，而欧洲中心国家则从占世界制造业产出的 27% 提高到 92.8%。从近

50 年数据来看，工业增加值占国民总产值的比重也一直偏低，但服务业占比一直上升。20 世纪 80 年代以来，印度加大对外开放力度，抓住信息技术革命的机会，大力推动软件外包产业等服务业的发展，以促进产业结构转型。但第三产业的发展没有助推城市化水平的提高，其原因在于印度偏重于信息技术等高端服务业发展，如软件外包产业对劳动力素质或人力资本要求较高，农业转移人口难以胜任软件、电子等高端服务业，从而导致服务业的壮大不能完全满足吸纳农业转移劳动力的需要，城市失业问题较为严重，制约了城市化率的提高和城市化质量的改善。

三是印度城市管理水平滞后、运行效率低下。印度各级城市政府缺乏对城市的实际管理权，虽然 1992 年建制市（Municipalities）的宪法修正案带来了重要变化，印度宪法第 74 号修正案规定将城市管理职权由邦政府转移到市政府，但整个国家只有少数几个邦进行下放，且市政府并不能掌握任何财政、税收等权力，未获得真正意义上的财政独立。因此，各城市既没有财力改善城市交通和基础设施，也没有出台规章制度维护城市的秩序。在新德里和孟买等大城市长期以来各种车辆不分车道、交通工具严重超载、公共汽车不装车门、乘客在行驶中随意上下车等情形屡见不鲜。城市管理体制不健全会严重降低城市运行效率，并导致资源严重浪费。

二、巴西城市化与产业结构变迁互动的经验教训

（一）巴西城市化与产业结构变迁的关系

随着工业体系的建立和工业化的推进，巴西的城市化经历了相对快速的发展过程。从产业结构来看，巴西自 20 世纪 30 年代开始初步建立了较为完整的工业体系，在进口替代发展战略的作用下，重工业和耐用消费品工业得到快速发展，推动了工业化进程加快。工业化带动了经济的快速增长，20 世纪 60 年代末 70 年代初，GDP 增长速度年均达 8.77%，人均 GDP 由 1960 年的 210 美元上升到了 1990 年的 3100 美元，逐渐步入中等收入国家①。

在工业化和经济快速增长的推动下，巴西城市化进程在 20 世纪 30 年

---

① 资料来源：EPS 数据库。

代后明显加快。人口不断向城市集中，城市化率显著提高，且呈现明显的城市化超前发展的特征。表 4-5 表明，1960~1990 年巴西城市人口增长率远快于总人口的增长率，城市化率每 10 年上升 8~9 个以上百分点，1989年上升到 73.14%，到 20 世纪 90 年代初巴西基本完成了城市化过程（见图 4-3）。2006 年，国际环境与发展研究所（IIED）的研究报告认为巴西通过 30 年的努力，已成为一个完全城市化的国家。巴西的大城市更好地利用了大市场带来的规模效应和集聚效应，并享有高水平的生产力和经济增长能力[1]。

表 4-5　1960~2020 年巴西总人口、城市人口增长与城市化率

单位：万人，%

年份	总人口		城市人口		城市化率上升百分点
	增长数	增长率	增长数	增长率	
1960~1970	2293.40	31.77	1987.41	59.68	9.77
1970~1980	2558.07	26.90	2583.91	48.59	9.56
1980~1990	2830.92	23.46	3113.02	39.40	8.45
1990~2000	2578.71	17.31	3176.96	28.84	7.27
2000~2010	2092.33	11.97	2313.93	16.30	3.15
2010~2020	1684.58	8.61	2002.68	12.13	2.73
1960~2020	14038.02	194.49	15177.91	455.75	40.93

资料来源：EPS 数据库。

　　但到 20 世纪 80 年代末期，巴西的产业结构出现重大变化，以工业为主的实体经济所占比重大幅度下降，而服务业增加值占 GDP 的比重总体上呈现上升趋势，特别是在 1990 年以后超过了农业、工业增加值之和，成为增加值占比最高、就业吸纳最多的产业。工业部门的衰落和产业结构的失衡却没有抑制城市化的超前发展。图 4-3 表明，巴西城镇化率整体呈现上升趋势，但增速从 2002 年开始逐渐放缓，1995~2009 年城市化率始终超过工业化率 50 个百分点。2002~2019 年，城市化率由 81.88% 上升为 86.82%，

① Martine G，McGranahan G. Brazil's Early Urban Transition：What Can It Teach Urbanizing Countries？［R］. London：The International Institute for Environment and Development（IIED），2010.

— 123 —

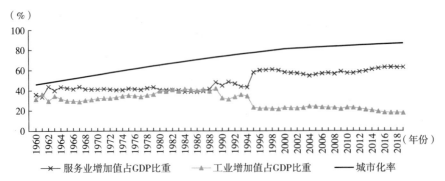

图 4-3 1960~2019 年巴西非农产业增加值占 GDP 比重与城市化率

资料来源：世界银行。

年均上升 0.27 个百分点。而工业增加值占比则从 1989 年以后逐步降低，由 42.28% 逐渐下降到 2019 年的 17.92%，服务业增加值占比表现为上升趋势，2019 年达到 63.25%。

（二）巴西城市化存在的主要问题及原因

巴西的城市化超前发展，其深层次的原因在于土地集中于大地产、大庄园的土地所有制和工业、服务业发展失衡的产业结构。这两个因素作用的结果是大批农业剩余劳动力既不能从事农业生产或在农村生活，也不能在进城后得到收入稳定、生活有保障的工作，从而催生了大规模的贫民窟，导致一系列的城市发展问题和社会问题。

第一，农业土地的高度集中和占有不平等，导致大量农业剩余劳动力变成无地农民。巴西传统的大地产逐渐向大型现代农庄发展，但是土地占有结构并未发生改变，仍然是以大庄园为主的土地所有制度，土地分配极不均衡（吴国平、武小琦，2014）。失去土地和耕畜的农民要么到城市非正式部门就业，要么被庄园主和农场主雇佣。当农业转移人口无法找到工作时就会沦为城市贫民，扩大贫民窟规模，甚至形成严重的无地农民问题，加剧农村不稳定。

第二，产业结构演进不合理，工业部门过早衰落，没有发挥工业服务业协同发展对城市化进程的促进作用。表 4-6 描述了一些国家三次产业占 GDP 比重的变化情况。对照来看，巴西服务业增加值占 GDP 的比重趋近于高收入国家，而工业增加值占 GDP 的比重低于世界平均水平，是各类国家中比重最低的。不仅如此，巴西工业在世界产业链中的位置已由过去的中端降至低端，以劳动密集型产业和资源开发型产业为主，大多数出口产品均为资源性产品。但工业部门的衰落没有抑制城市化的超前发展。

表 4-6 三次产业增加值占 GDP 比重的国际比较　　　单位:%

国家或地区	农业		工业		服务业	
	2000 年	2019 年	2000 年	2019 年	2000 年	2019 年
世界	4.9	4.0[①]	29.0	27.8[①]	60.2	61.2[①]
中国	14.7	7.1	45.5	39.0	39.8	53.9
巴西	4.8	4.4	23.0	17.9	58.3	63.3
高收入国家	1.8	1.3[②]	26.2	22.7[②]	65.8	69.8[②]
中等收入国家	12.0	7.9	36.1	31.5	46.7	54.7
低收入国家	31.1	23.3[①]	25.3	26.8[①]	39.4	37.7[①]

注：①表示 2018 年数据，②表示 2017 年数据。
资料来源：《国际统计年鉴（2020）》。

当工业部门无法为城市化提供有力的产业和就业支撑时，大量就业人口涌向服务业，1985～2011 年，服务业就业人口占比由 49.28%增长到 65.7%。即使如此，2011 年巴西的服务业对 GDP 的贡献仅为 57.57%，低于世界平均水平 61.96%[①]。由此反映出巴西服务业层次不高、附加值低，这是因为流入服务部门的劳动力素质低于行业平均水平，其产生的附加值也低于行业平均水平。同时服务业的发展受制于工业的衰落，落后的工业限制了生产性服务业的发展并通过影响国民收入限制了消费性服务业发展。巴西产业结构的失衡也能由产业结构偏离度反映，表 4-7 表明自 20 世纪 80 年代以来产业结构整体上呈现优化的趋势，但从 2013～2019 年各产业偏离度的具体指标来看，农业、服务业的偏离度远高于工业，说明这两大产业劳动生产率较低，应该要转出劳动力。上述事实表明，巴西的工业和服务业既没有实现协同发展，也没有成为促进城市化的有效力量。

① 资料来源：EPS 数据库。

表 4-7　1981~2019 年巴西三次产业结构偏离度　　　单位:%

年份 产业结构偏离度	1981~1990	1991~2000	2001~2012	2013~2019
农业结构偏离度	17.31	12.16	9.72	6.28
工业结构偏离度	-16.37	-4.38	-0.84	1.40
服务业结构偏离度	8.56	5.14	6.05	6.62

注：产业结构偏离度是指某一产业的就业占比与增加值占比之差，其与劳动生产率成反比，偏差越大，则产业结构的合理性就越低。

资料来源：EPS 数据库。

第三，过度城市化导致的贫民窟问题、贫富分化问题十分严重，不利于经济的持续发展和摆脱"中等收入陷阱"。根据钱纳里和赛尔昆（1988）"发展模型"估算，1961~1990 年巴西城市化率与工业化率的比值在 1.5~2.5，处于相对合理区间之内，1991 年之后这一比值在 2.9 以上，表明巴西已进入典型的过度城市化阶段。城市人口过度膨胀导致大城市贫民窟随处可见。1987 年，巴西约有 2500 万人居住在贫民窟，2000 年巴西的现代化国际大都市里约热内卢有多达 150 万人居住在贫民窟，而城区总人口才550 万人（韩俊等，2005）。2008 年，在 10 万~50 万人口的城市中有贫民窟的城市占 80%，在 2 万~10 万人口的城市中有贫民窟的城市占 45%（徐勤贤、窦红，2010）。

大量的贫民窟催生出严重的社会弊病。贫困、毒品、暴力等犯罪及恐怖主义在贫民窟蔓延，严重危害社会公共安全、扰乱经济秩序，最终给城市带来沉重灾难。尽管政府对贫民窟的治理政策在逐渐更新与演变，但最终由于经济危机、政治腐败等因素，治理政策收效甚微（李明烨、亚历克斯·马格尔哈斯，2019）。贫民窟问题和城市化的区域非均衡发展也加深了贫富矛盾。2001 年，巴西收入最高 10% 的人口占有 46.1% 的收入份额，收入最低的 20% 人口仅占有 2.5% 收入份额；之后几年，尽管收入差距悬殊的状况有所改善，但降幅仍较低，2019 年收入最高 10% 的人口占有的收入份额仍高达 42%，收入靠后的 20% 人口仅占有 3.1% 收入份额（见表 4-8）。根据世界银行的相关统计数据，2017 年巴西基尼系数高达 0.53，按国家贫困线衡量全国贫困人口占比达到 26.5%①，国内贫困矛盾日益深化。

---

① 资料来源：EPS 数据库。

表 4-8　2001~2019 年巴西的收入分配情况　　　　单位:%

年份 \ 份额	最高 10% 占有的收入份额	最高 20% 占有的收入份额	最低 10% 占有的收入份额	最低 20% 占有的收入份额
2001	46.1	62.5	0.8	2.5
2003	45.4	61.8	0.8	2.6
2005	44.6	60.7	1.0	2.9
2007	43.2	59.3	1.0	3.0
2009	42.2	58.2	1.0	3.2
2011	41.7	57.5	1.1	3.3
2013	41.8	57.6	1.2	3.5
2015	40.9	56.8	1.2	3.6
2017	42.0	57.8	1.0	3.2
2019	42.0	57.8	1.0	3.1

资料来源：EPS 数据库。

三、墨西哥城市化与产业结构变迁互动的经验教训

（一）墨西哥城市化发展阶段及产业发展状况

墨西哥是较早步入城市化进程的发展中国家之一。城市化进程大致可以划分为两个阶段，20 世纪初期至 1980 年是墨西哥城市化兴起并快速发展的阶段。1910 年，墨西哥全国总人口 151.6 万，城市人口占全国总人口的比重已达 18.25%[①]，城市化正在兴起并逐渐进入快速发展阶段。1940 年城市化率上升到 35.10%，到 1980 年城市化率已经上升到 66.34%（见表 4-9）。这一时期，墨西哥经济呈现出较好的发展势头，成为历史上少有的经济社会积累期和快速发展的黄金期。经济的快速发展使大量农业人口向城市转移并向大城市聚集，形成了以墨西哥城为代表的超大城市。墨西哥也因此成为国际上公认的城市化国家。

---

①　资料来源：1910 年墨西哥合众国第三次人口普查报告，https：//www.uv.mx/apps/censos-conteos/1910/1910.htm，城市化率由笔者计算得出。

表 4-9　1960~2020 年墨西哥城市与农村人口变动情况　　单位:%

年份	城市人口占比	农村人口占比	年份	城市人口占比	农村人口占比
1960	50.75	49.25	1980	66.34	33.66
1962	52.43	47.57	1990	71.42	28.58
1964	54.10	45.90	2000	74.72	25.28
1966	55.76	44.24	2010	77.82	22.18
1968	57.41	42.59	2015	79.29	20.72
1970	59.02	40.98	2016	79.58	20.42
1972	60.53	39.47	2017	79.87	20.13
1974	62.02	37.98	2018	80.16	19.84
1976	63.49	36.51	2019	80.44	19.56
1978	64.93	35.07	2020	80.73	19.27

资料来源：EPS 数据库、国际货币基金组织、中国国家统计局。

1980 年以后墨西哥进入了城市化率缓慢提升的逆城市化阶段。1987 年以后墨西哥城市化率的年均提高幅度已低于 0.5 个百分点，且增速逐年放缓。1980~2000 年和 2000~2020 年城市化率分别提升 8.38 个和 6.01 个百分点（见图 4-4）。城市化速度下降的重要原因在于上一个经济快速发展期积累了大量的经济社会问题，城市病开始出现。早期的工业化发展引起大城市无限制的膨胀，人口从农村涌入城市导致环境污染加剧、社会治安

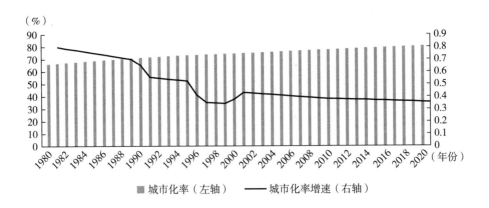

图 4-4　1980~2020 年墨西哥城市化率及增速变迁

资料来源：世界银行。

混乱、公共服务不足等问题。超大城市墨西哥城因此成为最主要的人口移出地，人口在 10 万~100 万的中等城市成为人口的主要流入地，从而形成了"多中心"的城市体系（贾静，2018）。

在城市化快速上升阶段，政府政策和工业化起到了重要的推进作用。政府政策的作用集中表现在曼努埃尔阿维拉·卡马乔总统（1940 年 12 月 1 日至 1946 年 11 月 30 日）执政期间实施进口替代战略，并通过资金支持和税收减免等途径鼓励工业生产，加快工业化进程。在资金支持方面，国家增加了公共投资、建立和发展了国有企业以及通过国家开发银行为工业化发展筹措资金。在税收减免方面，政府为鼓励新兴工业的发展，颁布法律对部分私人企业进行税负减免，比如 1941 年的《加工工业新企业免税法》和《促进新工业和必需工业法》等。产业政策和进口替代战略的实施为 20 世纪 40 年代的经济社会发展奠定了良好的基础，使墨西哥逐渐变成一个工业占主导地位的国家，到 1960 年墨西哥 GDP 总量达到 130.4 亿美元[①]，工业化成为城市化的重要推动力。

但长期实施进口替代战略增加了经济的脆弱性，1990 年后墨西哥产业结构逐渐趋向于服务化和空心化（见表 4-10），1990~2019 年工业增加值占 GDP 的比重呈现小幅波动，工业从业人数占就业总人口的比重总体呈下降趋势，表明工业发展受限，处于相对停滞状态；服务业增加值占 GDP 的比重在 60% 上下波动，但吸纳的就业人口却上升了约 16 个百分点，表明农业转移劳动力主要进入了服务业部门就业，而从业人数的增长没有相应带来产值增加，服务业陷入低端和饱和发展状态。

表 4-10　1990~2019 年墨西哥三次产业与从业人数变动情况　单位:%

指标 年份	增加值占比			从业人数占比		
	农业	工业	服务业	农业	工业	服务业
1990	6.67	26.15	59.69	22.65	27.79	46.13
1995	4.42	32.69	58.73	20.41	24.82	54.77
2000	3.32	34.21	57.80	17.41	27.07	55.53

---

① 资料来源：EPS 数据库。

指标 年份	增加值占比			从业人数占比		
	农业	工业	服务业	农业	工业	服务业
2005	3.07	32.78	60.01	14.88	26.09	59.03
2010	3.22	32.36	60.36	13.92	24.40	61.68
2015	3.19	29.99	61.04	13.43	25.16	61.41
2019	3.39	30.88	59.88	12.48	25.55	61.97

资料来源：世界银行。

（二）墨西哥城市化过度发展的后果及原因

20世纪80年代以后，墨西哥的工业、服务业均进入了增长放缓甚至趋于停滞的发展状态，但城市化率仍然不断上升，由1980年的66.34%上升到2020年的80.73%，超过同期很多发达国家的水平（见表4-9）。城市化的过度发展催生了一系列问题：一是城市失业问题诱发犯罪活动。由于制造业不具备国际竞争优势导致劳动力市场就业机会减少、失业增加，引发毒品贸易和暴力犯罪活动增加（Dell et al.，2019）。二是城市"贫民窟"成为普遍现象，城市住房以及医疗、养老等社会保障和公共服务极其短缺。由于城市化速度过快，城市规模的扩张很大程度上演变为贫民聚居区的增长。据统计，1952年墨西哥城贫民聚居区占市区面积的23.48%，1970年该比例上升到41.5%（Ward，1976）。据联合国人类住区规划署《世界城市状况报告（2006/2007）》统计，1990年墨西哥贫民窟人口比例高达23.1%，经过多年的治理，贫民窟人口比例逐渐降低，到2007年仍占比14.4%。三是贫富差距悬殊。根据世界银行相关统计数据，2000年墨西哥基尼系数达到0.514，前10%的富人阶层占有国家41%的收入，而收入最低10%的群体收入份额仅为1.4%。尽管近十来年贫富差距有缩小趋势，但2018年基尼系数依旧高达0.454，收入前10%和收入最低10%的群体收入份额分别为36.4%和2%，两个群体收入份额比值达到18.2（见图4-5）。

过度城市化出现的主要原因在于墨西哥城市化与工业化及产业结构的演变不协调，表现在：

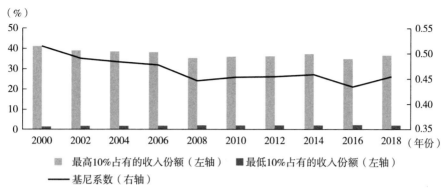

图4-5　2000~2018年墨西哥贫富差距及基尼系数变化趋势

资料来源：世界银行。

一是农业改革没有对城市化产生有利影响。为吸引投资以加快农业的发展，墨西哥于1992年颁布新的农业法，结束了实行将近80年的土地分配制度，放松了对集体所有制土地的限制并允许其部分私有化，但农业改革并没有改善农民的贫困状况（刘学东，2015）。农民卖掉土地即卖掉了最后的保障，一旦进城就不再可以返乡重操旧业。当农民大量涌入城市后，城市的工业和服务业却不足以提供充足的就业岗位，使农民变成了城市化进程中的无业游民或失业的农民工。

二是长期实施进口替代战略导致工业发展后劲不足，对城市化的拉动作用有限。拉丁美洲国家由于长期实施进口替代战略，外汇短缺，本币高估，经济体系极其脆弱。进口替代战略实施初期，墨西哥工业化成效明显，并使经济得到快速发展。但在此背景下，墨西哥外汇极度短缺，债务高企、通胀严重，无力进口工业化所需的资本品和高端的机器设备，工业化发展后劲不足。在本币大幅度贬值和金融领域过快开放的推动下，墨西哥先后于20世纪80年代初和1994年爆发两次大的金融危机。从此，墨西哥经济陷入"中等收入陷阱"，社会动荡，产业转型升级滞后，工业化进程跟不上城市化的步伐，工业部门和服务业部门产值增长和创造就业的能力十分有限，难以吸收多余劳动力，城市人口大量失业，城市公共服务设施极其滞后，进城的农民直接沦为城市贫民，贫民窟膨胀，城市化问题成为经济发展的阻碍。

四、主要发展中国家产业结构与城市化水平的比较

库兹涅茨（Kuznets，1971）、钱纳里和赛尔昆（1988）通过研究各国经济结构转变规律后发现：随着各国经济增长或人均收入水平提高，工业化的演进将引致产业结构转型与升级，并必然伴随相应的城市化进程。学者们还发现，随着产业结构的升级与经济发展水平的提高，城市化会超越工业化的发展速度，第三产业对城市化的作用更突出（钱纳里、赛尔昆，1988；Moir，1977）。

依据此理论逻辑，笔者选取巴西、印度、墨西哥、中国和美国五个国家，利用各国 1995 年、2007 年、2019 年的产业结构、就业结构与城市化的数据，计算产业结构合理化指数，对照美国数据，比较分析四个发展中国家产业结构的合理性及其与城市化协同发展状况。表 4-11 的数据表明，四个发展中国家的产业结构都不同程度偏离合理状态，且农业发展都相对落后、农业就业占比都较高。从工业化发展与城市化的关系来看，巴西、墨西哥属于典型的城市化超前发展的国家，中国、印度属于城市化发展相对滞后的国家。

表 4-11　代表性国家产业结构与城市化演变比较　　　单位:%

国家	年份	增加值占比			劳动力就业占比			产业结构合理化指数				城市化率
		农业	工业	服务业	农业	工业	服务业	农业	工业	服务业	TL	
美国	1995	1.50	22.60	75.60	1.83	25.49	72.68	-0.30	-2.72	2.98	-0.04	77.26
	2007	1.07	21.45	73.90	1.29	22.14	76.57	-0.20	-0.68	-2.62	-3.50	80.27
	2019	0.92	18.16	77.31	1.36	19.91	78.74	-0.36	-1.67	-1.42	-3.45	82.46
巴西	1995	5.01	23.38	58.12	18.14	22.77	59.10	-6.45	0.62	-0.97	-6.80	77.61
	2007	4.42	23.13	57.73	14.68	22.49	62.83	-5.31	0.65	-4.89	-9.54	83.45
	2019	4.40	18.41	63.19	9.08	19.99	70.94	-3.19	-1.52	-7.31	-12.01	86.82
墨西哥	1995	4.42	32.69	58.73	20.41	24.82	54.77	-6.76	9.00	4.10	6.34	73.37
	2007	3.18	33.84	59.19	13.79	26.2	60.00	-4.67	8.66	-0.80	3.19	76.92
	2019	3.39	30.88	59.88	12.48	25.55	61.97	-4.42	5.85	-2.05	-0.62	80.44
中国	1995	19.60	46.75	33.65	52.20	23.00	24.80	-19.20	33.16	10.27	24.23	30.96
	2007	10.25	46.88	42.87	40.80	26.80	32.40	-14.20	26.21	12.00	24.06	45.20
	2019	7.14	38.59	54.27	25.33	27.42	47.25	-9.04	13.19	7.52	11.66	60.31

续表

国家	年份	增加值占比			劳动力就业占比			产业结构合理化指数				城市化率
		农业	工业	服务业	农业	工业	服务业	农业	工业	服务业	TL	
印度	1995	24.46	28.60	37.85	61.76	15.60	22.64	-22.70	17.34	19.45	14.13	26.61
	2007	16.75	30.90	44.01	54.11	20.09	25.80	-19.60	13.30	23.50	17.17	29.91
	2019	16.68	24.18	49.86	42.60	25.12	32.28	-15.60	-0.92	21.68	5.12	34.47

注：表中 TL 为反映产业结构合理化的泰尔指数，为第一、第二、第三产业的泰尔指数之和。当 TL＝0 时，表明各个产业的生产效率相同，产业结构非常合理；当 TL≠0 时，则表明已经偏离均衡状态。

资料来源：EPS 数据库。

印度在上述四国中城市化率最低，直到 2019 年，城市化率尚未达到 35%，同期农业增加值占 GDP 的比重为 16.68%，吸纳的就业人数占比却高达 42.60%；同期工业、服务业吸纳的就业人数占比分别为 25.12%、32.28%。工业无法对城市化产生拉力，农业的落后也无法对城市化产生推力。由于工业基础薄弱，产业结构不优，没有坚实的经济发展作为支撑，近年来印度城市化依然停滞不前，具体情况在本节前面有详细的分析。

巴西、墨西哥两个国家自 20 世纪 60 年代开始，在尚未完成工业化过程时城市化却快速膨胀。1995 年，巴西和墨西哥的城市化率分别高达 77.61% 和 73.37%，与当年美国的城市化率不相上下，但两国的人均 GDP 分别仅为美国的 16.55% 和 13.69%[①]；尤其是两国农业增加值占 GDP 的比重和就业占比相比于美国更高，而工业、服务业发展则落后于美国。巴西与墨西哥经济发展水平低、工业基础薄弱使其无法支撑城市化的健康高速发展，城市病、城市中的贫民窟盛行也是必然现象。到 20 世纪 80 年代，两国人均收入增长已经停滞不前，陷入了"中等收入陷阱"。2007~2019 年，尽管两国政府在努力调整，城市化过度发展与产业发展滞后的矛盾仍将长期存在。

自 21 世纪初以来的 20 多年，中国是产业结构优化速度最快、城市化率提升最快的国家，城市化率年均提升约 1 个百分点。不过相比美国，2019 年中国农业吸纳的劳动力占比仍然较高，服务业增加值占比偏低，较

① 资料来源：EPS 数据库。均为现价美元计算。

低的农业劳动生产率和滞后的服务业发展水平已经成为制约中国城市化进程的重要因素。

由此看来，城市化的基础是一个国家拥有相对合理且现代化的产业结构，真正的城市化需要实现农业与工业的现代化，方能促进服务业的高质量发展，并使服务业各部门的增加值、就业等与城市化发展水平相协调。产业结构合理化指数也表明一国产业发展的路径应是由第一产业向第二产业合理演进，再向服务业合理演进并达到高级阶段，这是经济发展、有效创造农业转移人口就业岗位并推动城镇化的基础。

第五节
主要国家城市化发展的共性经验及启示

一、主要发达国家城市化发展的典型经验

（一）城市化要与本国的产业结构演进模式相适应并相互促进

英国是世界上率先完成工业化的国家，工业化带动城市化，走上了以市场机制为主导并辅以政策引导的城市化道路。美国在独立战争之后，疆域不断扩大，通过优先发展轻工业、后发展重工业的工业化模式，带动了农业的现代化，并通过加大基础设施和公共服务的供给，为城市化打下良好的基础。日本鉴于当时内忧外患的环境，采取了优先发展重工业的工业化战略，并通过重工业的发展带动轻工业的发展，由此催生了一批新兴工业城市。美国和日本的工业化模式使两国的工业得到充分的发展，为城市化打下坚实的物质基础。

主要发达国家的工业化进程也推动了技术进步和产业结构升级，每一次的技术进步与产业结构升级首先推动了农业生产技术水平的提高，并由此促使农业人口流向城市，为工业化提供了丰富劳动力并推动城市化迈向更高层次。对于美国来说，技术进步和产业升级还提高了单位土地的产出率，吸引了大量远洋而来的移民，这些移民成为加速城市化的重要力量。

（二）政府政策在推动城市化进程中具有不可替代的作用

政府通过出台法律法规及相关政策在土地管理、交通基础设施建设及人力资本投资方面发挥了不可替代的作用，有力地促进了城市化。早在 17 世纪末期英国政府就制定了大量的立法公开支持"圈地运动"，推进工业化进程，从而加速了农业人口向城市的转移。而英国工业革命之后的全球性殖民运动有直接的政府背景。美国虽然倡导市场自由竞争，但也运用了政府的调控来促进城市化。日本从明治维新开始就一直重视政府在城市化进程中的作用，经常运用行政手段人为地将农村人口转移到城市。

除了强制人口迁移外，城市化进程中政府对土地的管理及其相关的制度规定尤为重要。英国政府支持"圈地运动"合法化满足了工业和城市的用地需求。美国则通过多部立法促进农地转化为城市土地并保护农民在其中的利益，如 20 世纪 30 年代颁布了《水土保持和国内生产配给法》，实行农地保护规划；20 世纪 80 年代颁布了《农地保护政策法》，负责协调土地非农化等问题；1996 年，美国又制定了《联邦农业发展与改革法》用于补贴为保护耕地做出牺牲的农场主。日本政府在农地非农化过程中也发挥了重要作用。自 1919 年制定《城市规划法》开始，到 1979 年日本共出台了 400 余种关于城市建设的法规，通过法律形式将全国土地分为城市用地与农业用地并明确规定不同土地的用途。鉴于土地资源不足，日本还采取了填海造陆以及荒芜农地的复耕等多渠道增加土地资源，使 1970 年耕地面积达到了 5.19 万平方千米①。

政府在交通基础设施和人力资本投资方面的作用下面分别进行详细分析。

（三）交通运输等基础设施建设在城市化与工业化进程中发挥着重要作用

城市化、工业化与产业转型升级，均离不开交通运输等基础设施的助推作用。英国在推动工业化进程中，逐步建成了覆盖全国的成熟铁路交通运输网，助推英国在世界上率先完成了城市化。

基础设施建设在美国的城市化与工业化进程中同样发挥了重要作用。比如太平洋铁路的建成通车，不仅推动了西部的开发，对于美国整体经济

---

① 资料来源：EPS 数据库。

的发展都具有重大推动作用。美国交通运输网的日益完善强化了城市之间、城市和郊区之间的经济联系和社会融合，助推了城市化进程。

日本将交通等基础设施建设重点放在轨道交通布局与城市规划的关系上，利用轨道交通布局来影响城市布局。日本 1950 年就开始了高速铁路的建设，20 世纪 70 年代初以高速公路、地铁和新干线为主的市际、市内交通网络形成。以东京城市圈为例，2010 年东京城市圈各类道路里程约 17 万千米，轨道交通里程 3500 千米①，高密度的交通网络不仅提升了工业化水平和经济发展速度，也提高了城市的人口容纳度和人口的流动速度，扩大了中心城市的辐射范围。

主要发达国家的经验表明，一国城市化与工业化进程中基础设施建设与布局具有战略作用。基础设施建设不但有助于扩大城乡之间人员流动和资本流动的广度与深度，而且在推动城市化加速的同时推动产业结构转型升级。

（四）人力资本投资的重要性不可忽视

城市化与产业结构协调发展需要生产要素尤其是劳动力向城市的集中，技能水平较低的劳动力进城后既需要城市体系的接纳，也需要资金支持，才能更快地找到工作。英国政府顺应乡村工业发展对技术工人的需求，通过出台政策使农民职业技能培训受到企业和个人的重视。美国意识到第二次工业革命对技术型人才的巨大需求，注重政府与企业、学校合作，形成了"政—企—校"三方信息交流模式以寻求提高农业转移人口技能水平。日本政府在城市化过程中高度重视农业转移人口人力资本水平的提升，通过立法保障农业转移人口接受职业培训的权利。

就资金来源和技能培训方面而言，英国政府的培训资金来源于政府拨款和税收，对进城劳动力的职业教育培训较为全面，通过企业和社会团体开办的培训机构以提升农民工综合素质。美国对进城劳动力的教育培训过程充分尊重市场力量，资金来源更广泛，从政府资金、学校资助到企业社区募集。美国职业技能培训具有更强的体系性，从读写能力到现代工具使用，甚至还包括计算机操作教学。不同于英国和美国，日本进城劳动力的培训资金更多地来源于政府财政拨款和政府批准的长期低息贷款，培训形

---

① 郑世杰. 日本以都市圈建设为特征的城市化道路 [D]. 吉林大学硕士学位论文，2016.

式具有层次性和侧重点，以现代农业技术培训为主，兼顾农业机械和相关法律知识的培训。

总体而言，提高农业转移人口人力资本水平需要政府的政策支持和制度保障，也需要企业和社会团体的参与。种类丰富、形式多样的职业技能培训不仅有助于农业转移人口提高自身教育程度和技能水平，从而提高劳动生产效率；也有助于促进产业分工深化进而加快城市化进程。

二、主要发展中国家城市化发展的经验教训

不同国情下城市化道路的选择是不同的，城市化发展水平也不尽相同。发展中国家的发展经验表明，城市率的高低并不代表一国经济发展程度的高低，最为典型的是墨西哥和巴西，其城市化率达到了发达国家的水平，但经济发展水平与发达国家还相去甚远。发展中国家的城市化道路通常存在明显的非均衡发展特性，其具有的特点和产生的影响均值得深思。

（一）实行优先发展工业、忽视农业和农村发展的产业政策隐患大

发展中国家的工业化水平不高，资本与技术的积累均不足，通常采取非均衡发展战略，通过牺牲农业和农村经济发展支持工业发展继而推动城市化，其举措通常是利用工农产品的"剪刀差"将农业的剩余转移到城市和工业，为工业化积累资金。对外则实施进口替代发展战略，出口低附加值产品获取有限的外汇资源以进口高附加值工业产品和生产设备，导致工业产品价格高企，进一步扩大了工农产品价格"剪刀差"。因此，推行工业优先发展战略必然使城市化进程与产业结构和就业结构的调整速度不一致，城市运行效率低下，城市发展质量不高。

（二）工业化水平不高时过度发展服务业来推进城市化存在隐患

多个发展中国家在推进城市化过程中，工业化水平不高，却盲目发展服务业，使大量低技能和教育水平低的劳动力集中于服务业，生产效率低、人均产值低，难以培养现代高素质的工人队伍，不利于工业化，也不利于城市化。其中，墨西哥、巴西是典型代表，其服务业发展与工业化水平不相称，城市失业问题严重，为社会经济的发展留下巨大隐患。因此，

城市化的推进，需要遵循产业结构的基本演进规律，需要依次经历第一产业发展，再过渡到第二产业、第三产业，并不断推进产业的转型升级。

（三）城市空间布局不合理，公共基础设施建设滞后

基于非均衡发展战略的指引，发展中国家的城市空间布局往往不尽合理，首都或交通枢纽中心的人口密度过大，这些城市的就业压力非常大，就业质量不高。而城市公共基础设施建设滞后，住房保障体系不足，城市贫困现象严重，贫民窟普遍存在，严重阻碍了城市经济健康发展。而且，一些国家的过度城市化问题和农业生产率低下问题相互交织，导致城乡收入差距和城市内部的贫富差距扩大，城市病日益严重。尤其是不断扩大的城乡收入差距又助长更多的人涌入城市，形成"过度城市化—收入差距扩大—过度城市化加剧"的恶性循环。

三、主要国家城市化发展对中国的启示

（一）工业化及产业结构的优化升级是撬动城市化的基本动力与源泉

无论是英国早期的工业革命对城市化的推动，还是美国、日本等国家的工业化与城市化的协调共进，离开了工业化就没有真正的城市化。很多发展中国家的城市化也得益于工业化，但由于过度偏重重工业化，没有协调好工业内部的结构，或者没有协调好工业与服务业的关系，导致工业化对城市化的驱动力非常有限，不同程度地出现城市化滞后或者城市化超前，并衍生出一系列问题。当前，中国不同区域既需要完成工业化进程，也需要利用新兴的技术推动传统产业转型升级和经济服务化程度。因此，只有在工业化的基础上，发挥工业化对农业和服务业的拉动作用，优化产业结构，促进不同地区、不同产业之间相互促进、协调发展，使产业结构的转型升级真正成为新型城镇化的驱动力和重要抓手，才能有效实现两者的良性互动和高质量的城镇化。

（二）现代化的农业、完善的基础设施和受教育程度较高的劳动力是城市化顺利推进的物质基础和人力基础

农业在国民经济中的基础性地位任何时候都不能动摇，特别是在人口大国。从上述典型国家的经验来看，厘清城市与农业用地之间的关系，保障农业用地，不牺牲农业来发展工业，农业与工业的相互促进，对劳动力

在产业间的转移能产生推力和拉力作用，是城市化的源泉。工业部门的先进技术向农业渗透，农业生产效率的提高和现代化不仅支撑了工业，而且与工业一起支撑了城市化。对中国来说，在人均耕地远低于世界平均水平的情况下要严守耕地红线，提升城市建设用地效率，加大对农业的技术投入，通过提高农业生产率来保证粮食安全，有效地发挥农业对城市化的基础作用和保障功能。同时，处理好城市化与工业化、新型城镇化与乡村振兴之间的关系，处理好工业化与产业转型升级的关系。

发达国家城市化的经验也表明，构建相对发达的交通运输网络，不仅影响劳动力的流动，也影响了工业化进程和城市的布局；而加大城市基础设施建设和公共服务设施建设，为进城的农业人口提供有效的公共服务保障，是避免城市贫民窟的重要途径；而加大教育投入，特别是加大对农业转移人口的人力资本投入，提高整体国民素质，则是推动城市化顺利、健康发展的必要的人力基础。

（三）政府与时俱进的战略规划和政策是城市化顺利推进的制度保障

在很多国家，城市化本身就是政府推动的战略，城市化战略与工业化战略、非均衡发展战略往往交织在一起。英国政府出台一系列政策法规将乡村纳入城乡协调发展规划，出台政策和法规帮助失地农民在城市谋生，为乡村经济发展提供了财政支持；美国政府通过完善基础设施建设和公共服务为农业转移人口进城提供保障；日本政府通过立法、土地开发规划的制定和产业支持政策等来引导城市化发展的方向。不少发展中国家鉴于本国的资源和技术约束，选择了非均衡发展战略，集中力量发展某几个城市，选取某些主导产业进行优先发展。但这些国家对非均衡发展战略的局限性认识不足，在政策效应耗尽时未适时进行调整，出现了过度重工业化或工业化不足，城市与乡村不协调，从而对城市化造成负面影响。中国的城市化战略在较长一段时间是让位于工业化战略的，但在 20 世纪 80 年代开展的农村改革及后来的乡村振兴战略使中国的城市化战略避免了一些发展中国家出现的城市化问题。

因而，政府的制度保障不仅体现在宏观发展战略方面，还要更多地通过法规、政策的制定，引导产业和劳动力流动，既为乡村经济发展提供财政支持，也为城市人口的安居乐业提供基础设施和公共服务。

（四）健全的市场机制、较高的城市治理水平和对外开放水平是城市化保持活力的根本途径

城市要能够顺畅运行，城市经济要健康发展，需要完善的市场机制和政府的有效治理作保障。一些发展中国家政府治理水平不高，城市管理水平相对落后，城市公共服务设施极度匮乏，产业结构中服务业过度发展，缺乏工业的强有力支撑，城市内部的收入差距不断扩大，并抑制了整体经济的发展。

改革开放前，中国实施计划经济体制，城市化进程缓慢，工业化内部结构不平衡，经济发展水平比较低。改革开放之后，中国逐步建立了市场经济体制，市场机制对资源配置的决定性作用越来越大，政府运行效率不断提高，城市化水平快速上升，但城市交通拥堵、城市环境欠佳等城市病也开始出现。发展中国家城市化的经验表明，中国今后应进一步完善市场经济体制，健全市场机制，加大户籍制度改革的力度，降低农村人口进城的门槛，为中部、西部地区的城市化与经济发展创造更好的政策性条件，进一步完善城市基础设施，提供更多的城市公共服务产品，满足不断推进的城市化的要求。

发达国家的经验表明，城市的发展需要开放和包容，通过开放很好地吸引资本、人才等要素的流入，通过包容为人才和要素创造自由发展空间，从而有效利用好这些要素来提升城市化水平。美国在发展的初期其人口、资源十分缺乏，但其自由移民政策和贸易自由化让美国城市化步入快速发展阶段。日本在城市发展中也一直强调利用国外资源的重要性，利用外资与对外贸易是日本快速发展的重要因素，当然这也由日本国土环境所决定。中国同样属于人均资源相对匮乏的国家，在城市化进程中将长期受到这一国情的制约。改革开放的实践也表明中国积极地利用境外资源来发展经济，积极承接国际产业转移，推动了城市化的快速发展，也带动了城市群的发展和增长极的出现，新型城镇化建设过程依然需要进一步利用好境外资源，推动城市化与产业转型升级的协同发展。

第六节
本章小结

综观各国城市化发展经验，城市化需要与产业结构的变迁相适应且两者要协同推进。一国的产业发展所遵循的基本路径是由一次产业向二次产业合理演进，实现农业现代化和工业化再向服务业演进，进而实现服务业的高级化，这是经济发展、有效创造吸纳农业人口转移的就业岗位并推动城市化发展的基础，脱离工业化的超前性或滞后性的城市化都将制约整体经济的发展。

以英国、美国和日本为代表的发达国家的城市化经验表明，一国城市化要走一条适合本国国情的道路，城市化的发展需要政府的宏观规划与政策支持，加大交通运输等基础设施建设、重视农业的基础地位并注重农业转移人口的教育等是促进工业化与城市化良性互动的必要条件和重要力量。主要发展中国家的城市化经验可总结如下：①产业结构不够合理，实行优先发展工业、忽视农业和农村发展的产业政策隐患大；②工业落后的情况下过度发展服务业亦存在较大的城市发展隐患，容易导致失业率上升和城市贫民窟的普遍存在；③城市空间布局不合理，公共基础设施建设滞后会严重制约城市的可持续发展。

综合各国的经验来看，中国要推动新型城镇化与产业转型升级良性互动，实现高质量发展，一方面需要推动新型工业化及产业结构的优化升级，促进农业现代化、完善基础设施并加大对劳动力的人力资本投资，为城市化顺利推进夯实必要的物质基础和人力基础；另一方面，政府与时俱进的战略规划和政策是推动城市化顺利、健康发展的制度保障，健全的市场机制、较高的城市治理水平和对外开放水平则是城市化保持活力的根本途径。

中国城镇化与产业结构演进
关系的实证分析

前面的理论与经验分析表明，中国产业结构区域差异明显，产业的服务化比重不高，产业结构不够合理优化以吸纳足够的非农就业，这些已成为制约中国城市化发展的重要因素。本章在考察城镇化进程中产业结构优化程度的基础上，检验城市化滞后与产业结构优化程度之间的关系；基于新型城镇化发展的实践经验，构建联立方程模型对产业转型升级与新型城镇化两者之间的互动机理进行检验，为实现新型城镇化与产业转型升级良性互动提供实证支撑。

第一节
城镇化进程中产业结构优化程度考察

一、产业结构优化程度与城镇化率的关系

产业结构优化程度一般用产业结构合理化指数与产业结构高级化（或高度化）指数来衡量。本节借鉴干春晖等（2011）改造的泰尔指数测度产业结构合理化，其表达式如方程（5-1）所示：

$$TL = \sum_{i=1}^{n} \left(\frac{Y_i}{Y}\right) \ln\left(\frac{Y_i/L_i}{Y/L}\right) \qquad (5-1)$$

其中，TL 为反映产业结构合理化的泰尔指数，其中 Y、L、i、n 分别代表产值、就业、产业和部门数，Y_i/Y、L_i/L 分别代表产业结构和就业结构。当各个产业部门之间的生产效率相同时，$TL = 0$，表明产业结构合理，否则表示产业结构不合理。

产业结构高级化以产业结构合理化为基础。当前有两个指标经常被用来衡量产业结构高级化：一是以非农产业产值占 GDP 的比重衡量，用 TN 表示；二是根据三大产业变动关系，以服务业产值与工业产值之比衡量，用 TS 表示。本书主要使用 TN 来衡量产业结构高级化。依据上述方法测算中国 1991~2020 年产业结构合理化与高级化指数（见图 5-1），并与第二、第三产业就业占比及城镇化率进行比较，结果表明：

第一，*TL* 与 *TN* 基本上处于不断改善状态，*TL* 值在 2003 年前出现小幅波动，但自 2003 年以来一直趋于下降，*TN* 值基本上一直缓慢上升，说明非农产业产值一直在上升。这意味着非农就业的增加与城市化水平的上升。

第二，第二、第三产业就业占比基本上保持上升趋势，且与 *TL* 值有类似反向变化特征。自 2003 年以来，产业结构合理化改善的同时，第二、第三产业就业占比与第二、第三产业产值占比（*TN*）的差距也在逐渐缩小，但到 2020 年两者还相差近 16 个百分点。

第三，1991 年以来城镇化率一直保持上升趋势，2019 年达到了 62.71%，但与第二、第三产业就业占比对照来看，其多年来一直落后 10 多个百分点。这意味着从事第二、第三产业就业的部分农业剩余劳动力没有成为城市人口，职业转换与身份转换没有同步。

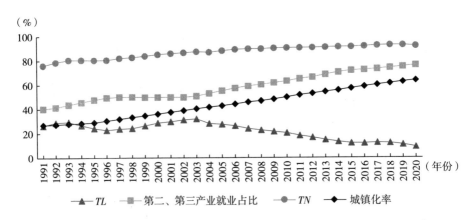

图 5-1　1991~2020 年中国的 *TL*、*TN*、城镇化率与非农就业变化状况

资料来源：笔者根据历年《中国统计年鉴》的数据计算获得。

整体来看，中国城镇化率滞后大致能够由以下两个方面反映：一是第二、第三产业就业占比低于第二、第三产业产值占比；二是城镇化率低于第二、第三产业就业占比。这些统计数据表明，中国城镇化滞后一方面可归因于产业结构不够合理优化以吸纳足够的非农就业人口，另一方面可归因于户籍制度或别的行政性约束阻碍了进入第二、第三产业就业的农业剩余劳动力成为真正的市民，从而制约了城镇化进程。笔者将通过探讨产业结构因素对城市人口增长的影响来进行详细分析。

二、产业结构优化程度与城市人口规模的关系

为考虑不同规模城市产业结构演变对城市化的影响，笔者进一步将274个地级以上城市，按照《中国城市统计年鉴》披露的城市人口数据进行分类①，然后依据类别测算每个城市 2004～2019 年的产业结构合理化（TL）与产业结构高级化或高度化（TN）指标，以此考察不同规模城市产业结构的优化程度。

从城市人口统计数据来看，中国城市以中等城市和大城市为主，两者占比 81.4%。超大城市、特大城市与小城市占比 18.6%。通过分析超大城市、特大城市（总人口在 500 万以上）TL、TN 指标与城市人口规模的关系，发现产业结构与人口规模具有一定的关联性，城市规模越大产业结构优化程度越高。具体来看，随着城市规模的扩大，TL 指标呈下降趋势，TN 指标呈上升趋势（类似于图 5-2），其中上海、北京的 TL 指标在 0.1 以下，武汉与天津在 1.0 以下，且这几个城市的 TN 值都在 99% 以上，说明这类城市各产业产值的贡献与就业的贡献比较匹配，产业结构的演变为吸纳剩余劳动力创造了有利条件。

图 5-2 反映了人口在 100 万以上 500 万以下的大城市的产业结构与城市人口规模的关系。整体来看，TL、TN 两条趋势线分别呈现明显的下降与上升趋势，但偏离趋势线的样本数较多，并且人口在 300 万以下的城市占了样本中的大部分，表明中国大城市的主体为 Ⅱ 型大城市。

图 5-3 反映了中等城市产业结构与人口规模的关系。中等城市是所有城市中数量占比较高的一类，从图中趋势线来看，各个城市的分布比较离散，随着不同城市人口规模增加，各城市产业结构合理化、高级化指数基

---

① 本节以 2014 年国务院发布的《国务院关于调整城市规模划分标准的通知》为据，界定城区常住人口 50 万以下的城市为小城市；城区常住人口 50 万以上 100 万以下的城市为中等城市；城区常住人口 100 万以上 500 万以下的城市为大城市，其中 300 万以上 500 万以下的城市为 Ⅰ 型大城市，100 万以上 300 万以下的城市为 Ⅱ 型大城市；城区常住人口 500 万以上 1000 万以下的城市为特大城市；城区常住人口 1000 万以上的城市为超大城市。

本上围绕某一水平值波动，这表明人口在 50 万~100 万的这部分城市，产业结构差异性不大，主导产业、特色产业不够明显。这部分城市在城镇化进程中结合自身优势，突出专业化特色，对城镇化的贡献将会进一步增加。小城市以某个单一产业为主，产业结构的升级转型对城市人口增加也有一定的帮助，不过各样本分散性明显。

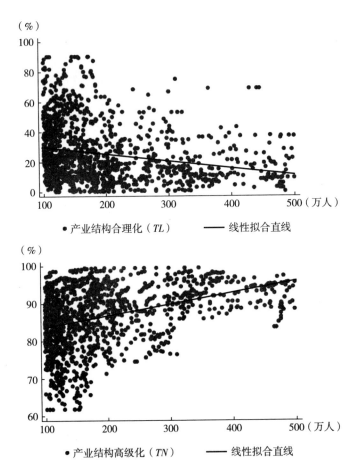

图 5-2　大城市 *TL*、*TN* 指标与人口规模增长的关系

资料来源：《中国统计年鉴》《中国城市统计年鉴》。

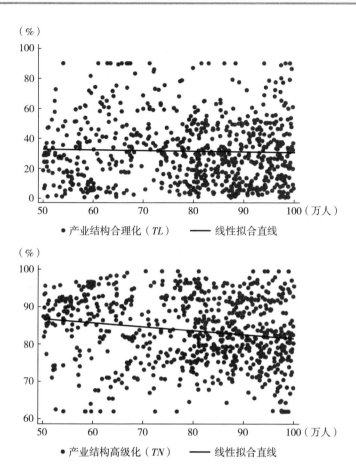

图5-3　中等城市 *TL*、*TN* 指标与人口规模增长的关系

资料来源:《中国统计年鉴》《中国城市统计年鉴》。

　　整体来看,城市规模越大,*TL* 值、*TN* 值相对而言越优化。大城市的产业结构优化与城市协同发展呈现较好的状态。除此之外,各类城市的 *TL* 值都较大,部分城市的 *TL* 值接近 100,绝大多数城市 *TL* 值偏大说明该城市某个产业对产值的贡献与其对就业的贡献不匹配,进一步细化来看,50% 以上城市工业的泰尔指数(*TL2*)为负值,服务业的泰尔指数(*TL3*)为正值,这表明中国城市整体上重工业化或工业化比重较高,服务业产值比重较低,未能有效吸纳更多劳动力就业。中等城市与小城市人口规模小,普遍存在农业合理化指数为正值且较高、服务业合理化指数为负值且偏高的现象，说明中小城市产业结构低端，各产业产值贡献与就业贡献不匹配。而这些城市在提升服务业比重的同时，更为紧迫的是降低农业比重，提升工业比重，尽快推动工业化进程，并与特大城市、大城市间建立制造业有序转移承接的时空关系。

从 TN 指标来看，大部分城市的这一指标保持在 90% 左右，但有少数城市不足 70%，说明大部分城市的非农产业有优势，处于工业化中期或后期。结合 TL 指标一起来看，中国大部分城市在非农产业占比占有优势的情况下，工业对产值的贡献大于其对就业的贡献，意味着产业的服务化占比不够高，工业化或重工业化占比较高，这对吸纳中国农业转移人口不利，也在一定程度上解释了中国城市化滞后的原因。

第二节
城镇化滞后与产业结构演进关系的检验

一、模型设定

基于第三章对新中国成立以来产业结构与城镇化变迁关系的梳理，以及本章第一节有关产业结构优化程度与城市化率的比较分析，本节通过构建计量模型从实证角度检验城镇化滞后与产业结构演进的关系。

借鉴李子联（2013）、沈可和章元（2013）、倪鹏飞等（2014）的方法，构建实证模型（5-2）：

$$LU_{it} = \beta_0 + \beta_1 TL_{it} + \beta_2 TN_{it} + \sum_j \beta_j X_{it} + u_i + v_t + \mu_{it} \qquad (5\text{-}2)$$

其中，i 代表城市，t 代表时期；LU_{it} 表示不同度量标准下滞后城镇化的代理变量；TL_{it}、TN_{it} 分别表示 i 城市 t 时期产业结构合理化与高度化；X_{it} 表示一系列控制变量，包括：$PGDP_{it}$、FDI_{it}、MI_{it}、PD_{it}、UEP_{it}，分别表示 i 城市 t 时期人均收入、外商直接投资、政府干预程度、人口密度、失业率；u_i 及 v_t 分别表示地区及时间固定效应。

二、变量说明与数据来源

被解释变量滞后城镇化水平（*LU*），不同研究者在研究城镇化与工业化的时序关系时，会选择不同指标，考虑到数据的可得性和结果的稳健性，本节采用以下两种指标来衡量滞后城镇化：其一，滞后城镇化（*LU1*）= 非农就业人口/全部就业人口－城市人口/全部人口；其二，滞后城镇化（*LU2*）= 工业增加值占 GDP 的比重－城市人口/全部人口，此处工业增加值以第二产业产值替代，非农就业人口以第二、第三产业就业人口替代。

核心解释变量产业结构合理化（*TL*）与产业结构高度化（*TS*、*TN*）：这两个指标的具体算法和意义前文已列出，此处不再赘述。产业结构高度化指标（*TN*）以非农产业产值占 GDP 的比重来衡量，该指标越大产业结构高度化水平越高；*TS* 以第三产业产值与第二产业产值之比来度量。考虑到中国工业化的区域差异，本节选取 *TN* 衡量产业结构高度化。

各控制变量的选取依据及衡量如下：

人均收入（*PGDP*）：收入水平是推动城镇化和工业化的重要因素，以人均地区生产总值的对数衡量。

人口密度（*PD*）：人口密度是以每平方千米人口数量来衡量，反映城市规模对新增城镇人口的承载力度，也能反映城市的产业集聚程度，即人口密度越大，产业集聚程度相对越高，其对新增城镇人口的吸引力度也就越大（李子联，2013）。为避免计量过程中产生的异方差问题，对该指标取对数处理。

外商直接投资（*FDI*）：在劳动力无限供给的情况下，国外直接投资的流入有助于一国工业化的发展，并通过工业化促进城镇化的发展（倪鹏飞等，2014）。因此，外商直接投资的流入是影响产业发展与城镇化不可忽视的因素。本节以实际利用外资占 GDP 的比重衡量外商直接投资。

政府干预程度（*MI*）：在中国工业化和城镇化的过程中，政府的行政性管制、户籍制度等约束对城镇化有重要影响，本节以政府预算内收支占当地 GDP 的比重衡量政府干预程度，该指标越大说明政府的干预越强。

失业率（*UEP*）：Todaro（1969）研究拉美国家城镇化超前等现象时发现，城市失业率较高可代表本国城镇化率相对较高，失业率与滞后城市化呈反向变化，因此城市失业率也是重要的控制变量，本节以单位就业人数中城镇登记失业人数占比表示失业率。

在剔除部分关键数据缺失严重的城市后，本节选取 2004~2019 年中国 274 个地级及以上城市数据。在回归分析中，部分城市数据缺失，实际样本 4252 组，数据主要来源于历年《中国城市统计年鉴》。表 5-1 给出了各主要变量的定义和统计量描述。

表 5-1　主要变量的定义和统计量描述

变量	定义	样本数	平均值	标准差
LU1	非农就业人口/全部就业人口-城市人口/全部人口（%）	4384	344.1	166.6
LU2	第二产业产值/GDP-城市人口/全部人口（%）	4320	11.95	19.80
TL	$TL = \sum_{i=1}^{n} \left(\frac{Y_i}{Y}\right) \ln\left(\frac{Y_i/L_i}{Y/L}\right)$，$Y$ 和 L 分别代表产值和就业（%）	4384	27.28	19.98
TN	非农产业增加值/GDP（%）	4384	86.15	8.616
PGDP	ln（人均 GDP）（元）	4384	5.663	0.866
FDI	实际利用外资额/GDP（%）	4368	1.945	1.948
MI	政府预算收支/GDP（%）	4338	23.89	12.57
PD	ln（人口密度）（人/平方千米）	4384	5.769	0.846
UEP	城镇登记失业人数/单位就业人数（%）	4368	1.734	0.810

三、计量检验与结果分析

对模型（5-2）分别做混合效应（Pooled OLS）、随机效应（RE）和固定效应（FE）检验，结果如表 5-2 所示。

表 5-2　全国样本估计结果

变量	Pooled OLS	RE	FE
TL	1.6202 *** （0.3249）	1.7475 *** （0.3505）	1.6202 *** （0.3249）
TN	-2.9879 *** （0.7703）	-2.9261 *** （0.8163）	-2.9879 *** （0.7703）

— 152 —

续表

变量	Pooled OLS	RE	FE
PGDP	7.9505 (12.6690)	30.6872* (17.6399)	7.9505 (12.6690)
FDI	1.4234 (1.5958)	1.4263 (1.6313)	1.4234 (1.5958)
MI	0.5924 (0.4082)	0.8413* (0.4454)	0.5924 (0.4082)
PD	14.0206* (7.4262)	14.2891*** (5.4151)	14.0206* (7.4262)
UEP	−13.1884 (10.7576)	−11.2492 (11.2183)	−13.1884 (10.7576)
_cons	446.1527*** (79.7517)	322.2241*** (95.7918)	446.1527*** (79.7517)
N	4252	4252	4252
Within R^2	0.2574	0.1540	0.1523

注：*、**、***分别表示在10%、5%、1%的水平上显著。

表5-2表明，三种方法的估计结果大体一致。其中，产业结构合理化（TL）系数均为正，且都通过了1%显著性水平检验，说明产业结构合理化指数（TL）越大，滞后城镇化越严重。从前文构建TL指标可知，该指数越大说明产业结构偏离产业均衡越严重，TL指数越小说明各产业趋于均衡。因此，上述估计结果也表明，产业结构合理化有利于缓解城镇化滞后。产业结构高度化指数（TN）系数均为负，混合效应、随机效应和固定效应模型都通过1%显著性水平的检验，说明产业结构高度化程度越高，城镇化滞后程度越小，与理论和现实相符。因为产业结构高度化程度越高，意味着第二、第三产业产值占比越高，非农产业对就业的需求越大，在不存在人口流动限制的情况下将会促进城镇化率的上升。

四、内生性问题与GMM估计

（一）内生性问题与处理方法

模型（5-2）难以避免变量存在的自回归和模型本身的内生性问题，这是因为：第一，变量存在序列相关，产业结构变动与城镇化过程具有持续性，当期的产业结构升级和城镇化过程可能影响到以后若干期；第二，遗漏变量和自变量与因变量互为因果引起的内生性。考虑到数据的可得性，前文构建模型（5-2）时未独立设置户籍制度、自然禀赋等变量，这将导致解释变量与随机扰动项之间存在因变量遗漏产生的内生性问题。同时，滞后城镇化与产业结构升级两个变量之间，存在较强的双向因果关系，滞后城镇化会影响产业结构升级，产业结构升级也会影响滞后城镇化。变量存在的自回归和内生性问题，运用静态面板模型对模型（5-2）可能无法得到无偏、有效估计。因此，本节将模型（5-2）扩展为动态面板模型（5-3）。处理内生性问题一般采用工具变量法和广义矩估计（GMM），而 GMM 分析很好地克服了工具变量难找这一问题，且更适合"大 N 小 T"特征的面板数据，在 T（时间）固定情况下，其估计偏误随着 N（截面）的增加而减少，本节样本结构符合以上特征，使用 GMM 对动态面板模型（5-3）进行估计能较好地弥补模型（5-2）存在的不足。

$$LU_{it} = \beta_0 + \beta_1 LU_{it-1} + \beta_2 LU_{it-2} + \beta_3 TL_{it} + \beta_4 TN_{it} + \sum_j \beta_j X_{it} + u_i + v_t + \mu_{it}$$

$$(5-3)$$

其中，LU_{it-1} 及 LU_{it-2} 分别为滞后城市化变量的滞后一阶与滞后两阶。

（二）GMM 估计结果

由于中国城市发展存在较大的区域差异，使用全国样本估计中国产业结构升级与滞后城镇化的关系忽略了区域城市之间的异质性。因此，考虑到区域发展水平非均衡的现实，本节参考国家统计局关于东部、中部、西部划分的方法将样本分为东部、中部、西部三个地区对模型（5-3）进行GMM 估计，结果如表 5-3 所示。

在进行主要变量估计前，对模型（5-3）进行 Hansen 检验。全国和各区域的检验统计量与伴随概率分别如表 5-3 所示，结果表明模型及工具变量的选择是合理的。

表5-3　全国样本与三大地区样本 GMM 估计结果

变量	全国 LU1	东部地区 LU1	中部地区 LU1	西部地区 LU1
$L.\ LU1$	0.7426*** (0.0379)	0.9211*** (0.0291)	0.8286*** (0.0275)	0.8063*** (0.0421)

变量	全国 LU1	东部地区 LU1	中部地区 LU1	西部地区 LU1
L2. LU1	−0. 3524 *** （0. 0595）	0. 0066 （0. 0213）	0. 0096 （0. 0363）	−0. 3750 *** （0. 0644）
TL	0. 0162 ** （0. 0079）	0. 5095 （0. 2564）	0. 4735 ** （0. 2220）	0. 4841 ** （0. 2298）
TN	−2. 6995 ** （1. 1663）	−2. 0034 *** （0. 6989）	−0. 2004 *** （0. 0319）	0. 2551 ** （0. 0670）
PGDP	−18. 6426 *** （5. 6202）	−8. 3694 ** （3. 2932）	−1. 5215 （2. 9714）	−22. 3767 ** （8. 7340）
FDI	−1. 5138 （2. 1555）	0. 0548 （0. 5893）	−1. 6735 （1. 3003）	−4. 7996 （3. 3471）
MI	−0. 2532 （0. 3365）	0. 2366 （0. 2287）	−0. 8606 *** （0. 3063）	0. 0012 （0. 3543）
PD	12. 2647 （7. 8234）	11. 8972 *** （3. 6281）	−14. 7023 *** （5. 3743）	10. 5193 （6. 8123）
UEP	−17. 7893 *** （5. 7926）	0. 4336 （2. 3852）	1. 2516 （3. 0167）	−29. 4333 *** （7. 1698）
_cons	518. 0254 *** （102. 8981）	186. 7288 *** （65. 8273）	170. 8280 *** （34. 3394）	271. 7525 *** （51. 0712）
Hansen 检验	36. 75 ［0. 700］	97. 42 ［0. 835］	98. 64 ［0. 812］	67. 66 ［1. 000］
AR（1）检验	−7. 22 ［0. 000］	−4. 46 ［0. 000］	−4. 09 ［0. 000］	−4. 20 ［0. 016］
AR（2）检验	1. 61 ［0. 107］	1. 79 ［0. 147］	−1. 59 ［0. 172］	1. 20 ［0. 229］

注：系统 GMM 估计采用"xtabond2"程序完成，均为 Two-step；内生变量为 TL、TN；圆括号中系统 GMM 估计为调整标准误，方括号中为统计量的伴随概率；$L. LU1$ 和 $L2. LU2$ 分别表示被解释变量滞后城镇化水平指标的滞后一阶、滞后两阶；* 、* * 、* * * 分别表示在 10%、5%、1% 的水平上显著。

从估计结果来看，$L. LU1$ 系数在全国和各地区样本中均为正，且都通过 1% 显著性水平检验，说明滞后城镇化有较强的作用惯性。产业结构合理化（TL）系数均为正，但在东部地区不显著，说明全国和中部、西部地区产业结构合理化程度提高有利于缓解滞后城镇化的问题，东部地区产业结构相对合理，产业之间较为均衡，因此 *TL* 对于滞后城镇化的影响较小。产业结构高度化（*TN*）系数在全国、东部地区和中部地区系数均显著为负，西部地区显著为正，说明全国、东部地区和中部地区产业结构高度化提高有利于缓解滞后城镇化问题，而西部地区产业结构高度化则加剧了当地滞后城镇化的问题，可能是因为西部地区还未真正完成工业化，而其服务业却相对超前发展。

从控制变量来看，人均收入（*PGDP*）在全国、东部地区和西部地区显著为负，且在 1%的显著性水平下显著，而在中部地区则不显著，说明收入水平的提高可以缓解全国及东部、西部地区滞后城镇化问题，这与已有研究认为人均收入与滞后城镇化呈倒"U"形关系的结论相符。外商直接投资（*FDI*）对各地区滞后城镇化作用均不显著。政府干预程度（*MI*）系数只有中部地区通过显著性检验且显著为负，表明中部地区减少政府干预可以显著缓解滞后城镇化问题，而对于东部地区和西部地区作用不大。人口密度（*PD*）系数在东部地区显著为正，中部地区显著为负，且均通过 1%的显著性水平检验，而西部地区为正但不显著，表明东部地区城镇化水平并没有随着人口密度的提高而提高，中部则相反。这是因为东部地区经济较发达，公共服务水平较高，往往是人口迁入地，但是由于城市承载力及户籍制度的限制，人口密度的提高难以提高城镇化水平。而西部地区相对而言人口密度较低，因而人口密度对滞后城镇化作用不大。失业率（*VEP*）系数在全国及西部地区均显著为负，由于失业率高本身就代表着城镇化水平较高，表明在这些地区失业率越高则有利于减缓城镇化滞后水平，其他地区则不显著。

（三）稳健性检验

前文采用全部就业人口中非农就业人口占比与全部人口中城市人口占比的差值（*LU1*）作为滞后城镇化的代理变量，为了检验结果的稳健性，现采用工业总产值占 GDP 的比重与城市人口占全部人口比重的差值（*LU2*）作为滞后城镇化的代理变量，用同样的方法对模型（5-3）进行系统 GMM 估计，结果如表 5-4 所示。

从检验结果来看，全国和各个地区系统 GMM 估计中 Hansen 检验的统计量如表 5-4 所示，检验结果显示模型工具选择与估计结果是合理的。替换后的被解释变量滞后一阶（*L.LU2*）系数均显著为正，与前文 GMM 估计结果基本一致。核心解释变量 *TL* 和 *TN* 的系数说明产业结构合理化和产业结构高度化能够降低城镇化滞后水平，总体来看，表5-4 的估计结果是稳健的。

表5-4　变换滞后城镇化变量的全国与三大地区系统 GMM 估计结果

变量	全国 LU2	东部地区 LU2	中部地区 LU2	西部地区 LU2
L. LU2	0.6587 *** (0.0438)	0.8931 *** (0.0251)	0.5299 *** (0.0390)	0.6162 *** (0.0561)
L2. LU2	0.0600 (0.0428)	−0.0108 (0.0257)	0.3083 *** (0.0229)	−0.0142 (0.0634)
TL	0.0775 *** (0.0223)	0.0277 (0.0248)	0.0581 *** (0.0217)	0.0156 * (0.0088)
TN	−0.0557 (0.0740)	−0.4127 *** (0.0950)	−0.2538 *** (0.0707)	0.2221 ** (0.1123)
PGDP	−0.8499 ** (0.3419)	0.7470 * (0.3960)	−1.8364 *** (0.4472)	−0.8727 (0.5664)
FDI	−0.0235 (0.1186)	0.0703 (0.0653)	−0.1300 (0.0894)	−0.3444 (0.2916)
MI	−0.0255 (0.0199)	−0.0439 * (0.0260)	0.0183 (0.0156)	0.0162 (0.0191)
PD	0.4352 (0.4719)	0.7884 * (0.4651)	0.5846 (0.3830)	1.1569 (0.8502)
UEP	−1.1545 *** (0.3188)	0.6740 * (0.3464)	0.0802 (0.1647)	−2.1487 *** (0.3547)
_cons	17.4694 ** (7.5077)	33.0585 *** (7.1083)	−8.3521 ** (3.7984)	33.2887 *** (7.6767)
N	3660	1391	1335	934
Wald 检验	45144.18 [0.000]	1314.53 [0.000]	1944.60 [0.000]	889.20 [0.000]
Hansen 检验	63.49 [0.177]	93.76 [0.372]	96.51 [0.300]	59.16 [0.995]
AR（1）检验	−6.10 [0.000]	60.66 [0.06]	67.88 [0.001]	−4.06 [0.000]

变量	全国 LU2	东部地区 LU2	中部地区 LU2	西部地区 LU2
AR（2）检验	2.04 [0.410]	33.10 [0.989]	28.63 [0.998]	0.300 [0.764]

注：系统 GMM 估计采用"xtabond2"程序完成，均为 Two-step；内生变量为 TL、TN；圆括号中系统 GMM 估计为调整标准误，方括号中为统计量的伴随概率；*、**、*** 分别表示在10%、5%、1%的水平上显著。

五、主要结论和政策启示

基于上述经验分析与实证检验，本节获得以下结论：从全国总体来看，产业结构合理化（TL）程度的提高有利于缓解中国城镇化滞后。产业结构不合理，产业结构合理化指数越大，城镇化滞后程度越严重。产业结构高度化（TN）能显著降低中国滞后城镇化程度，这是由于随着第二、第三产业在国民经济中的占比越来越高，其对农村就业人口的吸纳能力也加强，因而可以加速城镇化进程，缩小城镇化与工业化的差距。

由于中国各地区发展差异显著，以全国样本来估计产业结构演进与城镇化滞后之间的关系存在一定的偏差，笔者通过分区域估计发现，不同区域各变量对城镇化滞后的影响不同。就东部地区和中部地区而言：①其估计结果与全国样本估计结果基本一致，但西部地区结果存在一定的差异。具体而言，西部地区产业结构高度化的提高对滞后城镇化有加剧作用，说明西部地区工业化进程尚未完成，低端服务业的超前发展对城镇化的发展反而不利，因为创造就业岗位与潜在的吸纳劳动力就业能力不足。②人均收入能够显著降低城镇化的滞后，这与已有的研究相同。③外商直接投资和市场化程度在各个地区总体上对滞后城镇化的作用均不明显。④人口密度是影响滞后城镇化的重要因素，东部地区经济较发达，公共服务水平较高，往往是人口迁入地，但户籍制度的制约使农业转移人口并未真正成为城市市民，因此也提升了城镇化滞后水平。而西部地区人口密度较低，市场潜力有限，产业集聚度不够，人口密度变量也未对提高城镇化程度产生有利影响。⑤失业率系数在全国及西部地区均显著为负，表明城镇化的滞后与失业率呈反向变动的关系。总体而言，产业结构的合理化和高级化均有利于缓解中国城镇化滞后问题。分地区来看，各个地区均应努力提高人均收入水平，提高城市承载能力，吸纳更多的农业剩余劳动力进城，并通过加快市民化进程推动城镇化进程；西部地区城市不能盲目地大力发展第三产业，应努力推进工业化进程，因地制宜调整本地区产业结构来缓解城镇化滞后问题，同时应努力完善本地区公共服务与社会保障来减少人口的外流。

第三节

新型城镇化与产业转型升级互动关系的检验

结合理论与以往研究，本节基于中国新型城镇化和产业转型升级发展的实践经验，拟构建联立方程模型对两者之间的互动关系进行检验，为实现新型城镇化与产业转型升级良性互动提供实证支撑。

一、模型设定、变量选取与数据说明

（一）模型设定

本书第二章从理论上阐述了产业转型升级与新型城镇化互动关系的理论基础与作用机制，但理论分析难免抽象，需要运用现实数据进行经验验证。本章通过构建计量模型，实证检验新型城镇化与产业转型升级之间的互动关系。对相关研究进行梳理，以往文献大多采用普通单方程方法对产业转型升级与新型城镇化两者关系进行检验，忽视了可能存在的模型误差以及异方差问题。联立方程模型体现了经济变量之间的双向互动关系，即某一个变量受其他变量的作用，同时也作用于其他变量，可以更全面地揭示经济系统内部变量的运作规律（储德银等，2019）。结合模型外生变量与内生变量做出拟合与评估，从而得到一个反映全部经济变量关系的结构式方程组，并以此对相关经济行为提供参考（凌永辉等，2018）。鉴于新型城镇化与产业转型升级之间可能存在双向关联的关系，本章借鉴田毕飞和陈紫若（2017）的方法，通过构建联立方程模型去探究两者之间的互动关系，联立方程模型如下：

$$\ln Ind\_Up_{it} = \gamma_0 + \gamma_1 \ln New\_urban_{it} + \beta_2 \ln FINA_{it} + \beta_3 \ln GOV_{it} + \varepsilon_{it} \quad (5\text{-}4)$$

$$\ln New\_urban_{it} = \beta_0 + \beta_1 \ln Ind\_Up_{it} + \beta_2 \ln FINA_{it} + \beta_3 \ln ERS_{it} + \varepsilon_{it} \quad (5\text{-}5)$$

其中，地区和年份分别用下标 i 和 t 表示；Ind_Up、New_urban 分别代表产业转型升级和新型城镇化两个内生变量；金融发展水平（$FINA$）、环境规制水平（ERS）、政府干预水平（GOV）为模型的外生变量；ε_{it} 表示随机误差项。

（二）变量说明和数据来源

1. 产业转型升级

新型城镇化背景下的产业转型升级被理解为产业适应社会经济形态与人们生产生活变化，适应并引领高新技术发展由"三低两高"（低技术水平、低附加值、低水平开放、高污染与高资源消耗）向"三高两低"（高技术水平、高附加值、高水平开放、低污染与低能耗）升级的过程。因此，为对各省份产业转型升级进行准确刻画，本节参考余泳泽等（2020）的指标测度方法，选取基础产业发展、高技术水平、高附加值、高水平开放以及绿色发展五大层面来设计产业转型升级（Ind_Up）的综合指标评价体系。本节构建的产业转型升级综合指标评价体系如表 5-5 所示。

表 5-5　产业转型升级综合指标评价体系

综合指标	子指标	衡量方式	属性
产业转型升级	基础产业发展	第二、第三产业增加值占 GDP 比重（%）	+
	高技术水平	专利授权数量（件）	+
	高附加值	高技术产业主营业务收入占规模以上工企主营业务收入比重（%）	+
	高水平开放	出口技术复杂度	+
	绿色发展	不变价 GDP/能源消耗总量（元/吨）	+

为得到稳健且反映真实数据质量的综合指标，本节拟借鉴戚聿东等（2020）的思路，采用包含客观赋权法（熵值法和 CRITIC 法）和主观赋权法（等权重法）的组合赋权法计算综合指标得分。

第一，熵值法。较之其他确定权重的方法，熵值法能以现实数据为依托，最大限度地对指标信息熵的价值进行反映。具体计算步骤如下：

首先，指标数据的标准化处理：

正向指标标准化：$Z_{ij} = (X_{ij} - m_j)/(M_j - m_j)$ (5-6)

负向指标标准化：$Z_{ij} = (M_j - X_{ij})/(M_j - m_j)$ (5-7)

其中，X_{ij} 为地区 i 的第 j 项原始指标，M_j 和 m_j 分别表示样本期内第 j 项指标的最大值和最小值。

其次，计算第 j 项指标下第 i 个省份值占该指标的比重：

$$P_{ij} = Z_{ij}/\sum_{i=1}^{n} Z_{ij} \tag{5-8}$$

再次，计算第 j 项指标的熵值 $e_j = -k \cdot \sum_{i=1}^{n} [P_{ij} \cdot \ln(P_{ij})]$ 和信息熵 $g_j = 1 - e_j$，其中 $k = 1/\ln a$，a 为样本总数。

最后，计算各项指标的最优权重 $\lambda_j = g_j/\sum_{j}^{b} g_j$ 和各省份产业转型升级综合指标：

$$Ind\_Up_i = \sum_{j=1}^{m} (\lambda_j \cdot Z_{ij}) \tag{5-9}$$

第二，CRITIC 法。CRITIC 法的核心思想是利用指标的变异性进行赋权，而变异性用标准差表示，该方法本质上亦是一种客观赋权法。具体计算步骤如下：

首先，指标数据的标准化（与"熵值法"的标准化处理方式相同）；

其次，计算各指标的标准差 σ_j 及指标间相关系数 v_{jh}；

再次，计算各项指标的最优权重：

$$\lambda_j = [\sigma_j \cdot \sum_{h=1}^{m} (1 - v_{jh})]/\{\sum_{j=1}^{m} [\sigma_j \cdot \sum_{h=1}^{m} (1 - v_{jh})]\} \tag{5-10}$$

最后，计算各省份产业转型升级综合指标：

$$Ind\_Up_i = \sum_{j=1}^{m} (\lambda_j \cdot Z_{ij}) \tag{5-11}$$

第三，等权重法。该方法是对指标体系里的所有子指标赋予相同的权重，即认为所选子指标衡量了综合指标的不同层面，进而难以区分各子指标的重要性。该方法对数据的依赖度不高，但也有自身的不足之处，因而该方法本质上是一种主观赋权法。

第四，组合赋权法。为得到稳健且反映真实数据质量的综合指标，威聿东等（2020）提出采用包含客观赋权法（熵值法和 CRITIC 法）、主观赋权法（等权重法）的组合赋权法计算综合指标得分，即以三种方法测算所得的指标权重均值作为各指标权重，继而得到稳健的综合指标数值。该方法同时考虑了数据变异性、冲突性和信息量，对数据的依赖度亦较为适中，是一种科学的赋权方法。

囿于数据可得性和完整性，本节选取了 2003～2018 年除西藏外 30 个省份面板数据作为样本测算省级产业转型升级指标，结果如表 5-6 所示。由测算结果可知，产业转型升级指标基本呈现逐年递增的趋势；2018 年，北京、广东、江苏与上海等东部省份的产业转型升级指标排名较靠前，且北京的指标数值远大于其他省份，而中部地区和西部地区各省份的指标排名则依次降低。

表 5-6　中国各省份产业转型升级指标测度水平

年份\省份	2003	2005	2007	2009	2011	2013	2015	2017	2018
北京	0.338	0.405	0.459	0.495	0.567	0.678	0.763	0.865	**0.918**
天津	0.302	0.337	0.352	0.378	0.423	0.513	0.556	0.640	**0.637**
河北	0.148	0.147	0.175	0.215	0.255	0.302	0.329	0.364	**0.389**
山西	0.115	0.144	0.168	0.198	0.241	0.280	0.300	0.326	**0.358**
内蒙古	0.108	0.132	0.159	0.206	0.248	0.301	0.321	0.325	**0.308**
辽宁	0.177	0.179	0.208	0.249	0.292	0.357	0.394	0.376	**0.394**
吉林	0.121	0.164	0.201	0.249	0.302	0.382	0.485	0.536	**0.540**
黑龙江	0.194	0.194	0.208	0.241	0.277	0.322	0.365	0.379	**0.390**
上海	0.326	0.369	0.407	0.443	0.493	0.544	0.618	0.681	**0.708**
江苏	0.304	0.309	0.352	0.408	0.481	0.557	0.616	0.678	**0.733**
浙江	0.254	0.282	0.327	0.377	0.436	0.507	0.560	0.619	**0.651**
安徽	0.161	0.184	0.216	0.267	0.334	0.402	0.462	0.518	**0.563**
福建	0.319	0.293	0.314	0.352	0.403	0.474	0.527	0.595	**0.631**
江西	0.190	0.211	0.244	0.301	0.373	0.443	0.489	0.556	**0.603**
山东	0.192	0.205	0.245	0.293	0.336	0.411	0.446	0.492	**0.518**
河南	0.150	0.159	0.201	0.254	0.300	0.380	0.439	0.501	**0.552**
湖北	0.182	0.174	0.205	0.258	0.304	0.392	0.469	0.534	**0.573**
湖南	0.176	0.153	0.185	0.244	0.301	0.405	0.483	0.541	**0.575**
广东	0.345	0.388	0.420	0.465	0.521	0.604	0.665	0.752	**0.806**

续表

省份 \ 年份	2003	2005	2007	2009	2011	2013	2015	2017	2018
广西	0.146	0.161	0.194	0.251	0.298	0.376	0.426	0.455	**0.491**
海南	0.140	0.172	0.194	0.245	0.296	0.381	0.420	0.466	**0.526**
重庆	0.181	0.172	0.205	0.254	0.333	0.457	0.547	0.635	**0.656**
四川	0.164	0.172	0.202	0.255	0.311	0.404	0.462	0.516	**0.552**
贵州	0.097	0.123	0.145	0.186	0.211	0.273	0.330	0.387	**0.420**
云南	0.117	0.129	0.155	0.194	0.229	0.296	0.335	0.370	**0.405**
陕西	0.212	0.215	0.242	0.279	0.331	0.393	0.434	0.468	**0.510**
甘肃	0.102	0.126	0.153	0.184	0.228	0.266	0.299	0.327	**0.348**
青海	0.120	0.120	0.143	0.175	0.209	0.243	0.276	0.297	**0.312**
宁夏	0.090	0.114	0.131	0.168	0.205	0.236	0.264	0.283	**0.296**
新疆	0.099	0.119	0.149	0.173	0.202	0.224	0.241	0.267	**0.285**

基于表5-6得到的各省份产业转型升级指标，本节对中国及各地区产业转型升级情况进行了核密度估计，并作出了部分年份的核密度函数图，以便更直观地分析与观察，如图5-4所示。

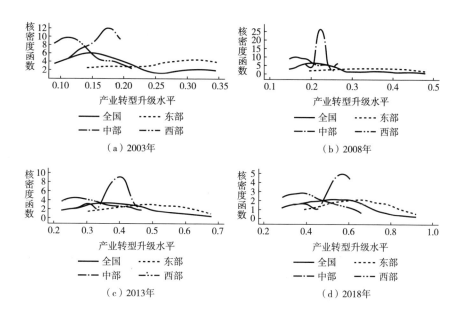

图5-4 部分年份全国与三大地区产业转型升级水平分布

观察图 5-4 四个年份不同地区产业转型升级的核密度分布动态图，发现四幅图具有较多的共性特征，可归纳出如下典型事实：第一，随着时间的推移，全国整体和各地区的 Kernel 曲线及其峰值均在不断右移，说明全国及各地区的产业转型升级水平均在不断提高。第二，全国整体、东部和西部地区的 Kernel 曲线并无明显峰值，曲线的跨度较大且随时间推移并无明显的收敛迹象，说明全国整体及东部、西部地区内部省份间产业转型升级水平的区域发展并不均衡，这种不均衡现象随着时间推移也无明显改善；相较而言，中部地区 Kernel 曲线存在明显的峰值，且 Kernel 曲线相较全国和东西部地区曲线收敛，说明中部地区省份间的产业转型升级水平较为均衡，进一步观察图 5-4 可以发现，随着时间的推移，中部地区 Kernel 曲线经历了由逐渐收敛到再扩大的过程。第三，随着时间的推移，全国和东部、中部、西部地区的 Kernel 曲线分布呈现重合趋势，说明东部、中部、西部地区之间产业转型升级水平的差距在不断缩小。

2. 新型城镇化

以往研究中对城镇化测度多用人口城镇化率指标来衡量，对新型城镇化内涵体现不完全。传统城镇化在价值取向上"以物为本"，而新型城镇化强调以人为本，是以"城乡一体、城乡统筹、产城互动、生态宜居、节约集约、和谐发展"为基本特征的城镇化。农业转移人口市民化是新型城镇化的核心，而有足够的产业支撑方可创造足够的就业机会来满足农业转移人口市民化的要求，同时城市还要大力提供相应的公共服务产品，最终实现农业人口进城后的生产方式与生活方式真正融入城市，享受真正的市民待遇。因此，新型城镇化并非单纯的城市人口比例的扩大或者城镇规模的扩张，而是包含基本建设、经济发展、社会投入以及环境保护的全方位城镇化。本节在蓝庆新和陈超凡（2013）的基础上设计了新型城镇化（New_urban）的综合指标评价体系，包括基本建设指标、经济发展指标、社会投入指标以及生态环境指标四个层次，具体的指标选取和度量说明如表 5-7 所示。同理，为得到稳健且反映真实数据质量的综合指标，本节同样拟借鉴戚聿东等（2020）的思路，采用包含客观赋权法（熵值法和 CRITIC 法）和主观赋权法（等权重法）的组合赋权法计算新型城镇化综合指标数值。

表 5-7　新型城镇化综合指标评价体系

综合指标	一级指标	二级指标	指标说明
新型城镇化	基本建设指标	经济增长	人均 GDP（万元）
		人口密度	城镇人口密度（人/平方千米）
		城镇收入	城镇居民家庭人均年可支配收入（万元）
		城镇化水平	城镇人口总数占总人口比重（%）
	经济发展指标	社会公平	城镇与农村收入比（%）
		房地产业	竣工房屋价值（万元）
		产业发展	第三产业增加值占 GDP 比重（%）
		财政支出	人均财政预算支出（万元）
	社会投入指标	物价情况	消费者价格指数（%）
		就业情况	第二、第三产业从业人口比值（%）
		交通水平	铁路和公路运力总和（万人）
		教育水平	普通高等学校在校学生数（万人）
		医疗水平	医疗卫生机构床位数（张）
		信息化建设	长途光缆线路长度（千米）
	生态环境指标	空气质量	工业 SO_2 排放量（万吨）
		水源质量	工业废水排放量（万吨）
		生活垃圾处理	城市生活垃圾无公害处理率（%）
		绿色改善	城市绿色环境基础设施建设投资额（万元）

同样，选取 2003~2018 年除西藏外 30 个省份面板数据作为样本测算各省份新型城镇化水平，表 5-8 列出了中国各省份新型城镇化指标测算的数值。由测算结果可知，各省份新型城镇化指标基本呈现逐年递增的趋势；2018 年，北京、广东、江苏与上海等东部省份的指标排名较靠前，且江苏的指标数值要大于其他省份。而中部地区和西部地区各省份的指标排名则依次降低。

表 5-8　中国各省份新型城镇化指标测度水平

年份 省份	2003	2005	2007	2009	2011	2013	2015	2017	2018
北京	0.386	0.417	0.442	0.494	0.491	0.527	0.552	0.598	0.611

年份 省份	2003	2005	2007	2009	2011	2013	2015	2017	2018
天津	0.300	0.330	0.368	0.413	0.434	0.465	0.500	0.515	0.537
河北	0.238	0.260	0.279	0.336	0.373	0.400	0.436	0.480	0.487
山西	0.205	0.214	0.248	0.303	0.313	0.372	0.411	0.434	0.444
内蒙古	0.201	0.225	0.240	0.307	0.337	0.386	0.432	0.470	0.468
辽宁	0.281	0.296	0.307	0.364	0.400	0.432	0.432	0.463	0.457
吉林	0.247	0.262	0.268	0.305	0.326	0.367	0.400	0.410	0.429
黑龙江	0.254	0.273	0.300	0.356	0.375	0.418	0.459	0.482	0.483
上海	0.310	0.387	0.429	0.465	0.462	0.507	0.558	0.610	0.630
江苏	0.321	0.346	0.390	0.464	0.486	0.540	0.587	0.625	0.638
浙江	0.331	0.356	0.381	0.428	0.439	0.477	0.527	0.578	0.580
安徽	0.238	0.250	0.280	0.338	0.364	0.421	0.452	0.485	0.491
福建	0.284	0.297	0.307	0.362	0.371	0.416	0.448	0.488	0.501
江西	0.261	0.272	0.302	0.357	0.364	0.396	0.429	0.464	0.487
山东	0.266	0.288	0.328	0.406	0.424	0.462	0.495	0.560	0.583
河南	0.265	0.285	0.308	0.369	0.388	0.433	0.478	0.555	0.570
湖北	0.264	0.280	0.296	0.346	0.360	0.415	0.456	0.510	0.513
湖南	0.233	0.262	0.307	0.366	0.382	0.438	0.470	0.514	0.512
广东	0.318	0.335	0.382	0.471	0.489	0.495	0.541	0.606	0.627
广西	0.213	0.224	0.238	0.294	0.308	0.350	0.383	0.420	0.429
海南	0.235	0.268	0.256	0.297	0.312	0.343	0.378	0.392	0.407
重庆	0.204	0.239	0.264	0.324	0.355	0.383	0.428	0.467	0.472
四川	0.234	0.264	0.320	0.395	0.400	0.445	0.477	0.544	0.566
贵州	0.151	0.178	0.205	0.266	0.287	0.333	0.364	0.392	0.404
云南	0.195	0.221	0.254	0.297	0.306	0.341	0.387	0.426	0.431
陕西	0.229	0.247	0.284	0.336	0.363	0.399	0.421	0.462	0.464
甘肃	0.221	0.237	0.216	0.259	0.263	0.304	0.347	0.398	0.399
青海	0.244	0.264	0.253	0.273	0.312	0.345	0.381	0.408	0.416
宁夏	0.194	0.221	0.220	0.255	0.269	0.318	0.347	0.378	0.382
新疆	0.222	0.231	0.267	0.321	0.333	0.368	0.382	0.421	0.422

基于表5-8得到的各省份新型城镇化指标，本节对全国及各地区新型城镇化情况进行了核密度估计，并作出了部分年份的核密度函数图，以便更直观地分析与观察，如图5-5所示。

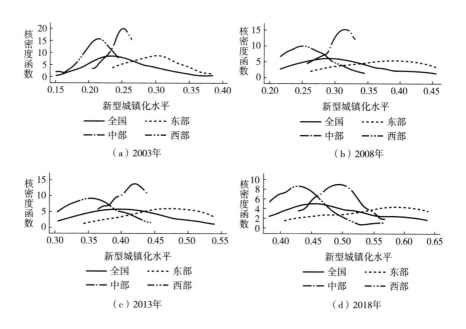

图 5-5 部分年份全国与三大地区新型城镇化水平分布

图5-5给出了新型城镇化水平核密度分布动态图，由此可以发现：第一，随着时间的推移，全国整体和各地区的 Kernel 曲线及其峰值均在不断右移，说明中国及各地区的新型城镇化水平均在不断提高。第二，全国整体和东部地区的 Kernel 曲线并无明显峰值，曲线的跨度较大，随着时间推移无明显收敛迹象，说明中国整体及东部地区内部省份间新型城镇化水平的区域发展并不均衡，且这种不均衡现象随着时间推移并无改善；相较而言，中部、西部地区的 Kernel 曲线存在明显的峰值，且 Kernel 曲线相较全国和东部地区曲线收敛，说明中部、西部地区省份间的新型城镇化水平较为均衡。第三，随着时间的推移，全国和东部、中部、西部地区 Kernel 曲线分布呈现重合趋势，说明东部、中部、西部地区之间新型城镇化水平的差距呈不断缩小趋势。

3. 外生变量

基于数据可得性和实证需要，选择金融发展水平（FINA）、政府干预水平（GOV）和环境规制水平（ERS）作为模型外生变量。外生变量选择原因及衡量方法如下：①金融发展水平（FINA）。良好的金融系统能促使资金往高效益行业进行配置，进而推动产业转型升级和新型城镇化建设，采用各省份银行业金融机构存贷款余额占GDP的比重衡量金融发展水平。②政府干预水平（GOV）。政府经济活动的有效干预促进经济系统资源配置效率提升，而过度干预则可能损害资源配置效率，阻碍产业发展和城镇化进程，采用各省份政府支出占GDP的比重衡量政府干预水平。③环境规制水平（ERS）。根据波特的创新补偿假说，环境规制要求能够激发企业创新行为，进而提高生产效率、降低企业成本，促进整个社会产业转型升级，采用各省份工业污染治理完成额占GDP的比重衡量环境规制水平。

以上数据主要来自国研网对外贸易数据库、《中国统计年鉴》、《中国劳动统计年鉴》、《中国环境统计年鉴》及各省（自治区、直辖市）统计年鉴。鉴于西藏数据的严重缺失，故在样本选择中选取了除西藏自治区外的30个省份的面板数据，各变量说明与描述性统计如表5-9所示。

表5-9　各变量说明与描述性统计

变量	变量说明	均值	标准差	中位数	最大值	最小值
Ind_Up	产业转型升级	0.329	0.154	0.302	0.918	0.090
New_urban	新型城镇化水平	0.369	0.101	0.366	0.638	0.151
FINA	金融发展水平	0.212	0.095	0.195	0.627	0.079
GOV	政府干预水平	0.212	0.095	0.195	0.627	0.079
ERS	环境规制水平	0.004	0.003	0.003	0.000	0.029

二、面板联立方程实证检验

（一）基准回归

多个方程构成联立方程组，为避免各个方程中所包含的变量存在互为因果关系，需要在回归前对各方程之间进行严格条件识别。因此，在联立方程组进行回归之前，首先要进行联立方程组的识别检验。通过检验联立方程组的阶条件和秩条件，结果表明两个方程的秩条件和阶条件都符合估计条件，均显示过度识别①。对于存在过度识别的联立方程模型，偏倚现象均可通过两阶段最小二乘法（2SLS）和三阶段最小二乘法（3SLS）进行有效避免，单方程估计 OLS 仍然可以作为结果参照。本节基于新型城镇化指标变量 New_urban 与产业转型升级指标变量 Ind_Up 分别进行了最小二乘法 OLS、两阶段最小二乘法 2SLS、三阶段最小二乘法 3SLS 和迭代三阶段最小二乘法 3SLS～r 回归，回归结果如表 5-10 所示。

表 5-10　全国样本联立方程估计结果

变量		OLS	2SLS	3SLS	3SLS～r
lnInd_Up	lnNew_urban	1.447***	2.813***	2.813***	2.813***
		(41.78)	(4.28)	(4.29)	(4.29)
	lnFINA	0.130***	−0.289	−0.289	−0.289
		(4.94)	(−1.39)	(−1.40)	(−1.40)
	lnERS	−0.0658***	0.173	0.173	0.173
		(−5.43)	(1.48)	(1.49)	(1.49)
	_cons	−0.234**	2.975*	2.975*	2.975*
		(−2.27)	(1.92)	(1.93)	(1.93)
lnNew_urban	lnInd_Up	0.553***	0.559***	0.559***	0.559***
		(49.36)	(26.1)	(26.21)	(26.21)
	lnFINA	−0.0278	−0.0332	−0.0332	−0.0332
		(−1.54)	(−1.44)	(−1.45)	(−1.45)
	lnGOV	0.0356***	0.0375***	0.0375***	0.0375***
		(2.76)	(2.7)	(2.71)	(2.71)
	_cons	−0.273***	−0.256***	−0.256***	−0.256***
		(−6.64)	(−4.19)	(−4.21)	(−4.21)
N		480	480	480	480

注：括号内数字为相应的标准差，*、**、*** 分别表示在 10%、5% 和 1% 的显著性水平上显著。

---

① 方程识别的秩条件可以表述为：在一个含有 k 个内生变量的 k 个方程的联立方程系统中，一个方程是可识别的，当且仅当能从系统的不含该方程外的所有变量的系数矩阵中构造出至少一个 $(k-1) \times (k-1)$ 阶的非零行列式；方程识别的阶条件是：如果一个方程是可识别的，那么它所包含的先决变量的个数必须大于等于它所包含的内生变量的个数减 1。

表 5-10 展示了全国样本联立方程的估计结果，2SLS、3SLS 与 3SLS~r 的估计结果比较接近，新型城镇化与产业转型升级两者之间的影响系数均为正，且在 1% 水平上显著，说明两者之间确实存在着双向互动关系，产业转型升级随着大量的新要素需求的出现，人口、资本、土地等生产要素重新组合且进一步集聚，并夯实新型城镇化的物质基础；而新型城镇化带来的集聚效应又从要素总量上为产业转型升级提供源源不断的支撑，更多的农业转移劳动力进入城镇。另外，进一步比较新型城镇化与产业转型升级相互影响系数，新型城镇化对产业转型升级的影响系数为 2.813，产业转型升级对新型城镇化的影响系数为 0.559，表明新型城镇化与产业转型升级之间存在非对称互动关系，新型城镇化对产业转型升级的推动作用要远大于产业转型升级对新型城镇化的支撑作用。这一结果生动地刻画出了中国产业转型升级与新型城镇化在总体结构上的非均衡性，是比较符合中国经济事实的。改革开放以来，中国迫切需要摆脱积贫积弱的经济社会发展状态，加快现代化建设进程。为此，中国实施传统内涵上的规模扩张型城镇化，高速发展的城镇化进程为中国经济高速发展和产业转型升级奠定了要素基础，但此时的城镇化是简单的城镇化，城镇化的产业支撑力尚不充分，尤其是中国经济社会由高速增长转向高质量发展，中国城市甚至是特大和超大城市普遍面临产业发展与环境资源约束的困境，肩负繁重的产业转型升级与新动能培育任务，迫切需要以产业转型升级为新型城镇化发展提供有力支撑。

（二）稳健性检验

为了进一步验证基准回归的稳健性，本节拟从四个方面进行稳健性检验，同样分别进行最小二乘法 OLS、两阶段最小二乘法 2SLS、三阶段最小二乘法 3SLS 和迭代三阶段最小二乘法 3SLS~r 回归，稳健性检验结果如表 5-11 所示。

（1）改变产业转型升级测量指标。基准回归中，产业转型升级指标采用包含客观赋权法（熵值法和 CRITIC 法）和主观赋权法（等权重法）的组合赋权法计算综合指标数值。其中，客观赋权的 CRITIC 法的核心思想是利用指标的变异性进行赋权，较之其他确定权重的方法，能较大程度地对指标信息熵的价值进行反映。因此，本节以 CRITIC 法计算出的指标替换基准回归中的产业转型升级指标进行稳健性检验，如表 5-11 所示。更换

表 5-11 稳健性检验

变量	OLS	2SLS	3SLS	3SLS~r
	ln*Ind_Up*			
ln*New_urban*	1.391*** (41.68)	1.630*** (5.05)	1.630*** (5.07)	1.630*** (5.07)
(1) 改变产业转型 升级测量指标	ln*New_urban*			
ln*Ind_Up*	0.594*** (47.30)	0.719*** (22.91)	0.719*** (23.00)	0.719*** (23.00)
	ln*Ind_Up*			
ln*New_urban*	1.703*** (38.48)	4.602*** (2.62)	4.602*** (2.63)	4.602*** (2.63)
(2) 改变新型城镇化 测量指标	ln*New_urban*			
ln*Ind_Up*	0.458*** (46.33)	0.472*** (24.90)	0.472*** (25.00)	0.472*** (25.00)
	ln*Ind_Up*			
ln*New_urban*	1.465*** (38.90)	2.364*** (5.79)	2.364*** (5.82)	2.364*** (5.82)
(3) 改变样本范围	ln*New_urban*			
ln*Ind_Up*	0.553*** (46.53)	0.580*** (26.04)	0.580*** (26.16)	0.580*** (26.16)
	ln*Ind_Up*			
L. ln*New_urban*	1.402*** (37.13)	1.402*** (37.13)	1.558*** (50.56)	1.547*** (56.33)
(4) 改变滞后期	ln*New_urban*			
L. ln*Ind_Up*	0.545*** (45.08)	0.545*** (45.08)	0.593*** (55.61)	0.607*** (61.07)

注：括号内数字为相应的标准差，*、**、***分别表示在10%、5%和1%的显著性水平上显著；*L.* ln*New_urban* 和 *L.* ln*Ind_Up* 分别表示新型城镇化指标滞后一阶和产业转型升级指标滞后一阶。

产业转型升级测量指标方法后，联立方程结果显示新型城镇化和产业转型升级系数显著性水平和符号均与表5-10基准回归结果保持一致，证实了全国样本基准回归结果是稳健的。

（2）改变新型城镇化测量指标。同稳健性检验（1），本节以 CRITIC 法计算出的指标替换基准回归中的新型城镇化指标进行稳健性检验，如表 5-11 所示。更换新型城镇化测量指标方法后，联立方程结果显示新型城镇化和产业转型升级系数显著性水平和符号均与表 5-10 基准回归结果保持一致，说明改变新型城镇化测量指标并不影响基准回归的稳健性。

（3）改变样本范围。由于直辖市在经济规模、体系及人口分布等方面与其他省份存在较大差异，为了消除此类非随机性对回归结果的影响，在样本中剔除 4 个直辖市的数据以检验计量结果的稳健性，剔除北京、上海、天津、重庆四个直辖市样本并不影响基准回归的稳健性，如表 5-11 所示。

（4）改变滞后期。为了进一步增强实证结果的可靠性，本节将作为解释变量的产业转型升级和新型城镇化变量均取滞后一期重新进行回归，得到表 5-11（4）的内容，结果再次验证了表 5-10 全国样本基准回归的稳健性，也说明了产业转型升级和新型城镇化之间存在一定程度上的累积效应。

（三）理论机制检验

如本书在第二章新型城镇化和产业转型升级互动发展的理论机制所述，新型城镇化与产业转型升级在劳动力流动和要素集聚、产业转移和产业集聚的路径下形成循环互动的系统回路。一方面，产业的转型升级依赖于有效要素供给，而以人为核心的新型城镇化具体体现为通过户籍制度改革促进农民工的市民化，市民化过程是人口转移与集聚过程，这个过程不仅可以有效增加非农产业劳动力供给，也会激励家庭和社会对人力资本和公共服务设施的投资，挖掘资源重新配置效率的潜力，为城市产业集聚提供更有吸引力的环境，促进产业转型升级；另一方面，不同地区间存在比较优势转换，在产业集聚、转移路径下，发达地区城市从极化效应逐步向扩散效应转化，那些不再具备优势的产业逐渐转移到相对落后地区，既促进了承接地区产业的转型升级，也为转出地区推进产业转型升级创造了条件。同时，产业在空间范围内的集聚也带动了各种要素资源在空间的集聚，最终实现地区优势产业集群并推动特色城镇化的发展。本节借助于构建新型城镇化与劳动力集聚的交互项来验证新型城镇化影响产业转型升级的劳动力流动和要素集聚机制，构建产业转型升级与产业集聚的交互项来验证产业转型升级影响新型城镇化的产业转移和集聚机制。为了减少多重共线性的影响，对非虚拟变量的交互项（下同）进行去中心化处理。其中，劳动力集聚（JJD），借鉴区位熵思想构造劳动力规模集聚度指标[①]，以描述地区空间劳动力在单位面积上的集中程度，计算公式为：$JJD_i = \dfrac{(P_i/P_n)\times100\%}{(A_i/A_n)\times100\%} = \dfrac{P_i/A_i}{P_n/A_n}$，其中，$P_i$ 为 i 地区劳动力数量[②]，P_n 为全国劳动力数量，A_i 为 i 地区土地面积，A_n 为全国土地面积；产业集聚（AGG），同样借鉴区位熵思想构造产业集聚度指标，以描述地区空间经济活动在单位面积上的集中程度，计算公式为：$AGG_i = \dfrac{(S_i/S_n)\times100\%}{(A_i/A_n)\times100\%} = \dfrac{S_i/A_i}{S_n/A_n}$，其中，$S_i$ 为 i 地区工业增加值，S_n 为全国工业增加值，A_i 为 i 地区土地面积，A_n 为全国土地面积。实证结果如表 5-12 所示，结果显示新型城镇化与劳动力集聚的交互项系数在 1% 的显著水平上显著为正，说明新型城镇化通过劳动力集聚效应影响了产业转型升级，即劳动力转移和集聚是新型城镇化对产业转型升级的影响渠道；产业转型升级与产业集聚的交互项系数在 1% 显著水平上显著为正，说明产业转型升级通过产业集聚效应影响了新型城镇化，即产业集聚是产业转型升级对新型城镇化的影响渠道。表 5-12 的研究结果表明新型城镇化与产业转型升级在劳动力流动和集聚、产业转移和集聚的路径下形成循环互动的系统回路。

表 5-12　理论机制检验

变量	lnInd_Up	变量	lnNew_urban
lnNew_urban	1.418*** （40.48）	lnInd_Up	0.516*** （29.07）
lnJJD	0.005*** （3.11）	lnAGG	−0.013 （−0.59）
lnNew_urban×lnJJD	0.069*** （3.19）	lnInd_Up×lnAGG	0.020*** （3.52）
Controls	Yes	*Controls*	Yes

注：括号内数字为相应的标准差，＊＊＊表示在1%的显著性水平上显著。

[①]　王静文，王明雁．中国劳动力空间集聚对经济增长的影响［J］．经济与管理研究，2019，40（3）：86-106.

[②]　新经济地理学中集聚主要发生在工业和服务业中，因此，劳动力要素选用第二、第三产业的就业人口。

（四）进一步分析

1. 区域差异性检验

出于地理和要素禀赋差异原因，中国东部、中部、西部各地区之间经济发展水平存在巨大差异。仅从全国层面进行整体回归难以观察出各地区在产业转型升级和新型城镇化之间所表现出的互动关系差异。因此，本节依据国家统计局的地域划分标准，将中国分为东部、中部、西部三个地区，考察产业转型升级与新型城镇化之间互动发展的地域空间差异，回归结果如表5-13所示。

表5-13　区域差异性检验

变量	OLS	2SLS	3SLS	3SLS~r
	lnInd_Up			
lnNew_urban	1.391*** (23.65)	3.103 (0.53)	3.103 (0.54)	3.103 (0.54)
（1）东部地区	lnNew_urban			
lnInd_Up	0.564*** (25.07)	0.710*** (8.31)	0.710*** (8.41)	0.710*** (8.41)
	lnInd_Up			
lnNew_urban	1.400*** (22.82)	1.661*** (12.94)	1.661*** (13.14)	1.661*** (13.14)
（2）中部地区	lnNew_urban			
lnInd_Up	0.529*** (20.39)	0.437*** (8.60)	0.437*** (8.73)	0.437*** (8.73)
	lnInd_Up			
lnNew_urban	1.380*** (21.62)	0.180 (0.35)	0.180 (0.35)	0.180 (0.35)
（3）西部地区	lnNew_urban			
lnInd_Up	0.535*** (27.44)	0.557*** (14.72)	0.557*** (14.90)	0.557*** (14.90)

注：括号内数字为相应的标准差，***表示在1%的显著性水平上显著。

表5-13实证结果显示，中国三大地区产业转型升级对新型城镇化的

影响系数均在1%水平上显著为正，但新型城镇化对产业转型升级的影响存在着显著的区域差异，具体来说：

在东部地区，产业转型升级对新型城镇化的影响系数为0.710且在1%水平上显著，新型城镇化对产业转型升级的影响系数为正但不显著，说明在东部地区，新型城镇化与产业转型升级只有单向的促进关系。其原因可能与东部地区较早进行融合环保、集约、绿色理念的新型城镇规划有关，新型城镇化是影响城市生态环境的首要因素，东部地区现阶段城镇化发展策略已由"外延式扩张"向"内聚式发展"转变，在这样的理念指导下，新型城镇化发展策略会促进低碳和新兴科技服务产业的发展，但是在短期会对工业尤其是排放污染较为严重的重工业产生一定的制约影响，在综合作用的效果下，东部地区新型城镇化对产业转型升级的影响并不显著。

在中部地区，新型城镇化与产业转型升级之间相互影响系数均显著为正。结果显示中部地区新型城镇化水平每提升1个百分点，产业转型升级水平就会提升1.661个百分点；产业转型升级水平每提升1个百分点，新型城镇化水平就会提升0.437个百分点，新型城镇化与产业转型升级存在非对称性的双向互动关系。

在西部地区，产业转型升级对新型城镇化的影响系数为0.557且显著为正，说明产业转型升级水平每提高1个百分点，西部地区新型城镇化水平就会提高0.557个百分点；而西部地区新型城镇化对产业转型升级的影响系数虽然为正但并不显著，其原因可能在于中国区域之间水平差异较大，由于西部地区在新型城镇化建设方面还相对比较滞后，无法有效吸引产业转移和形成产业集聚，因此未能对产业转型升级产生显著影响。

2. 时期差异性检验

党的十八大以来，中央明确提出实施以人的城镇化为核心、以提高城镇化质量为导向的新型城镇化战略。2013年召开的中央城镇化工作会议强调了推进以人为核心的城镇化。之后《国家新型城镇化规划（2014—2020年）》正式出台，这标志着中国城镇化发展模式的重大转型。笔者认为2014年新型城镇化战略的提出以及中国经济结构转型（经济步入新常态）可能会导致新型城镇化与产业转型升级互动关系在该时间点前后存在较大差异。因此，本章以2013年为时间节点，将样本分为2003～2013年和

2014~2018 年两个阶段，分析新型城镇化与产业转型升级之间互动关系所表现出的时期差异，检验结果如表 5-14 所示。从表 5-14 可以看出，2003~2013 年和 2014~2018 年两个阶段样本实证检验结果的核心解释变量新型城镇化与产业转型升级之间相互影响系数均显著为正，进一步证明了新型城镇化与产业转型升级之间双向互动关系的稳健性。同时，可以看出新型城镇化对产业转型升级的推动作用和产业转型升级对新型城镇化的支撑作用在 2013 年前后有减弱趋势（弹性系数均减小）。其可能的原因是：随着 2013 年中国经济进入新常态，经济发展方式从规模速度型粗放增长转向质量效率型集约增长，以往主要由投资驱动的城镇化和产业升级均有所放缓。虽然新型城镇化与产业转型升级之间相互影响系数有所减小，但是其互动作用的非对称性有所下降。

表 5-14　时期差异性检验

	变量	OLS	2SLS	3SLS	3SLS~r
（1）2003~2013 年时期样本	ln*Ind_Up*				
	ln*New_urban*	1.497*** (31.20)	2.340*** (7.86)	2.340*** (7.91)	2.340*** (7.91)
	ln*New_urban*				
	ln*Ind_Up*	0.543*** (36.80)	0.640*** (20.96)	0.640*** (21.09)	0.640*** (21.09)
（2）2014~2018 年时期样本	ln*Ind_Up*				
	ln*New_urban*	1.199*** (13.21)	1.638*** (12.61)	1.638*** (12.78)	1.638*** (12.78)
	ln*New_urban*				
	ln*Ind_Up*	0.226*** (6.31)	0.206*** (3.74)	0.206*** (3.79)	0.206*** (3.79)

注：括号内数字为相应的标准差，***表示在1%的显著性水平上显著。

三、主要结论和政策启示

本书的第二章对产业转型升级与新型城镇化的互动关系进行了机理分析，本章在相关理论分析基础上，通过构建面板数据联立方程模型实证检验了新型城镇化与产业转型升级的互动关系，并对这种互动关系进行了区域和时期差异探讨。研究结果表明：其一，新型城镇化与产业转型升级之间存在双向联动关系，且产业转型升级对新型城镇化的影响程度大于新型城镇化对产业转型升级的作用程度；其二，劳动力转移和集聚是新型城镇化对产业转型升级的影响渠道，产业转移和集聚是产业转型升级对新型城镇化的影响渠道，新型城镇化与产业转型升级在劳动力流动和集聚、产业转移和集聚的路径下形成循环互动的系统回路；其三，中国各地区发展差异显著，以全国样本来估计新型城镇化与产业转型升级之间的联动关系存在一定的偏差，分区域估计发现新型城镇化与产业转型升级之间的联动关系存在着显著的区域差异，中部地区新型城镇化与产业转型升级之间存在着显著的双向联动关系，而东部地区和西部地区新型城镇化对产业转型升级的影响不显著；其四，以2013年为时间节点，将样本分为2003~2013年和2014~2018年两个阶段，实证检验结果的核心解释变量新型城镇化与产业转型升级之间相互影响系数均显著为正，但新型城镇化对产业转型升级的推动作用和产业转型升级对新型城镇化的支撑作用在2013年后有减弱趋势。

研究结果表明，理论与经验分析和中国客观事实相符合，也进一步验证了新型城镇化与产业转型升级之间的相互促进、共同发展的互动关系。但是，新型城镇化对产业转型升级的推动作用要弱于产业转型升级对新型城镇化的支撑作用，两者的互动作用呈现非对称特征。改革开放以来，中国实施传统内涵上的规模扩张型城镇化，高速发展的城镇化进程为中国经济高速发展和产业转型升级奠定了要素基础，但此时的城镇化是简单的城镇化，城镇化的产业支撑力尚不充分。为更好地实现产业转型升级和新型城镇化的互动发展，需要充分利用新型城镇化与产业转型升级的互动发展机制，制定切实可行的政策，实现新型城镇化和产业转型升级新的发展。基于以上研究，笔者提出以下政策建议：

（一）因地制宜地探索新型城镇化发展策略和路径

城镇是产业发展和产业集聚的重要空间载体，因此，新型城镇化的推进对实现产业转型升级至关重要，不能对不符合理念的产业简单地实行"一刀切"政策，也不能无所作为，要因地制宜地做好科学规划和积极引导，聚集有效资源，为实现新型城镇化和产业转型升级的良性互动奠定基础。新型城镇化的推进过程必然会引致人们生活方式、思想观念以及行为方式的深刻变革，为此，必然要求打破传统的体制机制的束缚和限制。同时，中国各区域经济运行状态和要素禀赋差异很大，如果推行统一的新型城镇化发展策略显然与实际状况不符，因此，要根据不同地区、不同时期的实际经济和社会运行情况，采取有差异和针对性的新型城镇化发展策略。西部地区应加快新型城镇化的推进步伐，优化区域产业空间载体的作用，努力打破"低水平集聚中心"的桎梏，加强与区域交流与合作，吸收和接纳优秀的产业发展成果，探寻符合区域实际社会经济发展情况的新型城镇化发展策略，从而实现进一步的经济发展和产业转型升级。

另外，要鼓励差异化的新型城镇化发展路径，要坚持城乡统筹和区域统筹，合理布局，避免"千城一面""千村一面"同质化的城镇建设。因地制宜且差异化的城镇发展策略有利于推动符合地方特点的产业转型升级，如针对部分城市产业基础薄弱、工业发展配套设施和服务缺乏等问题，如果依旧执着于追求城市规模和空间的扩张，显然不利于地区经济特色的发挥和城镇化质量的提高。应围绕"人"和"物"的需求，强调基础设施和服务业匹配等城市功能的提升，部分城市甚至可以基于自身条件特点超前推进发展以第三产业为核心的城市功能建设。

（二）推动新型城镇化与产业转型升级协同发展

地方在实现产业转型升级和新型城镇化的发展进程中，存在着"先产后城"或"先城后产"两种截然相反的偏向型路径（丛海彬等，2017a）。经济的健康平稳运行要求产业转型升级和新型城镇化的发展步调协同一致，才能发挥出两者之间产城联动的"协同效应"。产业发展和升级为新型城镇化提供了经济支撑和发展动力，而新型城镇化则为产业发展和升级提供了空间依托和功能服务。地方在实现产业转型升级和新型城镇化的发展进程中，地区差异和不同的发展路径所产生的结果必然会有所差异。从以往的实践经验来看，如果是"先产后城"路径，即产业转型升级速度大于新型城镇化的发展速度，会因城市配套设施和服务的滞后而出现交通堵塞、人口拥挤、资源匮乏和污染等问题。而如果是"先城后产"的路径，即新型城镇化的速度快于产业转型升级的速度，则会出现产业支撑不足的情况，没有足够多的就业岗位会造成城镇中大量无业人员的存在，超过城镇的承载能力，必然不利于社会的稳定，也会出现类似"鬼城"等一系列社会问题，使整个经济社会运行陷入混乱状态。

同时，要注重新型城镇化和产业转型升级的质量，不能一味强调速度。在制定新型城镇化发展策略时，要转变发展思路和发展理念，逐步从注重"量"的增长转变为注重"质"的提升，既要重点强调发展的可行性和有效性，也要与地方要素禀赋和产业基础相契合。推进新型城镇化发展，要着重强调以人为本，必须着力解决城市建设中的不和谐因素，例如人口拥挤、交通堵塞、房价泡沫、就业困难、环境污染等现实问题，要着力提高城市功能的建设和管理水平，提升新型城镇化建设水平，要在产业支撑、宜居环境、公共产品等方面真正实现农业转移人口从"乡"往"城"的根本转化，确保农业转移人口"进得了城"，也"留得住城"，实现真正的市民化。同时，产业转型升级也要注重从"粗放型"方式向"集约型"方式转变，从中国的发展实践和要素禀赋来看，劳动密集型产业仍是中国产业的主体，中国制造业目前尚处于全球价值链的中端、低端，关键核心技术对外依存度偏高，以企业为主体的技术创新体系不完善，产业转型升级的内在创新驱动能力还亟待提升，要以技术创新带动产业结构的高级化和合理化发展，避免片面强调经济效益所带来的负面影响。新型城镇化的推动进程要与产业转型升级相协调，从而实现协同发展与相互促进。

第六章

人力资本投资与农业转移
人口收入提升

改革开放以来，中国常住人口城镇化率增速明显，《第七次全国人口普查公报》数据显示，2020 年城镇常住人口占比达到 63.89%，而户籍城镇化率仅为 45.40%，落后常住人口城镇化率 18.49 个百分点。未获得城镇户口的农业转移人口实现了职业转换和空间转移，但受市民化进程缓慢和自身市民化能力较低影响，并未实现身份的转换，由此成为城市的低收入群体。而农业转移人口市民化能力和收入水平的提高有赖于其人力资本水平的提升。因此，考察当前农业转移人口人力资本存量和收入的状况，探究人力资本投资影响收入的途径，不仅有利于加快农业转移人口市民化进程，也是推动新型城镇化和产业转型升级良性互动发展的重要抓手[①]。

第一节
问题提出与文献综述

"十四五"时期继续推进以人为核心的新型城镇化是构建"双循环"新发展格局的重要任务，也是实现"产城融合"与"功能融合"的关键抓手。作为新型城镇化推进的首要任务，加快农业转移人口市民化进程有利于更好地实现城市产业升级与人口城镇化的良性互动。党的十九大、十九届五中全会和"十四五"规划均强调了要加快推进农业转移人口市民化进程，逐步缩小农业转移人口与城市户籍人口在就业、医疗和子女教育等方面的差距。当前，中国市民化程度仍处于较低水平，农业转移人口不能享受与城市居民同等的待遇，突出表现为户籍城镇化率的滞后和转移人口收入增长缓慢。从图 6-1 和图 6-2 可知，户籍人口城镇化率与常住人口城镇化率的差值长期保持在 16 个百分点以上，与之相关联的是农业转移人口与城镇户籍居民间的收入差距没有缩小反而出现扩大化趋势。利用 CFPS、CGSS 和 CMDS 等问卷数据对非农就业中城市户籍人口与农业转移人口的

---

① 本章主体内容曾发表于：袁冬梅，金京，魏后凯. 人力资本积累如何提高农业转移人口的收入？——基于农业转移人口收入相对剥夺的视角［J］. 中国软科学，2021（11）：45-56.

人均年收入进行粗略的比较①，发现该比值在 2012～2017 年处于高位徘徊的状态，2017～2018 年则出现一定程度的上升，2018 年该比值达到了 2.43（见图 6-2）。据历年《农民工监测调查报告》的数据测算，2011～2019 年农业转移人口的非农就业收入增速也趋于下降，从 21.24% 下降到 6.48%。缩小农业转移人口与城市户籍人口的收入差距是缩小城乡整体收入差距、推动市民化进程和城市高质量发展的关键与核心内容。随着城镇化率的提

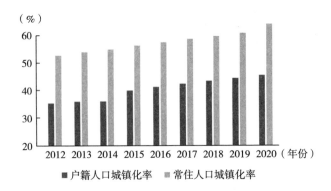

图 6-1　2012～2020 年户籍人口城镇化率与常住人口城镇化率变化趋势

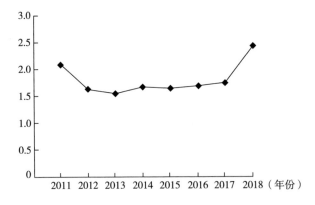

图 6-2　2011～2018 年农业转移人口与城市户籍人口人均年收入比值

① 本章使用 CFPS、CGSS 和 CMDS 三个数据库的问卷数据，首先选择样本类型为"居委会"或者"城市"，其次按照户籍类型区分城市户籍人口和农业转移人口，将两类群体的个体年收入分别加总并除以总人数以获得人均年收入，最后将两类群体的人均年收入相除得到城市户籍人口与农业转移人口收入的比值，因考察的是比值，故不再按照每年价格水平进行调整。

高和中小城市产业专业化水平的提升，更多的农业剩余劳动力将向大城市和城市群迁移（袁冬梅等，2019），而提高农业转移人口的收入和社会生活状况，使其更好地融入城市，避免形成城市新的二元结构，关系到中国"两步走"战略的顺利实施。

如何促进农业转移人口收入提升？内生增长理论指出人力资本投资是促进经济增长和收入增加的关键因素。然而改革开放40多年来，中国农业剩余劳动力大规模进城务工后其人力资本投资不足的窘况并没有明显改善。《2018年农民工监测调查报告》显示，2014~2018年农民工人数增长了1441万人，2018年农民工就业人数占总就业人数的37.1%，但其中72.5%的农民工学历在高中以下。《中国人力资本报告2020》显示，以1985年为基期，1985~2018年全国城镇人均人力资本存量一直高于农村，1999~2017年城镇人力资本总量增长率约为11.83%，农村人力资本总量增长率则约为3.84%，后者不到前者的一半。导致农民工人力资本投资不足的原因主要在于长期的城乡二元经济结构的影响和改革开放前延续下来的一些政策性制度性约束未完全消除。从20世纪中期开始实行的城乡二元经济结构使农村居民与城市居民在教育、医疗与就业等方面出现差异（赵人伟、李实，1997；陆铭、陈钊，2004）。

加大对农业转移人口的人力资本投资、改善其人力资本投资不足的状况，有利于发挥农业转移人口的增收潜能，促进其收入增长，这也是提高农业转移人口个体市民化能力的有效途径（王孝莹、王目文，2020）。人力资本投资与积累对提高农业转移人口收入和城市归属感的作用日益受到重视。不少文献从受教育程度等角度探讨了人力资本与个体收入的关系。就农业转移人口的教育状况和其改善收入的作用来看，Knight和Song（1999）基于国家统计局和中国社会科学院的调查结果，研究发现教育有助于农业转移人口获得非农就业机会进而缓解收入不平等。方超和黄斌（2020）研究发现学历教育与职业教育能够帮助农业转移人口融入城市和强化社会关系网络，进而提高市民化能力并增加非农就业收入。史新杰等（2021）研究发现基础教育和职业培训能够提高农民工的收入，并且相较于基础教育，职业培训对农民工外出收入产生了更大的正向作用。但教育的作用还受制于其他因素的影响，过去较长一段时期内城市偏向型的教育经费投入导致了城乡受教育机会的不平等，其中义务教育投入的不平等是导致城乡家庭收入差距的主要原因。罗良文和茹雪（2019）研究发现，尽管教育水平的提高能够带来收入的增长，但机会不平等的存在对收入差距的解释程度要超过个体的努力水平。马红旗等（2017）指出公共部门的教育投资存在城镇倾向性，教育城乡差距长期强化了城乡的技能分布格局，最终扩大了城乡收入差距。

工作经验与职业技能也是衡量个体人力资本积累的常用指标，众多研究认为丰富的工作经验和职业技能的提升有利于劳动者提高就业能力，增加对就业岗位和流动距离的选择权从而增加收入。刘万霞（2013）研究认为职业教育与技能培训能够稳定农民工就业、提高工作效率和城市归属感。屈小博（2013）基于农民工监测调查数据研究发现，接受过非农技能培训的农民工净收益可提高 8.24%，而且在职培训对新生代农民工增加收入的作用尤为显著。吕炜等（2019）指出由于职业分布固化和户籍歧视的存在，单纯通过延长农业转移人口迁移时间和非农工作经验难以缩小农民工与城镇居民的工资差距。但邵敏和武鹏（2019）的研究证明了非稳定就业不利于农民工提升自身工作技能进而提升收入水平，因而大力推进社会性职业培训，有利于提高农民工就业的稳定性和薪酬议价能力。健康人力资本被认为有助于劳动力接受教育和提升技能水平，是保持稳定、持续、高质量的劳动供给的重要条件。良好的健康状况对于提高农村居民劳动生产力和非农就业率、获取非农就业收入具有显著的正向影响。李谷成等（2006）针对 1983~2003 年湖北省农村数据研究发现，在影响农民收入波动的因素中，教育与健康因素的系数值达到 0.36。程名望等（2016）基于 2003~2010 年全国农村固定观察点数据，发现健康对实现农村减贫的作用比教育更明显，较差的健康状况将减少农村居民获得高收入的可能性。

从上述文献来看，加大人力资本投资是促进农业转移人口收入提升的主要途径。但现有的研究文献多是基于受教育程度或技能培训等单一视角研究人力资本投资改善农民或农民工收入的作用，没有拓展人力资本的内涵并利用多维的指标进行系统研究。在衡量城乡收入差距时多以常住地来区分，忽视了农业转移人口户籍在农村、就业在城市的特殊性，当城乡收入差距扩大时，农业转移人口反而可能被作为收入上升的城市群体对待。因此，现有文献从城乡收入差距或教育的不平等视角评价人力资本投资可能发挥的作用存在不够合理之处，同时也忽视了在推进市民化进程中加大人力资本投资对于增强农业转移人口的就业稳定性和城市身份认同的作用。

因此，本章在以下方面对现有研究进行拓展：第一，将农业转移人口与城市户籍人口的收入进行比较，使用客观相对收入指数衡量农业转移人口的相对收入差距，深入探讨人力资本积累提高农业转移人口收入的途径；第二，构建人力资本投资影响农业转移人口相对收入的分析框架，将人力资本投资分解为受教育程度、工作经验、技能培训、自评健康水平和体质指数五个指标，综合考察人力资本投资对农业转移人口收入的影响；第三，基于提高转移人口市民化能力的角度，不仅考察人力资本投资对个体收入的直接影响，还分析就业稳定性和主观阶层认同在人力资本投资与个体相对收入提升中的中介作用。

第二节
理论分析与假设提出

一、人力资本的内涵

人力资本的内涵是随着人力资本理论的形成和发展而不断深化和丰富的。17 世纪 60~90 年代，古典经济学家威廉·配第（William Petty）第一次提出人本身也可以被视为资本，人和物质资本同等重要。他认为人口实力对一国经济发展和财富积累有积极的作用，并尝试计算人作为资本的价值。之后，亚当·斯密第一次明确了人力资本的概念，认为工人的技能差别是后天形成的，这种技能的提高能够增加国民财富，并且形成高低技能工人间的工资差异。19 世纪，萨伊、穆勒、麦克库洛赫、西尼尔、杜能、李斯特等学者对人力资本的概念有了新的认识，认为人是累计投资的结果，人的教育和技能是资本，并且这种资本产生了收入分配差异，李斯特也指出人的"技能和能力是一个国家资本中最重要的组成部分"。

从 19 世纪 70~80 年代开始，学者们一方面采用更加精确的算法来计量人力资本价值，另一方面扩展对人力资本作用的研究。尼科尔森强调人获得的技能可以作为资本，这种资本对提高劳动力生产率意义重大；马歇尔和瓦尔拉斯注重研究教育的作用，认为教育是一项重要的人力资本投资，劳动者接受教育增加技能和本领的过程就是人力资本投资的过程，能够提高劳动力生产效率；费雪则认为劳动力可以看作是资本，而劳动力的健康同样也是资本的一种表现形式，是一国的宝贵财富。20世纪中期，明塞尔在博士论文中正式将人力资本的概念引入收入分配的研究中，随后舒尔茨正式提出人力资本理论，明确了人力资本对经济增长的重要性，并构造了人力资本理论的框架。在此基础上，贝克尔从微观的视角研究人力资本投资，建立了一般性的理论分析框架。至此，人力资本的概念逐渐明确，内涵日益丰富。其中，舒尔茨和贝克尔对人力资本概念进行了较为准确的定义。舒尔茨（Schultz，1961）认为人力资本是指劳动者在接受教育、进行在职培训、维持健康、进行迁移等方面花费的支出而获得的知识和经验的积累。贝克尔（Becker，1994）认为人力资本是指个体所具备的、从学校正规教育和教育以外的"干中学"过程（Learning by Doing）中获得的一种能力。

国内外研究多将教育作为衡量人力资本的方式（李海峥等，2010；Joga and Gavrilă，2021；方森辉、毛其淋，2021）。也有学者指出人力资本应当包括劳动者的文化水平和技能水平（王建，2017；樊茜等，2018）。Wang等（2019）以中国乡城流动人口为研究对象，指出对农业转移人口进行培训能够增长他们的人力资本存量。有研究从健康角度丰富了人力资本的内涵，李钢和秦宇（2020）基于联合国开发计划署（UNDP）历年的《人类发展报告》从生存权利和长远发展角度指出衡量人力资本的两个基本指标应当是教育与健康；类似地，杨耀武和张平（2021）在测度经济发展质量时将人力资本指标定义为个体的身体状况和受教育情况，并将其进一步细化为预期寿命、学龄儿童入学率、平均受教育年限等。

综合国内外相关研究，人力资本的概念可界定为一种以人为载体，通过接受教育和培训、积累工作经验、提高健康水平而获得的综合能力，这种能力有助于劳动者提高劳动生产率和劳动收入，并促进社会的创新和经济增长。经典的收入函数表明，收入的增长主要依靠以教育和工作经验为代表的人力资本投资。基于此，本章将人力资本投资分解为受教育程度、工作经验、技能培训与健康水平四个方面，综合分析人力资本投资对收入增长的影响。

二、人力资本投资影响农业转移人口收入的途径

（一）受教育程度的非线性作用

学历教育能够提高农业转移人口的知识积累和认知能力，从而提高劳动生产率和工资报酬，并通过"结构效应"和"工资压缩效应"影响收入分配。传统人力资本理论揭示了人力资本存量与劳动生产率及个体收入间存在正相关关系，学历教育是提升人力资本存量的最主要途径。当前受教育程度较低与教育投入不足是掣肘农业转移人口收入的重要因素，提高低学历群体的教育投入所产生的收入回报边际效应要高于城市户籍人口，即教育扩展具有收入效应，但这种效应并非线性的。Knight 和 Sabot（1983）的研究发现二元经济结构中教育的"结构效应"和"工资压缩效应"使其对收入分配有复杂影响。"结构效应"是指高等教育的普及扩大了高素质劳动力比重，高素质劳动力的工资回报率相对更高，从而比重的增加将扩大收入的不平等；"工资压缩效应"是指高学历劳动力相对过剩人口的存在和边际报酬递减效应将不断降低高学历人群未来的教育收益率，从而改善了收入分配不平等状况。赖德胜（1997）研究发现教育的供给严重滞后导致在教育扩展初期对收入不平等产生扩大效应，教育的供求失衡状况减轻后则会形成抑制效应，这种扩大和抑制作用将导致教育供给与收入不平等之间呈现出一种倒"U"形关系。从中国较长一段时期的教育供给来看，由于基础教育财政分权体制的约束，农业转移人口难以获得与流入地城市居民同等的教育资源，教育不平等和"结构效应"的存在，即使无偏性的教育扩展也难以缩小收入差距。从国外的经验来看，在经济发展的后期阶段，个体受教育机会的增加以及平均受教育水平的提高才能降低收入不平等的程度。因此，只有将教育资源向农业转移人口倾斜以提高其受教育平均水平和教育回报率，抑制教育的"结构效应"，才有利于缩小因教育投入不平等产生的收入差距。总体来看，现阶段加大对农业转移人口的教育投入、增加个体受教育的机会才能抑制教育的"结构效应"，从更长时期来看，教育缩小非农就业收入差距的作用是正向的。

（二）工作经验的非线性作用与技能培训的正向作用

工作经验积累和职业技能培训产生技能工资溢价效应从而影响农业转移人口收入。技能工资溢价是指高技能劳动工资和低技能劳动工资的比率。因为高技能劳动力能适应城市产业结构的调整而获得更高的工资溢价，因而这个比率越高说明职业技能提升产生的收入效应越明显。工作经验积累转化为工作技能提升的过程离不开"干中学"作用，Lucas（1988）认为"干中学"让个体在实践中不断总结经验以提高劳动生产率，从而提升就业技能并获得更高的技能工资。但明塞尔收入函数指出，工作经验对收入水平的影响存在生命周期效应，即收入随着工作经验的不断丰富呈现先增后减的变化趋势。要想改变这种变化趋势，除了"干中学"外，参加在职培训是重要途径。由于平均受教育程度较低，农业转移人口参加职业技能培训是提高专业技术水平较为便利且可行的方式。技能培训能够提高劳动者工作效率和就业能力、增加劳动者对就业区位和流动距离的选择权从而增加收入。因此，工作经验积累和职业技能培训一方面通过提高农业转移人口就业技能和工作效率产生直接的技能工资溢价效应，另一方面通过提高农业转移人口职业选择权和就业稳定性，为收入持续稳定增长提供保障。

（三）健康水平的正向作用

劳动者健康的体魄既是促进个体人力资本积累的基础，也是衡量一国人力资本水平的重要指标。Grossman（1972）推动了人力资本模型在健康领域的应用，奠定了健康经济学的基础。Fogel（1997）在传统人力资本理论的基础上证实了健康水平的提升对经济增长具有正向作用。良好的健康状况能够提高劳动者的认知能力和身体素质，增加劳动者接受教育和参与社会生产的可能，同时降低了农村家庭的医疗支出，优化了家庭收入在生活支出上的分配，使农业转移人口有能力增加人力资本投资，从而推动职业代际的向上流动。

具体而言，首先，健康的体魄直接强化了个人和家庭的劳动生产力，有利于农业转移人口参与社会生产、满足企业的雇佣需求，提高非农就业收入并缩小与城市居民的收入差距。其次，健康与寿命息息相关，预期寿命更长的个体更有动力在生产阶段进行储蓄，为自身和子女的人力资本进行投资，降低了贫困代际传递的可能性；不仅如此，预期寿命长也意味着死亡率持续下降，提高人口平均年龄的同时降低了女性大量生育的必要性，进一步降低人口增长率和提高人口平均年龄，并对女性参与社会生产起到激励作用，减弱了就业市场上的性别差异。人口结构的变化提高了适龄就业人群的比重、优化了就业结构。从中国农业转移人口的统计数据来看，女性劳动力得到了进一步的解放，有配偶的农业转移人口比重逐步提高，有利于农民工家庭迁徙，为实现收入增长和对下一代的人力资本投资提供了支撑力量。

（四）就业稳定性与社会身份认同的中介作用

就业稳定性与社会身份认同也是衡量市民化程度的重要指标，人力资本积累有助于农业转移人口从事非农岗位并获得稳定的劳动关系以及社会身份认同，从而提高收入水平，具体的影响路径为：

1. 就业稳定性的中介作用

在有关人力资本投资对劳动力就业稳定性影响的研究中，一般认为劳资双方在职业技能匹配和收入意向上达成一致时，当下的雇佣状态得以继续维持，即认为劳动者就业稳定；反之，因人力资本偏低而不能胜任工作岗位的劳动者将会面临超时工作或者解雇，存在被动转换工作的可能即就业不稳定（Mortensen，2011）。农业转移人口初次进入的行业多为中低端，这一类行业就业稳定性差、就业环境恶劣、工资水平低。而劳动者通过提高教育和技能水平能够逐步改善自己在劳动力市场上的表现，学历和技能证明能够提高企业的雇佣意愿（张世伟、林书宇，2021），劳动者因此可实现就业层次的向上流动并进入就业稳定性高的行业，达到城市社会融入和收入水平提高的目的。在城市务工积累的经验也有助于农业转移人口建立城市关系网络、提高城市融入度、缓解就业压力和增强就业信心。提升健康权益的可获得性有利于改善农业转移人口的就业环境，优化劳动资源分配（邓睿，2019）。以上举措有利于农业转移人口在城市劳动力市场竞争中获得相对优势以进入更稳定行业，从而实现职业阶层的向上流动并获得更高的工资收入。而劳动者频繁转换工作会降低雇主对其养老保险缴纳和签订长期或固定劳动合同的意愿，不利于收入增长（明娟、王明亮，2015）。

2. 社会身份认同的中介作用

人力资本投资是促进农业转移人口职业和社会地位向上流动、获得主观社会身份认同的重要渠道。Lucas（2001）的 EMI 理论指出，优质教育对人们获得较好的社会经济地位至关重要。具体来看，受教育程度的提高不仅能提高受教育者自身的社会经济地位，还能通过代际传递影响子代的人力资本和社会身份认同度，实现收入的增加；教育使农业转移人口更有可能实现高职业层级跨越。目前农业转移人口总体上表现出专业技能水平低、在劳动力市场上工资议价能力弱、缺乏职业规划和职业技能培训等特点，导致该群体主要在收入水平低、就业保障不足、员工流动频率高的行业就业。提高就业技能水平和健康状况也有利于农业转移人口摆脱职业代际固化、进入高收入行业，获得更高的社会身份认同并改善社会收入分配状况。

基于上述分析，笔者总结了人力资本各变量作用于收入的机理，如图6-3所示：

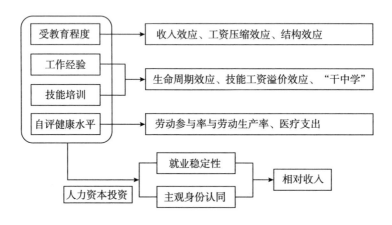

图6-3 人力资本投资影响农业转移人口相对收入的作用机理

笔者依据以上作用机理提出以下假设：

假设1：提高受教育水平对缩小农业转移人口与城市户籍居民的收入差距呈现先扩大后缩小的变化趋势。

假设2：积累工作经验对缩小农业转移人口与城市户籍居民的收入差距呈现先缩小后扩大的趋势，而提高技能水平始终有助于农业转移人口提升收入水平和增强就业的稳定性。

假设3：提高农业转移人口的健康水平有利于提高劳动生产率和适龄劳动力占比，降低贫困代际传递的可能性，对实现相对收入增长和促进收入分配均衡始终保持正向作用。

假设4：人力资本积累有利于提升农业转移人口的就业稳定性和社会

身份认同，并因此促进收入增长。

第三节
模型构建和变量设定

依据前文的理论分析和研究假设，本节借鉴明塞尔（Mincer，1974）收入函数及 Knight 和 Sabot（1983）的理论，将人力资本指标分解衡量并进行实证检验。如前文所述，人力资本投资从受教育程度、工作经验、技能培训和自评健康水平四个方面作用于农业转移人口市民化能力提升和收入提升。由于受教育程度和工作经验的激励效应和边际回报并非线性的，故本节在综合考察人力资本投资各指标影响的基础上，将重点分析受教育程度和工作经验对提升农业转移人口相对收入的非线性作用。

一、模型的构建

依据前文的分析，本节改进明塞尔收入函数，从受教育程度、工作经验、技能培训与自评健康水平四个分解指标考察人力资本投资提高相对收入的作用，构建如下模型：

$$KIDI_i = \beta_0 + \beta_1 Edu_i + \beta_2 Edu_i^2 + \beta_3 Exp_i + \beta_4 Exp_i^2 + \beta_5 Tra_i + \beta_6 Hea_i + \beta_7 Bmi_i + \beta_j$$
$$Control_i + \varepsilon_i \qquad (6-1)$$

其中，被解释变量 $KIDI$ 为相对收入差距指数，i 为不同的个体；核心解释变量中，Edu 为受教育程度，Exp 为工作经验年数，Tra 为技能培训，Hea 为自评健康水平，Bmi 为体质指数；$Control$ 是除人力资本积累以外的其他变量，β_0 为截距项、$\beta_1 \sim \beta_7$ 是核心解释变量的变动系数、β_j 为其他变量的变动系数，ε_i 为误差项。

二、主要变量的估算方法

1. 被解释变量：相对收入差距指数

基尼系数和泰尔指数是衡量收入不平等程度的常用指标，但有研究认为基尼系数的测算不满足转移敏感性公理，而泰尔指数的测算结果易受到不同组别人口比例的影响（王祖祥，2006）。基于个体收入排序分析的目的，Runciman（1966）、Yitzhaki（1979）、Sen（1973）等学者提出了相对剥夺（Relative Deprivation）的概念。Yitzhaki（1979）指出将所比较的个体放在一个参照组内，通过将目标对象与参照组内收入更高的个体进行比较能够测算出目标对象的相对收入。Kakwani（1984）进一步优化了指数的计算，将观察样本 X 中的每个样本按收入升序排列得到样本集合 $X = X（x_1，x_2，x_3，\cdots，x_n）$，再利用以下公式测算收入不平等程度：

$$KIDI(x,x_i) = \frac{1}{n \times \mu_x} \sum_{j=i+1}^{n} (x_j - x_i) = \gamma_{x_i}^{+} \left[\frac{\mu_{x_i}^{+} - x_i}{\mu_x} \right] \qquad (6-2)$$

其中，$KIDI（x，x_i）$ 为样本个体 x_i 相对收入差距指数，μ_x 为总样本中的人均收入，$\gamma_{x_i}^{+}$ 为集合中收入超过 x_i 的样本所占的比重，以百分比的形式出现，$\mu_{x_i}^{+}$ 为 X 集合中收入超过 x_i 的样本收入的均值。这一数值将在 0~1 范围内，数值越接近 1，则说明该样本相对收入越低。

2. 被解释变量：人力资本投资

此处利用中国综合社会调查（CGSS）的微观调查数据，从受教育程度、工作经验、技能培训、自评健康水平和体质指数等角度全方位衡量农业转移人口人力资本投资。具体衡量方法如下：

受教育程度（Edu）：以接受的最高教育程度来衡量，受教育年限设为：未上过学为 0 年，私塾/扫盲班为 1 年，小学为 6 年，初中为 9 年，中专、职业高中和普通高中为 12 年，大学专科为 15 年，大学本科为 16 年，研究生及以上为 19 年，若未毕业则减去 1 年。

工作经验（Exp）：令工作经验=年龄-受教育年限-7，当样本的受教育程度在高中及以下时，设定工作经验=调查时的当年年龄-18。

技能培训（Tra）：由于农业转移人口个体的技能培训数据很难获得，该指标以问卷调查中"在空闲时间进行学习充电的频率"来衡量，并取"经常"和"非常频繁"=1，其余取 0。

自评健康水平（Hea）：该指标反映了个体对自身健康的主观评价，以问卷调查中"您觉得您目前的身体健康状况"的结果来度量，取"比较健康"和"很健康"=1，其余取 0。

体质指数（Bmi）：该指标反映个体的客观健康水平，由体重（千克）/身高的平方（米）得到，并按照国际通行标准，将样本中小于18.4或者大于23.9的BMI指数定义为"体质指标超限"，取值为1，样本的指数不在该范围内则认为"体质指标未超限"，数值取0。

3. 控制变量的选择及定义

考虑到除人力资本因素以外，个人因素的政治面貌（Pol）、宗教信仰（Fai）和性别（Gen），家庭因素的婚姻状况（Mar）、住房产权（Hou）等均会影响到相对收入差距指数，故本节对上述变量进行控制。

政治面貌（Pol）：令样本中的政治面貌为"中共党员""中共预备党员"取1，其余取0；宗教信仰（Fai）：令"无宗教信仰" =1，其余取0；性别（Gen）：令"男性" =1，"女性" =0；婚姻状况（Mar）：在"您目前的婚姻状况"选项下，"已婚""离异""配偶离世"等有过配偶的情况下取1，其余取0；住房产权（Hou）：通过"目前这套住宅的产权是否属于自己"进行衡量，是则取值为1，否则取值为0。

4. 中介变量的选择及定义

就业稳定性（$Emst$）：由于就业稳定性及其对人力资本积累的作用较难通过模型考察，由问卷调查中"是否签订合同"来衡量，签订则取1，否则取0。

社会身份认同（$Stat$）：借鉴解雨巷和解垩（2019）的方法，将自我主观身份评估中1~10分按每两分一级合并为5个等级，从低到高分别赋值为1~5。

三、数据来源与描述性分析

本节的数据来源于中国综合社会调查（CGSS）2012年、2013年、2015年和2017年的微观调查数据，四年样本期内有效问卷量分别为11776份、11439份、10968份和12583份。为获得足够的样本量，首先借鉴毛宇飞和曾湘泉（2017）、杨金龙（2018）的方法将2012年、2013年、2015年和2017年数据合并；其次选择样本类型为在城市从业6个月及以上且年龄在18~65岁以内的人群，即不考虑户籍因素，包含农业转移人口与城市户籍人口的样本；最后剔除在各项目下选择"不知道""不适用""拒绝回答"的问卷，得到有效问卷16631份。最终得到的有效问卷占总问卷数目的35.56%，其中城市户籍居民样本10783份，农业转移人口样本 5848 份，占比为 35.16%。基于有效样本分析得到农业转移人口的受教育程度、工作经验、技能培训和自评健康水平等指标，各指标变量的描述性统计如表 6-1 所示。

表 6-1　变量的描述性统计

	指标名称	变量说明	最大值	最小值	均值
相对收入	KIDI	相对收入差距指数	0.9999	0.0001	0.5437
人力资本投资变量	Edu	受教育程度	19	0	10.67
	Exp	工作经验	47	0	21.39
	Tra	技能培训	1	0	0.36
	Hea	自评健康水平	1	0	0.78
	Bmi	体质指数	1	0	0.51
控制变量　个人因素	Pol	政治面貌	1	0	0.05
	Fai	宗教信仰	1	0	0.88
	Gen	性别	1	0	0.54
家庭因素	Mar	婚姻状况	1	0	0.85
	Hou	住房产权	1	0	0.35
中介因子	Emst	合同签订	1	0	0.31
	Stat	社会身份认同	5	1	2.19

第四节
实证检验和结果分析

一、基准回归

基于前文构建的模型，本节以农业转移人口相对收入差距指数作为被解释变量，运用 OLS 回归方法对人力资本投资与农业转移人口相对收入的关系进行逐步回归，回归结果如表 6-2 所示。

表 6-2 人力资本积累影响农业转移人口相对收入的逐步回归

解释变量	(1) KIDI	(2) KIDI	(3) KIDI
Edu	0.0235 *** (0.0031)	0.0243 *** (0.0029)	0.0245 *** (0.0029)
Edu^2	−0.001 *** (0.000156)	−0.001 *** (0.000151)	−0.001 *** (0.0002)
Exp	−0.005 *** (0.0009)	−0.0049 *** (0.00092)	−0.0042 *** (0.00098)
Exp^2	0.00017 *** (1.98e−05)	0.00017 *** (1.93e−05)	0.00016 *** (2.02e−05)
Tra	−0.051 *** (0.0067)	−0.047 *** (0.0065)	−0.050 *** (0.0065)
Hea	−0.0723 *** (0.0074)	−0.0658 *** (0.0073)	−0.0664 *** (0.0073)
Bmi	0.0558 *** (0.006)	0.0465 *** (0.0058)	0.0460 *** (0.0059)
个人因素	不控制	控制	控制
家庭因素	不控制	不控制	控制
Constant	0.611 *** (0.0172)	0.658 *** (0.0184)	0.675 *** (0.0193)
Observations	5848	5848	5848
R-squared	0.147	0.195	0.196

注：表中列（1）为不考虑个人因素和家庭因素，列（2）为仅考虑个人因素，列（3）为考虑个人因素和家庭因素；***表示在1%的显著性水平上显著，括号内为标准误。

表 6-2 的回归结果表明，人力资本的核心变量始终在1%水平上保持显著，且控制变量的增加并不影响核心变量的显著性，但作用效果各有差异。具体来看，受教育程度（Edu）对农业转移人口相对收入差距指数的影响呈现倒"U"形变动，拐点值为12.25年，位于高中毕业阶段。由此说明农业转移人口受教育年限达到12.25年后继续接受教育才有助于降低相对收入差距指数，证实了假设1的可靠性。表 6-1 显示农业转移人口的平均受教育程度为10.67年，处于完成义务教育、尚未开始接受高中教育以达到促使收入增加、降低相对收入差距指数的拐点值，整体上教育"结

构效应"超过"工资压缩效应",表明当前受教育程度尚未发挥缩小收入差距的作用。因此只有将教育资源更多地向农业转移人口倾斜,加大力度提升其整体教育层次和人均受教育程度,帮助更多的人完成高中教育或者达到技术学校以上学历教育,才能使教育与收入的关系越过拐点,从而获得更高的教育回报和更高的工资待遇。

工作经验和技能培训对相对收入差距指数的回归结果证实了假设 2 (见表 6-2)。工作经验(Exp)的积累与相对收入差距指数之间存在"U"形变动关系,拐点值为 13.13 年,意味着一个人如果 22 岁大学毕业,则 35.13 岁前工作经验的增加有助于缩小与城市户籍人口的收入差距,35.13 岁以后仅依靠工作年限的延长不利于缩小相对收入差距指数。在这一阶段提高非农就业技能水平有可能缓解收入差距扩大的趋势。技能培训(Tra)与相对收入差距指数的相关系数为负,说明接受培训的农民工能够通过从事高技能工作实现收入增加和缩小与城市户籍人口的收入差距。2018 年中国家庭追踪调查(CFPS)数据和 2019 年农民工监测调查报告数据显示,中国的农业转移人口的学历教育和工作经验两个指标与城市户籍人口存在较为明显差距。"80 后"农民工占农民工总数过半,其中学历在高中以下的人数占比超过 70%,农民工普遍受教育程度不高,多从事低技术水平的工作,主要依靠延长工作年限维持收入,若能通过继续教育和职业培训提高学历与劳动技能,则可能改善相对收入较低的状况。

自评健康水平(Hea)与相对收入差距指数呈负向关系,说明提升健康水平对缩小收入差距具有积极作用;而体质指数(Bmi)则与相对收入差距指数呈正向关系,说明体质超标不利于缩小收入差距,假设 3 得到验证。由此表明健康的个体更有可能从事对体力和脑力有较高要求的工作,获得更高的职位和工资性收入,从而降低相对收入差距指数。

二、稳健性检验

为检验模型设定的稳健性,本节通过替换因变量、使用代理变量、变换模型和工具变量四种方法进行稳健性检验。首先,采用 Podder 指数公式重新测算相对收入差距指数,以克服可能存在的指标选取偏误问题,测算公式为:

$$PIDI(x, x_i) = \frac{1}{n} \sum_{j=i+1}^{n} (\ln x_j - \ln x_i) = \gamma_{x_i}^+ \left[\mu_{\ln x_i}^+ - \ln x_i \right] \qquad (6\text{-}3)$$

其中，$PIDI\,(x,\,x_i)$ 为个体 x_i 用对数化收入衡量的相对收入差距指数，$\gamma_{x_i}^+$ 为 X 集合中收入超过 x_i 的样本所占的比重，以百分比的形式出现，$\mu_{\ln x_i}^+$ 为 X 集合中收入超过 $\ln x_i$ 的样本收入的均值。

其次，由于教育指标中部分样本存在高中肄业的情况，未获得高中文凭可能对农村劳动力进入就业市场产生影响，因此将"是否完成中专/职业高中/普通高中及以上教育（Gaozhong）"视为受教育程度的替代变量，完成则取值 1，否则取值 0。考虑到"是否参与社会保险"与身体健康水平之间存在自选择关系，且变量选取中已使用"自评健康水平"作为主观健康水平的衡量，以体质指数（Bmi）作为客观健康水平的衡量，能够较好地解释对健康指标的测度，故在此不再选取健康水平的代理变量。

再次，本节通过变换回归模型来检验模型稳健性，由前文的计算结果可知 $KIDI\,(x,\,x_i)$ 是一个在（0，1）范围内的连续受限因变量，从而可以利用 Tobit 模型对其进行回归。令 $y_i^* = KIDI\,(x,\,x_i)$，对模型（6-1）回归后有：当 $y_i^* < 0$ 时，$y = 0$；当 $0 \leqslant y_i^* \leqslant 1$ 时，$y = y^*$；当 $y_i^* > 1$ 时，$y = 1$；$y_i^* = \beta x + \mu$，$\mu \mid x \sim N\,(0,\,\sigma^2)$。

最后，在计量模型的估计中，内生性问题往往是导致 OLS 估计结果出现有偏和不一致的原因，由于本章样本来源于 2012 年、2013 年、2015 年和 2017 年数据，其年份跨度较短且不连续，故可认为不存在人力资本积累与收入差距之间的双向因果关系，同时本章衡量健康的指标中包含了自评健康水平和体质指数，可以认为降低了健康人力资本选取上存在遗漏变量的可能性，故将重点放在考察教育人力资本投资与收入差距之间的内生性问题上。

虽然本节已经控制了一些对教育人力资本与相对收入之间关系能够产生影响的变量，但很可能存在某些解释变量遗漏情况造成 OLS 回归结果的偏误。本节借鉴 Li 和 Luo（2004）的方法并加以改进，选取父亲或母亲中受教育年限更高的一方数值作为农业转移人口教育人力资本的工具变量进行检验。结果见表 6-3，其中第（1）～（3）列分别为替换被解释变量、使用代理变量的回归结果和变换回归模型的回归结果，稳健性检验中各变量系数大小与基准回归结果存在不同，但是符号和显著性水平基本相同，与 OLS 回归基本保持一致。第（4）列为使用工具变量的回归结果，弱工具变量检验 Weak identification test 统计量的值 282.934，明显高于 Stock-

Yogo 中 10% 偏误下的临界值 7.03，可以认定回归模型稳定，回归结果可信。

表 6-3　人力资本积累影响农业转移人口相对收入的稳健性回归结果

变量	(1) PRD	(2) KIDI	(3) KIDI	(4) KIDI
Gaozhong		-0.119*** (0.0135)		
Edu	0.0243*** (0.0030)		0.0245*** (0.0028)	0.0041 (0.0056)
Edu^2	-0.00171*** (0.0002)		-0.00196*** (0.0001)	-0.00085*** (0.0003)
Exp	-0.00089 (0.0010)	-0.0027 (0.0017)	-0.00426*** (0.0009)	-0.00395*** (0.0009)
Exp^2	4.59e-05** (1.88e-05)	6.49e-05* (3.70e-05)	0.00016*** (1.95e-05)	0.000159*** (1.96e-05)
Tra	0.0147** (0.0065)	-0.0595*** (0.0118)	-0.0500*** (0.0064)	-0.0450*** (0.0066)
Hea	-0.00996* (0.0060)	-0.140*** (0.0164)	-0.0664*** (0.0073)	-0.0623*** (0.0074)
Bmi	0.0188*** (0.0055)	0.0312*** (0.0112)	0.0460*** (0.0059)	0.0481*** (0.0060)
个人因素	控制	控制	控制	控制
家庭因素	控制	控制	控制	控制
var（e.KIDI）			0.0496*** (0.0009)	
Constant	0.129*** (0.0172)	0.906*** (0.0313)	0.675*** (0.0184)	0.726*** (0.0226)
Underidentification test				409.70
P 值				0.000
Weak identification test				282.934
Hansen J statistic				0.000
Stock-Yogo 10%				7.03
Observations	5848	2061	5848	5848

变量	(1) PRD	(2) KIDI	(3) KIDI	(4) KIDI
R-squared	0.091	0.170		0.1877

注：＊＊＊、＊＊和＊分别表示在1%、5%和10%的显著性水平上显著，括号内为标准误。

三、中介效应检验

理论机制中分析了人力资本投资通过提高农业转移人口的就业稳定性（$Emst$）和主观身份认同（$Stat$）进而提升相对收入，此处借鉴温忠麟和叶宝娟（2014）中介效应检验模型构建如下方程进行检验。式（6-4）～式（6-7）设定如下，其中$Control_i$为控制变量，ε_i、ε_{1i}、ε_{2i}、ε_{3i}为回归残差。由于受教育程度与工作经验对客观相对收入指数存在非线性的影响，有理由认为其对中介变量的影响也是非线性的，故模型中设定受教育程度（Edu）、工作经验（Exp）的平方项。

$$KIDI_i = \beta_0 + \beta_1 Edu_i + \beta_2 Edu_i^2 + \beta_3 Exp_i + \beta_4 Exp_i^2 + \beta_5 Tra_i + \beta_6 Hea_i + \beta_7 Bmi_i + \beta_j$$
$$Control_i + \varepsilon_i \tag{6-4}$$

$$Emst_i = \gamma_{10} + \gamma_{11} Edu_i + \gamma_{12} Edu_i^2 + \gamma_{13} Exp_i + \gamma_{14} Exp_i^2 + \gamma_{15} Tra_i + \gamma_{16} Hea_i + \gamma_{17} Bmi_i +$$
$$\gamma_{1j} Control_i + \varepsilon_{1i} \tag{6-5}$$

$$Stat_i = \gamma_{20} + \gamma_{21} Edu_i + \gamma_{22} Edu_i^2 + \gamma_{23} Exp_i + \gamma_{24} Exp_i^2 + \gamma_{25} Tra_i + \gamma_{26} Hea_i + \gamma_{27} Bmi_i +$$
$$\gamma_{2j} Control_i + \varepsilon_{2i} \tag{6-6}$$

$$KIDI_i = \alpha_0 + \alpha_1 Edu_i + \alpha_2 Edu_i^2 + \alpha_3 Exp_i + \alpha_4 Exp_i^2 + \alpha_5 Tra_i + \alpha_6 Hea_i + \alpha_7 Bmi_i +$$
$$\alpha_8 Emst_i + \alpha_9 Stat_i + \alpha_j Control_i + \varepsilon_{3i} \tag{6-7}$$

检验结果如表6-4所示：

表6-4　人力资本积累影响农业转移人口相对收入的中介效应检验

变量	(1) KIDI	(2) Emst	(3) Stat	(4) KIDI
$Emst$				-0.0788＊＊＊ (0.0059)
$Stat$				-0.0450＊＊＊ (0.0035)

续表

变量	（1） KIDI	（2） Emst	（3） Stat	（4） KIDI
Edu	0.0245 *** （0.0029）	−0.139 *** （0.0165）	−0.0504 *** （0.0134）	0.0190 *** （0.0028）
Edu^2	−0.001 *** （0.0001）	0.0101 *** （0.0008）	0.0038 *** （0.0006）	−0.0015 *** （0.0001）
Exp	−0.0042 *** （0.0009）	−0.0256 *** （0.0055）	−0.0061 （0.0045）	−0.0052 *** （0.0009）
Exp^2	0.0001 *** （2.02e−05）	0.0005 *** （0.0001）	5.35e−05 （9.44e−05）	0.0001 *** （1.97e−05）
Tra	−0.050 *** （0.0065）	0.143 *** （0.0384）	0.182 *** （0.0312）	−0.0398 *** （0.0063）
Hea	−0.0664 *** （0.0072）	0.0168 （0.0439）	0.313 *** （0.0357）	−0.0551 *** （0.0071）
Bmi	0.0460 *** （0.0058）	−0.0818 ** （0.0353）	−0.109 *** （0.0285）	0.0401 *** （0.0057）
个人因素	控制	控制	控制	控制
家庭因素	控制	控制	控制	控制
Constant	0.675 *** （0.0193）	−0.200 * （0.109）		0.805 *** （0.0200）
Observations	5848	5848	5848	5848
R-squared	0.196			0.240

注：***、**和*分别表示在1%、5%和10%的显著性水平上显著，括号内为标准误。

  表6-4的第（1）列为基准 OLS 回归结果，第（2）、第（3）列分别检验了人力资本投资各指标对就业稳定和主观身份认同的回归情况，第（4）列为添加中介变量以后的回归结果。第（2）列回归结果显示，除自评健康水平（Hea）外其余变量的结果均显著，说明提高受教育程度、增加工作经验对稳定就业的作用存在拐点，进行技能培训与维持健康水平有利于稳定就业。第（3）列回归结果显示，除工作经验（Exp）外其余变量的结果均显著，说明提高受教育程度对提高社会身份认同存在拐点作用，维持健康水平有利于提高社会身份认同。第（4）列回归结果显示，人力资本各指标与中介变量在1%水平上显著，说明稳定就业和身份认同的中介作用成立，且均为部分中介效应，检验了假设4的存在。

四、进一步分析

1. 人力资本投资对农业转移人口组内相对收入的影响

表6-3检验了人力资本对外部相对收入差距指数（以农业转移人口与城市户籍人口为总样本进行排序测算）的影响，而农业转移人口内部收入分配不均的状况是否可以由人力资本投资来改善，则需要重新测算其内部的相对收入差距指数（$KIDI_{in}$）并再次对模型进行回归，回归结果如表6-5所示。表6-5中第（1）列为基准回归结果，第（2）～（4）列为稳健性检验结果。从表6-5的结果来看，各变量估计系数的符号与表6-2和表6-3基本一致，而受教育程度的拐点值来得更早，说明农业转移人口人力资本水平提高更有助于促进内部收入分配均衡。

表6-5　农业转移人口内部相对收入差距指数回归结果

变量	（1） $KIDI_{in}$	（2） $KIDI_{in}$	（3） $KIDI_{in}$	（4） $KIDI_{in}$
Gaozhong			-0.125 *** （0.0146）	
Edu	0.0197 *** （0.0030）	0.0161 *** （0.0058）		0.0197 *** （0.0029）
Edu^2	-0.0010 *** （0.0002）	-0.0015 *** （0.0003）		-0.0016 *** （0.0002）
Exp	-0.0040 *** （0.0010）	-0.0038 *** （0.0010）	-0.0028 （0.0018）	-0.0040 *** （0.00098）
Exp^2	0.000163 *** （2.09e-05）	0.000159 *** （2.04e-05）	6.85e-05 * （4.00e-05）	0.000163 *** （2.04e-05）
Tra	-0.0736 *** （0.0070）	-0.0728 *** （0.0069）	-0.0629 *** （0.0129）	-0.0736 *** （0.0067）
Hea	-0.0789 *** （0.0074）	-0.0785 *** （0.0077）	-0.1520 *** （0.0180）	-0.0789 *** （0.0077）
Bmi	0.0524 *** （0.0062）	0.0523 *** （0.0062）	0.0330 *** （0.0122）	0.0524 *** （0.0062）
个人因素	控制	控制	控制	控制
家庭因素	控制	控制	控制	控制

变量	(1) $KIDI_{in}$	(2) $KIDI_{in}$	(3) $KIDI_{in}$	(4) $KIDI_{in}$
var（e. innerKIDI）				0.0545 *** （0.0010）
Constant	0.6840 *** （0.0199）	0.7050 *** （0.0220）	0.8860 *** （0.0340）	0.6840 *** （0.0193）
Observations	5848	5848	2061	5848
R-squared	0.201	0.200	0.168	

注：***和*分别表示在1%和10%的显著性水平上显著，括号内为标准误。

2. 分位数回归

前面的 OLS 回归仅从均值角度证明了人力资本与相对收入差距指数之间的变动关系，而分位数回归通过使用最小化的残差绝对值加权平均函数，更不容易受到极端值影响，且能够更全面地识别人力资本投资各变量对相对收入差距指数在不同分位数上的影响，具体结果如表6-6所示。

表6-6 相对收入差距指数分位数回归结果

变量	OLS	QR_10	QR_25	QR_50	QR_75	QR_90
Edu	0.0245 ***	0.0070	0.0131 ***	0.0132 ***	0.0324 ***	0.0355 ***
Edu^2	-0.0010 ***	-0.0006 **	-0.0011 ***	-0.0014 ***	-0.0026 ***	-0.0027 ***
Exp	-0.0042 ***	-0.0030 *	-0.0039 ***	-0.0062 ***	-0.0054 ***	-0.0031 *
Exp^2	0.0002 ***	0.0001 ***	0.0001 ***	0.0002 ***	0.0001 ***	0.0001 ***
Tra	-0.0500 ***	-0.0589 ***	-0.0750 ***	-0.0705 ***	-0.0415 ***	0.0080
Hea	-0.0664 ***	-0.0515 ***	-0.0609 ***	-0.0844 ***	-0.0886 ***	-0.0250 *
Bmi	0.0460 ***	0.0401 ***	0.0278 ***	0.0483 ***	0.0598 ***	0.0262 **
Control	Yes	Yes	Yes	Yes	Yes	Yes
_cons	0.6750 ***	0.3463 ***	0.5112 ***	0.7187 ***	0.8924 ***	0.9740 ***

注：***、**和*分别表示在1%、5%和10%的显著性水平上显著。

从表6-6的结果来看，随分位数的递增受教育程度平方项（Edu^2）的系数值呈现递减趋势；工作经验（Exp）系数值呈现波动趋势，两端系数绝对值比中间小；技能培训（Tra）系数绝对值则逐渐回落；自评健康水平（Hea）和体质指数（Bmi）对缩小相对收入差距指数的作用整体均呈现波动趋势。

具体来看，受教育程度平方项（Edu^2）在 90 分位点处系数绝对值最大，系数绝对值达到 0.0027，高于基准回归下的 0.0010，说明对极低收入群体而言，学历水平越过拐点以后提高受教育程度对缩小收入差距作用最明显。工作经验（Exp）指标中，50 分位点处的中等收入群体通过提高工作经验促进收入分配均衡的系数绝对值达到 0.0062，高于 OLS 回归系数 0.0042，原因可能在于中等收入群体处于工作经验的边际报酬递增阶段。在技能培训指标（Tra）下，相对收入差距指数较低的群体更有可能投入时间和资金提升自我技能水平，从而在工作经验中通过"干中学"作用增加收入、缩小收入差距。自评健康水平（Hea）系数变动趋势显示中低收入群体提升健康水平对降低相对收入差距指数效果大于整体 OLS 回归下的效果，75 分位点处的效果最为显著，绝对值最大，为 0.0886。体质指标（Bmi）系数的变动趋势表明中低收入群体通过改善身体状况以缩小相对收入差距的效果最好，在 75 分位点系数值达到 0.0598。

第五节
研究结论与政策建议

一、主要结论

本章在已有研究的基础上，基于 2012~2017 年中国综合社会调查数据，测算了农业转移人口相对收入差距指数以反映其与城市户籍人口的收入差距，并将人力资本投资分解为受教育程度、工作经验、技能培训、自评健康水平和体质水平指标，系统深入地探讨了人力资本投资对相对收入提升的影响。实证结果发现：①受教育程度与工作经验对提高农业转移人口相对收入的作用存在拐点。受教育程度在高中以下的群体若继续提高学历教育未达到 12.25 年的拐点则不利于缩小收入差距，达到拐点后继续增加受教育的时间则能够提高相对收入；工作年限达到 13.13 年后未参与技能培训的劳动力会迈入收入增长瓶颈期，逐渐难以缩小与城市户籍人口的收入差距，而接受技能培训在一定程度上能减弱工作经验跨过拐点后对相对收入差距指数的负面影响。②健康水平与相对收入差距指数持续负相关，体质超标则会提高相对收入差距指数，说明维持体质健康有利于提升相对收入。③中介效应模型结果显示，人力资本投资通过提高农业转移人口的就业稳定性和社会身份认同，能够实现降低相对收入差距指数、缩小与城市户籍居民收入差距的目的，这两个指标均发挥了部分中介效应。④分位数回归结果与 OLS 回归结果基本一致，均在一定程度上证实了相对收入较高的群体更有可能通过提高人力资本投资促进收入水平提升和缩小收入差距。

二、政策建议

推进农业转移人口市民化是实现"以人为本"的新型城镇化的重要步骤，加快缩小城乡就业收入差距对促进中国经济高质量发展具有重要且紧迫的意义。只有全面认识人力资本投资对农业转移人口就业和相对收入提升的作用，才能助推低收入群体持续增收、中等收入群体扩大，最终实现城乡协调发展和经济高质量发展。理论分析和实证结果表明，提高人力资本投资有利于提升农业转移人口在劳动力市场上的表现，通过实现稳定就业、提高社会身份认同从而提升收入水平、缩小与城市户籍人口的收入差距。因此，如何提高农业转移人口的人力资本水平，笔者给出以下建议：

第一，从人力资本投资的直接作用分析，目前农业转移人口受教育层次较低、教育投资较少，所导致的认知能力和学习能力较弱是农业转移人口相对收入难以提升的主要原因，教育投资是提升农业转移人口能力与收入的根本途径。为此，政府的教育财政投入要适当地向乡村倾斜，除了要进一步完善义务教育阶段的政策扶持和资金投入以外，还要大力提高职业高中教育发展，提高新生代农民工的职业技能与就业能力。城市教育部门要加大力度保障流动人口教育公平政策的实施和监管，加大对农业转移人口随迁子女高中及以上学历教育的扶持，确保其享有平等的受教育权利，发展更加公平、更高质量的教育。

第二，技能培训有助于农业转移人口顺利跨越工作经验对缩小收入差距的瓶颈期，有效地降低农业转移人口客观相对收入指数。因此，政府要与企业、学校一道建立完善的"产学研"体系，深入实施新生代农民工职业技能提升计划，鼓励以工代训，共建共享生产性实训基地，帮助新生代农民工和面临转型的中年农业转移人口提高就业技能。针对经济更加发达的城市，应当继续加大对高新技术产业的投资和高层次人才引进力度，促进产业优化升级并创造更多的非农就业岗位。针对传统产业集聚的地区应当加大政策引导和资金支持，保证吸纳农民工较多的企业有能力开展入职培训，提高农业转移人口自我提升的主动性并降低学习成本。

第三，提高健康水平是改善农业转移人口收入分配的有效途径。未来在新型农村合作医疗保险高覆盖率的基础上，政府及相关部门应加大针对农业转移人口的医疗服务和医疗保障投入，进一步完善基本医疗保障制度，逐步推动农业转移人口与城市户籍人口享有同等的城镇基本医疗健康服务。从个人角度而言，低收入群体要提高健康意识，从自身出发形成良好的生活习惯，改善体质水平。

第四，进一步破除户籍制度壁垒、完善基本公共服务覆盖面，大力提升小城镇公共设施水准和服务能力以满足农业转移人口进城安家、就业需求。政府要逐步消除在医疗、养老、子女入学和住房等方面形成的乡—城流动人口的进城障碍与负面效应；推动城镇基本公共服务覆盖未落户常住人口、完善农业转移人口享受平等就业服务的政策；对有能力在城市落户的农业转移人口，应当进一步简化落户手续，放宽人口流动限制，同时要维护如土地承包权和宅基地使用权等权益。从社会关系网络出发，农业转移人口要不断扩大社会交往与信息来源，形成综合社会资本网络，不断缩小与城市居民之间的信息获得差距和收入差距。

人力资本结构高级化与产业
转型升级*

———————

* 本章主体内容曾发表于：袁冬梅,李恒辉,龙瑞． 人力资本结构高级化何以推动产业转型升级？
［J］．广西师范大学学报(哲学社会科学版),2022,58(2):94–106.

改革开放以来，中国受益于人口红利，利用劳动力数量与比较成本优势以"低端嵌入"方式参与全球贸易分工，成就了中国经济增长奇迹。但是，随着劳动力成本的提高，传统比较优势逐步丧失，在新发展格局背景下，人力资本质量和技术进步成为实现产业转型升级和经济高质量增长的关键。为此，如何由依靠"资源要素"与"人口红利"向依靠"知识创新"与"人才红利"转变，促进产业转型升级，并培育中国开放型经济竞争新优势逐渐成为理论界和实践部门关注的重点课题。人力资本作为产业转型升级过程中的关键生产要素和城镇化进程的根源性推动力，第六章探讨了人力资本投资对农业转移人口市民化及相对收入提升的影响，本章延续此研究思路，进一步探讨在新型城镇化背景下，人力资本结构变化如何形成新的人口红利，从而推动中国产业转型升级。

第一节
问题提出与文献综述

实现创新驱动和产业转型升级是构建新发展格局、促进经济高质量发展的重要基础和保障，党的十九大报告和党的十九届五中全会均强调了建设制造强国、推进产业转型升级的重要性，而创新驱动和产业转型升级必须依靠高素质人力资本支撑（李成友等，2018）。随着中国要素结构特征由"人口红利"转向"人才红利"，人力资本成为驱动中国产业升级和经济发展新的比较优势（张同斌，2016；马颖等，2018）。近年来，在"科教兴国"和"人才强国"战略实施背景下，中国人力资本结构正经历着巨大变化，尤其是始于20世纪末的高等教育大众化改革加速了人力资本数量及结构变化进程，根据国家统计局发布的第五次和第七次全国人口普查数据，中国6岁及以上人口中初中及以下教育程度人口占受教育人口的比重从2000年的91.32%下降到2020年的65.99%，而高等教育程度人口占受教育人口的比重从 2000 年的 4.13% 上升到 2020 年的 17.22%①。事实上，人力资本存量和结构演进与经济增长同步已成为中国经济发展进程中的典型特征（张宽、黄凌云，2020），突出表现为低教育水平人力资本数量和比重不断下降，高等教育水平人力资本数量和比重持续上升。那么，中国人力资本结构变化是否有效推动了产业转型升级？又是通过哪些途径影响产业转型升级？在当前新发展格局背景下，上述问题的回答具有重要的理论和现实意义。

传统的人力资本研究主要讨论劳动力个体人力资本投资在劳动力市场的回报，而关于人力资本作为生产投入要素对经济发展模式的影响大多围绕经济增长展开。内生增长理论强调人力资本是经济增长的主要源泉（Lucas，1988；Romer，1990），这一结论也得到中国较多学者的研究支持（孟捷，2017；程名望等，2019；李静、楠玉，2019）。更深入的研究发现人力资本是促进产业转型升级的重要力量。欧阳峣和易思维（2021）研究发现新式教育提升了中国近代的人力资本水平，人力资本促进了中国近代民族资本主义工业和新式金融企业的发展并推动了产业结构升级。中国经济增长前沿课题组（2015）、苏杭等（2017）、阳立高等（2018）研究发现中国人力资本积累显著促进了制造业结构升级。李萍和谌新民（2012）认为劳动者人力资本状况影响其就业稳定性及区域产业转型升级，高存量的人力资本有利于员工与企业博弈时获得主动权，也能够促进企业进步和产业升级。扶涛（2016）则从人力资本与产业转型匹配的角度研究指出两者的有效匹配是产业转型升级的重要影响因素。梳理以上文献可以发现，现有研究侧重于研究人力资本存量的经济效应，忽视了以初级人力资本向高级人力资本演进为特征的人力资本结构变化的作用，实际上，由于教育程度与技能水平的差异，不同类型的人力资本所具有的技术外溢性、学习能力以及创新潜力并不相同（赵领娣等，2016）。再者，现有研究对于产业转型升级的认识局限于主导产业部门的更迭或者产业价值链地位的提升，本书认为新型城镇化背景下产业转型升级应是产业适应社会经济形态与人们生产生活变化，适应并引领高新技术发展，由"三低两高"（低技术水平、低附加值、低开放度、高污染与高资源消耗）向高

---

① 资料来源：第五次全国人口普查，http：//www. stats. gov. cn/tjsj/pcsj/rkpc/5rp/index. htm；第七次全国人口普查，http：//www. stats. gov. cn/tjsj/pcsj/rkpc/7rp/indexch. htm。

技术水平、高附加值、高开放度和绿色发展升级的过程。对此，本章借鉴刘智勇等（2018）和余泳泽等（2020）的指标构建思路，利用向量夹角度量中国人力资本结构高级化水平，利用组合赋权法度量中国产业转型升级水平，从而更准确地考察人力资本结构变化对中国产业转型升级的影响。

与已有文献相比，本章将在以下几个方面对现有研究进行拓展：第一，与以往研究侧重探讨人力资本存量的影响不同，本章侧重探讨人力资本结构相对变化对产业转型升级的影响，鉴于过去20年中国人力资本存量中初中及以下受教育程度占比下降了逾25个百分点，研究人力资本的结构相对变化对产业转型升级的促进作用更具现实意义；第二，本章利用组合赋权法选取基础产业发展、高技术水平、高附加值、高水平开放以及绿色发展五个层面的指标设计产业转型升级的综合指标评价体系，以反映新型城镇化背景下产业转型升级的准确内涵；第三，在机制分析上，深入剖析了人力资本结构高级化通过促进研发投入、城镇化和消费结构升级等机制推动产业转型升级的机理，并运用递归模型进行检验。

第二节
理论分析与待检验假设

产业经济学经典理论指出产业转型升级是经济发展的核心动力和内在要求（周少甫等，2013），而实现产业转型升级需要要素结构投入同步升级，这不仅需要劳动力数量的保证，更需要劳动力质量的保证。人力资本结构高级化对产业转型升级产生的直接影响就在于要素结构的转换，人力资本结构高级化是高级人力资本逐渐取代初级人力资本并占据主体地位的人力资本结构动态调整过程（刘智勇等，2018），这一动态过程促进形成的新要素禀赋优势正好满足产业转型升级要素结构投入同步升级的需求。另外，通过对以往文献的梳理和总结，笔者认为人力资本结构高级化还能够通过促进研发投入、城镇化和消费结构升级渠道对产业转型升级产生促进作用。各渠道的具体作用机制如下：

（一）人力资本结构高级化形成新要素禀赋优势，直接推动产业转型升级

结构主义学派认为经济系统的结构变化尤其是产业结构变化对经济增长至关重要（钱纳里、赛尔昆，1988；干春晖等，2011），而一个经济最优的产业结构由其要素禀赋结构内生决定（林毅夫，2011），因此作为一国重要生产要素并对经济增长具有先导作用的人力资本，其结构优化必然对产业转型升级产生重要的推动作用。人力资本结构高级化对产业转型升级产生的直接影响就在于要素结构的转换。人力资本理论强调人力资本是基于人身上的资本，是科学素质和知识技能在劳动者身上长期的积累。一方面，高层次人力资本的持续增加在很大程度上缓解了生产企业长期以来面临的知识和技能型劳动力供给不足的约束，使生产企业可以雇用更多的具备高知识和技能的人力资本，发展更多高附加值、高科技含量的产业，摆脱依靠固定资本甚至依靠体力所从事的初级加工产业，为产业转型升级提供智力支撑（张国强等，2011）。另一方面，高人力资本水平的劳动力向下兼容的特征明显，具有较高人力资本的劳动力通常有更高的劳动生产率，不仅能胜任资本和技术密集型行业工作，也能轻松从事劳动力密集行业的工作（戴魁早等，2020），高知识和高技能人力资本供给的增加提高了企业劳动者的总体素质，提升了企业劳动生产效率。再者，人力资本在生产过程中通过"干中学"效应，不断积累经验并逐渐提高生产效率和适应能力，降低转换成本，从而有能力在不同部门、产业间进行快速转换，有利于提高产业转换速度、加速产业转移与扩散进程。这不仅会促进传统产业的改造与提升，也会促进新兴产业的发展，并提高产业的知识技术集约化程度，从而更有利于产业转型升级（苏杭等，2017）。因此，人力资本作为重要的高端要素，人力资本结构高级化带来的要素结构转换将直接促进产业转型升级。

（二）人力资本结构高级化通过促进研发投入推动产业转型升级

内生增长理论指出创新是经济增长的来源，而创新离不开研发投入的支持，研发投入不仅能提供技术支撑（饶萍、吴青，2017），还能在企业间产生重要的外部效应（王伟龙、纪建悦，2019），从而实现产业转型升级。而人力资本结构高级化正是通过促进研发投入推动产业转型升级。一方面，人力资本结构高级化意味着更多高知识和高技能水平的劳动力供给，能够有效地促进不同技能劳动力的专业化分工，有利于劳动力的高低技能匹配和优势互补，降低企业生产成本，增加包括资金和人员在内的 R&D 投入，实现生产技术的改进和产品技术创新（Grossman，2013）；另一方面，人力资本是开展技术研发活动的重要基础和依托，由于受过高等教育的劳动力具有较强的学习能力和研发能力，是在企业内部从事研发创新活动的主力军，人力资本结构高级化意味着高知识和高技能劳动力供给的增加，作为技术使用的基础性要素和载体，高技能劳动力供给的增加会极大地诱发相关技术研发的产生（Che and Zhang，2018；周茂等，2019）。再者，高技能人力资本具有较强的生产能力，其在"干中学"过程中获取了大量有关流程和产品的隐性知识，同时对企业生产工艺与流程更为熟悉和精通，因此相比于其他员工更有可能发现已有生产工艺与产品的不足（纪雯雯、赖德胜，2016），进而激发企业增加研发投入来开展工艺和产品的创新（毛其淋，2019）。因此，人力资本结构高级化过程带来的研发投入的增加实现了生产技术改进和产品技术创新，进而促进了产业转型升级。

（三）人力资本结构高级化通过促进城镇化推动产业转型升级

传统人力资本理论主要关注人力资本投资对个人发展和宏观经济增长的影响，较少注意到人力资本具有空间集聚的特征（陈斌开、张川川，2016）。事实上，劳动力个体人力资本越高，就越倾向于定居城市（聂伟、王小璐，2014），城市不但拥有更多的消费舒适物，而且拥有更大的宽容度和多元性（社会舒适物），从而更受高层次人力资本青睐（王宁，2014）。人力资本这种空间集聚特征表现为人力资本在城市地区的不断集聚，并且早期人力资本发展水平越高的地区，人力资本扩张速度更快，产生了人力资本"大分流"现象（Moretti，2004）。由于具有较高人力资本的劳动者收入水平更高，不仅对较高品质的商品和服务有更多需求，而且对城市环境和城市公共服务有更高的要求，人力资本在城市部门的快速扩张和空间集聚推动了城市生产、生活的繁荣，带动了就业增长和推动了城市产业向现代产业转型升级（Shapiro，2006）。另外，高技能人力资本流动比受高成本约束的低技能人力资本流动更容易打破空间经济集聚和扩散的对称均衡，促使产业稳定地向人力资本丰富的地区集聚（陈建军、杨飞，2014），并以城市为载体形成集聚效应，推动产业转型升级。因此，人力资本结构高级化过程促进了要素和产业的空间集聚，通过城镇化推动了产业转型升级。

（四）人力资本结构高级化通过促进消费结构升级推动产业转型升级

生产是以消费需求为导向的，在需求层次提高、需求结构升级时，产业结构为了适应需求结构的变化也会做出相应的调整，人力资本结构高级化可以通过改变消费需求结构进而影响产业转型升级。一方面，具备高知识和技能水平的人力资本其预期收入水平相应也会提高（何兴强、史卫，2014；刘子兰等，2018），根据凯恩斯消费理论，消费需求取决于收入水平和边际消费倾向，消费会随收入的增减同向变动，收入提高会促进个体消费需求层次提升，其中耐用消费品、奢侈品的消费需求将扩大，个性化、时尚化、健康养生类消费品会得到更多关注，日常的、普通的消费品的消费需求相对减少，这种需求层次和消费结构的变化将催生新的行业、新的产品和新的业态，促进研发和创新，并推动产业转型升级。另一方面，人力资本尤其是教育资本的积累能够改变人的认知模式和消费观念（肖作平等，2011），表现在对消费品品质要求上，要求社会生产不但要分配更多的时间用于更新生产工具和革新生产技术，不断提高劳动生产率，以生产出更多的产品满足量的需求，还要积极进行技术创新，提升产品品质，以满足人们对产品品质的需求，那么传统的低附加值的产业与这样的需求就会不相匹配，生产逐利的特征使这样的产业改造升级或萎缩减产，而那些技术含量高、产品附加值高的产业则因符合市场需求而实现规模扩大，促进了产业转型升级。

上述分析表明，人力资本结构高级化不仅能直接推动产业转型升级，还能通过促进研发投入、推动城镇化以及促进消费结构升级等中间渠道推动产业转型升级（见图7-1）。基于以上分析，本节提出如下假设：

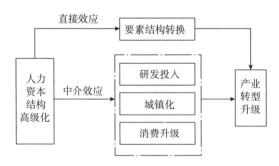

图7-1 人力资本结构高级化对产业转型升级作用机制

假设1：人力资本结构高级化意味着要素结构的高级化从而直接有利于产业转型升级。

　　假设2：人力资本结构高级化通过促进研发投入而推动产业转型升级。

　　假设3：人力资本结构高级化通过推动城镇化而促进产业转型升级。

　　假设4：人力资本结构高级化通过促进消费结构升级而推动产业转型升级。

第三节
模型构建和变量设定

一、模型构建

　　为检验人力资本结构高级化对产业转型升级的具体作用，借鉴刘智勇等（2018）模型构建方法，构建计量模型如下：

$$\ln Ind\_Up_{it}=\beta_0+\beta_1\ln HSTRUC_{it}+\theta X_{it}+\varphi_i+\varepsilon_{it} \tag{7-1}$$

　　其中，Ind_Up_{it} 为 i 地区 t 时期的产业转型升级水平；$HSTRUC_{it}$ 表示 i 地区 t 时期人力资本结构高级化水平；X 为控制变量，参考以往文献，控制了对产业转型升级可能产生影响的其他变量，包括政府干预程度（GOV，以地区财政支出占 GDP 的比重表示）、对外开放水平（$OPEN$，采用地区进出口总额占 GDP 的比重来衡量）、固定资产投资水平（$INVES$，采用地区固定资产投资占 GDP 的比重来衡量）、金融发展水平（$FINA$，采用地区金融机构年末存贷款余额占 GDP 的比重来衡量）、环境规制水平（ERS，采用各省市工业污染治理完成额占 GDP 的比重来衡量）；φ_i 代表地区固定效应，ε_{it} 是扰动项。

二、变量选取与估算方法

1. 被解释变量：产业转型升级

　　同本书第二章和第五章的分析一样，新型城镇化背景下的产业转型升级应是产业适应社会经济形态与人民生产生活变化，适应并引领高新技术发展由"三低两高"(低技术水平、低附加值、低开放度、高污染与高资源消耗)向高技术水平、高附加值、高开放度和绿色发展升级的过程,产业转型升级综合指标构建方法和过程同本书第五章,在此不再赘述。

2. 主要解释变量:人力资本结构高级化指数

本章借鉴刘智勇等(2018)的方法,首先将地区人口按受教育程度分为文盲半文盲、小学、初中、高中、大专及以上五类,构造出一组5维人力资本空间向量 $X_0 = (x_{0,1}, x_{0,2}, x_{0,3}, x_{0,4}, x_{0,5})$。其次,选取基本单位向量组 $X_1 = (1, 0, 0, 0, 0)$、$X_2 = (0, 1, 0, 0, 0)$、$X_3 = (0, 0, 1, 0, 0)$、$X_4 = (0, 0, 0, 1, 0)$、$X_5 = (0, 0, 0, 0, 1)$ 作为基准向量,依次计算人力资本空间向量 X_0 与它们的夹角 θ_j($j=1, \cdots, 5$):

$$\theta_j = \arccos \frac{\sum_{i=1}^{5} (x_{j,i} \cdot x_{0,i})}{\sqrt{\sum_{i=1}^{5} x_{j,i}^2} \cdot \sqrt{\sum_{i=1}^{5} x_{0,i}^2}} \qquad (7-2)$$

其中,$x_{j,i}$ 表示基本单位向量组 X_j($j=1, \cdots, 5$)的第 i 个分量;$x_{0,i}$ 表示向量 X_0 的第 i 个分量。最终确定 θ_j 的权重后,计算出各地区人力资本结构高级化指数:

$$HSTRUC = \sum_{j=1}^{5} (W_j \cdot \theta_j) \qquad (7-3)$$

其中,W_j 为 θ_j 的权重,将 W_1、W_2、W_3、W_4、W_5 分别设定为1、2、3、4、5,最终得到各地区人力资本结构高级化指数,指数值越大代表人力资本结构高级化程度越高,反之越低。

三、数据来源与描述性分析

本章样本为2003~2018年30个省份面板数据。相关变量原始数据来源于国研网对外贸易数据库、《中国人口统计年鉴》《中国科技统计年鉴》以及各省及直辖市统计年鉴,变量描述性统计如表7-1所示。

表7-1　各变量的描述性统计

变量	变量说明	均值	中位数	标准差	最小值	最大值
Ind_Up	产业转型升级	0.3285	0.1542	0.3019	0.0900	0.9181

续表

变量	变量说明	均值	中位数	标准差	最小值	最大值
HSTRUC	人力资本结构高级化	17.4027	2.3042	16.9495	13.3024	24.6460
GOV	政府干预程度	0.2124	0.0947	0.1951	0.0792	0.6269
OPEN	对外开放水平	0.3208	0.3976	0.1389	0.0167	1.8910
INVES	固定资产投资水平	0.6570	0.2617	0.6278	0.2392	1.6306
FINA	金融发展水平	1.2031	0.4254	1.1280	0.5528	3.2917
ERS	环境规制水平	0.0041	0.0034	0.0032	0.0004	0.0285

注：$N = 480$。

第四节
实证检验和结果分析

一、全国样本的估计结果及分析

基准回归使用固定效应模型对中国人力资本结构高级化是否推动产业转型升级进行实证检验，对所有变量进行对数化处理，以最大限度降低异方差的影响，回归结果如表 7-2 所示。

表 7-2　基准回归结果

变量	（1）	（2）	（3）	（4）
ln*HSTRUC*	3.9629*** （12.5643）	1.1997*** （4.2040）	1.4343*** （4.9503）	1.2632*** （4.3955）
ln*GOV*		1.3283*** （13.9308）	0.8005*** （5.5910）	0.7904*** （5.6955）
ln*OPEN*		−0.0468 （−0.6624）	−0.0242 （−0.3125）	−0.0197 （−0.2655）
ln*INVES*			0.2974*** （3.1103）	0.2922*** （3.2202）

续表

变量	(1)	(2)	(3)	(4)
ln*FINA*			0.2501** (2.4291)	0.2476** (2.4706)
ln*ERS*				−0.0590** (−2.6068)
Constant	−12.5114*** (−13.9275)	−2.5484*** (−2.8326)	−3.9256*** (−4.1329)	−3.7900*** (−4.1195)
N	480	480	416	480
R^2	0.4741	0.8006	0.8353	0.8424

注：估计系数后括号中为 t 统计量，*** 和 ** 分别表示在 1% 和 5% 的显著性水平上显著；为控制潜在的序列相关和异方差问题，采用以省份聚类的稳健标准误。

表 7-2 列（1）~列（4）逐步回归结果显示，人力资本结构高级化系数始终在 1% 水平上保持显著，且控制变量的增加并不影响核心变量的显著性，说明从全国层面来看，中国人力资本结构所呈现的高级化演进过程能够有效推动产业转型升级，这验证了本章的假设 1。一方面，人力资本是劳动者身上存有的多种知识技能和科学素质的积累，人力资本结构高级化是高级人力资本逐渐占主体地位的动态调整过程（刘智勇等，2018）。这一动态过程促进形成新要素禀赋优势并产生要素结构转换效应，将直接促进产业转型升级。另一方面，人力资本结构高级化会增加包括资金和人员在内的 R&D 投入并以城镇为载体形成空间集聚进而推动产业转型升级，而且人力资本结构高级化产生收入分配效应，通过消费结构升级助推产业转型升级。当然，人力资本结构高级化通过促进研发投入、推动城镇化和促进消费结构升级从而促进产业转型升级的中介效应还有待在下文中进一步检验。

二、稳健性检验

本节围绕基准回归结果中可能出现的变量测算、极端值样本和内生性问题等方面的估计偏误，对回归结果进行稳健性检验，结果如表 7-3 列（1）~列（4）所示。

第一，考虑指标测算偏差。首先，更换被解释变量，以 CRITIC 法计算出的指标替换基准回归中的产业转型升级指标进行稳健性检验；其次，更换核心解释变量，按大专及以上、高中、初中、小学、文盲半文盲共五类教育程度将人力资本进行依次排列，并分别设定权重为 H_j ($j=1,\cdots,5$)，得到新的人力资本结构高级化指数：$HSTRUC = \sum_{k=1}^{5}\sum_{j=1}^{k} H_j$。更换被解释变量和核心解释变量的检验结果如表 7-3 列（1）和列（2）所示，结果显示核心解释变量人力资本结构高级化系数显著性水平和符号均与表 7-2 基准回归结果保持一致，说明基准回归结果具有一定的稳健性。

表 7-3　稳健性检验结果

变量	（1）	（2）	（3）	（4）
ln$HSTRUC$	1. 0984 *** （4. 2102）	2. 7250 *** （5. 1274）	1. 1638 *** （3. 6963）	1. 2632 *** （6. 7630）
lnGOV	0. 8348 *** （6. 8063）	− 1. 3192 ** （− 2. 4179）	0. 7060 *** （4. 7480）	0. 7904 *** （8. 7060）
ln$OPEN$	0. 0460 （0. 6690）	0. 4064 ** （2. 6332）	− 0. 0751 （− 1. 0449）	− 0. 0197 （− 0. 5695）
ln$INVES$	0. 2956 *** （3. 3950）	0. 0006 （0. 0100）	0. 3539 *** （3. 2810）	0. 2922 *** （5. 5085）
ln$FINA$	0. 2873 *** （2. 8587）	0. 1568 ** （2. 1676）	0. 2276 ** （2. 2902）	0. 2476 *** （3. 3345）
lnERS	− 0. 0372 * （− 1. 8554）	0. 3528 *** （4. 1055）	− 0. 0583 ** （− 2. 4966）	− 0. 0590 *** （− 4. 0849）
$Constant$	− 2. 8839 *** （− 3. 4042）	− 0. 0374 ** （− 2. 2478）	− 3. 7719 *** （− 3. 7678）	
N	480	480	416	480
R^2	0. 8530	0. 8808	0. 8566	0. 8424

注：估计系数后括号中为 t 统计量，***、** 和 * 分别表示在 1%、5% 和 10% 的显著性水平上显著；为控制潜在的序列相关和异方差问题，采用以省份聚类的稳健标准误。

第二，考虑样本偏差。由于直辖市在经济规模、产业体系及人口规模与结构等方面与其他省份存在较大差异，为了消除此类非随机性对回归结果的影响，在样本中剔除四个直辖市的数据以检验计量结果的稳健性，结果如表 7-3 列（3）所示。剔除北京、上海、天津、重庆四个直辖市样本后，人力资本结构高级化对产业转型升级作用未发生明显改变，说明在剔除直辖市样本后，人力资本结构高级化对产业转型升级的回归结果依然稳健。

第三，考虑变量自身存在的内生性问题，由于人力资本结构高级化会影响产业转型升级，而产业转型升级的需求变化也会影响人力资本结构高级化进程，两者存在较强的双向因果关系。本节参考戴魁早等（2020）的做法，选取2003~2018年各省份的高校数量（与个体变化有关）和前两期全国高校毕业生数（与时间有关）的交互项作为人力资本结构高级化的工具变量。一方面，地区高校数量影响着该地区接受过高等教育程度人力资本的输出量，进而影响到该地区人力资本结构高级化进程，满足相关性要求；另一方面，地区成立高校是由教育部认定的，因此地区高校数量相对于被解释变量则属于外生变量，满足排他性约束。因此，本节选取地区高校数量和前两期全国高校毕业生数的交互项为工具变量，对模型重新进行两阶段最小二乘法（2SLS）回归，同时为检验工具变量的有效性，对工具变量进行 Anderson LM 不可识别检验和 Cragg-Donald Wald F 弱工具变量检验，结果显示所选择工具变量分别在1%和10%的水平上拒绝原假设，说明工具变量的选取是合理的。回归结果如表7-3列（4）所示，人力资本结构高级化指标系数符号和显著性水平同样与基准回归保持一致（见表7-2），因此在考虑了模型潜在的内生性后，本节的计量结果依然稳健。

三、机制检验

为了更深入地解释人力资本结构高级化与产业转型升级之间的内在联系，探讨人力资本结构高级化究竟通过何种机制推动产业转型升级，本节借鉴温忠麟和叶宝娟（2014）及祝树金和汤超（2020）的中介效应模型分析思路，构建如式（7-4）~式（7-6）所示的中介效应递归模型：

$$\ln Ind\_Up_{it} = \beta_0 + \beta_1 \ln HSTRUC_{it} + \theta X_{it} + \varphi_i + \varepsilon_{it} \qquad (7-4)$$

$$\ln M_{it} = \gamma_0 + \gamma_1 \ln HSTRUC_{it} + \theta X_{it} + \varphi_i + \varepsilon_{it} \qquad (7-5)$$

$$\ln Ind\_Up_{it} = \lambda_0 + \lambda_1 \ln HSTRUC_{it} + \lambda_2 \ln M_{it} + \theta X_{it} + \varphi_i + \varepsilon_{it} \qquad (7-6)$$

其中，M 表示中介变量，本节从研发投入效应、城镇化效应以及消费结构升级效应三个方面加以考虑，其他变量定义同式（7-1）。第一，对于研发投入（R&D）的量化。研发投入不仅能提供技术支撑，还能在企业间产生重要的外部效应，从而推动产业转型升级，而人力资本结构高级化能够通过促进研发投入推动产业转型升级。因此，本节借鉴李静等（2017）的方法用各省份的研发投入占 GDP 的比重来反映各省份研发投入（*R&D*）的强度，相关数据来源于历年《中国科技统计年鉴》和国泰安数据库。第二，对于城镇化（*URB*）的量化。城镇化水平的提升，是农业转移人口不断向第二、第三产业转移的过程，在中国常住城镇人口与户籍城镇人口存在差异，本节用常住城镇人口占总人口的比重来度量，相关数据来源于历年《中国统计年鉴》和国泰安数据库。第三，对于消费结构升级（*UPCONSU*）的量化。消费结构反映的是各类不同技术附加值的消费品在总消费品中的份额，而消费结构升级则意味着高技术附加值的消费品在总消费额中的比重越高，相应的低技术附加值的消费品在总消费额中的比重越低。本节借鉴谢小平（2018）、陈冲和吴炜聪（2019）的方法，采用各省份非食品消费支出与消费性总支出的比值分别计算出城镇与农村的消费结构升级水平，最后依据城乡人口比重进行赋值，计算出各省份的消费结构升级水平（*UPCONSU*），该数值越大意味着消费水准越高、消费结构升级越显著，相关数据来源于历年《中国统计年鉴》和各省份统计年鉴。由于前文已经分析了第一步的回归结果（即基准回归结果），因此这里只汇报第二步和第三步的分析结果，机制检验结果如表 7-4 所示。表 7-4 报告了三个中介变量的回归结果，结果显示无论是研发投入效应还是城镇化效应或是消费结构升级效应的第二步检验系数 γ_1 和第三步检验系数 λ_2 均显著，且三种中介效应检验的第三步，人力资本结构高级化的系数 λ_1 亦显著，检验结果说明人力资本结构高级化的三种中介效应都存在，第四步 Sobel 检验不需要再进行。

表 7-4　机制检验结果

	（1）	（2）	（3）	（4）	（5）	（6）
中介效应	研发投入效应		城镇化效应		消费结构升级效应	
被解释变量	ln*R&D*	ln*IND_UP*	ln*URB*	ln*IND_UP*	ln*UPCONSU*	ln*IND_UP*
估计步骤	第二步	第三步	第二步	第三步	第二步	第三步
ln*HSTRUC*	0.6491 ** （2.4645）	1.1292 *** （4.7307）	0.3254 *** （3.5783）	0.7257 *** （4.1398）	0.1341 * （1.9442）	0.9302 *** （4.5190）
ln*R&D*		0.2066 * （1.9976）				

	（1）	（2）	（3）	（4）	（5）	（6）
ln*URB*				1.6518*** （8.7428）		
ln*UPCONSU*						2.4846*** （14.1149）
控制变量	Yes	Yes	Yes	Yes	Yes	Yes
N	480	480	480	480	480	480
R^2	0.6262	0.8501	0.7998	0.9090	0.7246	0.9260

注：估计系数后括号中为 t 统计量，***、**和*分别表示在1%、5%和10%的显著性水平上显著；为控制潜在的序列相关和异方差问题，采用以省份聚类的稳健标准误。

　　第一，表7-4列（1）和列（2）显示了研发投入中介效应的结果，列（1）显示人力资本结构高级化系数为正且在5%水平上显著，表明人力资本结构高级化进程有效推动了研发投入；列（2）的回归结果显示研发投入对产业转型升级的估计系数在10%的水平上显著为正，说明研发投入是推动产业转型升级的重要因素；此外，列（2）中人力资本结构高级化的系数也显著为正，且系数值小于基准回归系数，表明人力资本结构高级化通过推动研发投入这一中介渠道推动了产业转型升级，验证了假设2。第二，表7-4列（3）和列（4）显示了城镇化中介效应的结果，列（3）显示人力资本结构高级化系数在1%水平上显著为正，说明人力资本结构高级化显著促进了城镇化；进一步观察列（4）的结果，可以发现城镇化对产业转型升级的估计系数在1%的水平上显著为正，说明城镇化是推动产业转型升级的重要因素；此外，列（4）中人力资本结构高级化的系数也显著为正，且系数值小于基准回归系数，表明人力资本结构高级化通过促进城镇化这一中介渠道推动了产业转型升级，验证了假设3。第三，表7-4列（5）和列（6）显示了消费结构升级中介效应的结果，列（5）显示人力资本结构高级化系数在10%水平上显著为正，说明人力资本结构高级化显著促进了消费结构升级；进一步观察列（6）的结果，可以发现消费结构升级对产业转型升级的估计系数在1%的水平上显著为正，说明消费结构升级是推动产业转型升级的重要因素；此外，列（6）中人力资本结构高级化的系数也显著为正，且系数值小于基准回归系数，这验证了人力资本结构高级化通过促进消费结构这一中介渠道推动了产业转型升级，验证了假设4。

综上，理论机制检验结果证实了人力资本结构高级化可以通过研发投入、城镇化和消费结构升级三种途径间接推动产业转型升级，这验证了前文的假设2、假设3和假设4。根据温忠麟和叶宝娟（2014）、赵富森（2020）的测算方法，使用 $\gamma_1 \lambda_2 / \beta_1$ 计算中介效应占比，可以发现研发投入效应、城镇化效应和消费结构升级效应占总效应的比重分别为10.62%、42.55%和26.38%，表明在人力资本结构高级化对产业转型升级的间接促进中城镇化渠道发挥着更为重要的作用。

四、进一步分析

1. 区位异质

出于地理和要素禀赋差异的原因，中国东部、中部、西部地区之间经济发展水平存在巨大区域差异，产业转型升级水平也存在显著差异。仅从全国层面进行整体回归难以观察出各区域间人力资本结构高级化对产业转型升级影响的差异。因此，本节构建了区位特征虚拟变量（*REGION*）来验证可能存在的区位异质性，将东部地区省份赋值为1，中西部地区省份赋值为0，并与人力资本结构高级化构成交互项，同时为了减少多重共线性的影响，对非虚拟变量的交互项（下同）进行了去中心化处理，代入式（7-1）进行回归，结果如表7-5中列（1）所示。回归结果显示人力资本结构高级化系数在1%水平下显著为正，人力资本结构高级化与区位特征虚拟变量的交乘项回归系数为负但不显著，说明东部地区人力资本结构高级化对产业转型升级的促进作用与中部、西部地区并不存在显著差异。可能的原因在于，中国分别在2000年和2004年开始实施西部大开发战略和中部崛起战略，相关政策和战略措施在一定程度上弥补了中部、西部地区人力资本投资和产业发展的区位劣势。

表7-5　异质性检验结果

	(1)	(2)	(3)	(4)	(5)	(6)
	区位异质	产业转型升级水平异质				
分位点		10%	25%	50%	75%	90%

续表

	（1）	（2）	（3）	（4）	（5）	（6）
	区位异质	产业转型升级水平异质				
ln*HSTRUC*	1.3801***	1.5932***	1.4517***	1.2848***	1.0482***	0.8869**
	（3.7326）	（5.8095）	（7.2520）	（7.7466）	（4.2013）	（2.5554）
ln*HSTRUC*× *REGION*	−0.3356					
	（−0.7742）					
控制变量	Yes	Yes	Yes	Yes	Yes	Yes
N	480	480	480	480	480	480
R^2	0.8430					

注：估计系数后括号中为 t 统计量，＊＊＊ 和 ＊＊ 分别表示在 1% 和 5% 的显著性水平上显著；为控制潜在的序列相关和异方差问题，采用以省份聚类的稳健标准误。

2. 产业转型升级水平异质性

前文仅从均值角度证明了人力资本结构高级化与产业转型升级之间的变动关系，而面板分位数回归通过使用最小化的残差绝对值加权平均函数，更不容易受到极端值影响，且能够更全面地识别人力资本结构高级化对产业转型升级在不同分位数上的影响。因此，本节选择 10%、25%、50%、75% 和 90% 五个分位点，利用面板分位数回归方法对式（7-1）进行估计，考察人力资本结构高级化在不同产业转型升级水平上的异质性作用。面板分位数回归结果如表 7-5 列（2）～列（6）所示。回归结果显示，在 10%、25%、50%、75% 和 90% 五个分位点上，人力资本结构高级化的回归系数始终在 1% 的水平上显著为正，说明在不同产业转型升级水平的省份中，人力资本结构高级化均能够有效促进产业转型升级，但人力资本结构高级化的回归系数随着分位点的逐渐提高而逐渐变小。可能的原因在于，随着地区产业转型升级水平逐渐提升，高知识和技能人力资本作为生产投入要素持续地增加存在着边际递减作用。

第五节
主要结论与政策启示

改革开放以来，中国积极参与国际产业分工，承接全球产业转移，依靠劳动力比较优势与巨大的市场规模优势促进了各产业的发展，但随着国内人口老龄化程度日益加深，传统人口红利逐步消失，适龄劳动力相对量与绝对量均在同步下降，劳动力比较优势越来越难以为继。与此同时，随着第四次工业革命浪潮的到来，发达国家正在摆脱金融危机的阴影，纷纷实施重返实体经济的再工业化战略，推进工业4.0，抢占未来科技与工业的制高点。在此大背景下，依托人力资本结构高级化和技术创新，是中国在新发展格局背景下，由依靠"资源要素"与"人口红利"向依靠"知识创新"与"人才红利"转变，促进产业转型升级，并培育中国开放型经济竞争新优势的关键。本章对人力资本结构高级化与产业转型升级之间的关系进行了机制探讨和实证检验，结果表明中国人力资本结构高级化进程显著推动了产业转型升级，这一结论在考虑了测度指标测算差异、样本差异及相关内生性问题后仍然成立。这种推动作用除了表现为要素结构转换的直接影响外，还通过促进研发投入、推动城镇化和促进消费结构升级等中介效应实现，且中介机制中城镇化渠道发挥着最重要的作用。进一步分析发现，人力资本结构高级化对产业转型升级的促进作用并不存在区域差异，但随着地区产业转型升级水平的提升，人力资本结构高级化对产业转型升级的促进作用呈现边际递减的变化特征。

本章的研究结论对推动人力资本结构高级化并以此促进中国产业转型升级具有以下政策启示：第一：应继续实施人才强国等战略，继续加大教育科研投入，进一步提升人力资本质量。当前，随着九年义务教育的普及和高等教育的大众化，中国人口受教育程度都有较大幅度提高，但人力资本质量与发达国家相比仍然存在较大的差距（刘伟、张立元，2020）。这就要求中国高等教育发展战略应当突出创新型人才的培养目标，意识到人才培养的重要性和紧迫性，由"规模扩大"向"质量提升"转变，不断提高人力资本质量，挖掘和发挥人力资本结构高级化对产业转型升级的支撑性作用。第二，各地方政府在制定人才培养和引进政策时，要注重地方的人才政策与产业政策、技术创新政策的协调与配合，完善企业研发的政府补贴和补助政策，促进人力资本结构与技术结构、产业结构的动态匹配，充分释放人力资本结构高级化过程带来的人才红利，在产业和人才的良性互动中促进地区产业转型升级。第三，各地方政府应建立有效的人力资本市场，完善按要素贡献分配的收入分配制度，改善消费环境，释放高层次人力资本的潜在消费需求，培育国内强大的中高端消费市场，努力消除抑制消费释放的相关因素，发挥消费结构升级对产业转型升级的引领作用。第四，各地方政府要更加深入地推进市场化改革，尊重经济发展和要素流动规律，破除制约人才流动和发展的体制障碍，加快新型城镇化建设，充分释放高层次人力资本潜能，实现高层次人力资本供给增长和产业转型升级的良性互动。

产业集聚模式选择与
城市人口规模*

*本章主体内容曾发表于：袁冬梅,信超辉,袁珶. 产业集聚模式选择与城市人口规模
变化——来自285个地级及以上城市的经验证据［J］.中国人口科学，2019(6):46-58+127.

产业集聚作为新型城镇化与产业转型升级良性互动的重要机制，其本身也是产业转型升级的重要表现形式。若不同地区、不同规模的城市推行与自身条件不适宜的工业化战略和产业集聚模式，会使城市部门无法充分发挥集聚效应，也就无法为进城务工人员创造充足的就业机会，从而阻碍了城镇化进程（韩峰，2020）。一直以来，中国城市普遍钟情于"大而全""小而全"的发展模式，尤其是许多中小城市不考虑资源禀赋、城市人口规模和消费能力，盲目地发展以房地产为主的第三产业，不仅带来产能严重过剩、重复建设、地方债务等问题，且无法形成规模经济和竞争优势，还会对原有的优势产业造成不利影响，因此城市产业发展模式的选择应该考虑城市的人口规模与供给能力。

第一节
问题提出与文献综述

城市的存在得益于集聚经济的规模报酬递增（Rosenthal and Strange，2004），而集聚经济的本质是产业与人口在空间上的协同集聚，因而城市的可持续发展取决于产业集聚模式的动态变化与人口规模变化的相互协调。专业化和多样化是两种常见的产业集聚模式，两者所产生的外部性存在显著差异。人口规模较大的城市若产业发展过于专业化，往往面临主导产业转移、人口大量迁出从而让城市陷入衰落的风险。人口规模较小的城市若热衷于多样化产业发展和"小而全"的发展模式，往往面临专业化优势与地方特色不能发挥、人口规模与资源禀赋难以支撑的风险，最终也无法实现经济的长期增长。有关城市最优产业集聚模式的选择是理论界长期探讨的问题，以往的研究更多地关注历史条件、技术进步、区位选择、要素投入等因素的影响，而忽略了城市人口规模的约束作用。事实上，城市产业发展很大程度上依赖城市人口规模及形成的市场潜力，城市人口规模的差距也会加剧发展的不平衡、不充分（高春亮、李善同，2019）。纵观欧美发达国家城市发展史，大城市普遍呈现多样化产业集聚模式，中小城市则大多表现为以某一特色产业为主导的专业化集聚模式；城市的兴衰往往随着产业演变和城市人口规模的变化而变化。近年来随着中国户籍限制取消或放宽、人才政策以及交通基础设施的完善，大城市和区域中心城市人口集聚的趋势明显，部分中小城市出现规模收缩，城市人口分布呈现一定程度的极化趋势。在此背景下，探讨不同人口规模城市的产业集聚模式选择，评估不同城市专业化集聚和多样化集聚的经济增长效应，对引导城市根据人口规模动态变化科学确定产业定位，避免同质化竞争，推动中国城市实现产城融合和高质量发展有重要的指导意义。

关于不同城市产业集聚模式的选择，现有研究主要基于产业集聚的外部性探讨专业化和多样化对城市经济增长的作用，并未结合城市人口规模的变化进行综合分析，且研究的结论存在较大的分歧，主要有以下三类观点：第一类观点认为专业化集聚模式表现的 MAR 外部性更有利于城市经济增长。即特定区域中同一产业的厂商大量集中，能促进知识和技术的溢出、共享专业化劳动力和中间产品、节约生产成本以及促进竞争与合作等，从而有利于行业规模的壮大、部门生产率的提高以及城市经济的增长（Marshall，1890；Arrow，1962；Romer，1986）。梁琦和詹亦军（2006）利用长三角地区 16 个城市 1998 ~ 2003 年的数据进行实证分析，发现相较于非专业化城市，选择专业化发展模式的城市拥有更高的技术进步增长率和经济贡献率。Kurihara 和 Fukushima（2016）研究发现专业化集聚对发达国家经济增长有显著促进作用。第二类观点认为多样化集聚模式所具有的 Jacobs 外部性比专业化集聚更有利于促进城市经济增长。即不同产业的厂商在同一区域大量集中，不仅可以共享城市基础设施，还能促进知识和技术在不同产业之间的溢出，有利于跨产业的知识互补和创新搜寻，因而更能促进城市经济增长（Jacobs，1969）。Glaeser 等（1992）、Cainelli 和 Leoncini（1999）、Henderson（2003）、Mikheeva（2017）等分别利用美国、意大利、韩国和俄罗斯的数据进行实证分析发现，多样化集聚对城市经济增长的促进作用更显著，而专业化集聚与城市经济增长之间或者促进作用不明显，或者呈负相关性。李金滟和宋德勇（2008）、任晶和杨青山（2008）、沈鸿和向训勇（2017）通过实证检验也发现，多样化集聚模式更能刺激创新和技术进步，促进生产率提高和经济增长。以上两类观点主要基于静态视角分析两类集聚模式的经济增长效应，忽视了集聚模式动态变

化下的经济增长差异。第三类观点考虑到了城市最优产业集聚模式的动态
变化及其空间差异。如一些学者发现产业专业化、多样化水平与城市经济
增长之间的关系并非线性的，而是存在倒"U"形特征（贺灿飞、潘峰华，
2009；苏红键、赵坚，2011；孙浦阳等，2012）。同时，专业化和多样化
的外部性存在显著的空间和部门差异，多样化集聚模式对发达国家城市的
正向影响大于发展中国家（Fu et al.，2010）。中国不同地区和不同类型的
制造业集聚也存在显著的增长差异（吴三忙、李善同，2011）。上述三类
观点均阐述了不同集聚模式与城市经济增长的关系，但均未结合人口与产
业的关系分析人口流动、城市规模动态变化对产业集聚模式选择的约束作
用。事实上，城市产业发展与经济增长在很大程度上依赖人口规模及其蕴
藏的市场潜力。

值得注意的是，城市规模在集聚经济中的作用也较早地被学者们关注
到。Henderson（1986）发现专业化集聚模式对城市经济增长的促进作用将
随着城市规模不断扩大而逐渐消失。孙晓华和周玲玲（2013）研究发现小
型城市专业化集聚正向经济增长效应显著，大城市产业多样化集聚正向经
济增长效应更显著。Rosenthal 和 Strange（2004）指出城市人口规模是影响
产业集聚外部性产生的重要原因。不仅如此，产业集聚也影响城市人口规
模扩张，在现有的产业集聚模式下多数 Ⅰ 型及以上大城市依然具有很强的
人口吸纳能力（韩峰、李玉双，2019）。同时，产业结构和城市规模对城
市经济效益存在协同影响机制，城市需要达到一定的门槛规模方能从上下
游产业关联中获得效益（柯善咨、赵曜，2014），而且不同规模的企业受
益也存在差异，小型企业在不同规模的城市中均易受益于外部经济，大型
企业即使在特大和超大城市中也很少得益于 Jacobs 外部经济（傅十和、洪
俊杰，2008）。与前面忽视人口规模而研究产业集聚的三种观点相比，这
些研究基于城市规模不仅探讨了产业集聚外部性的差异，还分析了产业集
聚对城市人口规模本身的影响。

上述文献为本章的研究提供了理论分析与实证方法的借鉴，但也存在
一些不足，主要表现在：在理论层面均未深入探讨城市动态演进过程中不
同人口规模如何影响产业集聚模式选择，未能揭示其中的作用机制；在研
究方法上主要按照城市分类标准直接确定城市的规模层级，未依据理论模
型估计出专业化和多样化适应的城市人口规模区间。

为解决上述问题，本章在以下方面对现有研究进行拓展：第一，以城市人口规模为门槛变量构建非线性动态面板门槛模型，城市人口规模由模型内生地确定，避免了城市人口规模分组标准难以把握的问题。第二，分析了城市人口规模影响产业集聚模式和经济增长效应的机理，在一定程度上解释了当前有关产业专业化集聚和多样化集聚模式孰优孰劣存在争论的原因。第三，本章的研究结论证明了中小城市"小而全"的产业集聚模式不可行，"小而专"的专业化集聚模式才是中小城市发展的合理选择。

第二节
理论分析与待检验假设

借鉴吴三忙和李善同（2011）的方法，以两要素（资本和劳动）的柯布—道格拉斯生产函数即式（8-1）为基础分析城市人口规模约束下产业集聚模式与城市经济增长之间的关系：

$$Y_{it} = A_{it} K_{it}^{\alpha} L_{it}^{1-\alpha} \tag{8-1}$$

其中，Y_{it} 表示 i 城市 t 时期的产出，A_{it} 表示 i 城市 t 时期的技术水平，K_{it} 表示 i 城市 t 时期的资本投入，L_{it} 为 i 城市 t 时期的劳动力投入，α 为资本的投入份额。在式（8-1）两边同时除以 L_{it} 得到式（8-2）：

$$\frac{Y_{it}}{L_{it}} = A_{it} \times \left(\frac{K_{it}}{L_{it}}\right)^{\alpha} \tag{8-2}$$

定义人均形式的产出为 $y_{it} = \dfrac{Y_{it}}{L_{it}}$，人均形式的资本投入为 $k_{it} = \dfrac{K_{it}}{L_{it}}$，代入式（8-2），并在两边同时除以滞后一阶项，得到式（8-3）：

$$\frac{y_{it}}{y_{it-1}} = \frac{A_{it}}{A_{it-1}} \times \left(\frac{k_{it}}{k_{it-1}}\right)^{\alpha} \tag{8-3}$$

式（8-3）表明城市人均产出的增长取决于技术进步增长和人均资本的投入增长。将式（8-3）两边同时取对数得到式（8-4）：

$$\ln \frac{y_{it}}{y_{it-1}} = \ln \frac{A_{it}}{A_{it-1}} + \alpha \ln \frac{k_{it}}{k_{it-1}} \tag{8-4}$$

假定技术进步取决于专业化集聚的 MAR 外部性和多样化集聚的 Jacobs 外部性，专业化集聚和多样化集聚的外部性作用受到城市规模的制约（Rosenthal and Strange，2004；傅十和、洪俊杰，2008），因而在式（8-4）中专业化程度和多样化程度对 A 的影响受到城市人口规模的约束，现在引入城市人口规模约束下的产业集聚函数 $F(g_1(N) \times RZI_{it}, g_2(N) \times RDI_{it})$，因此有：

$$\ln \frac{A_{it}}{A_{it-1}} = F(g_1(N) \times RZI_{it}, g_2(N) \times RDI_{it}) + e_{it} \qquad (8-5)$$

　　其中，RZI_{it} 代表 i 城市 t 时期专业化水平，RDI_{it} 代表 i 城市 t 时期多样化水平，$g_1(N)$、$g_2(N)$ 分别表示影响专业化和多样化外部性的函数，该函数取决于城市人口规模 N。

　　将式（8-5）代入式（8-4），整理后得到式（8-6）：

$$\ln \frac{y_{it}}{y_{it-1}} = F(g_1(N) \times RZI_{it}, g_2(N) \times RDI_{it}) + \alpha \ln \frac{k_{it}}{k_{it-1}} + e_{it} \qquad (8-6)$$

　　从式（8-6）可得到专业化集聚和多样化集聚对城市经济增长的边际影响，可分别表示为 $\dfrac{\mathrm{dln} \frac{y_{it}}{y_{it-1}}}{\mathrm{d}RZI_{it}} = g_1(N) \times F_{RZI_{it}}$ 和 $\dfrac{\mathrm{dln} \frac{y_{it}}{y_{it-1}}}{\mathrm{d}RDI_{it}} = g_2(N) \times F_{RDI_{it}}$，$\dfrac{\mathrm{dln} \frac{y_{it}}{y_{it-1}}}{\mathrm{d}RZI_{it}}$ 和 $\dfrac{\mathrm{dln} \frac{y_{it}}{y_{it-1}}}{\mathrm{d}RDI_{it}}$ 符号的正（负）分别代表专业化集聚和多样化集聚对城市正（负）向经济增长效应。

　　现基于式（8-6）分析城市人口规模约束下专业化和多样化集聚模式对城市经济增长的作用机制并提出相应研究假设。

　　第一阶段：起步阶段，即当城市人口规模较小时，城市资本、劳动、土地和技术等要素资源匮乏，市场容量小，需求较为单一。此时发展多样化集聚模式不但无法发挥 Jacobs 外部性对城市的正向经济增长效应，而且会加剧城市资源的匮乏现状，降低资源配置效率，无法实现规模化优势，因而不利于城市经济增长。而发展专业化集聚模式则可以充分利用比较优势，集中资源发展特色产业，短时间内完成资本和技术积累，形成规模优势，提高城市产业生产率和经济增长，此时专业化集聚对城市表现为正向经济增长效应；多样化集聚对城市表现为负向的经济增长效应。

第二阶段：过渡或转型阶段，即随着城市人口规模的扩大和城市的发展，城市基础设施、市场空间、公共物品的数量和质量、资本和劳动力等方面的供给都有了一定程度的提高。一方面专业化集聚的 MAR 外部性进一步得到加强；另一方面市场扩大和要素供给的多样化使多样化集聚 Jacobs 外部性作用开始显现，所以此时两种产业集聚模式的外部性均呈现较强的正向经济增长效应。

第三阶段：趋于稳定阶段，当城市人口规模足够大并趋于稳定时，城市基础设施完善，产品需求多样化，产品市场扩大；各种类型的劳动力集聚，知识和技术外溢效应明显，资本较为充足、土地资源得到进一步开发和利用。此时，专业化集聚模式已经不能满足人口规模扩大带来的就业需求，造成资源浪费和配置效率下降。同时，随着城市人口规模的扩大，如果仅发展专业化集聚模式，其中间产品成本、劳动力要素成本、土地成本较高，导致专业化产业利润率下降，从而阻碍城市经济增长。所以，此时专业化集聚 MAR 外部性边际影响下降，甚至表现为较强的负向经济增长效应。而发展多样化集聚模式不仅能满足城市需求多样化的要求，扩大市场份额，还可以充分利用各类劳动力要素和中间品，降低搜寻成本和投入成本，提高企业利润率。不仅如此，各类娴熟劳动力在行业之间的溢出效应明显，有利于产业间知识的交换、互补和创新成果的出现，促进了产业部门生产率的提高和城市经济增长。此阶段专业化集聚对城市表现为负向的经济增长效应，多样化集聚表现为正向的经济增长效应。

综上所述，专业化集聚和多样化集聚外部性的经济增长效应随着城市人口规模的变化而变化，基于上述分析提出以下三个假设：

假设 1：对专业化集聚模式而言，存在一个结构突变点的城市人口规模 n_1，当城市人口规模低于 n_1 时，专业化集聚外部性有正向的经济增长效应，当城市人口规模高于 n_1 时，专业化集聚外部性有负向的经济增长效应。

假设 2：对多样化集聚模式而言，也存在一个结构突变点的城市人口规模 n_2，当城市人口规模低于 n_2 时，多样化集聚外部性有负向的经济增长效应，当城市人口规模高于 n_2 时，多样化集聚外部性有正向的经济增长效应。

假设 3：综合来看，存在一个城市人口规模区间（n_3，n_4），当城市人口规模处于该区间时，专业化集聚和多样化集聚外部性均呈现正向的经济增长效应。

第三节
城市人口规模约束下产业集聚模式的
经济增长效应检验

一、模型设定

由前文分析可知，城市人口规模约束下产业集聚模式与城市经济增长存在较强的非线性关系或门槛效应，探讨两者关系比较常用的方法有分组回归、交互项回归，但前者对分组的标准难以把握，后者能估计结构突变点却无法检验突变点的显著性。Hansen（1999）提出的面板门槛模型很好地解决了上述问题，该方法通过模型自身确定门槛值并对其进行显著性检验。考虑到可能存在的内生性和动态性问题，本节同时参考 Hansen（1999）、Seo 和 Shin（2016）的方法分别构建以专业化集聚（RZI）和多样化集聚（RDI）为门槛变量的动态面板门槛模型，即式（8-7）和式（8-8）：

$$\ln PGDP_{it} = (\emptyset_1 \ln PGDP_{it-1} + \theta_{11} RZI_{it} + \beta_{j1} control_{it}) \, 1\{TPC_{it} < \eta_1\} + (\emptyset_2$$
$$\ln PGDP_{it-1} + \theta_{12} RZI_{it} + \beta_{j2} control_{it}) \, 1\{TPC_{it} > \eta_1\} + \alpha_i + v_{it} \quad (8-7)$$

$$\ln PGDP_{it} = (\emptyset_1 \ln PGDP_{it-1} + \theta_{11} RDI_{it} + \beta_{j1} control_{it}) \, 1\{TPC_{it} < \eta_1\} + (\emptyset_2$$
$$\ln PGDP_{it-1} + \theta_{12} RDI_{it} + \beta_{j2} control_{it}) \, 1\{TPC_{it} > \eta_1\} + \alpha_i + v_{it} \quad (8-8)$$

其中，下标 i 表示城市，t 表示年份；η 是待估计的门槛值，$1\{\cdot\}$ 是示性函数，若 $\{\cdot\}$ 内表达式为真则取 1，反之则取 0。门槛变量 TPC_{it} 表示 i 城市在 t 时期的城市人口规模；$\ln PGDP_{it}$ 表示 i 城市在 t 时期经济增长的对数；RZI_{it} 表示 i 城市在 t 时期的专业化水平；RDI_{it} 表示 i 城市在 t 时期的多样化水平。$control_{it}$ 代表控制变量，包括人均资本投入 INV_{it}、产业结构升级 $GDP32_{it}$、财政支出水平 FIS_{it}、人力资本水平 EDU_{it}；α_i 是不随时间变化的各城市截面的个体差异；v_{ii} 是随机干扰项，假设它服从均值为 0 且方差有限的正态分布。

二、变量测算与数据说明

被解释变量 $\ln PGDP$ 以该城市当年人均 GDP 的对数值衡量。核心解释变量专业化水平最常用的衡量指标是地区专业化指数，即以该地区就业人数占比最大的产业定义为该地区的专业化部门，该产业所占份额即地区专业化指数。专业化指数越高，表明该地区专业化水平越高。为便于比较，本章引入相对专业化指数（RZI）作为测度城市专业化水平的指标，即

$$RZI_i = \max_j \frac{S_{ij}}{S_j}$$，其中，S_{ij} 表示城市 i 中产业 j 的就业人数占该城市总就业人数比重，S_j 表示 j 产业的就业人数在全国产业就业总人数中所占的份额。

多样化水平（RDI）一般采用赫芬达尔指数（HHI）的倒数来衡量，为横向比较不同城市之间产业多样化的水平，同样也引入相对多样化指数作为测度多样化水平指标，即 $RDI_i = \dfrac{1}{\sum_j |S_{ij} - S_j|}$，$RDI_i$ 的数值越大，表示该城市的产业多样化程度相对全国水平越高。

借鉴李金滟和宋德勇（2008）、孙晓华和周玲玲（2013）的方法，本章以历年《中国城市统计年鉴》中 19 个行业就业数据测算城市的专业化和多样化水平。此处选取 2004 年、2010 年与 2017 年三年中国 285 个地级及以上城市专业化水平和多样化水平的测算结果，并根据 2014 年新的城市规模分类标准，对比分析各类型城市平均专业化水平和多样化水平的现状，具体结果如表 8-1 和表 8-2 所示。

表 8-1 中国不同规模城市的相对专业化水平

城市类型		年份 2004	2010	2017
超大城市（1000 万人及以上）		2.4685	2.5144	2.7163
特大城市（500 万~1000 万人）		2.5336	2.4153	2.1540
大城市	Ⅰ型大城市（300 万~500 万人）	2.0169	2.7267	2.7594
	Ⅱ型大城市（100 万~300 万人）	2.8527	3.3247	4.2258

续表

年份 城市类型		2004	2010	2017
中等城市（50万~100万人）		4.3343	5.4748	6.2486
小城市	（50万人以下）	4.6323	5.3907	7.2736

资料来源：笔者分别根据 2005 年、2011 年和 2018 年《中国城市统计年鉴》的相关数据整理。

表8-2 中国不同规模城市的相对多样化水平

年份 城市类型		2004	2010	2017
超大城市（1000万人及以上）		3.1489	2.9631	3.4362
特大城市（500万~1000万人）		4.4771	3.4873	3.2488
大城市	Ⅰ型大城市（300万~500万人）	3.7403	2.2260	2.7519
	Ⅱ型大城市（100万~300万人）	2.4889	2.0262	2.1658
中等城市（50万~100万人）		2.2458	2.0461	2.0362
小城市	（50万人以下）	2.0529	1.7766	1.6088

资料来源：笔者分别根据 2005 年、2011 年和 2018 年《中国城市统计年鉴》的相关数据整理。

表 8-1 和表 8-2 表明，在不同类型的城市中，随着人口规模的扩大，专业化水平大致呈下降趋势，特大城市相对而言下降得更多，多样化水平大致呈上升趋势；随着时间的推移，专业化水平大致呈上升趋势，但特大城市除外，多样化水平大致呈下降趋势，但超大城市除外。总体来看，中小城市专业化水平最高且在过去一段时间有所提升，符合中国提倡的发展特色城镇的要求，但中等城市仍然保持较高的多样化水平。而Ⅰ型和Ⅱ型大城市 2010 年以来专业化水平和多样化水平都有所提升，Ⅱ型大城市专业化水平提升更快，表明 300 万人口以下的城市更重视专业化发展。特大城市曾是中国多样化水平最高的城市，近年来有所下降，超大城市在保持较高多样化水平的同时，专业化水平也在提升。这可能与这些城市不同时期产业的调整和对人口流入的限制有关。由于特大城市、超大城市均不同程度存在城市拥挤、公共服务水平滞后等问题，通过转移低端产业降低多样化水平、提升专业化水平。由此可见，中小城市主要选择的是专业化发展道路，大城市产业专业化和多样化水平都较高，特大城市、超大城市以多

样化发展为主，但超大城市在多样化基础上适度提升了专业化水平。随着国家对城市功能定位和产业发展要求的提高，中国不同规模城市在产业发展模式的选择上将会更趋向于科学合理，但依据现有的城市分类标准来考察产业发展模式，仍然较为粗糙，不能反映产业发展模式与人口规模的内在联系。

门槛变量城市规模 TPC 以各城市年末市辖区人口数来衡量。控制变量人均资本投入 INV 用城市当年全市人均固定资产投资额取对数衡量，产业结构升级 GDP32 用第三产业总产值与第二产业总产值之比表示，财政支出水平 FIS 为该城市地方政府一般预算内支出占地方生产总值的比重，人力资本水平 EDU 以城市每万人在校大学生人数取对数衡量。

本章数据来源于历年《中国城市统计年鉴》，剔除缺失较为严重的城市，最终选取 285 个地级（及以上）城市 2004~2017 年的面板数据作为估计样本，描述性统计如表 8-3 所示。

表 8-3 变量描述性统计

变量	样本数	均值	方差	最小值	最大值
人均国内生产总值 lnPGDP	3990	10.5024	0.7523	7.5213	15.6752
城市人口规模 TPC（万人）	3990	140.739	179.99	14	2451
财政支出水平 FIS（%）	3990	0.1525	0.0965	0.0151	2.7023
人均资本投入 lnINV	3990	14.6606	1.3169	5.7104	18.8082
产业结构升级 GDP32（%）	3990	0.9925	0.5887	0	5.2857
人力资本水平 lnEDU	3990	3.597	1.083	1.417	8.731
专业化水平 RZI	3990	4.3713	5.8225	1.2636	106.6021
多样化水平 RDI	3990	2.1767	0.8802	0.7392	6.5325

三、实证结果及分析

对式（8-7）和式（8-8）进行门槛估计和检验，结果如表 8-4 和表 8-5 所示。

从表 8-4 的结果来看，门槛效应检验自抽样 P 值为 0.000，拒绝了不存在门槛效应的原假设，说明专业化集聚对城市经济增长存在基于城市人口规模的门槛效应，门槛值为 211.71 万人，根据样本的数据来看，处于门槛值以上的城市占比为 23.78%，大部分城市处于门槛值以下。门槛值两边的估计结果存在显著差异，当城市人口规模低于 211.71 万人时，专业化集聚 RZI 的系数显著为正，而当城市人口规模高于 211.71 万人时，专业化集聚 RZI 的系数转变为 -0.0939，并在 1% 的水平下显著，验证了假设 1。这说明当城市人口规模在 211.71 万以下时，专业化集聚对城市的经济增长有显著的促进作用，而处于门槛值以上时，专业化集聚则不利于城市的经济增长。这是因为当城市人口规模较小时，劳动、资本、土地以及技术等要素资源有限，专业化集聚模式可以集中资源发展优势产业，能迅速促进该产业资本的积累、技术的进步以及培育娴熟的劳动力，形成规模经济，MAR 外部性作用明显，因而对城市经济增长有较强的带动作用。但专业化集聚所带来的就业有限，并且专业化水平越高，产业的整体生产率越高，生产单位产品需要投入的劳动力越少，对产业内原有的就业挤出得越多。专业化集聚在城市规模较小时对城市经济的带动作用很大，但当城市人口规模较大时，只有部分劳动力能从事本城市专业化产业的工作，大量的劳动力剩余和需求的多样化难以满足，因而会造成资源配置效率的下降，不利于城市经济增长。在劳动力可自由流动的情况下，城市专业化水平提升导致的本地剩余劳动力会不断流入其他劳动力短缺的城市。不考虑其他因素的影响，本城市的净迁入人口将会持续为负，直到城市人口规模下降到本地专业化集聚门槛值以下。

表 8-4 专业化门槛模型参数估计结果

ln$PGDP$	系数	标准误	Z 值	P>丨Z丨	[95%置信区间门槛]	
Lower regime：TPC<211.71（万人）						
L. ln$PGDP$	0.8387***	0.0060	139.20	0.000	0.8269	0.8505
FIS	0.0440***	0.0100	4.40	0.000	0.0244	0.0636
INV	0.0205***	0.0031	6.52	0.000	0.0144	0.0267
$GDP32$	-0.1370***	0.0037	-36.91	0.000	-0.1443	-0.1298
EDU	-0.1170***	0.0046	-25.20	0.000	-0.1261	-0.1079
RZI	0.0007**	0.0003	2.39	0.017	0.000126	0.00128
cons_	0.6712*	0.3979	1.69	0.092	-0.1086	1.4512

续表

lnPGDP	系数	标准误	Z 值	P>｜Z｜	[95%置信区间门槛]	
Upper regime：TPC>211.71（万人）						
L. lnPGDP	−1.7190***	0.0876	−19.62	0.000	−1.8908	−1.5473
FIS	−2.2644***	0.4864	−4.65	0.000	−3.2179	−1.3109
INV	1.1262***	0.0617	18.24	0.000	1.0052	1.2472
GDP32	0.4140***	0.0541	7.64	0.000	0.3078	0.5201
EDU	0.1534***	0.0150	10.19	0.000	0.1239	0.1829
RZI	−0.0939***	0.0092	−10.21	0.000	−0.1119	−0.0759
门槛值	211.71***	1.5674	135.07	0.000	208.6348	214.779
门槛值以上样本占比（%）	23.78					
门槛效应检验（P 值）	0.000					
矩条件	216					

注：P 值与临界值均为采用"Bootstrap 方法"模拟 300 次后得到的结果；L. ln PGDP 表示变量 PGDP 滞后一期的对数；***、**和*分别表示在 1%、5%和 10%的显著性水平上显著。

从各个控制变量的结果来看，当城市人口规模在门槛值 211.71 万人以下时，人力资本水平 EDU 和产业结构升级 GDP32 系数显著为负，而经济增长的滞后项 L. lnPGDP、财政支出 FIS 和人均资本投入 INV 的系数则显著为正；当城市人口规模处于门槛值以上时，L. lnPGDP 和 FIS 系数由显著为正转变为显著为负，EDU 和 GDP32 系数由显著为负变为显著为正，而 INV 的系数则进一步扩大（见表 8-4）。以上结果主要有以下含义：第一，专业化集聚产生的经济增长效应具有内在的惯性，在人口规模达到门槛值上限前，这种惯性有利于城市经济增长。第二，政府"有形的手"对城市经济增长的带动作用在中小城市明显，而在大城市则扭曲了市场，不利于经济增长。这在一定程度上说明政府"有形的手"在市场经济中有重要的作用，在中小城市的经济运行中不应该缺位，在大城市中则不应该越位。第三，人力资本和产业结构升级只对大城市的经济增长有利，不利于中小城市的经济增长。这是因为中小型城市在基础设施、社会保障以及工作收入等方面远不及大城市，人力资本投资回报低、对高端人才的吸引力有限。产业结构升级是城市经济可持续发展的重要保障，然而中国不少城市则变成盲目发展以房地产为主的第三产业，"大而全""小而全"的模式一度备受追捧，这种模式下虽然在短期内能刺激经济增长，但缺乏可持续性，绝大部分城市存在政府债务和产能过剩问题。第四，固定资产投资是经济增长重要的刺激手段，无论在大城市还是中小城市，其对城市经济增长均有显著的推动作用。

从表8-5多样化参数估计的结果来看，门槛效应检验自抽样 P 值为0.000，拒绝了不存在门槛效应的原假设，说明多样化集聚对城市经济增长存在基于城市人口规模的门槛效应，门槛值为147.59 万人，根据样本的数据来看，处于门槛值以上的城市占比为 26.42%，大部分城市处于门槛值以下。门槛值两边的估计结果存在显著差异，与专业化集聚估计结果相反，当城市人口规模低于 147.59 万人时，多样化集聚 RDI 的系数为−0.0301，并在 1% 的水平下显著，而当城市人口规模高于 147.59 万人时，多样化集聚 RDI 的系数转变为 0.1164，并在 1% 的水平下显著，验证了假设 2。这说明当城市人口规模在 147.59 万以下时，多样化集聚对城市的经济增长有显著的阻碍作用，而处于门槛值 147.59 万以上时，多样化集聚则能显著推动城市的经济增长。这是因为在城市发展初期，资金、劳动力、资本以及技术等要素资源有限，发展多样化产业集聚模式会加剧不同产业对有限资源的争夺，不仅无法发挥多样化的 Jacobs 外部性作用，反而会造成社会总福利的损失且阻碍城市经济增长。当城市人口跨越结构突变点147.59 万人时，城市的资本、劳动力、技术等要素有了一定的积累甚至有富余，为发挥多样化集聚 Jacobs 外部性提供了条件，此时发展多样化产业有利于合理配置资源，发挥多样化集聚的正向经济增长效应。此时，城市人口规模可以带来由家庭到企业的前后向关联效应与由企业到家庭的前后向关联效应的良性循环，从而带动城市经济增长。一方面，城市人口规模的扩大意味着消费需求的增加，在该城市从事生产和销售的企业会因此获得稳定、多样化的产品需求，从而促进企业扩大投资和生产，进而带动城市经济增长，即从家庭到企业的后向关联效应；另一方面，城市人口规模的增加意味着劳动力供给的增加，企业因此获得更充裕的劳动力供给和更低的用工成本，从而获得更高的收益，即从家庭到企业的前向关联效应。上述两种效应在供需两端均对该城市的企业绩效有利，从而促进企业数量和门类的增加，充分释放多样化产业集聚的经济增长效应。

表 8-5　多样化门槛模型参数估计结果

lnPGDP	系数	标准误	Z 值	P>∣Z∣	[95%置信区间门槛]	
Lower regime：*TPC*<147.59（万人）						
L. ln*PGDP*	0.8437***	0.0254	33.18	0.000	0.7938	0.8935
FIS	0.1002***	0.0295	3.39	0.001	0.0423	0.1581
INV	0.0166	0.0124	1.34	0.180	−0.0076	0.0410
GDP32	−0.2297***	0.0149	−15.36	0.000	−0.2590	−0.2004
EDU	−0.1433***	0.0103	−13.80	0.000	−0.1636	−0.1229
RDI	−0.0301***	0.0064	−4.65	0.000	−0.0428	−0.0174
cons_	0.1938	0.3388	0.57	0.567	−0.4702	0.8579
Upper regime：*TPC*>147.59（万人）						
L. ln*PGDP*	1.0595***	0.0304	−34.80	0.000	−1.1192	−0.9999
FIS	0.3732	0.2525	1.48	0.139	−0.1216	0.8682
INV	0.6340***	0.0238	26.61	0.000	0.5873	0.6807
GDP32	0.4586***	0.0323	14.19	0.000	0.3953	0.5220
EDU	0.3033***	0.0259	11.69	0.000	0.2524	0.3541
RDI	0.1164***	0.0108	10.72	0.000	0.0951	0.1377
门槛值	147.59***	9.0182	16.37	0.000	129.9108	165.2616
门槛值以上样本占比（%）	26.42					
门槛效应检验（P 值）	0.000					
矩条件	216					

注：P 值与临界值均为采用"Bootstrap 方法"模拟 300 次后得到的结果；*L.* ln*PGDP* 表示变量 *PGDP* 滞后一期的对数；*** 表示在 1%的显著性水平上显著。

　　同样地，当地企业数量和门类增加，会通过增加对劳动力的需求和提供丰富多样的产品供给产生由企业到家庭的前后向关联效应。两类前后向的关联效应形成良性循环，进一步释放多样化产业集聚的经济增长效应。值得注意的是，城市人口规模的扩大会受到城市承载力的制约，不可盲目过度扩张。

　　综合专业化集聚和多样化集聚参数估计结果来看，两种集聚模式的经济增长效应均受到城市人口规模的约束，当城市人口规模低于 147.59 万人时，多样化集聚 *RDI* 系数显著为负，而专业化集聚 *RZI* 系数显著为正，说明专业化集聚更有利于城市经济增长；当城市人口规模高于 211.71 万人时，专业化集聚 *RZI* 系数显著为负，多样化集聚 *RDI* 系数则显著为正，说明此时选择多样化集聚更能推动城市经济增长。而当城市人口规模处于 147.59 万~211.71 万人时，*RZI* 和 *RDI* 系数均显著为正，说明无论是专业化集聚还是多样化集聚，对城市都有正向的经济增长效应，此时两种集聚模式均有利于城市经济增长，验证了假设 3。如前文所述，专业化集聚和多样化集聚所带来的经济增长效应依赖于城市人口规模，专业化集聚对劳动力的吸纳能力和产品多样化的供给能力有限，其正向经济增长效应存在一个城市人口规模的上限。而多样化集聚则因为家庭和企业前后向关联效应的良性循环，对城市经济增长的带动作用存在一个城市人口规模下限。在这个城市人口规模区间，两种集聚模式均有利于经济增长。

四、稳健性检验

为进一步检验上述实证结果的稳健性，本节通过变换测度方法，并用更为微观的中国工业企业数据对各个城市的专业化和多样化指标进行测算。《中国城市统计年鉴》所统计的 19 个行业中，第一产业为农林牧渔业大类，第二产业包括采掘业、制造业、热力热电及水生产供应和建筑业四个行业，其他 14 个行业则均为第三产业，各个城市制造业就业数据均没有进行细分，事实上中国大部分中小城市的专业化和多样化特征体现在细分的制造业上，前文仅以城市年鉴中 1+4+15 的 19 类行业大类就业数据测算城市的专业化和多样化水平存在一定的局限性①。因此，本节借鉴韩峰和李玉双（2019）的方法，利用 2003~2010 年中国工业企业数据匹配中国 283 个地级及以上城市各行业的就业数据，测算城市的专业化和多样化水平。为得到城市—产业层面的数据做如下处理：一是根据聂辉华等（2012）的处理方法对中国工业企业数据库的指标异常值进行处理，并剔

---

① 鉴于《中国城市统计年鉴》在行业分类上对第二产业的四个行业尤其是制造业没有细分，不能更好地反映大部分城市产业集聚的特征。特此借鉴已有文献的方法，用中国工业企业数据测算产业专业化和多样化水平以验证前文结果的稳健性。中国工业企业数据库提供了 1998~2013 年"全部国有及规模以上非国有企业数据"，数据来源于国家统计局依据《工业统计报表制度》而进行的工业调查统计。其统计口径包括"采掘业""制造业""电力燃气及水的生产与供应业"三个门类，涵盖中国工业制造业 40 多个大产业，90 多个中类、600 多个子行业。因此，用工业企业数据测算中国城市的专业化和多样化水平具有较大的可取性。

除就业人数小于 8 人和年销售额低于 500 万元的企业；二是将企业三位行业代码统一至国民经济行业分类（GB/T 4754—2002）标准；三是将就业人数加总到城市层面，得到城市—产业层面就业人数。受限于中国工业企业数据只统计到 2013 年，并且 2010 年后数据统计指标存在较大改变，因此，新构建的面板数据仅包括 283 个地级及以上城市 2003～2010 年数据，现对式（8-7）和式（8-8）分别进行门槛估计，结果如表 8-6 所示。

表 8-6　稳健性检验结果

变量	系数估计值	变量	系数估计值
RZI（TPC<196.0345）	0.1549** (1.99)	RDI（TPC<165.8621）	−0.0473** (−2.12)
RZI（TPC>196.0345）	−1.8851*** (−8.19)	RDI（TPC>165.8621）	1.0422*** (7.83)
控制变量	控制	控制变量	控制
门槛值	196.0345*** (11.45)	门槛值	165.8621*** (14.18)
门槛值以上样本占比（%）	13.83	门槛值以上样本占比（%）	19.13
门槛效应检验（P 值）	0.000	门槛效应检验（P 值）	0.000
矩条件	180	矩条件	180

注：括号内数值为 Z 值；***和**分别表示在 1% 和 5% 的显著性水平上显著。

从表 8-6 的结果来看，门槛效应检验的 P 值均为 0.000，拒绝了模型不存在门槛效应的原假设，说明专业化集聚和多样化集聚的经济增长效应均存在基于城市人口规模的门槛效应，门槛值分别为 196.0345 万人和165.8621 万人，样本区间内门槛值以上占比分别为 13.83% 和 19.13%。从表 8-6 的专业化估计结果来看，当城市人口规模在 196.0345 万人以下时，RZI 系数为 0.1549，并在 5% 的水平上显著，而当城市人口规模处于196.03 万人以上时，RZI 系数则转变为显著为负。从表 8-6 的多样化估计结果来看，当城市人口规模在 165.8621 万人以下时，RDI 系数为−0.0473，并在 5% 的水平上显著，而当城市人口规模跨越 165.8621 万人的门槛值时，RDI 系数则显著为正。以上结果说明了当城市人口处于 196.0345 万人以下时更适合发展专业化集聚模式；而当城市人口规模在 165.8621 万人以上时更适合发展多样化集聚模式；当城市人口规模处于 165.8621 万~196.0345 万人时，两种产业集聚模式均有利于城市经济增长。与前文相比，虽然专业化门槛值相对下降，多样化门槛值相对提升，有利于两种产业集聚模式的城市人口规模区间有所收窄，但估计结果与前文基本一致，说明结果是稳健的。

第四节
主要结论与政策建议

　　本章探讨了城市人口规模约束下城市最优产业集聚模式的选择问题。借鉴 Hansen（1999）、Seo 和 Shin（2016）的门槛检验方法，以城市人口规模为门槛变量，分别构建专业化集聚和多样化集聚影响城市经济增长的非线性动态面板门槛模型，并利用中国 285 个地级及以上城市 2004~2017 年面板数据估计发现：①专业化集聚和多样化集聚在人口规模的约束下对城市经济增长的影响均存在显著的门槛效应。就专业化集聚而言，当城市规模低于 211.71 万人时，专业化集聚对城市有显著的正向经济增长效应，高于 211.71 万人时则对城市有显著的负向经济增长效应。而多样化集聚在城市人口规模低于 147.59 万人时有不同程度的负向经济增长效应，高于 147.59 万人时则呈现显著正向经济增长效应。当城市人口规模处于 147.59 万~211.71 万人时，专业化集聚和多样化集聚均有显著的正向经济增长效应。②专业化集聚受产业专业化和产品多样化供给能力的限制不利于城市人口规模扩张，多样化集聚由于产业多元化和 Jacobs 外部性有利于人口集聚和城市扩张。从中国各类型城市人口规模和专业化与多样化水平来看，随着人口迁移的限制因素逐渐消失，人口将会由专业化水平高的中小城市流向多样化水平高的大城市。

　　本章研究结果验证了现有研究的一些基本结论，且更精确地估计出了最优产业集聚模式下具体的城市人口规模区间，即多样化集聚有利于大城市经济增长，而专业化集聚不利于大城市经济增长；专业化集聚对中小城市有显著的正向经济增长效应，多样化集聚的作用则相反。这些发现有以下政策启示：

第一，不同规模等级的城市在制定产业发展政策时应充分考虑自身的人口规模，避免盲目追求单纯的专业化或者多样化的产业集聚模式。对于人口规模较小（如 147.59 万人口以下）的城市，更适宜以专业化集聚模式集中资源发展本地区的特色优势产业，充分发挥 MAR 外部性（本地化经济优势），并不断完善地区基础设施建设，以吸引更多的优秀人才与先进企业进入；对于中型城市（如 147.59 万～211.71 万人）而言，地方政府应充分考虑当地资源特征，根据城市自身特点集中资源重点发展一类或几类优势产业，避免盲目追求产业多样化；对于大城市而言，则可利用其综合竞争优势发展现代服务业、先进制造业、高新技术产业等，通过多样化的产业集聚满足城市多样化的需求，并结合城市定位与发展战略培育和发展支柱产业从而带动城市经济增长；对于综合性的超大以及特大城市而言，应积极通过政府减免税收或财政补贴等各项产业政策实施多样化的专业化，即专业化于多种类的产业，充分发挥 Jacobs 外部性（城市化经济优势），延伸产业链，同时适度控制城市人口规模，防止规模过大而导致各种"城市病"的产生而不利于城市经济的健康发展。

第二，打破"小而全""大而全"格局，促进城市群内部、不同城市之间专业化和多样化的分工协作，鼓励中小城市选择"小而专"的相对专业化的发展模式，鼓励大城市根据自身条件选择"大而多"的适度多样化的发展模式。长期以来，由于地方政府竞争和缺乏合理的产业规划，各城市的发展呈现"小而全""大而全"格局，城市之间市场分割、产业结构同质化、重复建设问题严重。因此，在明确了城市人口规模对产业集聚模式选择的影响后，各地方政府应顺应市场需求与人口迁移的趋势，积极清除市场分割壁垒，促进不同规模城市之间的分工与合作，鼓励人口、产品和其他要素的自由流动，提高资源配置效率和城市的发展质量。

生产性服务业集聚与城市
经济效率*

*本章主体内容曾发表于：袁冬梅,李恒辉. 生产性服务业集聚提高了中国城市经济效率吗?——基于产业层次和城市规模差异视角的检验［J］. 厦门大学学报(哲学社会科学版),2021(2):125-136.

作为推动新型城镇化与产业转型升级良性互动的重要机制，产业集聚要真正发挥作用不仅取决于集聚模式的选择，还取决于集聚的产业是否符合产业转型升级的方向。随着社会分工不断深化，制造业中生产性服务环节逐渐剥离出来，成为现代服务业的重要组成部分，大力发展生产性服务业并推动其适宜性集聚，不仅能有效对接制造业或工业，促进中国产业逐步由生产制造型向生产服务型转变，还能为城市人口创造更多的就业岗位，优化城市产业结构，增强各城市的经济竞争力，从而推动产业转型升级和新型城镇化良性互动发展。为此，本章利用2004~2018年城市面板数据，基于产业层次和城市规模差异，对生产性服务业集聚与中国城市经济效率之间的关系进行探讨，为不同规模城市有选择、有重点地发展生产性服务业以提高经济效率提供经验证据。

第一节
问题提出与文献综述

党的十九大报告明确提出要"支持传统产业优化升级，加快发展现代服务业"，生产性服务业作为现代服务业的重要组成部分，正在成为促进中国产业逐步由生产制造型向生产服务型转变，进而提高城市整体经济效率和实现高质量新型城镇化的重要推动力量（张建华、程文，2019；喻胜华等，2020）。2014年，国务院首次对生产性服务业发展作出全面部署，在《国务院关于加快发展生产性服务业促进产业结构调整升级的指导意见》中指出，加快发展生产性服务业，是向结构调整要动力、促进经济稳定增长的重大措施，既可以有效激发内需潜力、带动扩大社会就业、持续改善人民生活，也有利于引领产业向价值链高端提升。此后，各级地方政府竞相出台"退二进三""优二选三"的竞争性地方产业发展政策，纷纷通过建立物流园区、金融中心和高新技术服务园区等大力发展现代服务业。国家统计局公布的数据显示，中国生产性服务业城镇单位从业人数从

2012 年的 2041 万人增加到 2018 年的 2883 万人，新增了近 842 万从业人员[①]。生产性服务作为生产活动的中间投入，不仅能发挥对关联产业的外部性作用，而且有利于培育新的经济增长点，其规模的快速发展被许多经济学家认为是实现中国经济高质量发展的关键。但生产性服务业对城市经济效率的作用复杂，由于不同规模城市禀赋条件和比较优势不同，分工和专业化模式存在差异，如果产业结构和生产性服务投入需求结构不匹配，必然会造成资源配置的扭曲，不利于城市实现经济效率的提升（邓仲良、张可云，2020）。因此，对于具体城市而言，生产性服务业集聚是否有效促进了城市经济效率提升？不同产业层次生产性服务业对城市经济效率的影响是否存在异质性？如何更好地对生产性服务业布局与城市规模进行匹配，解决城市内部要素与需求的错配问题？深化上述问题的研究对各级政府制定适宜的产业发展政策，优化城市产业结构、转换经济增长动力和实现更高经济发展效率具有重要的理论和现实意义。

随着社会分工不断深化，制造业中生产性服务环节逐渐剥离出来，生产性服务业的功能由最初的经济系统润滑剂逐渐演变为提升经济效率的引擎（段文斌等，2016）。相关研究也从简单对集聚现象的描述不断深入到分析生产性服务业集聚对地区生产率和经济效率的影响上。Marshall（1890）最早提出产业在地理上集聚得益于外部性的观点，指出在某一地区同一产业企业的集聚所形成的专业化能够引致劳动力和中间投入品的规模效应，从而促进信息交换和技术扩散。后来，Arrow（1962）将马歇尔外部性思想进一步模型化，用以解释知识溢出效应对生产效率的作用。在基于产业集聚外部性效应理论的框架下，城市经济学领域众多学者对生产性服务业与城市经济效率的关系进行了深入探讨，但生产性服务业集聚是否真正发挥了对经济效率的促进作用尚存在争论。第一，部分学者认为生产性服务业集聚能有效地促进经济效率提升。Eswaran 和 Kotwal（2002）指出生产性服务业集聚有利于地区投资经营环境的改善，能够吸引高层次人才集聚，从而促进了地区劳动生产率的提高。Wood

---

① 本章根据《国民经济行业分类》（GB/T 4754—2002），对生产性服务业的界定包括"信息传输、计算机服务和软件业""科学研究、技术服务和地质勘查业""金融业""租赁和商务服务业""交通运输、仓储和邮政业"五类，行业就业数据来源于国家统计局，http://data.stats.gov.cn/easyquery.htm? cn=C01。

（2006）认为地区生产性服务业集聚发挥着技术溢出效应，增强了经济适应外部环境变化的能力，提高了区域经济增长潜力。金晓雨（2015）则指出与最终产品制造业需求相平衡的生产性服务业发展水平有利于促进两者协调互动，最大化城市生产率。李平等（2017）研究指出生产性服务业较高的技术进步水平以及对资本要素和劳动要素较强的集聚能力，可以提升宏观经济总体全要素生产率。梁军和从振楠（2018）、刘丽萍和刘家树（2019）指出生产性服务业集聚对城市技术效率和创新经济增长具有正向溢出效应。黎日荣（2019）则认为生产性服务业集聚通过专业化分工和学习效应两条途径直接提升企业的生产率。第二，部分学者研究指出生产性服务业集聚与城市生产率存在着非线性关系。黄永春等（2013）指出只有与本地需求结构相匹配，生产性服务业发展才能发挥集聚规模效应，否则会因要素和需求的低效配置，降低城市生产效率。韩峰等（2014）研究认为随着经济水平的不断提高，生产性服务业集聚对经济增长的边际贡献呈先增后减的倒"U"形趋势。李晓萍等（2015）研究发现 2003 年之后经济集聚带来的更多是拥挤效应，并非所有企业集聚均能提高城市的生产率。部分学者研究了影响生产性服务业集聚与经济效率非线性关系的调节变量因素。柯善咨和赵曜（2014）、张浩然（2015）均选取城市规模作为调节变量，指出生产性服务业集聚与城市生产率的关系随着城市规模的扩张呈现先增长后下降的倒"U"形。宣烨和余泳泽（2014）、曹聪丽和陈宪（2019）研究指出层级分工会出现在不同功能和规模的城市之间，生产性服务业发展模式和结构调整的经济增长效应受到城市经济发展阶段和人口规模的约束。曾艺等（2019）研究指出生产性服务业集聚能够显著提升本地区经济增长质量，且生产性服务业集聚对经济增长质量的促进作用随着城市等级规模的扩大而不断增强。第三，少数学者关注到不同产业层次的生产性服务业对城市经济效率的差异性影响。席强敏等（2015）研究指出不同类型生产部门对于生产性服务业需求存在较大差异。黄斯婕和张萃（2016）进一步指出行业的异质性决定了每个行业的集聚对城市生产率的促进作用大小不同。

尽管生产性服务业集聚与城市经济效率关系的研究已经积累了较多文献，但也在不同程度上存在不足。生产性服务业在发展过程中其技术性质并非一成不变，随着现代科技的进步和生产性服务业的发展，其性质和构成更加复杂多元（王恕立等，2015；张月友等，2018）。因此，不仅要研究生产性服务业集聚对城市经济效率的整体影响，还要进一步考察生产性服务业异质性特征带来的差异性影响。考虑到单一城市资源环境等条件存在空间约束和有限的承受力，过度集聚会引发交通拥堵、环境污染、恶性竞争等负外部性，从而对城市经济效率产生不利影响（周圣强、朱卫平，2013）。同时，在城市规模差异背景下，不同规模城市经济结构和市场需求等条件决定了适宜发展的生产性服务业层次必然有所差异。

与现有文献相比，本章内容的边际贡献在于：第一，以城市为空间单位，探讨在城市资源条件约束下，生产性服务业集聚对城市经济效率的非线性影响；第二，基于生产性服务业产业层次差异，探讨不同产业层次生产性服务业集聚对城市经济效率提升的异质性作用；第三，考虑不同规模城市要素投入需求差异，揭示城市规模差异下不同产业层次生产性服务业集聚对城市经济效率提升的差异性影响；第四，利用分位数回归分析不同经济效率水平的城市个体对不同产业层次生产性服务业集聚变量的敏感性，并进一步检验了城市最终需求作为调节变量对生产性服务业集聚与城市经济效率关系的影响。

第二节
机理分析和假设提出

一、生产性服务业集聚影响城市经济效率的机理

生产性服务业具有规模效应，其生产效率会随着自身发展而逐渐提高，同时生产性服务业作为必要的中间投入要素对关联产业具有外部性（黄永春等，2013）。生产性服务业在一个城市的集聚，可以通过产业内与产业间的分工协作，促进产业整体的生产效率提升；同时

集聚带来的知识和技术外溢会带动城市各企业争相模仿和创新，提高了整个城市的创新水平；另外，生产性服务业为其他产业提供的专业化生产服务显著降低了生产成本和交易成本；而在优胜劣汰的机制下，集聚带来的产业内外的良性竞争效应有利于整个城市的生产效率提升。

但是，生产性服务业集聚的前提是存在规模报酬递增，囿于集聚成本的存在，集聚的规模效应不会一直持续（陈国亮、陈建军，2012）。在生产性服务业集聚产生的规模效应日益增强的阶段，其他部门生产要素由于资本逐利性而选择蜂拥而入，隐含了过度集聚的危机。当一个地区存在过度集聚时，地租上涨、通勤时间延长等拥挤成本效应就会逐渐显现，同时叠加要素供给的相对过剩也会使规模报酬递减，从而不利于提升地区生产效率（王垚等，2017）。另外，生产性服务业产业层次的差异组合通常也会存在较大的外部性差异，不同规模城市产业体系完善水平决定了对不同产业层次生产性服务业中间投入的需求差异，如果存在需求和投入的不匹配，也会表现出对本地生产的挤出效应。

综上，在生产性服务业集聚初期，规模报酬递增在多种效应综合作用下顺利实现，集聚对城市经济效率得以有效发挥。但当集聚超出城市实际需求后，集聚的拥挤效应逐渐替代规模效应并开始占据主导地位，此时交通拥挤、成本上升和竞争恶化逐渐成为阻碍城市经济效率提升的关键。基于生产厂商的视角，根据"理性经济人"的假设，厂商会在利润最大化目标的驱动下，选择成本最小化的要素投入，驻留在生产性服务业集聚的"经济区"，但在市场机制下，信息不对称的存在使厂商较难作出理性决策，不少厂商受"羊群效应"影响进入集聚的"非经济区"，造成规模不经济（Behrens et al.，2014）。因此，提出本章的假设1。

假设1：生产性服务业集聚与城市经济效率之间存在着非线性关系。

二、生产性服务业集聚影响城市经济效率的异质性

在经济系统中，要素需求和投入数量的比例配置决定着生产活动产出效率（邓仲良、张可云，2020）。具体到生产性服务业，即使生产性服务投入并未造成生产要素拥挤，也会因供给超过了发展需求而造成资源配置

效率的损失。随着工业化进程的不断推进，生产性服务业分工逐渐成为区域空间再组织的重要力量，在服务业中占比越来越大（宋昌耀等，2018）。但受资源禀赋、产业政策和区位条件等多重因素的影响，城市作为产业集聚的载体，随着价值链分工不断深化，不同规模城市在区域分工协作中承担着差异性的角色。同时，虽然生产性服务业整体上呈现资本和知识技术密集型特点，但细分产业层次，生产性服务业亦呈现多样性和差异性生产率特征（王恕立、胡宗彪，2012）。

对于较小规模城市，工业化水平和结构更多表现出初级和简单的特征，对生产性服务中间投入需求也较为简单，虽然不排除部分中小城市凭借较好的要素禀赋条件实现了较高的工业化水平，但受到工业规模和最终需求等因素限制，经济系统对技术和知识密集型生产性服务业的需求规模也相对较小。所以，规模较小城市因其以低端产业布局为主，在市场机制下，劳动密集型的低端生产性服务业更符合本地区的资源配置；而对于较大规模综合性城市，作为区域经济发展的中心，拥有着较大的产业规模和较为完善的产业链，立足于价值链高端环节，城市产业布局也以高新技术产业为主，此时资本、技术密集型生产性服务业集聚更符合城市发展需求；同时，较大规模城市存在着完整的产业链，对低端生产性服务业的需求也较大。综上，对于特定规模城市，布局能更好地满足本地经济系统实际需求和发展潜力的生产性服务业，才能更好地发挥生产性服务业集聚的规模效应；反之，若生产性服务业供给超出本地发展的实际需求，集聚的拥挤效应会逐渐超过规模效应，不利于经济效率提升。因此，提出本章的假设 2。

假设 2：当城市规模较小时，低端生产性服务业集聚更有利于经济效率的提升。随着城市规模的扩大，高端生产性服务业集聚更有利于经济效率的提升。

综合来看，生产性服务业产业层次的选择及对城市经济效率提升的作用机理如图 9-1 所示。

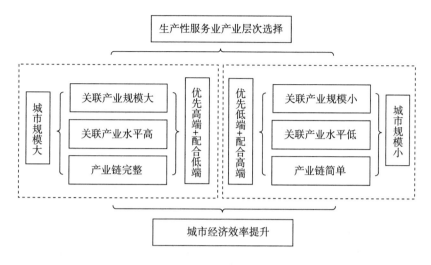

图 9-1　生产性服务业产业层次的选择及对城市经济效率提升的作用机理

第三节
模型构建和变量设定

一、模型构建

基于前文的理论分析与研究假设，构建模型如下：

$$\ln ATFP_{it}=\beta_0+\beta_1\ln QP_{it}+\beta_2\ln QP_{it}{}^2+\theta X_{it}+\mu_{it} \qquad (9-1)$$

其中，$ATFP$ 为城市全要素生产率；QP_{it} 表示 i 城市 t 时期生产性服务业集聚程度，引入生产性服务业集聚程度的二次项来识别其非线性影响；X 为控制变量，包括经济发展水平、人力资本水平、金融发展水平、利用外资水平、工资水平以及政府干预程度；i 代表城市，t 代表时期；μ 是随机扰动项。

二、样本与数据

本章数据主要来源于 2005~2019 年《中国城市统计年鉴》和各城市统

计公报。为保持数据的统一和完整，剔除数据缺失严重的拉萨市、近年撤销的巢湖市和新设立的毕节市、铜仁市和三沙市，最终选取 2004~2018 年285 个地级市面板数据作为估计样本，对个别城市所缺失的数据采用插值法进行补充。

三、变量设定与描述性统计

1. 被解释变量

经济效率（$ATFP$）：全要素生产率充分考虑了产出活动中多种要素投入与产出的关系，能综合反映一段时间内投入转化为产出的总体效率（Syverson，2011），因此全要素生产率指标能较好地衡量城市经济效率。借鉴 Griliches 和 Mairesse（1990）提出的近似全要素生产率的方法，该方法本质上是索洛余值法的近似，比较适合测算城市经济效率。其计算公式为：

$$ATFP_t = \ln(Y/L) - s \times \ln(Y/K) \tag{9-2}$$

其中，Y 为产出，用国内生产总值表示；L 为劳动要素投入；K 为资本要素投入；s 为资本的产出弹性，若 $s=0$，则生产率为劳动生产率，若 $s=1$，则生产率为资本生产率，借鉴张军等（2004）的研究，在计算城市经济效率时取 $s=1/3$。

对于劳动要素投入，用城市全部就业人数表示；对于资本要素投入，用国内资本存量 K 表示，采用永续盘存法对资本存量进行计算，测算采用相对效率几何递减模型。其计算公式为：

$$K_t = I_t + (1-\delta) \times K_{t-1} \tag{9-3}$$

其中，K_t 和 K_{t-1} 分别为 t 期和 $t-1$ 期的资本存量，I_t 为 t 期的资本投入额；本章选择 2004 年作为基期进行资本存量的测算，参考孙晓华和郭玉娇（2013）的研究，将各地级市 2004 年的固定资产投入额除以 10% 作为该地级市的初始资本存量，并把城市固定资产的经济折旧率设为 $\delta = 9.6\%$。

2. 解释变量

生产性服务业集聚（QP）：E-G 指数、Hoover 指数、Gini 系数和区位熵指数都是测度产业集聚的方法，但考虑到区位熵指数可以更好地消除地区差异因素，能更加确切地反映某一城市的要素集聚情况，因此本章采用区位熵指数来测度生产性服务业集聚。其计算公式为：

$$QP_{ij}(t) = \left[\,q_{ij}(t)\,\big/\,\textstyle\sum_j q_{ij}(t)\,\right]\!\Big/\!\left[\,\textstyle\sum_i q_{ij}(t)\,\big/\,\textstyle\sum_i\sum_j q_{ij}(t)\,\right] \qquad (9\text{-}4)$$

其中，$QP_{ij}(t)$ 指 t 时期 i 城市 j 产业的区位熵指数，$q_{ij}(t)$ 为 t 时期 i 城市 j 产业就业人数，$\sum_j q_{ij}(t)$ 为 t 时期 i 城市所有产业的就业人数，$\sum_i q_{ij}(t)$ 为 t 时期全部城市 j 产业的就业人数，$\sum_i\sum_j q_{ij}(t)$ 为 t 时期全部城市所有产业的就业人数；生产性服务业的区位熵指数越大，说明该城市的生产性服务业的集聚程度越高，反之则越低。

3. 控制变量

本章还控制了一些可能影响城市经济效率的其他解释变量，包括：经济发展水平（$PGDP$），一般认为随着城市经济发展水平的提高，城市经济效率也会更高，采用城市人均 GDP 来表示；人力资本水平（$HUMAN$），兼具知识和技能要素的人力资本显然能够提高城市的经济效率，采用市辖区每万人在校大学生数作为代理变量；金融发展水平（FD），良好的金融系统能够把资金从低效率部门导向高效率部门，从而增强整体经济系统的效率，采用各城市金融机构年末存贷款余额占 GDP 的比重表示；利用外资水平（FDI），FDI 不仅可以增加城市的资本存量，还可以通过产业关联和技术外溢影响城市的经济效率，采用各城市实际利用外资占 GDP 的比重表示；城市工资水平（$WAGE$），城市工资水平上升可能会产生两方面影响，一方面工资水平上升可能造成企业成本的上升，不利于企业生产，另一方面工资的上涨也可能"倒逼"企业主动调整产业结构，提升企业的生产效率，采用城市职工平均工资作为代理变量；政府干预程度（GOV），政府对经济活动的合理干预会提升经济系统资源的配置效率，而过度干预可能会导致资源扭曲而不利于经济效率提升，以城市财政支出占 GDP 的比重来表示。各变量描述性统计如表 9-1 所示。

表 9-1　各变量的描述性统计

变量	变量说明	均值	中位数	标准差	最小值	最大值
$ATFP$	经济效率	12.84	0.57	12.86	10.3	15.85
QP	生产性服务业集聚	1.1	1.64	1.01	0.22	67.95
QHP	高端生产性服务业集聚	1.27	2.96	1.14	0.11	139.81
QLP	低端生产性服务业集聚	0.93	1.6	0.78	0.12	90.76

变量	变量说明	均值	中位数	标准差	最小值	最大值
PGDP	经济发展水平（万元）	5.03	10.41	3.95	0.18	46.77
HUMAN	人力资本水平（人）	0.07	0.03	0.07	0.01	0.39
FD	金融发展水平	2.88	1.35	2.55	0.21	12.51
FDI	利用外资水平	0.05	0.06	0.03	0	0.67
WAGE	工资水平（万元）	4.03	2.05	3.79	0.2	14.98
GOV	政府干预程度	0.16	0.1	0.13	0.01	2.7

注：$N=4275$。

第四节
实证结果及分析

一、基准回归分析

本章利用 2004~2018 年城市面板数据，使用 OLS 回归对生产性服务业集聚和城市经济效率的关系进行了检验，同时控制了城市和时间固定效应，并对所有变量进行了对数化处理，以最大限度地降低异方差的影响，回归结果如表 9-2 所示。表中列（1）~列（4）的逐步回归结果显示生产性服务业集聚系数始终在 1% 水平上显著为正，且控制变量的增加并不影响核心变量的显著性，说明从全国整体来看，现阶段中国生产性服务业集聚能够显著促进城市经济效率提升。进一步观察列（5）回归结果，生产性服务业集聚（QP）一次项系数显著为正，二次项系数显著为负，说明生产性服务业集聚与城市经济效率之间表现出非线性关系，就全国层面而言，生产性服务业集聚与经济效率之间存在着倒"U"形关系，拐点值为 3.24[①]，证明了假设 1。回归结果表明在生产性服务业集聚初期，其集聚程

[①] 在模型 $\ln ATFP_{it}=\beta_0+\beta_1 \ln QP_{it}+\beta_2 \ln QP_{it}^2+\theta X_{it}+\mu_{it}$ 中，求 $\ln QP$ 的拐点公式如下：$\partial \ln ATFP/\partial \ln QP=\beta_1+2\beta_2 \ln QP_{it}$，令其为零则可计算出生产性服务业集聚的拐点值为 $-\beta_1/2\beta_2$。

度的提高有助于促进经济效率的提高，而当其集聚程度超过 3.24 临界点时，就会抑制城市经济效率的提高，现阶段中国生产性服务业集聚的作用仍处于倒"U"形的上升阶段，应着力继续推动城市生产性服务业集聚，促进城市经济效率提升。

表 9-2 全国总样本 OLS 估计结果

变量	（1）	（2）	（3）	（4）	（5）
$\ln QP$	0.0227 *** (19.51)	0.0231 *** (21.03)	0.0253 *** (23.57)	0.0244 *** (23.07)	0.0279 *** (24.68)
$\ln QP^2$					−0.0043 *** (−8.29)
$\ln PGDP$		0.0242 *** (21.95)	0.0195 *** (17.61)	0.0161 *** (14.46)	0.0164 *** (14.79)
$\ln HUMAN$		−0.0060 *** (−3.50)	−0.0065 *** (−3.90)	−0.0054 *** (−3.32)	−0.0055 *** (−3.43)
$\ln FD$			−0.0215 *** (−15.53)	−0.0207 *** (−14.81)	−0.0211 *** (−15.22)
$\ln FDI$			0.0011 *** (4.70)	0.0009 *** (3.99)	0.0009 *** (3.92)
$\ln WAGE$				0.0266 *** (12.55)	0.0253 *** (12.03)
$\ln GOV$				−0.0025 *** (−2.67)	−0.0027 *** (−2.89)
常数项	2.4580 *** (540.84)	2.4132 *** (401.24)	2.4587 *** (379.66)	2.4301 *** (341.26)	2.4316 *** (344.26)
城市效应	控制	控制	控制	控制	控制
时间效应	控制	控制	控制	控制	控制
N	4275	4275	4271	4271	4271
R^2	0.8707	0.8853	0.8931	0.8972	0.8989

注：估计系数后括号中为 t 统计量，*** 表示在 1%的显著性水平上显著。

对控制变量而言，人均 GDP 系数显著为正，表明城市经济发展水平越高就越有利于城市经济效率的提高；人力资本水平系数显著为负，表明中国城市人力资本整体水平并未有效支持城市经济效率提升，对城市发展和经济效率提升产生不利影响，各城市急需加大本地人才培养和人才引进力度来推动本地经济效率提升；金融发展水平系数显著为负，可能原因在于当前中国金融约束现象仍然存在，金融中介为谋取利益最大化进行了过多投机性活动，从而给经济效率带来了负面影响；实际利用外资对城市经济效率存在显著正向影响，说明中国大力引进外资的政策很好地发挥了促进城市经济效率提升的作用；地区工资水平的系数显著为正，原因可能在于工资的上涨，使各地企业面临着升级与转型的巨大压力，"倒逼"企业主动调整产业结构，提高了生产和经济效率；政府干预系数显著为负，可能原因在于财政分权体制下，地方政府倾向于进行大规模投资推动生产活动，而在资本深化过程中可能导致经济效率损失。

二、基于产业层次差异讨论

借鉴于斌斌（2017）的研究，基于知识和技术的密集度将生产性服务业细分为高端生产性服务业和低端生产性服务业两大类。其中，高端生产性服务业包含"金融业""信息传输、计算机服务业和软件业""科学研究、技术服务业和地质勘查业"3个行业，低端生产性服务业包含"租赁和商业服务业"和"交通运输、仓储和邮政业"2个行业。同样，用OLS模型实证检验不同产业层次生产性服务业集聚对城市经济效率的影响，回归结果如表9-3所示。

表9-3 产业层次差异讨论：全国总样本 OLS 估计结果

变量	（1）	（2）	（3）	（4）
$\ln QHP$	0.0269 *** (29.60)	0.0307 *** (32.33)		
$\ln QHP^2$		−0.0051 *** (−11.81)		
$\ln QLP$			0.0082 *** (9.62)	0.0085 *** (9.87)
$\ln QLP^2$				0.0013 ** (2.57)
$\ln PGDP$	0.0169 *** (15.66)	0.0170 *** (16.10)	0.0162 *** (13.77)	0.0161 *** (13.71)

续表

变量	（1）	（2）	（3）	（4）
ln$HUMAN$	−0.0051*** （−3.24）	−0.0049*** （−3.19）	−0.0044** （−2.56）	−0.0043** （−2.53）
lnFD	−0.0211*** （−15.68）	−0.0214*** （−16.18）	−0.0180*** （−12.29）	−0.0180*** （−12.26）
lnFDI	0.0008*** （3.75）	0.0008*** （3.73）	0.0010*** （4.05）	0.0010*** （4.08）
ln$WAGE$	0.0240*** （11.70）	0.0223*** （11.03）	0.0299*** （13.42）	0.0298*** （13.43）
lnGOV	−0.0030*** （−3.25）	−0.0031*** （−3.46）	−0.0020** （−2.01）	−0.0020** （−1.96）
常数项	2.4299*** （354.64）	2.4335*** （360.94）	2.4402*** （325.83）	2.4392*** （325.47）
城市效应	控制	控制	控制	控制
时间效应	控制	控制	控制	控制
N	4271	4271	4271	4271
R^2	0.9045	0.9077	0.8860	0.8862

注：估计系数后括号中为 t 统计量，***和**分别表示在1%和5%的显著性水平上显著。

表9-3列（1）回归结果表明，高端生产性服务业集聚系数在1%水平上显著为正，说明目前高端生产性服务业集聚对城市经济效率提升发挥着显著的促进作用。列（2）回归结果则进一步揭示了高端生产性服务业集聚与城市经济效率之间存在着倒"U"形关系，拐点值是6.02。中国高端生产性服务业集聚表现出一定的拥挤效应，但是整体上高端生产性服务业集聚的规模效应要大于拥挤效应，高端生产性服务业集聚对城市经济效率的作用正处于倒"U"形的上升阶段，因此，应着力继续推动高端生产性服务业发展，充分发挥集聚对经济效率的促进作用。列（3）和列（4）回归结果则显示低端生产性服务业集聚与城市经济效率之间呈线性关系，低端生产性服务业集聚始终表现出对城市经济效率提升的促进作用。

三、基于城市规模差异讨论

中国地理面积广阔，城市数量众多，各城市发展规模存在较大的差异，使用全国样本估计忽略了城市规模的差异。因此，本节进一步检验生产性服务业集聚对不同规模城市的差异性影响。依据 2014 年国务院颁布的《国务院关于调整城市规模划分标准的通知》，以城市市辖区年末常住人口将城市划分为 I 型大城市（人口 300 万以上）、II 型大城市（人口 100 万~300 万）、中等城市（人口 50 万~100 万）、小城市（人口 50 万以下）四类。在所有的城市样本中，共有 I 型大城市 32 个，II 型大城市 127 个，中等城市 87 个，小城市 39 个，估计结果如表 9-4 所示。

表 9-4　分城市规模样本 OLS 估计结果

变量	(1)	(2)	(3)	(4)
$\ln QP$	0.0348 *** (9.17)	0.0383 *** (24.54)	0.0082 *** (5.07)	0.0303 *** (8.51)
$\ln PGDP$	0.0104 ** (2.42)	0.0088 *** (6.01)	0.0173 *** (8.46)	0.0303 *** (7.57)
$\ln HUMAN$	−0.0035 (−0.63)	−0.0120 *** (−4.62)	0.0061 ** (2.06)	−0.0081 ** (−2.38)
$\ln FD$	−0.0021 (−0.60)	−0.0274 *** (−12.58)	−0.0201 *** (−8.12)	−0.0184 *** (−4.66)
$\ln FDI$	0.0070 *** (5.00)	0.0023 *** (5.36)	0.0011 ** (2.40)	0.0002 (0.06)
$\ln WAGE$	0.0458 *** (5.83)	0.0287 *** (9.71)	0.0220 *** (5.30)	0.0065 (1.36)
$\ln GOV$	−0.0039 (−1.14)	−0.0019 (−1.26)	−0.0031 * (−1.91)	−0.0024 (−1.10)
常数项	2.3974 *** (116.01)	2.4706 *** (260.49)	2.5066 *** (231.82)	2.4382 *** (177.56)
城市效应	控制	控制	控制	控制
时间效应	控制	控制	控制	控制
N	480	1905	1305	585
R^2	0.894	0.9021	0.907	0.9097

注：估计系数后括号中为 t 统计量，*** 、** 和 * 分别表示在 1%、5% 和 10% 的显著性水平上显著。

从表 9-4 回归结果看，列（1）~列（4）分别显示了 I 型大城市、II

型大城市、中等城市和小城市的生产性服务业集聚系数均为正，且均在1%水平上显著，表明在当前阶段生产性服务业集聚表现出较强的规模效应，不同规模城市均能从生产性服务业集聚过程中受益。具体来看，Ⅰ型和Ⅱ型大城市生产性服务业集聚系数相对中小城市和小城市较大，其中Ⅱ型大城市最受益于生产性服务业的集聚，中小城市则受益程度最小。

表9-5显示了在城市规模差异下，细分产业层次样本的实证估计结果。列（1）~列（4）分别显示了Ⅰ型大城市、Ⅱ型大城市、中等城市和小城市高端生产性服务业集聚回归结果，可以看到中等及以上规模城市高端生产性服务业集聚均能显著促进城市经济效率的提升，且Ⅱ型及以上大城市更受益于高端生产性服务业集聚；但是，小城市样本的回归结果显示，高端生产性服务业集聚系数虽然为正，但是并不显著，高端生产性服务业集聚并未能有效促进小城市经济效率的提升。

表9-5　分城市规模和产业层次样本 OLS 估计结果

变量	(1)	(2)	(3)	(4)	(5)	(6)	(7)	(8)
lnQHP	0.0334 *** (10.79)	0.0374 *** (28.66)	0.0112 *** (7.30)	0.0005 (0.21)				
lnQLP					0.0131 *** (4.04)	0.0139 *** (10.77)	0.0024 * (1.80)	0.0332 *** (13.58)
lnPGDP	0.0126 *** (3.01)	0.0104 *** (7.45)	0.0176 *** (8.72)	0.0270 *** (6.32)	0.0065 (1.41)	0.0091 *** (5.54)	0.0173 *** (8.39)	0.0298 *** (8.15)
lnHUMAN	−0.0043 (−0.82)	−0.0073 *** (−2.94)	0.0054 * (1.85)	−0.0044 (−1.21)	0.0016 (0.28)	−0.0115 *** (−3.95)	0.0064 ** (2.14)	−0.0071 ** (−2.31)
lnFD	−0.0045 (−1.29)	−0.0286 *** (−13.74)	−0.0201 *** (−8.22)	−0.0189 *** (−4.47)	0.0006 (0.15)	−0.0217 *** (−8.95)	−0.0193 *** (−7.72)	−0.0186 *** (−5.13)
lnFDI	0.0067 *** (4.94)	0.0021 *** (5.10)	0.0012 ** (2.48)	0.0002 (−0.0666)	0.0074 *** (4.92)	0.0024 *** (4.87)	0.0012 ** (2.52)	−0.0002 (−0.6059)
lnWAGE	0.0421 *** (5.50)	0.0265 *** (9.33)	0.0203 *** (4.94)	0.0106 ** (2.09)	0.0543 *** (6.50)	0.0359 *** (10.88)	0.0224 *** (5.33)	0.0042 (0.96)
lnGOV	−0.0049 (−1.48)	−0.0021 (−1.46)	−0.0032 ** (−1.99)	0.0012 (0.52)	−0.0027 (−0.72)	−0.0024 (−1.43)	−0.0030 * (−1.84)	−0.0048 ** (−2.40)
常数项	2.3982 *** (120.33)	2.4831 *** (273.32)	2.5017 *** (233.10)	2.4437 *** (166.50)	2.4252 *** (110.76)	2.4655 *** (231.52)	2.5097 *** (230.39)	2.4382 *** (194.08)

续表

变量	(1)	(2)	(3)	(4)	(5)	(6)	(7)	(8)
城市效应	控制	控制	控制	控制	控制	控制	控制	控制
时间效应	控制	控制	控制	控制	控制	控制	控制	控制
N	480	1905	1305	566	480	1905	1305	566
R^2	0.9003	0.9104	0.909	0.9243	0.8778	0.8767	0.9052	0.8968

注：估计系数后括号中为 t 统计量，＊＊＊、＊＊和＊分别表示在 1%、5% 和 10% 的显著性水平上显著。

列（5）~列（8）分别为Ⅰ型大城市、Ⅱ型大城市、中等城市和小城市低端生产性服务业集聚的回归结果，由此表明不同规模城市低端生产性服务业集聚均能显著促进城市经济效率的提升，其中小城市生产性服务业集聚系数最大，Ⅱ型大城市次之，中等城市最小。当前，中国小规模城市产业还是以低端制造业为主，劳动密集型的低端生产性服务业更符合本地区的资源配置；而规模较大的城市人口规模大，产业链较为完整，对劳动密集型的低端生产性服务业的需求也较大，因此低端生产性服务业的集聚也有利于较大规模城市经济效率的提升。同时，对比不同规模城市回归结果中高端和低端生产性服务业集聚系数的大小，Ⅰ型和Ⅱ型大城市高端生产性服务业集聚系数均大于低端生产性服务业集聚系数，说明规模更大的城市中，高端生产性服务业集聚能更好地发挥提升经济效率的作用。

总之，规模较大城市具有相对庞大的经济总量和较完整的产业体系，知识和技术密集型高端生产性服务业布局更有利于满足经济发展需求，能更好地发挥集聚的规模效应以促进经济效率的提升。而规模较小城市产业体系较为简单，如果盲目布局高端生产性服务业可能会受限于需求不足而较难发挥促进经济效率提升的作用。与此同时，低端生产性服务业作为任意发展阶段产业的必要中间投入，其集聚规模效应的门槛较低，在不同规模城市中都能较好地发挥集聚的规模效应。这一结论验证了本章的假设 2。对于特定规模和发展阶段的城市，布局能更好地满足本地经济系统实际需求和发展潜力的生产性服务业，才能更好地发挥生产性服务业集聚的规模效应。当城市规模较小时，低端生产性服务业集聚更有利于经济效率的提升。随着城市规模的扩大，经济体量的提高和产业体系的完善使其对生产性服务中间投入需求层次逐渐提高，此时进行高端生产性服务业布局更有利于城市经济效率的提升。

四、稳健性检验

1. 城市经济效率指标差异

借鉴蔡伟毅和陈学识（2010）的参数方法重新测算 285 个地级市的全要素生产率，替换被解释变量进行稳健性检验，计算公式为：$TFP = \ln Y - \alpha \ln K - \beta \ln L$。其中，产出 Y、劳动要素投入 L 和资本要素投入 K 同上文测算一致，α 和 β 分别为资本和劳动的产出弹性，选用数值 $\alpha = 0.4$、$\beta = 0.6$。稳健性检验结果如表 9-6 列（1）和列（2）所示，生产性服务业集聚系数符号和显著性水平与表 9-2 回归结果保持一致，说明基准回归结果具有稳健性。

表 9-6　稳健性检验

变量	（1）	（2）	（3）	（4）	（5）	（6）
$\ln QP$	0.0209*** (15.02)	0.0232*** (15.42)	0.0245*** (23.13)	0.0280*** (24.71)	0.0190*** (9.32)	0.0201*** (9.30)
$\ln QP^2$		−0.0028*** (−3.95)		−0.0043*** (−8.24)		−0.0030*** (−4.68)
$\ln PGDP$	0.0189*** (12.82)	0.0191*** (12.94)	0.0159*** (14.15)	0.0161*** (14.49)	0.0157*** (14.08)	0.0160*** (14.42)
$\ln HUMAN$	0.0096*** (4.46)	0.0095*** (4.43)	−0.0054*** (−3.34)	−0.0056*** (−3.44)	−0.0019 (−1.10)	−0.002 (−1.14)
$\ln FD$	−0.0564*** (−30.53)	−0.0566*** (−30.71)	−0.0208*** (−14.80)	−0.0212*** (−15.21)	−0.0146*** (−10.40)	−0.0146*** (−10.45)
$\ln FDI$	−0.0007** (−2.36)	−0.0007** (−2.41)	0.0009*** (4.03)	0.0009*** (3.96)	0.0002 (0.79)	0.0002 (0.72)
$\ln WAGE$	0.0258*** (9.23)	0.0250*** (8.94)	0.0263*** (12.39)	0.0251*** (11.87)	0.0486*** (38.96)	0.0483*** (38.87)
$\ln GOV$	−0.0101*** (−8.07)	−0.0102*** (−8.18)	−0.0026*** (−2.74)	−0.0028*** (−2.96)	−0.0025** (−2.57)	−0.0026*** (−2.67)
常数项	1.8904*** (200.94)	1.8914*** (201.34)	2.4862*** (373.49)	2.4855*** (376.56)		
城市效应	控制	控制	控制	控制	控制	控制

变量	（1）	（2）	（3）	（4）	（5）	（6）
时间效应	控制	控制	控制	控制	控制	控制
N	4271	4271	4211	4211	3987	3987
R^2	0.8985	0.8989	0.8973	0.8991	0.7877	0.79

注：估计系数后括号中为 t 统计量，＊＊＊和＊＊分别表示在 1% 和 5% 的显著性水平上显著。

2. 样本差异

由于直辖市在经济规模、体系及人口分布等方面与其他地级市存在较大差异，为了消除此类非随机性对回归结果的影响，在样本中剔除 4 个直辖市的数据以检验基准回归结果的稳健性，结果如表 9-6 列（3）和列（4）所示。剔除北京、上海、天津、重庆四个直辖市样本后，生产性服务业集聚对城市经济效率的作用均未发生明显改变，说明在剔除直辖市样本后，生产性服务业集聚对城市经济效率的回归结果依然稳健。

3. 内生性问题的处理

另外，考虑到变量存在内生性问题，生产性服务业集聚与城市经济效率两个变量之间，存在较强的双向因果关系，生产性服务业集聚会影响经济效率，经济效率也会影响生产性服务业集聚。因此本章选取生产性服务业集聚滞后一阶为工具变量，对模型重新进行两阶段最小二乘法 2SLS 回归，回归结果如表 9-6 列（5）和列（6）所示，生产性服务业集聚系数符号和显著性水平同样与基准回归保持一致，进一步说明了本章的基准回归结果基本稳健。

五、进一步分析

1. 面板分位数回归

前文基准回归仅从均值角度证明了生产性服务业集聚与城市经济效率之间的变动关系，然而经济效率不同的个体城市对于生产性服务业集聚的敏感性仍未知。由此，借鉴 Koenker 和 Bassett（1978）提出的分位数回归方法，进一步分析在条件分布不同位置，生产性服务业集聚对城市经济效率的影响作用及其差异。本节选择了 5 个有代表性的分位点：0.1、0.25、0.5、0.75 和 0.9，同样控制了城市和时间固定效应。由于篇幅所限，表 9-7

仅报告了核心解释变量的分位数回归结果。表9-7面板分位数回归结果显
示，第一，在不同城市经济效率水平下，生产性服务业集聚均显著促进了
城市经济效率的提升，且结果满足显著性要求。也就是说，对于单一城市
而言，无论其经济效率处于何种水平，都能从生产性服务业集聚中获益；
同样地，高端和低端生产性服务业集聚表现出相似的作用效果。第二，经
济效率水平越高的城市，受益于生产性服务业集聚的程度越高。生产性服
务业集聚系数的大小随着城市经济效率水平分位点的不断增长而不断变
大，说明随着城市经济效率的不断攀升，生产性服务业集聚能更好地发挥
出规模效应；同样地，高端和低端生产性服务业集聚也表现出相似的作用
效果。显然，面板分位数回归结果能更好地观察不同经济效率城市对于生
产性服务业集聚的敏感性，中国正处于经济结构转型的"新常态"关键时
期，不断推动城市各层次生产性服务业集聚正是破解当前经济结构转型困
境，实现更高质量和更高效率经济增长的关键。

表9-7　面板分位数回归估计结果

分位点	lnQP	lnQHP	lnQLP
0.1	0.0187 ** (2.46)	0.0240 *** (6.14)	0.0068 *** (3.33)
0.25	0.0208 *** (3.65)	0.0251 *** (8.66)	0.0073 *** (4.68)
0.5	0.0244 *** (4.27)	0.0268 *** (10.77)	0.0081 *** (6.86)
0.75	0.0279 *** (3.00)	0.0286 *** (7.51)	0.0089 *** (5.56)
0.9	0.0301 ** (2.45)	0.0296 *** (5.93)	0.0095 *** (4.29)

注：估计系数后括号中为t统计量，*** 和 ** 分别表示在1%和5%的显著性水平上显著。

2. 生产性服务业集聚、最终需求与城市经济效率

前文详细考察了生产性服务业集聚和经济效率之间的关系，为更深入
了解城市最终需求对生产性服务业集聚与经济效率之间关系的调节作用，
本节结合机理分析，进一步选取城市生产总值GDP作为城市最终需求变
量，并与生产性服务业集聚变量构成交互项，探究城市最终需求对生产性
服务业集聚与城市经济效率关系的影响，同时为了减少多重共线性的影

响，对交互项进行了去中心化处理，检验结果如表9-8所示。表9-8列
（1）~列（3）显示了分别单独引入城市生产总值与生产性服务业集聚、
高端生产性服务业集聚、低端生产性服务业集聚的交互项的实证结果，从
列（1）来看，生产性服务业集聚对城市经济效率的边际效果为
$\partial\ln ATFP/\partial\ln QP = 0.0272 + 0.0079\ln GDP$，又 $\ln GDP$ 的均值大于0，且
$\ln GDP$ 系数值为0.0079，也是大于0的，因此，生产性服务业集聚对城市
经济效率的影响效果随着城市生产总值GDP的增大而增大，城市最终需求
的扩大有利于强化生产性服务集聚对城市经济效率的促进作用，城市最终
需求越高，越有利于生产性服务业集聚对经济效率促进作用的发挥。同样
地，高端和低端生产性服务业集聚呈现同样的效果。引入城市生产总值
GDP交互项的实证结果进一步支持了前文的机理分析内容，生产性服务业
作为中间投入，与需求相平衡的生产性服务业发展水平有利于最大化城市
经济效率。

表9-8　生产性服务业集聚、最终需求与城市经济效率

变量	（1）	（2）	（3）
$\ln QP$	0.0272*** (26.16)		
$\ln QHP$		0.0298*** (33.18)	
$\ln QLP$			0.0101*** (11.81)
$\ln GDP$	0.0189*** (10.84)	0.0197*** (11.76)	0.0142*** (7.69)
$\ln QP \times \ln GDP$	0.0079*** (11.88)		
$\ln QHP \times \ln GDP$		0.0057*** (10.91)	
$\ln QLP \times \ln GDP$			0.0058*** (9.50)
控制变量	控制	控制	控制
常数项	2.2308*** (128.49)	2.2346*** (134.81)	2.2852*** (123.56)

续表

变量	(1)	(2)	(3)
城市效应	控制	控制	控制
时间效应	控制	控制	控制
N	4271	4271	4271
R^2	0.9035	0.9104	0.8901

注：估计系数后括号中为 t 统计量，＊＊＊表示在 1%的显著性水平上显著。

第五节
主要结论与政策建议

本章以 2004~2018 年中国 285 个地级市的生产性服务业作为研究对象，从产业层次和城市规模差异视角探讨生产性服务业集聚对城市经济效率的影响，并实证检验了生产性服务业集聚与城市经济效率间的非线性关系。得出以下主要结论：第一，生产性服务业集聚对城市经济效率的影响总体上呈现倒"U"形，现阶段生产性服务业集聚对城市经济效率的作用正处于倒"U"形的上升阶段。第二，区分产业层次来看，高端生产性服务业集聚对城市经济效率的倒"U"形影响起主导作用，当前高端生产性服务业对城市经济效率的作用正处于上升阶段；而低端生产性服务业集聚对城市经济效率呈现线性影响，低端生产性服务业始终表现出对城市经济效率的促进作用。第三，区分城市规模来看，生产性服务业集聚对不同规模城市的经济效率均有显著的促进作用，其中对Ⅰ型和Ⅱ型大城市的促进效果更大；进一步在城市规模差异下细分生产性服务业产业层次发现，高端生产性服务业集聚显著促进了Ⅰ型大城市、Ⅱ型大城市和中等城市经济效率的提升，而对小城市的促进作用则不显著，而低端生产性服务业集聚对不同规模城市均表现出显著的经济效率促进作用。第四，对经济效率水平不同的城市而言，处于经济效率水平越高的城市，受益于生产性服务业集聚的程度也越高；另外，引入城市生产总值 GDP 交互项的实证结果显示，生产性服务业集聚对城市经济效率的影响随着城市生产总值 GDP 的增大而增大，表明城市最终需求的扩大有利于强化生产性服务业集聚对城市经济效率的促进作用。基于研究结果，本章得到如下启示：

首先，应着力继续推动生产性服务业发展。本章实证结果表明现阶段中国生产性服务业集聚的作用仍处于倒"U"形的上升阶段，应继续推动城市生产性服务业集聚，促进城市经济效率提升。"大而全"的经营理念在中国许多企业中仍然存在，很多企业倾向于自己提供生产性服务，未能有效实现生产性服务环节的剥离，抑制了生产性服务业的发展。因此，应不断引导生产制造企业逐渐剥离生产制造流程中的生产性服务环节，从"内部提供"转向第三方专业生产服务企业"外部购买"，不断推动生产性服务业发展。

其次，对于特定规模城市，应基于经济社会的现实需求和发展潜力进行生产性服务业布局。不同规模城市应重点布局符合产业比较优势和发展实际需求的生产性服务业，当前许多城市为追求经济发展，竞相出台"退二进三"和优先发展知识技术密集型现代服务业的产业政策，但取得效果却不尽理想。大力发展现代服务业、推动产业结构向服务化转型符合经济发展的一般规律，但在中国工业化不平衡且不充分、国民收入水平和生产效率不高的背景下，服务业的发展不应建立在"过度去工业化"的基础之上。在今后相当长的一段时期内，工业在国民经济中仍发挥着重要的支撑作用，工业经济的充分发展和转型升级对推动中国经济增长、提高生产效率具有重要意义。中小城市不要盲目追求"大而全"的发展模式，应注重自身第二产业与生产性服务业的协同配合，有选择性地发展第三方物流、金融、电子商务等生产性服务业；大城市要重视培育和引进高端生产性服务业，为制造业迈向价值链中高端提供了更多的专业服务支持，同时也要重视低端服务业的基础支撑性作用。因此，在制定产业政策和发展规划时，各级政府应正视不同规模城市对不同层次的生产性服务业需求存在差异，有目的、有选择性地发展符合本地实际需求的生产性服务业，优化产业结构，增强自身的经济竞争力并实现高质量发展。

城市数字经济发展与产业
转型升级

纵观全球各国产业结构的变迁历史，产业结构的转型升级皆为技术发展与革新的结果。当前大数据、移动互联网以及人工智能等现代信息技术在经济领域的运用催生了数字经济蓬勃发展，而数据要素的"易复制性"等特性催生了众多新业态和新商业模式，打破了传统产业的技术创新壁垒，促进了产业的服务化、智能化及绿色化转型。抓住数字经济发展的契机，培养经济增长新动能，并以此推动新型城镇化与产业结构转型升级良性互动，这是当前值得深究的问题。本章在理论分析的基础上，利用城市面板数据探究了城市数字经济发展与产业转型升级三个维度（服务化升级、智能化升级及绿色化升级）之间的关联，并从城市区域位置、城市规模层次、城市市场化水平等方面剖析了数字经济对产业转型升级的异质性影响，为各地区、各城市因地制宜地发展数字经济以促进产业结构转型升级提供了经验证据。

第一节
问题提出与文献综述

2020年4月，中共中央、国务院印发了《关于构建更加完善的要素市场化配置体制机制的意见》，首次将数据资源作为全新生产要素纳入生产要素范畴内，继而各级政府积极响应，制定相关政策以促进数字经济的蓬勃发展。从现实来看，中国互联网络信息中心（CNNIC）发布的第47次《中国互联网络发展状况统计报告》表明，中国数字经济规模从"十三五"初的11万亿元增长到2019年末的35.8万亿元，对GDP的贡献率创历史新高；同时，截至2020年12月中国网络购物用户和网络支付用户规模分别达到7.82亿和8.54亿，较2015年分别增长89.3%和105.3%。随着我国要素市场化配置范围和配置效率的提高，以数据要素为核心的数字经济不断成为经济增长的助推器，数字技术成为传统产业转型升级最重要的驱动力量。当前数字技术催生了共享经济、零工经济、智能经济等新业态和新经济模式，并依托新兴技术加快传统产业革新和新兴产业的培育，加快产业间有效融合以实现产业数字化改造，推动产业结构的服务化与智能化升级。与此同时，人工智能、大数据以及云计算等数字技术不断革新传统制造业诸多生产环节，促进企业绿色治理水平的不断提升，实现产业结构的绿色化升级。众所周知，实现产业结构转型升级是中国实现经济结构转型和高质量发展的关键途径，是经济增长的强大驱动力。因而，在信息技术日益发展和数据要素逐渐成为战略性资源的背景下，立足于产业服务化、智能化与绿色化转型升级视角研究数字经济对产业结构转型升级的具体影响，对制定新时代数字经济发展政策、探究产业结构转型路径、更好地推动新型城镇化与产业转型升级良性互动具有现实意义。

近年来，大数据、移动互联网以及人工智能等现代信息技术正以前所未有的速度和广度渗透到各个行业和领域，而数字经济作为新一代信息技术所催生的新业态和新商业模式，不断重构生产资料所有制形式、企业生产模式以及个体劳动参与形式等，是助推要素驱动向创新驱动转型、产业结构向中高端迈进的关键举措（张于喆，2018）。在数字经济背景下，如何实现产业结构转型升级始终备受学术界关注，且数字经济蓬勃发展对产业转型升级的作用效果也存在着争论。第一，部分学者认为数字经济发展对产业转型升级具有助推作用。Kutin 等（2016）研究表明新兴技术的发展为企业带来数字化、智能化及自动化转型，有助于企业节省大量经营成本，促进区域产业链效率的有效提升；而且信息产业与制造业的深度融合往往伴随新兴技术的引进、扩散和吸收效应，进而有助于提升制造业生产效率，助推产业结构转型升级。宫汝凯和李洪亚（2016）研究指出技术进步等新兴因素与产业结构合理化之间存在显著互补关系，有利于产业结构的转型升级。张于喆（2018）认为数字经济已然成为经济增长的动力源泉，在促进新旧动能转换方面起到关键作用，是中国产业结构向中高端迈进的强大驱动力。一方面，数字经济对制造业转型升级的影响逐步从价值重塑走向价值创造，具体表现为"从要素驱动到数据驱动、从产品导向到用户体验、从产业关联到企业群落、从竞争合作到互利共生"四个维度，为加快制造业转型升级提供全新思路（焦勇，2020）；另一方面，以互联网等技术为支撑的数字经济促使数据成为一种新兴生产要素（蔡跃洲、马文君，2021），促进传统生产要素资源的优化配置，进而带动产业结构升级（Forman et al.，2012；Ivus and Boland，2015）。智能技术作为具备新型基础设施属性和促进产业技术变革的新型战略型技术，对劳动力及资本等生产要素产生显著的替代效应，且促使生产要素在各产业部门间流动，推动地区产业结构的转型升级（郭凯明，2019）。陈晓东和杨晓霞（2021）将数字经济划分为产业数字化和数字产业化，基于理论研究发现数字产业化是优化产业结构的基础条件，而产业数字化则对产业结构升级具有更显著的促进效应。同时，产业智能化作为产业数字化的核心表现，与高技能人才之间形成显著互补效应，并进一步促进资本及劳动力等生产要素在产业间进行重新配置，助推产业结构转型升级（张万里等，2021）。杨虹和王乔冉（2021）则探究了数字普惠金融对产业结构升级的影响，并发现数字普惠金融及其覆盖广度、使用深度以及数字化程度的发展都在不同程度上促进了产业结构升级。第二，另有学者表明数字经济与产业转型升级并非简单线性关系，可能存在非线性及空间溢出关联。左鹏飞等（2020）认为互联网作为数字经济良性发展的关键技术支撑，不断促进产业结构合理化，并与产业结构高度化之间呈现倒"U"形关系。陈小辉等（2020）指出随着数字经济的不断发展，省级产业结构水平不断得到提升，且提升速度边际递增。此外，茶洪旺和左鹏飞（2017）通过研究表明省级信息化水平的提升促进了产业结构升级，且具有明显正向溢出效应。第三，部分学者针对数字经济影响产业结构转型升级的传导机制展开相关研究，指出数字经济发展显著促进产业结构升级，而研发投入强度（姚维瀚、姚战琪，2021）和人力资本红利（俞伯阳、丛屹，2021）发挥了明显的中介机制作用。

　　综上，现有文献多从产业结构高级化和合理化两个维度探究数字经济发展对产业转型升级的影响，基于产业服务化、智能化和绿色化升级三个维度剖析产业转型升级的研究较少，且大多是利用省级层面的数据展开分析，缺乏城市层面的经验证据。因此，本章的边际贡献在于：一是在理论层面上，从产业服务化、智能化和绿色化升级三个维度出发梳理了数字经济发展影响产业转型升级的内在机理；二是构建城市层面数字经济发展指数以及产业服务化、智能化和绿色化升级指标，实证检验数字经济发展对产业转型升级的多维度影响；三是从城市区域位置、城市规模层次和城市市场化水平差异出发探讨数字经济发展对产业转型升级的异质性影响。本章最后一节为数字技术和实体经济深度融合推动产业转型升级和城市升级提供合理性建议，力争丰富现有关于城市数字经济发展和产业转型升级的相关研究。

第二节

机理分析与假设提出

发达国家产业结构升级的经验规律表明，技术进步是产业结构升级的重要驱动力（陈晓东、杨晓霞，2021）。当前劳动力成本持续攀升以及资本边际回报率持续下降等问题逐渐凸显，而在数字经济时代下，数据作为一种新兴生产要素直接参与到生产经营活动中，对决定企业最终生产效益起到重要作用。同时，数据要素市场化有效地驱动了数字经济的蓬勃发展，推动了智能化技术应用进程，提升了区域技术创新水平和资源配置效率，进而刺激传统产业的革新升级和新兴产业的诞生与发展，推动产业向服务化、智能化和绿色化转型升级。

首先，就推动城市产业服务化升级而言，数字经济加快了5G、大数据、云计算、区块链等新兴技术的应用，催生了大量新业态和新商业模式，扩大了服务业的服务范畴和需求定位，进而有助于服务业生产率的提升和产业链的优化重组，促进产业服务化转型升级。具体而言，基于产业关联效应视角，制造业企业可借助大数据、云计算、智能操作系统等数字化技术精准识别和掌握消费者需求并及时获得反馈，有助于企业精进产品质量，提升客户服务满意度，助力制造业企业从着重关注产品成本控制转变为聚焦消费者需求、为消费者提供与多样化需求相匹配的产品或服务，进而增加了制造业行业内部的服务化价值，助推城市服务化升级。此外，数字化技术的高效运用进一步提升了企业的品牌建设及营销能力，在一定程度上促进制造业企业的服务化转型，助力产业结构的服务化升级（杨蕙馨等，2020）。基于虚拟集聚效应视角，城市数字经济的发展使服务业企业对地理距离的依赖度显著下降，致使服务业企业由原先地理空间积聚模式转变为以数据和信息实时交换为核心的网络虚拟积聚模式（王如玉等，

2018）；进一步地，相较于农产品和制造品，服务品具备更高的收入弹性，数据要素密度较高地区往往亦是高收入地区，因而数字经济的虚拟积聚效应显著促进了服务业的知识溢出效应，为城市服务业发展带来明显的规模报酬递增效应，从而助推了产业服务化转型升级。据此，本章提出第一个待检验假设：

假设1：数字经济通过产业关联效应和虚拟集聚效应促进城市产业的服务化转型升级。

其次，就推动城市工业智能化升级而言，数字经济的蓬勃发展革新且优化了传统产业生产模式，为产业融合发展带来强硬技术支撑，进而在一定程度上为城市发展进行智能化赋能，推动城市智能化转型升级。从微观生产层面而言，数字经济时代下信息搜寻渠道逐渐多元化，信息获取更为迅捷，产品生产工序趋于透明化，消费者与生产者之间的距离进一步被拉近。由于传统产业的产品设计、生产及销售模式相对单一，无法满足消费者日益增加的多样化产品需求，而数字经济兴起所带来的大数据决策、"智能工厂"等智能化决策与应用系统能有效提高微观主体的生产效率和决策效率，促进行业生产经营模式的改善和智能化升级。从宏观城市单位而言，数字化基础设施以海量数据的获取和应用为基础，加快了数字化产业与传统产业、城市实体经济和虚拟经济（如交易支付模式的革新促进了服务业与金融业的互联互通）之间的智能融合，革新了城市内部的传统商业模式，进一步促进了城市智能化应用的长足发展。并且，当数字化平台的用户数量达到某临界值，其网络价值呈爆发式增长态势（裴长洪等，2018），发展数字经济和推广智能化应用所耗费的成本将显著降低；在正外部效应的作用下，数字经济的商业价值得到显著提升，智能化应用的用户数量不断增加，进而加快了城市智能化升级进程。因而，本章提出第二个待检验假设：

假设2：数字经济通过推进智能化生产和智能化城市建设促进城市产业的智能化转型升级。

最后，就推动城市产业绿色化升级而言，数字经济通过技术创新效应和资源配置效应促进了产业绿色化转型升级。一方面，数字经济通过提升城市技术创新水平以促进产业绿色化转型升级。数字化行业本身具备较为丰富的创新资源，通过内部创新活动可生产更多的创新产出（张森等，

2020），有助于城市创新绩效的提升；并且，数字技术的蓬勃发展搭建起信息交换与要素资源配置的高效率平台，加快了知识的产生与传输过程，促进高技术人才和研发资本等创新要素在城市内部形成集聚效应，进而显著提升城市技术创新水平（石大千等，2018）。进一步地，城市创新绩效的提升将驱动绿色技术的不断革新升级，有助于改善能源消费结构，进而显著降低了区域碳排放强度（谢云飞，2022），减少产品生产所造成的污染排放，促进产业绿色化转型升级。另一方面，数字经济通过提高要素资源配置效率以促进产业绿色化转型升级。数据要素作为生产要素的一种形式，具备成本低、可复制性以及可获得性较强等特性，进而致使其在与劳动力、资本以及技术等传统生产要素进行融合的过程中，能在一定程度上克服传统生产要素边际报酬递减的特性，有利于劳动力、资本以及技术等生产要素发挥更强的产出效应，促进要素资源配置效率的提高。同时，要素资源配置效率的提高有助于城市经济增长模式由粗放型向集约型转变，继而减少了非期望产出的排放量（董敏杰等，2012），促进城市绿色化转型升级。基于上述分析，本章提出第三个待检验假设：

假设3：数字经济通过技术创新效应和资源配置效应促进城市产业的绿色化转型升级。

第三节
模型构建与变量选取

根据前文分析，本节设定计量模型如式（10-1）所示：

$$Up_{it} = \beta_0 + \beta_1 idc_{it} + \beta_j X_{it} + \lambda_i + \delta_t + \varepsilon_{it} \tag{10-1}$$

其中，被解释变量 Up_{it} 表示 i 城市第 t 年的产业转型升级指标，包括产业服务化升级、智能化升级及绿色化升级。首先，借鉴文献常用做法，采用城市第三产业产值与第二产业产值之比表征产业服务化升级指标（$tntss$），若核心解释变量回归系数为正则表示数字经济发展有助于促进产业结构服务化升级。其次，借鉴李健旋（2020）的思路，从智能化投入、应用和效益层面构建地区智能化升级综合指标（int）。具体而言，智能化投入指标包括智能设备投入和智能人才投入方面。借鉴李廉水等（2020）的做法，由于智能设备投入是智能化水平稳固提升的基础，在很大程度上反映地区智能化程度的高低，因而使用信息传输、软件和技术服务业的固定资产投资额进行衡量；智能人才积累有利于提升地区创新水平，推进智能化建设进程，因而使用软件和信息技术服务业的软件开发人员数进行衡量。智能化应用指标采用电子及通信设备制造业的专利申请数进行衡量。此外，从战略定位或是内涵层面而言，高技术产业代表着国内智能技术的发展水平和方向，因而智能化效益指标采用高技术产业利润总额进行测度。进一步地，通过主成分分析法测算得到智能化升级指标，若核心解释变量回归系数为正则表示数字经济的发展有助于地区智能化转型升级。最后，参考徐辉和杨烨（2017）的思路，分别以城市当年的工业废水（ind-ww）、工业二氧化硫（indso2）及工业烟尘排放量（indsm）作为城市产业绿色化升级代理指标，若核心解释变量回归系数为负则表示数字经济的发展有助于减少污染物排放量，即促进了城市产业绿色化升级。

解释变量 idc_{it} 表示 i 城市 t 年的数字经济发展指数。借鉴黄群慧等（2019）、赵涛等（2020）的思路，从以下五个方面对地级市数字经济指标进行综合测度：①采用人均邮电业务总量衡量互联网产出水平；②采用每百人互联网宽带接入用户数衡量互联网普及程度；③采用信息传输、计算机服务和软件业从业人员数占比衡量互联网从业人员规模；④采用每百人移动电话用户数表征移动电话使用率；⑤鉴于"北京大学数字普惠金融指数"能较好地对各地区数字普惠金融的发展趋势进行刻画（郭峰等，2020），采用数字普惠金融指数表征地区数字普惠金融的发展程度。同样地，利用主成分分析法测算城市数字经济发展综合指数。

X_{it} 表示一系列控制变量，包括：①人口密度（pd），以每平方千米人口数进行衡量。地区人口密度的提高可能会产生降低生产成本、提高知识溢出、加剧拥堵等一系列效应，进而对城市的产业升级造成影响。②政府干预程度（marl），以政府预算内收支占当地 GDP 的比重进行衡量。地方政府的行为能深刻影响厂商面临的预算约束，因此地方政府干预程度可能对产业升级造成影响。③外商直接投资（pfdi），以实际利用外资占当地 GDP 的比重进行衡量。外商直接投资能够对本土企业产生知识溢出、加剧竞争等效应，进而影响地区产业升级。④人均地区生产总值（*pgdp*），以人均地区生产总值的对数表示。人均地区生产总值的提高可以通过影响企业所面临的消费者需求进而影响地区产业升级。⑤政府科技支持力度（*lsd*），以全市科学技术支出占地方财政预算的比重表示。地方政府的科技支出能够促进地区科技进步，从而影响地区产业升级。⑥地区金融发展水平（*lfd*），以地区年末金融机构存贷款余额占当地生产总值的比重表示。地区金融发展水平的提高可能会降低企业融资约束进而促进地区产业升级。此外，式（10-1）中的 λ_i 和 δ_t 分别表示地区及时间固定效应，ε_{it} 为随机扰动项。

本章实证分析样本来源于 2011～2019 年中国 258 个地级市的面板数据，由于部分城市关键变量数据缺失严重，故予以剔除。数据来源于国泰安数据库及历年《中国城市统计年鉴》。回归样本量为 2322，但实际回归分析中可能由于缺失数据使样本量少于该值。主要变量的描述性统计如表 10-1 所示。

表 10-1 变量的描述性统计

变量	含义	样本量	均值	标准差	最小值	最大值
tntss	产业服务化升级指标（%）	2309	0.8823	0.0778	0.5011	0.9997
int	智能化升级综合指数	2309	0.5684	2.3212	−1.3920	10.2943
indww	工业废水排放量（亿吨）	2154	0.647	0.797	0.0007	9.650
indso2	二氧化硫排放量（万吨）	2153	4.099	4.818	0.0002	53.13
indsm	工业烟尘排放量（万吨）	2106	3.633	16.38	0.0056	516.9
idc	数字经济发展指数	2309	0.0225	1.3508	−1.6461	12.3555
pd	人口密度（人/平方千米）	2309	5.807	0.843	2.934	7.167
marl	政府干预程度（%）	2282	27.39	10.31	7.847	118.7
pfdi	外商直接投资（%）	2300	1.811	1.679	0.0162	9.253
pgdp	人均地区生产总值（元）	2243	6.098	0.692	4.125	8.530
lsd	政府科技支持力度（%）	2282	0.351	0.584	0.0128	7.533
lfd	金融发展水平（%）	2282	244.3	122.4	58.79	2130

资料来源：国泰安数据库及历年《中国城市统计年鉴》。

第四节
基本回归分析

根据式（10-1）对样本进行回归分析，结果如表10-2所示。数字经济的发展显著促进了地区产业服务化与智能化的升级，虽然降低了工业废水和工业二氧化硫的排放量，但是对工业烟尘排放量的影响效果不显著，总体来看促进了地区产业绿色升级。因此，数字经济的持续发展促进了产业关联效应，改进了传统生产流程和工艺，并带来显著的技术创新效应和资源配置效应，进而助推了产业服务化、智能化及绿色化转型升级。从控制变量的估计结果来看，政府干预程度的提高促进了地区产业服务化和智能化的升级，虽然降低了地区工业废水的排放量，但是提高了工业二氧化硫排放量；外商直接投资促进了地区产业智能化的升级；人均地区生产总值的提升抑制了地区产业服务化的升级，但是促进了地区产业智能化升级，同时和政府科技支持力度一样提高了地区工业二氧化硫排放量；地区金融发展水平的提高促进了地区产业服务化升级，但是抑制了地区产业智能化升级。

表 10-2　数字经济发展对地区产业升级的影响

变量	服务化升级	智能化升级	绿色化升级		
	tntss	*int*	*indww*	*indso2*	*indsm*
idc	3.8496 **	0.0901 **	−0.1099 ***	−0.8118 **	0.9872
	(1.8655)	(0.0418)	(0.0382)	(0.3362)	(0.9698)
pd	22.9407	−1.0222 **	−0.1126	1.4607	3.0452
	(16.2956)	(0.5090)	(0.2744)	(2.1791)	(3.5405)
marl	0.6579 **	0.0071 *	−0.0019 *	0.0387 *	0.0083
	(0.2591)	(0.0040)	(0.0012)	(0.0218)	(0.0597)

续表

变量	服务化升级	智能化升级	绿色化升级		
	tntss	int	indww	indso2	indsm
pfdi	-0.0604 (0.7092)	0.0561*** (0.0187)	0.0204 (0.0201)	0.1612 (0.2088)	-0.2723 (0.3313)
pgdp	-43.7116*** (8.3121)	0.8189*** (0.1448)	-0.0015 (0.1186)	1.7293* (1.0145)	3.0487 (2.7863)
lsd	-1.1819 (0.9582)	-0.0193 (0.0315)	0.0083 (0.0135)	0.2652** (0.1247)	-0.0194 (0.1270)
lfd	0.0482*** (0.0146)	-0.0014*** (0.0003)	0.0002 (0.0002)	0.0001 (0.0019)	0.0013 (0.0014)
_cons	171.1147 (104.0531)	0.9372 (3.1038)	1.3824 (1.9435)	-13.7788 (14.4642)	-29.6758 (20.3909)
N	2234	2234	2090	2089	2042
R^2	0.6513	0.4881	0.1614	0.4049	0.0080

注：括号内为稳健标准误，＊＊＊、＊＊和＊分别表示在1%、5%和10%的显著性水平上显著。

第五节

稳健性检验

为了保证估计结果的可靠性，本节使用以下两种方法进行稳健性分析，且稳健性检验结果均佐证了基本回归分析的结论。

一、内生性检验

数字经济可能与地区产业升级具有反向因果关系，从而引起估计结果出现偏误。同时，影响城市产业升级的因素众多，一些因素可能没有纳入模型，因此可能产生遗漏变量的问题。本节参考邓荣荣和张翱祥（2022）的做法，以滞后一期的数字经济指数和全国数字经济指数一阶差分的乘积作为本节数字经济指数的工具变量。采用该工具变量的理由如下：全国数字经济指数的变化趋势不会受到单个城市的影响，其一阶差分项可视为外生；城市产业升级可能受到别的因素的影响，但是这种影响只要不足以影响全国数字经济指数，就能够满足外生性。使用该工具变量采用 GMM 的估计方法，分析结果如表 10-3 所示。所有回归均通过了不可识别检验和弱工具变量检验，表明工具变量的选取是有效的，数字经济的发展促进了地区产业服务化和智能化升级，同时降低了工业废水和二氧化硫的排放，同基本分析结果一致。

表 10-3　数字经济影响产业升级的 GMM 估计结果

变量	服务化升级	智能化升级	绿色化升级		
	tntss	*int*	*indww*	*indso2*	*indsm*
idc	4.5053 *	0.1108 **	−0.2927 ***	−1.6319 ***	0.4244
	(2.6380)	(0.0492)	(0.0755)	(0.5444)	(3.3396)
pd	28.5472 *	−0.7005	−0.1537	1.0507	5.0481
	(15.5071)	(0.5206)	(0.2900)	(2.0766)	(13.0318)
marl	0.5558 ***	0.0105 ***	−0.0033	0.0349 **	0.0362
	(0.1126)	(0.0039)	(0.0022)	(0.0156)	(0.0968)
pfdi	0.0919	0.1108 ***	0.0074	0.1175	−0.3873
	(0.5634)	(0.0195)	(0.0113)	(0.0809)	(0.5047)
pgdp	−47.7759 ***	0.9271 ***	0.0679	1.9546 ***	5.5446
	(4.3995)	(0.1521)	(0.0863)	(0.6190)	(3.8890)
lsd	−1.1398	−0.0357	0.0043	0.1416	0.1292
	(0.8521)	(0.0295)	(0.0165)	(0.1179)	(0.7316)
lfd	0.0423 ***	−0.0011 ***	0.0002	−0.0006	0.0015
	(0.0076)	(0.0003)	(0.0001)	(0.0010)	(0.0064)
不可识别检验	0.0000	0.0000	0.0000	0.0000	0.0000
弱工具变量检验	212.269	212.269	180.479	178.201	182.851
N	1975	1975	1833	1834	1786
R^2	0.6345	0.4710	0.1127	0.4022	0.0095

注：括号内为稳健标准误，***、** 和 * 分别表示在 1%、5% 和 10% 的显著性水平上显著。

二、替换核心解释变量

为了避免因核心解释变量的计算方法导致估计结果出现偏差，通过将数字经济指数的赋权方法更换为熵值法，得到新的数字经济指数（*ridc*）并重新进行回归，结果如表 10-4 所示。此时回归结果依然表明数字经济的发展促进了地区产业服务化和智能化升级，同时降低了工业废水和二氧化硫的排放，支持基本分析结果。

表 10-4 数字经济对地区产业升级的影响（替换数字经济指数的衡量指标）

变量	服务化升级	智能化升级	绿色化升级		
	tntss	*int*	*indww*	*indso2*	*indsm*
ridc	39.0140*	3.3373*	−1.7720***	−11.4824**	8.9710
	(23.2454)	(1.8210)	(0.6695)	(5.7047)	(10.1630)
pd	21.2282	−0.9031	−0.1055	1.6219	2.5309
	(16.5143)	(0.7068)	(0.2713)	(2.1666)	(3.4023)
marl	0.6599**	0.0074	−0.0021*	0.0380*	0.0087
	(0.2601)	(0.0053)	(0.0012)	(0.0218)	(0.0603)
pfdi	−0.1180	0.0574*	0.0213	0.1698	−0.2891
	(0.7077)	(0.0304)	(0.0203)	(0.2099)	(0.3315)
pgdp	−43.4069***	0.7975***	−0.0018	1.7061*	3.1408
	(8.3590)	(0.2306)	(0.1185)	(1.0191)	(2.7798)
lsd	−1.1735	−0.0197	0.0079	0.2624**	−0.0158
	(0.9618)	(0.0280)	(0.0135)	(0.1245)	(0.1252)
lfd	0.0484***	−0.0014**	0.0002	0.0001	0.0014
	(0.0148)	(0.0007)	(0.0002)	(0.0019)	(0.0014)
_cons	174.5680*	0.0867	1.5243	−13.3565	−28.3587
	(104.6039)	(4.3051)	(1.9277)	(14.3718)	(20.3969)
N	2234	2234	2090	2089	2042
R^2	0.6500	0.4928	0.1607	0.4027	0.0076

注：括号内为稳健标准误，***、** 和 * 分别表示在 1%、5% 和 10% 的显著性水平上显著。

第六节
异质性分析

一、地区异质性

中国领土广袤，不同地区的经济发展状况、制度建设等各方面具有较大差异，为了考察地区的异质性在数字经济发展水平影响地区产业升级中的作用，本节将中国分为东中西三部分，并分别按照计量模型即式（10-1）进行回归分析，回归结果如表10-5所示。整体上数字经济发展水平对不同地区产业升级的影响存在明显差异，数字经济的发展在东部地区能够显著地促进地区产业服务化升级，并且系数值也远高于基准回归中的数值，在其他地区则影响不显著，这可能是由于东部地区是中国数字经济发展最好的地区，其对产业服务化升级的促进作用最强；数字经济的发展在中部地区能够显著促进产业智能化升级，在东部地区则没有影响，在西部地区则表现出阻碍智能化升级的特征；数字经济的发展在东部及中部地区均能显著降低工业废水及二氧化硫的排放，促进地区产业绿色化升级，在西部地区则没有明显的影响。这种区别可能是不同地区的产业布局、经济发展水平及数字经济规模的巨大差异造成的。

表10-5　数字经济影响地区产业升级的区域差异

地区	变量	服务化升级	智能化升级	绿色化升级		
		tntss	int	indww	indso2	indsm
东部地区	idc	7.1240*** (2.7077)	-0.0693 (0.0705)	-0.1449** (0.0670)	-0.9121* (0.5020)	-0.2400 (0.1875)
	_cons	235.9883** (118.4570)	-1.0717 (6.3257)	-1.8035 (4.9805)	-17.6846 (20.4371)	22.0212 (34.0177)
	N	878	878	827	826	811
	R²	0.6820	0.6246	0.1469	0.5435	0.0489

续表

地区	变量	服务化升级	智能化升级	绿色化升级		
		tntss	*int*	*indww*	*indso2*	*indsm*
中部地区	*idc*	0.3692 (2.2269)	0.0502 * (0.0298)	-0.0662 *** (0.0201)	-1.3153 *** (0.3026)	0.1591 (1.5895)
	_cons	325.6210 ** (158.0747)	-0.7623 (1.9661)	-0.3708 (1.9078)	-63.1792 ** (25.1467)	-88.9979 (97.7285)
	N	852	852	789	789	760
	R^2	0.7546	0.7884	0.4617	0.4139	0.0130
西部地区	*idc*	3.1478 (4.0255)	-0.1043 ** (0.0404)	-0.0541 (0.0357)	0.2099 (0.6843)	4.8453 (4.6238)
	_cons	-1.9e+02 (207.8104)	-4.0205 (2.5312)	3.3073 (2.7331)	-3.9017 (23.3917)	-13.8414 (35.3546)
	N	504	504	474	474	471
	R^2	0.6049	0.6765	0.2112	0.3910	0.0457

注：括号内为稳健标准误，***、**和*分别表示在1%、5%和10%的显著性水平上显著。

二、城市规模异质性

不同规模城市产业结构、技术水平等方面存在显著差异，数字经济的发展对产业升级的作用也有不同表现。本节根据 2014 年国务院颁布的《国务院关于调整城市规模划分标准的通知》，将城市常住人口在 100 万以下的城市定义为中小城市，常住人口在 100 万~500 万的城市定义为大城市，常住人口在 500 万以上的城市定义为特大城市，分别进行回归分析。表 10-6 的回归结果表明，特大城市发展数字经济能够显著促进地区产业服务化升级和绿色化升级；大城市发展数字经济能够促进地区产业智能化升级，而中小城市的数字经济发展作用不够显著，且对产业智能化升级有负向作用。这可能是由于数字经济作为一种知识密集型的新兴经济，其发挥作用严重依赖地区市场规模及人才储备，而这些特征在特大城市中最为显著。

表 10-6　数字经济影响地区产业升级的城市规模差异

城市规模	变量	服务化升级	智能化升级	绿色化升级		
		tntss	int	indww	indso2	indsm
特大城市	idc	7.0222 *** (2.4298)	0.0680 (0.0580)	-0.1525 *** (0.0551)	-1.6950 *** (0.5085)	2.5229 (2.5748)
	_cons	300.7634 *** (106.0735)	-6.4776 (4.3506)	4.3169 * (2.4517)	20.2393 (31.1469)	-64.9890 (52.1021)
	N	966	966	921	921	905
	R²	0.7445	0.5129	0.4683	0.5025	0.0119
大城市	idc	2.8475 (2.8773)	0.1507 ** (0.0671)	-0.0847 (0.0696)	-0.1482 (0.3038)	-0.1216 (0.1316)
	_cons	10.0561 (154.0006)	13.1934 ** (6.1707)	-2.4009 (4.2322)	-23.5919 (25.8478)	7.9014 (13.9287)
	N	792	792	723	724	708
	R²	0.6862	0.5867	0.0772	0.3571	0.3259
中小城市	idc	0.9367 (5.3252)	-0.1638 * (0.0987)	-0.0426 (0.0296)	0.3058 (0.4749)	0.3987 (0.7031)
	_cons	107.3111 (297.7915)	-2.0054 (5.4257)	5.2693 * (2.8524)	-17.9476 (19.5740)	5.5390 (24.9292)
	N	476	476	446	444	429
	R²	0.5977	0.4682	0.1446	0.3522	0.0534

注：括号内为稳健标准误，***、**和*分别表示在1%、5%和10%的显著性水平上显著。

三、政府干预异质性

地方政府干预的差异一定程度上反映了地区市场化水平的差异，城市数字经济发展对产业升级的影响因政府干预程度的差异而不同。为了考察地方政府干预在其间的作用，本节在计量模型即式（10-1）中加入数字经济发展水平（idc）与政府干预程度（marl）的交乘项。从表 10-7 中交乘项的系数可以看出，地方政府干预与数字经济的交互作用有助于促进产业服务化升级，但是对产业的智能化升级和绿色化升级效应都不显著，表明当前地方政府对数字经济的发展存在一定的偏向性，产业的服务化升级更有利于实现民生方面的目标。若要更好地促进产业的智能化升级和绿色化升级，应逐步提升市场化水平，减少政府干预可能产生的不利影响。

表 10-7　数字经济影响地区产业升级的市场化水平差异

变量	服务化升级	智能化升级	绿色化升级		
	tntss	int2	indww	indso2	indsm
idc×marl	0.3257* (0.1966)	−0.0071 (0.0098)	0.0011 (0.0014)	0.0007 (0.0193)	−0.0150 (0.0218)
idc	−5.3259 (6.0059)	0.2902 (0.3216)	−0.1416*** (0.0527)	−0.8328* (0.5014)	1.4119 (1.4591)
marl	0.5689** (0.2802)	0.0091 (0.0059)	−0.0023* (0.0013)	0.0385 (0.0234)	0.0125 (0.0635)
pd	22.7042 (16.1536)	−1.0171 (0.7048)	−0.1132 (0.2747)	1.4599 (2.1762)	3.0486 (3.5483)
pfdi	−0.0421 (0.7038)	0.0557* (0.0306)	0.0205 (0.0200)	0.1612 (0.2093)	−0.2729 (0.3316)
pgdp	−46.1021*** (8.4195)	0.8711*** (0.2492)	−0.0098 (0.1218)	1.7242* (0.9795)	3.1582 (2.8131)
lsd	−1.2929 (0.9800)	−0.0168 (0.0281)	0.0079 (0.0135)	0.2649** (0.1263)	−0.0138 (0.1273)
lfd	0.0446*** (0.0137)	−0.0013** (0.0006)	0.0002 (0.0002)	0.0001 (0.0019)	0.0015 (0.0014)
_cons	188.6966* (104.0362)	0.5538 (4.4084)	1.4420 (1.9528)	−13.7394 (14.2348)	−30.4374 (20.9344)
N	2234	2234	2090	2089	2042
R^2	0.6561	0.4904	0.1618	0.4049	0.0080

注：括号内为稳健标准误，***、**和*分别表示在1%、5%和10%的显著性水平上显著。

第七节
主要结论与政策建议

本章结合理论及实证分析方法研究了地区数字经济发展对产业升级的作用，发现：①数字经济的发展能够促进地区产业服务化、智能化和绿色化升级。②在中部地区和东部地区，数字经济的发展均能显著促进地区产业绿色化升级，而对产业服务化升级的作用在东部地区最明显，对产业智能化升级的作用在中部地区最明显；西部地区数字经济的发展对地区产业服务化升级和绿色化升级的作用不明显，甚至阻碍了产业智能化升级。③在特大城市中，数字经济的发展能够显著促进产业服务化升级和绿色化升级，在大城市仅显著促进了产业智能化升级，在中小城市对产业升级的作用不明显，并阻碍了智能化升级。④地方政府干预与数字经济的交互作用有助于促进产业服务化升级，但是对产业的智能化升级和绿色化升级效应不显著。因此，为进一步推动城市数字经济和产业结构转型升级协同发展，增强数字经济发展对产业转型升级的驱动力，本章提出以下政策建议：

第一，加强数字基础设施建设，大力发展数字经济。数字基础设施是数字经济发展的载体，也是推动产业结构转型升级的关键力量。因此，应加快"宽带中国"试点政策的实施，推动云计算、大数据、人工智能等互联网技术的广泛普及，促进数字技术和实体经济深度融合，刺激数字经济投资需求，充分释放数字经济发展给产业转型升级带来的红利优势。

第二，关注各地数字经济发展不平衡的问题，加大对不发达地区基础设施的投入和支持力度。以推进"东数西算"工程为契机，实施地区差异化的数字经济发展政策，加大对中部、西部地区数字基础设施的投资力度。东部、中部地区应壮大数字经济发展，充分发挥数字经济发展对产业转型升级的促进作用。西部地区应抓住布局算力网络国家枢纽节点、规划国家数据中心集群的机遇，努力促进数字经济与地方产业的深度融合，以缩小区域发展差距。特大城市要加强都市圈建设，充分激发数字经济发展的辐射带动作用，强化产业集群竞争力，构建城市经济高质量发展的空间格局。中小城市应加大技术投入，培育知识、技术密集型人才，抓住数字经济发展机遇，以促进城市技术创新和产业转型升级。各地方政府应在把握数字经济特征的基础上，既积极发挥政府的引领作用又充分发挥市场机制的调节作用，助力数字经济促进地区产业的服务化、智能化和绿色化升级。

第十一章

新型城镇化与产业转型升级
良性互动的政策方案

推进新型城镇化与产业转型升级良性互动、协同发展，是一项长期而艰巨的战略任务。完成这项任务，除了深刻认识经济体系自身的运行规律，还需要立足于百年未有之大变局下的国内外形势，设计系统的政策方案。政策方案应以国家新型城镇化发展规划为总的遵循，紧扣新一轮国家新型城镇化规划的精神与"十四五"时期新型城镇化实施方案的内容，统筹新型城镇化和乡村振兴两大战略，充分认识信息技术革命和数字经济发展背景下产业结构转型升级的新特征、新趋势，以开放的视野推动新型城镇化与产业转型升级良性互动。本章将从国家与地方政府两个层面阐述新型城镇化与产业转型升级良性互动的具体政策措施。

第一节

国家层面的战略措施

一、做好顶层设计，制定长期发展规划并落实规划

推动新型城镇化与产业转型升级良性互动，需要全面认识人口、产业与城市融合互动发展的关系，需要以推动新型城镇化为契机，以新型城镇化与产业转型升级两者内在的依存性为基础，制订长期发展规划并推进规划的实施。自党的十八大报告明确提出要坚持走中国特色新型城镇化道路以来，新型城镇化战略作为国家重大战略之一，成为扩大内需和促进产业升级的重要抓手。2014年，《国家新型城镇化规划（2014—2020年）》明确提出调整优化城市产业布局和结构、强化城市产业就业支撑的相关方案，并成为地方政府制订本地区有特色的新型城镇化发展规划的指南。到2020年新型城镇化建设取得了历史性成就，实现1亿非户籍人口在城市顺利落户目标，"两横三纵"城镇化战略格局初步形成，城市可持续发展能力不断提升，城乡融合发展迈出新步伐，城镇化真正成为了扩大内需和促进产业升级的重要抓手。

为落实规划相关部署和提高城镇化质量，近几年国家发展改革委连续

出台了《2019 年新型城镇化建设重点任务》《2020 年新型城镇化建设和城乡融合发展重点任务》《2021 年新型城镇化和城乡融合发展重点任务》《2022 年新型城镇化和城乡融合发展重点任务》等文件，均围绕持续推进农业转移人口市民化、持续优化城镇化空间布局、加快推进新型城市建设、提升城市治理水平、促进城乡融合发展等方面提出具体举措并落实到具体部门。其中，2022 年的通知中提出了要贯彻落实《国家新型城镇化规划（2021—2035 年）》，因此新规划的出台将使新型城镇化建设进入一个新阶段，为未来 15 年的新型城镇化建设提供战略指导和顶层设计，也将为扩大内需、促进产业转型升级提供更坚实的基础。

二、建立农业转移人口市民化的长效机制

推进农业转移人口的市民化，是落实中央关于新型城镇化内涵中"人的城镇化"的关键，是中国推进新型城镇化的首要任务，《2022 年新型城镇化和城乡融合发展重点任务》明确提出了提高农业转移人口市民化质量，重点针对存量未落户人口深化户籍制度改革，健全常住地提供基本公共服务制度，提高农业转移人口融入城市水平。从加快农业转移人口市民化进程转变为提高市民化质量，这是城镇化建设达到新的高度的必然要求。中国已经走过了快速城镇化阶段，城镇化率已居于世界中等偏上水平，城镇化滞后于工业化的情况在 2017 年后基本改变。国家统计局公布的数据显示，2021 年中国常住人口城镇化率已经达到 64.72%，户籍人口城镇化率提高到 46.7%，这是"十三五"以来两个城镇化率首次缩小差距。

建立农业转移人口市民化的长效机制，不单纯是要解决农民工进城的问题，更为关键的是要解决其进城后的可持续发展问题。自 20 世纪 90 年代以来，户籍制度改革和基本公共服务均等化一直在推进，但仍然存在以下问题：其一，进城后存量未落户人口仍然高达 18%，新生代农民工是主体，他们还不能完全享受城市以户口为依托的教育、医疗、养老、购房等待遇；其二，农业转移人口社会保障参与比例低、人力资本水平低导致其就业稳定性差和收入低，从而无力承担较高的市民化成本，增加了其发展的不确定性，进而形成中国特色的"两栖人"，抑制了农民转移进城的欲望，最终难以形成城镇人口集聚。同时，收入较低与收入的不确定性也使转移进城的农民工难以拥有较高的消费水平，从而难以刺激经济增长与产

业转型发展。因此，继续缩小常住人口城镇化率与户籍人口城镇化率的差距，建立农业转移人口市民化的长效机制，才能真正提高农业转移人口的市民化质量。持续深化户籍制度改革、高质量推进基本公共服务均等化、加大对农业转移人口的人力资本投资等是当前急需推进的工作，为此需从以下三方面展开：

一是要持续深化户籍制度改革。当务之急是积极推动已经在城镇就业的农业转移人口顺利落户。2019~2022 年，国家发展改革委连续四年发布了新型城镇化建设重点任务，持续推进户籍制度改革，其中《2022 年新型城镇化和城乡融合发展重点任务》（以下简称《重点任务》）要求各类城市根据资源环境承载能力和经济社会发展实际需求，畅通在本地稳定就业生活的农业转移人口举家进城落户渠道。城区常住人口 300 万以下城市落实全面取消落户限制政策。实行积分落户政策的城市确保社保缴纳年限和居住年限分数占主要比例。鼓励人口集中流入的城市区分中心城区和新区郊区等区域，制定差异化落户政策，引导新增人口进入新区郊区等区域，完善基本公共服务的供给，将政策真正落到实处。

二是高质量推进城镇基本公共服务均等化，大力提升农业转移人口市民化能力。《重点任务》明确了以流入地政府为主、公办学校为主，保障农民工随迁子女平等接受义务教育，落实以居住证为主要依据的随迁子女入学政策，优先将随迁子女占比较高的民办义务教育学校纳入政府购买学位范围。以新生代农民工为重点推动参保扩面，推动企业为农民工缴纳职工养老、医疗、工伤、失业、生育等社会保险费，合理引导灵活就业农民工按规定参加基本医疗保险和基本养老保险。推进跨省异地就医费用直接结算，推进落实新就业形态就业人员职业伤害保障试点，完善基本公共服务标准体系等。除了保障农民工随迁子女平等接受义务教育和推动以新生代农民工为重点的参保扩面，也需要加大对农民工自身的人力资本投资以提升其能力。一方面，政府要对高等教育进行分层发展，大力发展职业教育，做好有关农业转移人口义务教育、劳动就业、整体素质提升等方面的工作；要着力提供公共产品，提供以学校、医院、交通基础设施为代表的公共产品，尤其是增加中部、西部地区人口聚集的三、四线城市的公共产品供给。另一方面，不断健全新转移人口的就业培训机制，鼓励企业加大职工技能培训投入，落实农民工与城镇职工同工同酬制度。稳定和扩大农民工就业岗位，拓宽灵活就业渠道，规范平台企业用工，建设一批规范化零工市场。大力开展适合农民工就业的技能培训和新职业新业态培训，深入实施"技能中国"行动。

三是推进城市产业转型升级，提升城市吸纳农业转移人口就业的能力。推进工业化、信息化、城镇化和农业现代化之间的深度融合，发展现代服务业，为农村转移人口创造足够的就业机会。推进以县城为重要载体的城镇化建设，通过产业引导和公共产品资源分布的引导，依托中小城市和县城的区域资源环境承载优势，发展特色优势产业，夯实产业基础，夯实就业基础。实施城镇"五位一体"总体布局，即经济建设、政治建设、文化建设、社会建设、生态文明建设同时推进，"五位一体"满足人民日益增长的物质文化生活需要。根据《重点任务》，各级城市在持续深化户籍制度改革、推进城镇基本公共服务均等化的基础上，既要强化基础设施建设和公共服务提供，提高对人口的综合承载能力，又要加快推进产业转型升级，大力发展现代服务业，提高产业对农业转移人口就业的吸纳能力。

三、优化区域发展战略，发挥城市群的引领作用

区域差异大、发展不平衡一直是中国的基本国情。改革开放以来，中国东部沿海地区率先发展，在非均衡发展战略的指引和区域比较优势与竞争优势的综合作用下，东部地区无论是城镇化水平还是产业发展水平都远远高于中部、西部地区。这显然不利于整体推动新型城镇化与产业转型升级良性互动，也不利于区域间产业分工体系的优化和城市空间布局的优化。为此，实施区域协调发展战略成为中国各个时期的重大战略之一。

改革开放以来，中国逐步探索出具有中国特色的区域协调发展路径，可归纳为三方面：一是对区域发展道路进行顶层设计；二是实行多层次的区域发展战略；三是实行分类管理的差别化区域政策。具体来说，改革开放初期实施东部率先发展战略，20世纪90年代末期开始实施西部开发战略，2003年提出了东北等老工业基地的振兴战略，2004年提出了促进中部崛起战略，由此形成"四大板块"为地理单元、各有侧重的区域发展战略（魏后凯，2019）。

党的十八大以来，中国在"四大板块"地理单元的基础上，深入推动

五项重大国家战略,即推动京津冀协同发展、长三角一体化发展、粤港澳大湾区建设,打造引领高质量发展的重要动力源;推动长江经济带发展、黄河流域生态保护和高质量发展,探索协同推进生态优先和绿色发展的新路子。新时期的区域协调发展战略以五项重大国家战略为引领,以四大区域板块为支撑,优势互补、交错互融、构建起高质量发展的区域协调发展新格局。

　　要充分挖掘四大板块的发展潜力、发挥五大战略的新增长极效应,需要大力推动城市群、都市圈的发展,发挥城市群在区域协调发展中的引领作用。中国城镇化已经进入城市群、都市圈时代,《国家新型城镇化规划(2014—2020 年)》提出了构建国家"两横三纵"城镇化战略格局,《中华人民共和国国民经济和社会发展第十四个五年规划和 2035 年远景目标纲要》进一步提出了优化提升 19 个重点建设城市群①的方向。国家所规划的19 个城市群涵盖了 257 个城市,集聚了全国 73% 以上的常住城市人口,GDP 总额占全国 GDP 比重的 82% 左右,是中国推进新型城镇化的重点区域②。这 19 个重点发展区域既是中国推进产业转型升级、推进城市间产业分工、提升基础设施与公共服务质量、深化改革的示范区,也是中国构建大中小城市和小城镇协调发展的城镇格局、实现新型城镇化与乡村振兴协同推进、实现区域协同协调发展的示范区。

　　城市的高质量发展需要有效促进城市群之间的协同发展,推进要素的自由流动,发挥不同城市群的比较优势,加强在产业转型升级、技术创新、能源与资源、基础设施、生态环境等方面的合作,促进城市群融合互动发展。其中,京津冀、长江三角洲、粤港澳大湾区三大城市群要着力发展为世界级城市群,建设为中国城市与产业高质量发展的典范,成为可以媲美波士顿—华盛顿城市群、圣地亚哥—旧金山城市群、东京—大阪城市群等世界级城市群的科技创新中心和宜居宜业宜游的优质生活圈。

---

① 这 19 个城市群分别是:京津冀、长三角、珠三角、哈长、辽中南、山西中部、山东半岛、中原、长江中游、海峡西岸、北部湾、呼包鄂榆、宁夏沿黄、兰西、关中平原、成渝、黔中、滇中、天山北坡。

② 资料来源:每日经济新闻,https://www.163.com/dy/article/EETT5QJR0512B07B.html。

第二节

地方层面的政策措施

一、加快推进新型城市建设和基础设施建设

在《2022 年新型城镇化和城乡融合发展重点任务》和即将出台的新一轮规划的指引下，各地方政府要有序推进城市更新，更多地采用市场化方式推进大城市老旧厂区改造，培育新产业、发展新功能，因地制宜改造一批大型老旧街区和城中村。以人口净流入的大城市为重点，扩大保障性租赁住房供给，着力解决符合条件的新市民、青年人等群体住房困难问题。在遵循市场经济运行规律的基础上构建房地产市场健康稳定发展的长效机制，努力破除房地产绑架地方经济增长的被动局势，释放新经济、新金融、新型制造业活力，加速推进经济转型升级（刘建江、罗双成，2018）。在大城市高房价短期内难以逆转的形势下，政府要为城市弱势群体、农民工、年轻的工作者提供住房支持体系，设计构建经济适用房、经租房、廉租房、限价房"四位一体"房源供给体系，增加公共租赁房源，规范租赁市场。城市的产业园区和工业园区异地劳务人员高度集中，可集中配套建设单元型或宿舍型公租房。

同时，加大基础设施建设和公共产品供给。优良的基础设施与生态环境是城镇资源与人口集聚的基础，只有良好的城镇基础设施，才能为城镇居民提供教育、养老、医疗等公共产品，方能提升城镇人口吸纳能力，形成人口集聚与资源集聚效应，并推动金融、商贸、信息、旅游等第三产业的兴起。完善的城市基础设施也是提升人力资本的必要条件。因此，各区域要努力加大基础设施的投入，包括硬件和软件的投入，要不断改善经济发展环境。尤其是在中部、西部地区，要不断加强区域基础设施建设和生态环境系统空间培育，充分发挥其对经济转型的有效支撑作用，实现区域产业与城市的可持续推进。

二、因地制宜培育主导产业，选择适宜的产业集聚模式

　　城镇化的推进需要主导产业的强有力支撑，否则其发展将成为无源之水、无本之木。中国不同地区、不同规模的城市资源禀赋、发展条件差异巨大，这要求各地区因地制宜选择主导产业和产业发展模式。东部发达地区应整合地区资源，强化区域资源要素集聚功能，通过区域经济一体化形成区域内及区域间的分工合作局面，依靠技术创新大力发展高新技术产业，加速推进中心城市服务化进程。同时，该地区的中心城市要以发展高新技术产业和现代服务业为主导产业，加速传统产业向周边城镇扩散，形成辐射效应，促进周边城镇人口集聚和产业发展。对于中部、西部地区来说，区域内整体经济实力较弱，需要整合区域资源优势重点培育区域中心城市，形成有特色的经济增长极，通过发挥增长极的作用带动周边城镇发展，并通过加强对东部地区产业转移的承接和促进本地区的产业结构优化升级，从而提高整个区域的综合实力。

　　长期以来由于地方政府竞争和产业规划不够合理，不少城市的发展呈现"小而全""大而全"格局，城市之间市场分割、产业结构同质化、重复建设问题较为突出。本书第八章和第九章的研究证实，不同规模等级的城市在制定产业发展政策时应充分考虑自身的人口规模选择适宜的产业发展模式，避免盲目追求单纯的专业化或者多样化的产业集聚，推动产业集群发展，促进产业结构转型升级和区域产业竞争力的提升。对于中小城市而言，地方政府应充分考虑当地资源特征和城市自身特点，集中资源重点发展一类或几类本地区的特色优势产业，不要盲目追求"大而全"的发展模式，密切关注制造业与生产性服务业的协同配合，有选择地发展第三方物流、金融、电子商务等生产性服务业以推动产业结构升级。对于大城市而言，则可利用其综合竞争优势发展现代服务业、先进制造业、高新技术产业等，通过多样化的产业集聚满足城市多样化的需求，并结合城市定位与发展战略培育和发展支柱产业带动城市经济增长；对于综合型的超大以及特大城市而言，应积极通过政府减免税收或财政补贴等各项产业政策实施多样化的专业化，即专业化于多种类的产业，充分发挥 Jacobs 外部性（城市化经济优势），延伸产业链。同时，

大城市要重视培育和引进高端生产性服务业，为制造业迈向价值链中高端提供了更多的专业服务支持，同时也要重视低端服务业的基础性支撑作用。

三、深化对外开放，推进产业转型升级

以构建"双循环"新发展格局为依托，通过深化改革和对外开放加速产业转型升级，也是支撑新型城镇化建设和经济可持续发展的有效途径。

产业转型升级既包括"引进来"，也包括"走出去"。不同区域的产业转型升级，要求与评价标准也不一样，各区域要在资源禀赋的基础上，兼顾城市发展规模和优势，利用国内国外两种资源、两个市场积极进行产业结构优化升级。优化产业结构需要加快推进粗放型经济增长方式向集约型经济增长方式过渡，需要加强对新兴产业培育及传统产业改造，发挥好产业政策对产业优化配置的作用，促进创新能力的提高及产业层次向高度化推进。

就东部地区而言，产业转型升级已经不再是要承接国际产业链中的中低端产业，而是要承接并引领国际高端产业，提升中国整体经济体系在全球价值链中的地位。东部地区具有深化对外开放的先天优势，既要发挥外资在产业转型升级和提升本土产业竞争力中的促进作用，也要保证内资与外资同台竞技，发挥内资在产业转型升级中的积极作用。要充分发挥上海作为增长极和长江三角洲一体化中心城市的作用，利用好以上海自贸区为代表的开放政策，将上海打造为全球国际金融中心、高新技术产业中心和产业转型升级的示范区，使上海及其他特大城市成为推动新型城镇化与产业转型升级良性互动的主力和主要空间载体。

就中部、西部地区而言，一方面做好承接东部发达地区的产业，推动本地人口和产业的集聚；另一方面充分利用"一带一路"倡议，特别是利用好丝绸之路经济带沿线的陆路交通，深化中国西部边境的开放，以此推动产业"走出去"，带动新型城镇化建设。鉴于实体经济对经济发展的重要性，对中部、西部地区的新型城镇化建设而言，加强第二产业的发展，提升工业化水平更为重要。针对区域发展的差异，政府可以继续实施差别化的产业政策，在绿色发展的指引下，不断加强区域基础设施建设和生态环境系统空间培育，充分发挥其对经济转型的有效支撑作用，实现区域产

业与城市的可持续推进。逐步构建"三高"企业与价值链低端企业退出或转型补贴机制，加速推进传统产业的转型升级，推进价值链高端企业培育，从政策层面促进产业结构优化，重视技术创新在推动城市转型、产业转型升级中的作用。

结论与研究展望

第一节
主要观点与结论

1. 传统城镇化与工业化的互动关系已经演变为新型城镇化与产业转型升级的互动关系

城镇化是伴随工业化发展，非农产业在城镇聚集、农村人口向城镇集中的自然历史过程。改革开放以来，中国的工业化推动了城镇化的发展，但早期城镇化水平的快速提升未伴随城镇化质量的同步提升，特别是忽视了"人"的城镇化。当中国经济由高速发展阶段转向高质量发展阶段，城镇化转型和产业转型升级成为内在需要和重要保障。新型城镇化在继承传统城镇化优势的基础上具有更丰富的内涵，是以人为本、以提高质量为导向的城镇化；是以高效节能、城乡统筹、产城互动、生态宜居、节约集约、和谐发展为基本特征的城镇化。新型城镇化以新型工业化为重要抓手，但在中国不同区域工业化程度和城镇化水平具有显著的发展差异，不同区域间产业的梯度转移与动态演进成为常态，推动不同区域产业转型升级和分工优化，能更有效地促进新型城镇化。同时，新型城镇化与产业转型升级这两者本身具有内在的依存性。现阶段新型城镇化是加快产业转型升级的重要抓手，产业的转型与升级是城镇化发展的物质基础与保障，是转变经济发展方式的战略任务，加快发展服务业是产业结构优化升级的主攻方向。因此，在中国城镇化和工业化的互动关系演变为新型城镇化与产业转型升级的互动关系具有必然性。

2. 产业转型升级具有丰富的内涵和表现形式

工业化本身源于产业革命，传统产业转型升级、产业价值链攀升、产业空间转移集聚均为产业结构演进的不同阶段或表现形式。产业转型升级的具体含义可归为以下几个方面：第一，产业转型升级整体上表现为一国产业结构的演变与高级化，在三大产业结构高级化的同时，产业内部技术水平高级化和产品附加值高度化，即由劳动密集型逐步向知识与技术密集型转变。第二，产业转移、集聚是产业转型升级的空间体现。例如，在当前城市群、都市圈引领的中国城市空间布局结构中，城市群的中心城市集聚了大量的高端制造业和现代服务业，低端制造业及其他低附加值产业则逐步向中心城市外围的其他城市转移扩散，通过新兴产业的集聚和传统产业的转移实现各地区产业转型升级。第三，开放经济体系之下，产业转型升级体现为一国产业在国际分工体系中由处于全球价值链的中端、低端主体地位逐步向中端、高端主体地位升级，表现为一国国际分工地位的整体提升。

3. 新型城镇化与产业转型升级共促共进依赖一系列机制的作用

刘易斯的二元经济结构模型、托达罗"乡—城劳动力迁移"模型、区域非均衡发展理论等均能在不同程度上解释一国城镇化与产业结构变迁互动发展的机理。结合新型城镇化和产业转型升级的内涵，总结发现劳动力流动、迁移形成的人力资本积累效应和产业转移集聚产生的集聚效应、技术外溢和技术创新效应是两者共促共进的重要机制。这种共促共进又表现为两条路径：一是从城市的演进与转型来看，以人为核心的新型城镇化首要任务是促进农民工的市民化，市民化过程意味着人口集聚带来的要素增加、消费扩张和对公共服务需求的稳定增加，为城市产业集聚提供了人力资本与物质资本基础，有利于促进产业转型升级，在城市群地区还将推动产业升级和城市层级体系的形成。二是从产业的演进与转型升级来看，产业转移和集聚内生于区域间动态转化的比较优势与循环累积的经济因果链，在产业转移、集聚路径的驱动下，不同地区会选择符合本地区比较优势的主导产业，实现地区优势产业集群并推动特色城镇化的发展，最终实现产业转型升级与城镇发展的良性互动。

4. 中国产业结构的演进主导了城镇化的演进，而城市群的发展则助推了产业结构的优化

梳理新中国成立以来产业结构与城镇化变迁的历程表明，中国产业结构的演进主导了城镇化的演进。新中国成立至改革开放前，中央政府积极推动工业化（特别是重工业化）并以此来带动经济增长与改善民生，因而以工业为主导的产业结构演进主导了城镇化的演进，并使城镇化水平滞后于工业化水平。改革开放以来，国家着力推进各产业协调发展，产业结构在动态中趋于合理与优化，同时稳步推进城镇化建设，并以新型城镇化为

目标大力实施人口城镇化战略，城镇化率大幅度提升。21 世纪以来，经济新常态下传统产业产能过剩、产业转型升级压力增大，同时大城市的高房价和没有完全放开的落户限制仍然约束了农业转移人口的市民化进程。当前尽管中国非农产业产值占比与非农就业率的差距呈现逐年缩小趋势，但非农就业率仍高于城镇化率 10 个以上百分点，且市民化进程滞后于常住人口城镇化进程。从中国城市与产业发展的长期方向来看，优化产业结构、提高经济服务化水平是进一步推动新型城镇化与产业结构升级良性互动的必要抓手。

城市群是当前中国经济发展最具活力的地区，也是提升中国国际竞争力的主要阵地。人口和产业向城市群等优势区域集中，并通过集聚与扩散效应、技术创新与知识溢出效应等，使产业分工布局优化、资源配置效率提升，并带动了产业结构优化与高级化。京津冀、长江三角洲和珠江三角洲三大城市群的产业结构和就业结构的数据表明，城市群的产业结构合理化与高级化趋势明显，主导产业向着战略性新兴化和高技术服务化转变的特征明显，在促进城镇化与产业转型升级的过程中发挥核心主导作用。

5. 各国发展的共性经验表明工业化及产业结构的优化升级是城镇化的源泉与动力，但城镇化的健康发展还依赖一系列其他条件

综观发达国家和发展中国家的发展经验，城镇化发展要与产业结构的调整与优化协同推进。以英国、美国和日本为代表的发达国家的城镇化经验表明，一国的城镇化要与本国国情相适应，要得到政府的宏观规划与政策支持；而交通及其他基础设施建设是城镇化发展的重要基础和动力，提高农业转移人口的人力资本水平也是促进城镇化的重要途径。主要发展中国家城市化质量不高的原因在于：①实行向工业化倾斜的产业政策，忽视农业和农村的发展；②城镇化进程中产业结构不合理，过度发展服务业；③城市布局不合理，人口空间分布不均。总结起来，城镇化成功的共同经验有：①工业化及产业结构的优化升级是撬动城镇化的基本动力与源泉；②现代化的农业、完善的基础设施和受教育程度较高的劳动力是城镇化顺利推进的必要物质基础和人力基础；③政府与时俱进的战略规划和政策是城镇化顺利、健康发展的制度保障；④健全的市场机制、较高的城市治理水平和对外开放水平是城镇化保持活力的根本途径。

6. 当前新型城镇化与产业转型升级之间的互动作用具有非对称性

理论上已经解释了新型城镇化与产业结构转型升级之间是共促共进的，但经验分析表明产业结构的改善对城镇化的促进作用更大。一方面，构建计量模型直接检验产业结构指标与城镇化滞后指标的关系。结果表明，从全国总样本来看，产业结构合理化（TL）和产业结构高度化（TN）均能显著降低中国城镇化滞后程度。从 TN 指标来看，大部分城市的非农产业占比占有优势，处于工业化中期或后期，但工业对产值的贡献大于其对就业的贡献，意味着产业的服务化占比不够，这对吸纳中国农业转移人口不利，也在一定程度上解释了中国城镇化滞后的原因。分区域估计发现东部地区和中部地区估计结果基本一致，但西部地区产业结构高度化的提高对滞后城镇化有加剧作用，说明西部地区工业化进程有待进一步推进，服务业超前发展对城镇化的发展反而不利。

另一方面，构建面板数据联立方程模型验证新型城镇化与产业转型升级之间的互动关系。结果表明，新型城镇化与产业转型升级之间存在双向联动关系，且产业转型升级对新型城镇化的影响程度大于新型城镇化对产业转型升级的作用程度，这也说明了城镇化相对滞后的情况。同样分区域估计发现新型城镇化与产业转型升级之间的联动关系存在着显著的区域差异，中部地区新型城镇化与产业转型升级之间存在着显著的双向联动关系，而东部地区和西部地区新型城镇化对产业转型升级的影响不显著，进一步验证了产业转型升级对新型城镇化的拉动力度显著大于新型城镇化对产业转型升级的促进作用，两者的互动作用是非对称的，新型城镇化发挥的作用不够充分。

7. 人力资本投资是实现新型城镇化与产业转型升级良性互动的驱动力量与重要机制

在新发展格局背景下，人力资本投资是获得"新人口红利"或"人才红利"的有效途径，于个人而言是提升收入和创造力的来源，于企业和产业而言是转向创新驱动的有力支撑。推动以人为本的新型城镇化，其核心内容和首要任务是提升农业转移人口的市民化能力和收入水平，而这些又依赖于农业转移人口人力资本水平的提升。基于 2012~2017 年中国综合社会调查数据，本书测算了农业转移人口相对收入差距指数以反映其收入水平，并将人力资本投资分解为受教育程度、工作经验、技能培训、自评健康水平和体质水平指标，验证人力资本投资各指标对相对收入提升的影响。实证结果表明，受教育程度与工作经验对提高农业转移人口相对收入的作用存在拐点。受教育程度在高中以下的群体，提高学历教育对提升相对收入没有正向作用，高中及以上学历的农业转移人口群体通过增加受教育的时间能够提高相对收入。工作年限达到 13.13 年后未参与技能培训的劳动力难以缩小与城市户籍人口的收入差距，而接受技能培训能够在一定程度上减弱工作经验跨过拐点后的负面影响。维持健康体质和加强技能培训均有利于提升相对收入；分位数回归结果证实了收入越低的群体更有可能通过提高人力资本投资促进相对收入提升和缩小收入差距。

人力资本投资带来的人才红利有利于知识创新和技术创新，从而推动产业转型升级。对人力资本结构高级化与产业转型升级的关系进行实证检验，结果表明人力资本结构高级化对产业转型升级的推动作用，既表现为要素结构转换产生的直接影响，又通过促进研发投入、推动城镇化和促进消费升级等中介效应实现，且在间接促进作用中城镇化渠道发挥着最重要的影响。这说明人力资本结构高级化在推动城镇化水平提升的同时促进了地区产业转型升级，但人力资本结构高级化的促进作用呈现边际递减的变化特征。

8. 城市发展与产业集聚之间存在双向联动关系和正向反馈机制

不同地区、不同规模城市只有选择与自身条件相适宜的工业化战略和产业集聚模式，才能充分发挥城市部门的集聚效应、创造充足的就业机会，否则会阻碍城镇化进程。本书探讨了城市人口规模约束下城市最优产业集聚模式的选择问题。以城市人口规模为门槛变量，分别构建专业化集聚和多样化集聚影响城市经济增长的动态面板门槛模型，并利用中国 285 个地级及以上城市面板数据研究发现，专业化集聚和多样化集聚在人口规模的约束下对城市经济增长的影响均存在显著的门槛效应。不同规模等级的城市在制定产业发展政策时应充分考虑自身的人口规模，避免盲目追求单纯的专业化或者多样化的产业集聚模式，城市群内部、不同城市之间要加强专业化和多样化的分工协作，才有利于城市发展。同时，大力发展生产性服务业是产业转型升级的方向，促进生产性服务业集聚能有效地为城市转移人口就业提供支撑，又能有效对接制造业或工业，是推动产业升级的有力抓手。从产业层次和城市规模差异视角实证检验生产性服务业集聚与城市经济效率的关系，研究表明生产性服务业集聚对城市经济效率的影响总体上呈现倒"U"形，现阶段正处于倒"U"形的上升阶段，且高端生产性服务业集聚对倒"U"形影响起主导作用，而低端生产性服务业集聚对城市经济效率呈现线性促进作用。区分城市规模来看，高端生产性服务业集聚显著促进了Ⅰ型大城市、Ⅱ型大城市和中等城市经济效率的提升，而对小城市的促进作用则不显著，而低端生产性服务业集聚对不同规模城市的经济效率均有促进作用。同时，城市本身的经济总量与最终需求的扩大有利于强化生产性服务业集聚对城市经济效率的促进作用，这也说明城市与产业的发展之间存在双向联动关系与正向反馈机制。

9. 城市数字经济发展对产业转型升级具有多维的促进作用

数字经济作为新一代信息技术所催生的新业态和新商业模式，不断重构生产资料所有制形式、企业生产模式以及个体劳动参与形式等，是助推要素驱动向创新驱动转型、产业结构向中高端迈进的有效路径。数字经济发展通过产业关联效应和虚拟集聚效应促进城市产业的服务化转型升级，通过推进智能化生产和智能化城市建设促进城市产业的智能化转型升级，通过技术创新效应和资源配置效应促进城市产业的绿色化转型升级。利用地级以上城市数字经济发展指标和产业转型升级指标构建计量模型进行验证，结果表明数字经济的发展显著促进了地区产业服务化、智能化和绿色化升级，分区域来看，东部地区产业服务化、绿色化升级效应最明显，中部地区产业智能化、绿色化升级效应最明显，而西部地区数字经济的发展对地区产业升级的作用不明显，甚至阻碍了产业智能化升级；分城市级别来看，数字经济的发展在特大城市能够显著促进地区产业服务化和绿色化升级；在大城市显著促进地区产业智能化升级；在中小城市对地区产业升级的作用不明显，并阻碍了智能化升级。因此，数字经济发展越充分、越发达的地区，其对产业转型升级的驱动作用越明显。关注各地数字经济发展不平衡问题，加强数字基础设施建设，才能有效推动新型城镇化和产业转型升级良性互动。

10. 新型城镇化与产业转型升级良性互动离不开有效的政策保障体系

新型城镇化在未来很长一段时期仍将是中国经济发展的战略支点，推动新型城镇化和产业转型升级良性互动，需要各级政府立足于百年未有之大变局下的国内外形势，充分研究自身优势与不足，整体布局、统筹规划，以人为本、民生优先，提供系统的政策保障。中央政府应主要做好顶层设计，制订长期发展规划并落实规划；建立农业转移人口市民化的长效机制；优化区域发展战略，发挥城市群的引领作用。地方政府需要加快推进新型城市建设和基础设施建设；要因地制宜培育主导产业，选择适宜的产业集聚模式；深化对外开放，推进产业转型升级。

第二节
不足之处与研究展望

走中国特色的新型城镇化道路，既需要掌握经济发展的普遍规律且放眼世界，又需要紧密联系中国实际。当前中国正处于结构转型与深化改革的关键时期，处于人口老龄化加速与提升国际分工地位的重要时期，新型城镇化与产业转型升级良性互动发展是结构转型与深化改革的内在需要与保障。本书力争对现有研究进行丰富与拓展，但鉴于时间与能力的限制，仍然存在如下不足：

第一，新型城镇化与产业转型升级互动发展的过程构成一个复杂系统，本书没有遵循系统学的思路进行研究。若引入系统动力学理论并结合城市发展的循环累积因果机制，根据两者互动的路径构建新型城镇化与产业转型升级互动的系统回路，定义各类变量并建立动态仿真模型，运用各区域城市群的相关数据与信息，借助 Vensim 软件模拟分析新型城镇化与产业转型升级在各机制与变量的作用下互动发展的过程，是一个很好的研究思路。但系统动力学理论属于管理学范畴，是以控制论、信息论和决策论等有关理论为基础，以计算机仿真技术为手段的学科，超出笔者的学科范围和能力范围，但这一研究思路是笔者未来努力的方向。

第二，新型城镇化与产业转型升级互动的机理分析中不同机制的作用需要更详细、更深入地识别与比较。本书研究发现，合理利用新型城镇化与产业转型升级共促共进的作用机制与因果循环关系，特别是人力资本积累机制、产业集聚转移机制等的作用，可有效促进新型城镇化与产业转型升级良性互动。然而，在这些机制中技术进步和创新、消费需求扩张与升级、国际贸易和投资等机制的作用没有进行充分阐述，也没有进行识别、检验和比较，在构建"双循环"新发展格局背景下，这些机制的作用不容忽视，且更为突出。这也是将来需要深入研究的问题。

第三，本书阐释了产业转型升级的丰富内涵，但没有在开放经济体系中充分探讨产业价值链升级与新型城镇化的互动关系。一国产业在全球价值链地位的攀升是产业升级的重要表现和衡量指标，本书在第二章对产业转型升级的内涵进行综合分析，在第五章和第八章等章节依据内涵构建了产业转型升级综合指标，均考虑了产业价值链升级的作用，并在指标构建中纳入了出口技术复杂度以衡量产业的开放度，但未充分讨论产业价值链攀升与新型城镇化的互动关系，这也是将来需要深化的领域。

第四，城市群战略和乡村振兴战略在新型城镇化与产业转型升级互动关系中的重要地位在本书中突出不够。本书虽然在第三章等章节对城市群发展与产业结构演进的关系进行了详细分析，但在实证分析中主要选取的是不同规模城市，没有将国家认定的19大城市群进行系统分析，因而城市群对产业升级的作用还有待深化。城市的发展离不开乡村振兴，本书对新型城镇化内涵的剖析强调了这一点，但在其他章节没有更多的涉及。将乡村振兴战略作为一个政策变量分析该战略提出前后城市发展的变化，也是在后续研究中要完善的地方。

参考文献

[1] Abbott C. The New Urban America: Growth and Politics in Sunbelt Cities (2nd Edition) [M]. Chapel Hill: The University of North Carolina Press, 1987.

[2] Acemoglu D, Johnson S, Robinson J. The Rise of Europe: Atlantic Trade, Institutional Change, and Economic Growth [J]. The American Economic Review, 2005, 95 (3): 546-579.

[3] Aghion P, Cai J, Dewatripont M, Du L, Harrison A, Legros P. Industrial Policy and Competition [J]. American Economic Journal: Macroeconomics, 2015, 7 (4): 1-32.

[4] Akamatsu K. The Synthetic Principles of the Economic Development of Our Country [J]. Theory of Commerce and Economics, 1932 (6): 179-220.

[5] Alvarez-Cuadrado F, Poschke M. Structural Change Out of Agriculture: Labor Push versus Labor Pull [J]. American Economic Journal: Macroeconomics, 2011, 3 (3): 127-158.

[6] Arrow K J. The Economic Implications of Learning by Doing [J]. The Review of Economic Studies, 1962, 29 (3): 155-173.

[7] Audretsch D B, Feldman M P. Knowledge Spillovers and the Geography of Innovation [M] // Henderson J V, Thisse J F. Handbook of Regional and Urban Economics (Volume 4). Amsterdam: North Holland, 2004: 2713-2739.

[8] Bairoch P. Cities and Economic Development: From the Dawn of History to the Present [M]. Chicago: The University of Chicago Press, 1988.

[9] Baum-Snow N. Urban Transport Expansions, Employment Decentralization, and the Spatial Scope of Agglomeration Economies [Z]. Brown University & NBER, 2011.

[10] Becker C M, Morrison A R. Urbanization in Transforming Economies

[M] //Cheshire P, Mills E S. Handbook of Regional and Urban Economics (Volume 3) . Amsterdam: North Holland, 1999: 1673-1790.

[11] Becker G S. Human Capital: A Theoretical and Empirical Analysis, with Special Reference to Education [M] . Chicago: University of Chicago Press, 1994.

[12] Behrens K, Duranton G, Robert-Nicoud F. Productive Cities: Sorting, Selection, and Agglomeration [J] . Journal of Political Economy, 2014, 122 (3): 507-553.

[13] Bertinelli L, Black D. Urbanization and Growth [J] . Journal of Urban Economics, 2004, 56 (1): 80-96.

[14] Bertinelli L, Strobl E. Urbanisation, Urban Concentration and Economic Development [J] . Urban Studies, 2007, 44 (13): 2499-2510.

[15] Boudeville J R. Regional Economic Planning and Polarization [M] . Paris: Editions M. T. Genin, 1972.

[16] Brown R. Society and Economy in Modern Britain, 1700 – 1850 [M] . Londoa: Routledge, 1991.

[17] Cainelli G, Leoncini R. Externalities and Long-term Local Industrial Development. Some Empirical Evidence from Italy [J] . Revue d'Économie Industrielle, 1999, 90 (1): 25-39.

[18] Caselli F, Coleman II W J. The U. S. Structural Transformation and Regional Convergence: A Reinterpretation [J] . Journal of Political Economy, 2001, 109 (3): 584-616.

[19] Che Y, Zhang L. Human Capital, Technology Adoption and Firm Performance: Impacts of China's Higher Education Expansion in the Late 1990s [J] . The Economic Journal, 2018, 128 (614): 2282-2320.

[20] Davis J C, Henderson J V. Evidence on the Political Economy of the Urbanization Process [J] . Journal of Urban Economics, 2003, 53 (1): 98-125.

[21] Dell M, Feigenberg B, Teshima K. The Violent Consequences of Trade-Induced Worker Displacement in Mexico [J] . American Economic Review: Insights, 2019, 1 (1): 43-58.

［22］ Diamond C A, Simon C J. Industrial Specialization and the Returns to Labor ［J］. Journal of Labor Economics, 1990, 8 (2): 175-201.

［23］ Duranton G, Puga D. Micro-Foundations of Urban Agglomeration Economies ［M］//Henderson J V, Thisse J F. Handbook of Regional and Urban Economics (Volume 4). Amsterdam: North Holland, 2004: 2063-2117.

［24］ Duranton G, Puga D. Nursery Cities: Urban Diversity, Process Innovation, and the Life Cycle of Products ［J］. The American Economic Review, 2001, 91 (5): 1454-1477.

［25］ Eswaran M, Kotwal A. The Role of the Service Sector in the Process of Industrialization ［J］. Journal of Development Economics, 2002, 68 (2): 401-420.

［26］ Fei J C H, Ranis G. Capital-Labor Ratios in Theory and in History: Reply ［J］. The American Economic Review, 1964, 54 (6): 1063-1069.

［27］ Fisher A G B. The Clash of Progress and Security ［M］. London: Macmillan and Co. Limited, 1935.

［28］ Fogel R W. New Findings on Secular Trends in Nutrition and Mortality: Some Implications for Population Theory ［M］//Rosenzweig M R, Stark O. Handbook of Population and Family Economics (Volume 1A). Amsterdam: North Holland, 1997: 433-481.

［29］ Forman C, Goldfarb A, Greenstein S. The Internet and Local Wages: A Puzzle ［J］. The American Economic Review, 2012, 102 (1): 556-575.

［30］ Friedman J R. Regional Development Policy: A Case Study of Venezuela ［M］. Cambridge: MIT Press, 1966.

［31］ Fu S H, Dong X F, Chai G J. Industry Specialization, Diversification, Churning, and Unemployment in Chinese Cities ［J］. China Economic Review, 2010, 21 (4): 508-520.

［32］ Fujita M, Thisse J F. Economics of Agglomeration: Cities, Industrial Location, and Regional Growth ［M］. Cambridge: Cambridge University Press, 2002.

［33］ Fujita M. Urban Economic Theory: Land Use and City Size ［M］.

Cambridge: Cambridge University Press, 1989.

[34] Gereffi G. International Trade and Industrial Upgrading in the Apparel Commodity Chain [J]. Journal of International Economics, 1999, 48 (1): 37-70.

[35] Glaeser E L, Kallal H D, Scheinkman J A, Shleifer A. Growth in Cities [J]. Journal of Political Economy, 1992, 100 (6): 1126-1152.

[36] Glaeser E L. Cities, Productivity, and Quality of Life [J]. Science, 2011, 333 (6042): 592-594.

[37] Gollin D, Jedwab R, Vollrath D. Urbanization with and without Industrialization [J]. Journal of Economic Growth, 2016, 21 (1): 35-70.

[38] Gollin D, Parente S, Rogerson R. The Role of Agriculture in Development [J]. American Economic Review, 2002, 92 (2): 160-164.

[39] Gordon P, Richardson H W. Beyond Polycentricity: The Dispersed Metropolis, Los Angeles, 1970-1990 [J]. Journal of the American Planning Association, 1996, 62 (3): 289-295.

[40] Gregorio J D, Lee J W. Education and Income Inequality: New Evidence from Cross-Country Data [J]. The Review of Income and Wealth, 2002, 48 (3): 395-416.

[41] Griliches Z, Mairesse J. R&D and Productivity Growth: Comparing Japanese and U. S. Manufacturing Firms [M] //Hulten C R. Productivity Growth in Japan and the United States. Chicago: University of Chicago Press, 1990: 317-340.

[42] Grossman G M. Heterogeneous Workers and International Trade [J]. Review of World Economics, 2013, 149 (2): 211-245.

[43] Grossman M. On the Concept of Health Capital and the Demand for Health [J]. Journal of Political Economy, 1972, 80 (2): 223-255.

[44] Guest A M. World Urbanization: Destiny and Reconceptualization [M] //Kulcsár L J, Curtis K J. International Handbook of Rural Demography. Dordrecht: Springer, 2012: 49-65.

[45] Guevara-Rosero G C, Riou S, Autant-Bernard C. Agglomeration Externalities in Ecuador: Do Urbanization and Tertiarization Matter? [J]. Re-

gional Studies, 2019, 53 (5): 706-719.

[46] Gundogan N, Bicerli M K. Urbanization and Labor Market Informality in Developing Countries [R]. München: University Library of Munich, 2009.

[47] Hansen B E. Threshold Effects in Non-Dynamic Panels: Estimation, Testing, and Inference [J]. Journal of Econometrics, 1999, 93 (2): 345-368.

[48] Hansen G D, Prescott E C. Malthus to Solow [J]. The American Economic Review, 2002, 92 (4): 1205-1217.

[49] Harris J R, Todaro M P. Migration, Unemployment and Development: A Two-Sector Analysis [J]. The American Economic Review, 1970, 60 (1): 126-142.

[50] Helsley R W, Strange W C. Matching and Agglomeration Economies in a System of Cities [J]. Regional Science and Urban Economics, 1990, 20 (2): 189-212.

[51] Henderson J V. Efficiency of Resource Usage and City Size [J]. Journal of Urban Economics, 1986, 19 (1): 47-70.

[52] Henderson J V. Marshall's Scale Economies [J]. Journal of Urban Economics, 2003, 53 (1): 1-28.

[53] Henderson V, Becker R. Political Economy of City Sizes and Formation [J]. Journal of Urban Economics, 2000, 48 (3): 453-484.

[54] Hirschman A O. Exit, Voice, and Loyalty: Responses to Decline in Firms, Organizations, and States [M]. Cambridge: Harvard University Press, 1970.

[55] Hofmann A, Wan G H. Determinants of Urbanization [R]. Manila: Asian Development Bank, 2013.

[56] Hoselitz B F. Generative and Parasitic Cities [J]. Economic Development and Cultural Change, 1955, 3 (3): 278-294.

[57] Hu B, Chen C. New Urbanisation under Globalisation and the Social Implications in China [J]. Asia & the Pacific Policy Studies, 2015, 2 (1): 34-43.

[58] Humphrey J. Upgrading in Global Value Chains [J]. Geneva: International Labour Organization, 2004.

[59] Ivus O, Boland M. The Employment and Wage Impact of Broadband Deployment in Canada [J]. The Canadian Journal of Economics, 2015, 48 (5): 1803-1830.

[60] Jackson K T. Crabgrass Frontier: The Suburbanization of the United States [M]. Oxford: Oxford University Press, 1985.

[61] Jacobs J. The Economy of Cities [M]. New York: Vintage, 1969.

[62] Joga F E, Gavrilä R. Developing the Concept of Human Capital by Highlighting the Benefits for the Education System [J]. Review of International Comparative Management, 2021, 22 (4): 519-526.

[63] Jones G W, Visaria P. Urbanization in Large Developing Countries: China, Indonesia, Brazil, and India [M]. Oxford: Clarendon Press, 1997.

[64] Jorgenson D W. Surplus Agricultural Labour and the Development of a Dual Economy [J]. Oxford Economic Papers, 1967, 19 (3): 288-312.

[65] Ju J, Lin J Y, Wang Y. Endowment Structures, Industrial Dynamics, and Economic Growth [J]. Journal of Monetary Economics, 2015 (76): 244-263.

[66] Kakwani N. The Relative Deprivation Curve and its Applications [J]. Journal of Business & Economic Statistics, 1984, 2 (4): 384-394.

[67] Keller W. Geographic Localization of International Technology Diffusion [J]. The American Economic Review, 2002, 92 (1): 120-142.

[68] Kettunen J. Education and Unemployment Duration [J]. Economics of Education Review, 1997, 16 (2): 163-170.

[69] King A. Metropolis: The World's Great Cities: Emrys Jones [J]. Journal of Historical Geography, 1990, 16 (4): 455-457.

[70] Knight J B, Sabot R H. Educational Expansion and the Kuznets Effect [J]. The American Economic Review, 1983, 73 (5): 1132-1136.

[71] Knight J, Song L. The Rural-Urban Divide: Economic Disparities and Interactions in China [M]. Oxford: Oxford University Press, 1999.

[72] Koenker R, Bassett G Jr. Regression Quantiles [J]. Econometri-

ca, 1978, 46（1）：33-50.

［73］Kojima K. Direct Foreign Investment to Developing Countries：The Issue of Over-Presence ［J］. Hitotsubashi Journal of Economics, 1978（19）：1-15.

［74］Kondo H. Multiple Growth and Urbanization Patterns in an Endogenous Growth Model with Spatial Agglomeration ［J］. Journal of Development Economics, 2004, 75（1）：167-199.

［75］Krugman P. Geography and Trade ［M］. Cambridge：MIT Press, 1992.

［76］Krugman P. Increasing Returns and Economic Geography ［J］. Journal of Political Economy, 1991, 99（3）：483-499.

［77］Krugman P. Scale Economies, Product Differentiation, and the Pattern of Trade ［J］. The American Economic Review, 1980, 70（5）：950-959.

［78］Kurihara Y, Fukushima A. Openness of the Economy, Diversification, Specialization, and Economic Growth ［J］. Journal of Economics and Development Studies, 2016, 4（1）：31-38.

［79］Kutin A, Dolgov V, Sedykh M. Information Links between Product Life Cycles and Production System Management in Designing of Digital Manufacturing ［J］. Procedia CIRP, 2016（41）：423-426.

［80］Kuznets S. Economic Growth of Nations：Total Output and Production Structure ［M］. Cambridge：Harvard University Press, 1971.

［81］K. J. 巴顿. 城市经济学——理论和政策 ［M］. 上海社会科学院部门经济研究所城市经济研究室, 译. 北京：商务印书馆, 1984.

［82］Lewis W A. Economic Development with Unlimited Supplies of Labour ［J］. The Manchester School, 1954, 22（2）：139-191.

［83］Li H B, Zhu Y. Income, Income Inequality, and Health：Evidence from China ［J］. Journal of Comparative Economics, 2006, 34（4）：668-693.

［84］Li H Z, Luo Y. Reporting Errors, Ability Heterogeneity, and Returns to Schooling in China ［J］. Pacific Economic Review, 2004, 9（3）：

191-207.

[85] Liu J H. Regional Specialization and Urban Development in England during the Industrial Revolution [J]. Social Sciences in China, 2018, 39 (1): 199-216.

[86] Lucas R E Jr. Life Earnings and Rural-Urban Migration [J]. Journal of Political Economy, 2004, 112 (S1): 29-59.

[87] Lucas R E Jr. On the Mechanics of Economic Development [J]. Journal of Monetary Economics, 1988, 22 (1): 3-42.

[88] Lucas S R. Effectively Maintained Inequality: Education Transitions, Track Mobility, and Social Background Effects [J]. American Journal of Sociology, 2001, 106 (6): 1642-1690.

[89] Luo Y, Xiang P C, Wang Y M. Investigate the Relationship between Urbanization and Industrialization using a Coordination Model: A Case Study of China [J]. Sustainability, 2020, 12 (3): 916.

[90] Machin S, Vignoles A. Educational Inequality: The Widening Socio-Economic Gap [J]. Fiscal Studies, 2004, 25 (2): 107-128.

[91] Marshall A. Principles of Economics [M]. London: Macmillan, 1890.

[92] Matsuyama K. Agricultural Productivity, Comparative Advantage, and Economic Growth [J]. Journal of Economic Theory, 1992, 58 (2): 317-334.

[93] Meijers E J, Burger M J, Hoogerbrugge M M. Borrowing Size in Networks of Cities: City Size, Network Connectivity and Metropolitan Functions in Europe [J]. Papers in Regional Science, 2016, 95 (1): 181-198.

[94] Michaels G, Rauch F, Redding S J. Urbanization and Structural Transformation [J]. The Quarterly Journal of Economics, 2012, 127 (2): 535-586.

[95] Mikheeva N N. Diversification of Regional Economic Structure as Growth Strategy: Pros and Cons [J]. Regional Research of Russia, 2017, 7 (4): 303-310.

[96] Mincer J. Human Capital Responses to Technological Change

[R] . Cambridge: National Bureau of Economic Research, 1989.

[97] Mincer J. Schooling, Experience, and Earnings [M] . New York: Columbia University Press, 1974.

[98] Moffit L W. England on the Eve of the Industrial Revolution [M] . London: King & Son, 1925.

[99] Moir H. Dynamic Relationships between Labor Force Structure, Urbanization, and Development [J] . Economic Development and Cultural Change, 1977, 26 (1): 25-41.

[100] Moretti E. Estimating the Social Return to Higher Education: Evidence from Longitudinal and Repeated Cross-Sectional Data [J] . Journal of Econometrics, 2004, 121 (1-2): 175-212.

[101] Morris R J. Cholera 1832: The Social Response to an Epidemic [M] . New York: Holmes & Meier, 1976.

[102] Mortensen D T. Markets with Search Friction and the DMP Model [J] . American Economic Review, 2011, 101 (4): 1073-1091.

[103] Murakami N. Changes in Japanese Industrial Structure and Urbanization: Evidence from Prefectural Data [J] . Journal of the Asia Pacific Economy, 2015, 20 (3): 385-403.

[104] Myrdal G. Economic Theory and Under-Developed Regions [M] . London: Duckworth Methuen, 1957.

[105] Nijkamp P, Mills E S. Advances in Regional Economics [M] . Nijkamp P. Handbook of Regional and Urban Economics (Volume 1) . Amsterdam: North Holland, 1987: 1-17.

[106] Nunn N, Qian N. The Potato's Contribution to Population and Urbanization: Evidence from a Historical Experiment [J] . The Quarterly Journal of Economics, 2011, 126 (2): 593-650.

[107] Perroux F. Economic Space: Theory and Applications [J] . The Quarterly Journal of Economics, 1950, 64 (1): 89-104.

[108] Prebisch R. The Economic Development of Latin America and Its Principal Problems [M] . New York: United Nations Department of Economic Affairs, 1950.

［109］ Ram R. Educational Expansion and Schooling Inequality: International Evidence and Some Implications［J］. The Review of Economics and Statistics, 1990, 72（7）: 266-274.

［110］ Ranis G, Fei J C H. A Theory of Economic Development［J］. The American Economic Review, 1961, 51（4）: 533-565.

［111］ Rodriguez S B, Pereira P T. The Wage Effects of Training in Portugal: Differences across Skill Groups, Genders, Sectors, and Training Types［J］. Applied Economics, 2007, 39（6）: 787-807.

［112］ Romer P M. Endogenous Technological Change［J］. Journal of Political Economy, 1990, 98（5）: 71-102.

［113］ Romer P M. Increasing Returns and Long-Run Growth［J］. Journal of Political Economy, 1986, 94（5）: 1002-1037.

［114］ Rosenthal S S, Strange W C. Evidence on the Nature and Sources of Agglomeration Economies［M］//Henderson J V, Thisse J F. Handbook of Regional and Urban Economics（Volume 4）. Amsterdam: North Holland, 2004: 2119-2171.

［115］ Rosenthal S S, Strange W C. The Determinants of Agglomeration［J］. Journal of Urban Economics, 2001, 50（2）: 191-229.

［116］ Runciman W G. Relative Deprivation and Social Justice: A Study of Attitudes to Social Inequality in Twentieth-Century England［M］. Oakland: University of California Press, 1966.

［117］ Schultz T W. Investment in Human Capital［J］. The American Economic Review, 1961, 51（1）: 1-17.

［118］ Sen A. On Economic Inequality［M］. Oxford: Clarendon Press, 1973.

［119］ Seo M H, Shin Y. Dynamic Panels with Threshold Effect and Endogeneity［J］. Journal of Econometrics, 2016, 195（2）: 169-186.

［120］ Shapiro J M. Smart Cities: Quality of Life, Productivity, and the Growth Effects of Human Capital［J］. The Review of Economics and Statistics, 2006, 88（2）: 324-335.

［121］ Siebert H. Labor Market Rigidities and Unemployment in Europe

〔R〕. Kiel: Kiel Institute for the World Economy, 1997.

〔122〕 Smith J P. The Impact of Childhood Health on Adult Labor Market Outcomes 〔J〕. The Review of Economics and Statistics, 2009, 91 (3): 478-489.

〔123〕 Su W D, Li B H. Urbanization, Industrialization and Service Industries Agglomeration: Evidence from Panel Data of Chinese Provincial Regions 〔J〕. Canadian Social Science, 2011, 7 (4): 186-189.

〔124〕 Sykes W H. Report on the State of the Inhabitants and their Dwellings in Church Lane, St. Giles's 〔M〕. London: Royal Statistical Society, 1848.

〔125〕 Syverson C. What Determines Productivity? 〔J〕. Journal of Economic Literature, 2011, 49 (2): 326-365.

〔126〕 Todaro M P. A Model of Labor Migration and Urban Unemployment in Less Developed Countries 〔J〕. The American Economic Review, 1969, 59 (1): 138-148.

〔127〕 Tolley G S, Graves P E, Gardner J L. Urban Growth Policy in a Market Economy 〔M〕. New York: Academic Press, 1979.

〔128〕 Vernon R. International Investment and International Trade in the Product Cycle 〔J〕. The Quarterly Journal of Economics, 1966, 80 (2): 190-207.

〔129〕 Vidas-Bubanja M. Implementation of Green ICT for Sustainable Economic Development 〔C〕. In: Proc. of the 2014 37th International Convention on Information and Communication Technology, Electronics and Microelectronics (MIPRO), 2014.

〔130〕 Wang F, Mason A. Demographic Dividend and Prospects for Economic Development in China 〔C〕. In: Proc. of the United Nations Expert Group Meeting on Social and Economic Implications of Changing Population Age Structures, 2007.

〔131〕 Wang Q, Ren T, Liu T. Training, Skill-Upgrading and Settlement Intention of Migrants: Evidence from China 〔J〕. Urban Studies, 2019, 56 (13): 2779-2801.

[132] Ward P M. The Squatter Settlement as Slum or Housing Solution: Evidence from Mexico City [J]. Land Economics, 1976, 52 (3): 330-346.

[133] Weber A, Friedrich C J. Alfred Weber's Theory of the Location of Industries [M]. Chicago: University of Chicago Press, 1929.

[134] Wood P. Urban Development and Knowledge-Intensive Business Services: Too Many Unanswered Questions? [J]. Growth and Change, 2006, 37 (3): 335-361.

[135] Wright J F. British Economic Growth, 1688-1959 [J]. The Economic History Review, 1965, 18 (2): 397-412.

[136] Yamazawa I. Economic Development and International Trade: The Japanese Model [M]. Honolulu: East-West Center, 1990.

[137] Yitzhaki S. Relative Deprivation and the Gini Coefficient [J]. Quarterly Journal of Economics, 1979, 93 (2): 321-324.

[138] Zandweghe W V. Interpreting the Recent Decline in Labor Force Participation [J]. Economic Review, 2012 (97): 5-34.

[139] 阿瑟·刘易斯. 二元经济论 [M]. 郭金兴, 等译. 北京: 北京经济学院出版社, 1989.

[140] 蔡昉, 陈晓红, 张军, 李雪松, 洪俊杰, 张可云, 陆铭. 研究阐释党的十九届五中全会精神笔谈 [J]. 中国工业经济, 2020 (12): 5-27.

[141] 蔡昉. 改革时期农业劳动力转移与重新配置 [J]. 中国农村经济, 2017 (10): 2-12.

[142] 蔡伟毅, 陈学识. 国际知识溢出与中国技术进步 [J]. 数量经济技术经济研究, 2010, 27 (6): 57-71.

[143] 蔡跃洲, 马文君. 数据要素对高质量发展影响与数据流动制约 [J]. 数量经济技术经济研究, 2021, 38 (3): 64-83.

[144] 曹聪丽, 陈宪. 生产性服务业发展模式、结构调整与城市经济增长——基于动态空间杜宾模型的实证研究 [J]. 管理评论, 2019, 31 (1): 15-26+61.

[145] 曹芳芳, 程杰, 武拉平, 李先德. 劳动力流动推进了中国产业升级吗?——来自地级市的经验证据 [J]. 产业经济研究, 2020 (1):

57-70+127.

［146］曹瑞臣．英国城镇化的前世与今生［J］．城市管理与科技，2015，17（1）：80-83.

［147］茶洪旺，左鹏飞．信息化对中国产业结构升级影响分析——基于省级面板数据的空间计量研究［J］．经济评论，2017（1）：80-89.

［148］陈斌开，林毅夫．发展战略、城市化与中国城乡收入差距［J］．中国社会科学，2013（4）：81-102+206.

［149］陈斌开，陆铭．迈向平衡的增长：利率管制、多重失衡与改革战略［J］．世界经济，2016，39（5）：29-53.

［150］陈斌开，张川川．人力资本和中国城市住房价格［J］．中国社会科学，2016（5）：43-64+205.

［151］陈晨子，成长春．产业结构、城镇化与我国经济增长关系的ECM模型研究［J］．财经理论与实践，2012，33（6）：85-88.

［152］陈冲，吴炜聪．消费结构升级与经济高质量发展：驱动机理与实证检验［J］．上海经济研究，2019（6）：59-71.

［153］陈国亮，陈建军．产业关联、空间地理与二三产业共同集聚——来自中国212个城市的经验考察［J］．管理世界，2012（4）：82-100.

［154］陈佳贵，黄群慧，王延中，等．中国工业化现代化问题研究［M］．北京：中国社会科学出版社，2004：68-69.

［155］陈建军，杨飞．人力资本异质性与区域产业升级：基于前沿文献的讨论［J］．浙江大学学报（人文社会科学版），2014，44（5）：149-160.

［156］陈健，蒋敏．生产性服务业与我国城市化发展——产业关联机制下的研究［J］．产业经济研究，2012（6）：33-41.

［157］陈小辉，张红伟，吴永超．数字经济如何影响产业结构水平？［J］．证券市场导报，2020（7）：20-29.

［158］陈晓东，杨晓霞．数字经济发展对产业结构升级的影响——基于灰关联熵与耗散结构理论的研究［J］．改革，2021（3）：26-39.

［159］陈甬军，陈爱贞．从劳动力转移到产业区域转移——新型工业化背景下我国城市化演变趋势分析［J］．经济理论与经济管理，2007

（2）：42-46.

［160］程开明，李金昌．城市偏向、城市化与城乡收入差距的作用机制及动态分析［J］．数量经济技术经济研究，2007（7）：116-125.

［161］程莉，周宗社．结构偏差、滞后城市化与城乡收入差距［J］．经济经纬，2014，31（1）：20-25.

［162］程名望，Jin Yanhong，盖庆恩，史清华．中国农户收入不平等及其决定因素——基于微观农户数据的回归分解［J］．经济学（季刊），2016，15（3）：1253-1274.

［163］程名望，贾晓佳，仇焕广．中国经济增长（1978—2015）：灵感还是汗水？［J］．经济研究，2019，54（7）：30-46.

［164］储德银，邵娇，迟淑娴．财政体制失衡抑制了地方政府税收努力吗？［J］．经济研究，2019，54（10）：41-56.

［165］丛海彬，段巍，吴福象．新型城镇化中的产城融合及其福利效应［J］．中国工业经济，2017a（11）：62-80.

［166］丛海彬，邹德玲，刘程军．新型城镇化背景下产城融合的时空格局分析——来自中国285个地级市的实际考察［J］．经济地理，2017b，37（7）：46-55.

［167］戴魁早，李晓莉，骆莙函．人力资本结构高级化、要素市场发展与服务业结构升级［J］．财贸经济，2020，41（10）：129-146.

［168］邓荣荣，张翔祥．中国城市数字经济发展对环境污染的影响及机理研究［J］．南方经济，2022（2）：18-37.

［169］邓睿．健康权益可及性与农民工城市劳动供给——来自流动人口动态监测的证据［J］．中国农村经济，2019（4）：92-110.

［170］邓仲良，张可云．中国经济增长的空间分异为何存在？——一个空间经济学的解释［J］．经济研究，2020，55（4）：20-36.

［171］董敏杰，李钢，梁泳梅．中国工业环境全要素生产率的来源分解——基于要素投入与污染治理的分析［J］．数量经济技术经济研究，2012，29（2）：3-20.

［172］段巍，王明，吴福象．中国式城镇化的福利效应评价（2000—2017）——基于量化空间模型的结构估计［J］．经济研究，2020，55（5）：166-182.

［173］段文斌，刘大勇，皮亚彬．现代服务业聚集的形成机制：空间视角下的理论与经验分析［J］．世界经济，2016，39（3）：144-165.

［174］樊茜，金晓彤，徐尉．教育培训对新生代农民工就业质量的影响研究——基于全国 11 个省（直辖市）4030 个样本的实证分析［J］．经济纵横，2018（3）：39-45.

［175］方超，黄斌．教育扩张与农村劳动力的教育收益率——基于分位数处理效应的异质性估计［J］．经济评论，2020（4）：81-96.

［176］方森辉，毛其淋．高校扩招、人力资本与企业出口质量［J］．中国工业经济，2021（11）：97-115.

［177］费洪平．当前我国产业转型升级的方向及路径［J］．宏观经济研究，2017（2）：3-8+38.

［178］扶涛．人力资源开发与产业转型升级的匹配效应研究：以广东省为例［J］．广东财经大学学报，2016，31（3）：72-81.

［179］傅十和，洪俊杰．企业规模、城市规模与集聚经济——对中国制造业企业普查数据的实证分析［J］．经济研究，2008，43（11）：112-125.

［180］干春晖，余典范．城市化与产业结构的战略性调整和升级［J］．上海财经大学学报，2003，5（4）：3-10.

［181］干春晖，郑若谷，余典范．中国产业结构变迁对经济增长和波动的影响［J］．经济研究，2011，46（5）：4-16+31.

［182］高波，陈健，邹琳华．区域房价差异、劳动力流动与产业升级［J］．经济研究，2012，47（1）：66-79.

［183］高春亮，李善同．人口流动、人力资本与城市规模差距［J］．中国人口科学，2019（3）：40-52+127.

［184］高德步，王钰．世界经济史（第三版）［M］．北京：中国人民大学出版社，2011.

［185］耿明斋．中原争鸣集（2013）：新型城镇化与产业转型［M］．北京：社会科学文献出版社，2013.

［186］宫汝凯，李洪亚．技术进步、经济结构转型与中国对外直接投资：基于 2003—2012 年的证据［J］．南开经济研究，2016（6）：56-77.

［187］辜胜阻．非农化与城镇化研究［M］．杭州：浙江人民出版

社，1991.

［188］辜胜阻．新型城镇化与经济转型［M］．北京：科学出版社，2014.

［189］顾朝林．经济全球化与中国城市发展：跨世纪中国城市发展战略研究［M］．北京：商务印书馆，1999.

［190］关兴良，魏后凯，鲁莎莎，邓羽．中国城镇化进程中的空间集聚、机理及其科学问题［J］．地理研究，2016，35（2）：227-241.

［191］郭晨，张卫东．产业结构升级背景下新型城镇化建设对区域经济发展质量的影响——基于 PSM-DID 经验证据［J］．产业经济研究，2018（5）：78-88.

［192］郭峰，王靖一，王芳，孔涛，张勋，程志云．测度中国数字普惠金融发展：指数编制与空间特征［J］．经济学（季刊），2020，19（4）：1401-1418.

［193］郭进，徐盈之．城镇化与工业化协调发展：现实基础与水平测度［J］．经济评论，2016（4）：39-49.

［194］郭凯明．人工智能发展、产业结构转型升级与劳动收入份额变动［J］．管理世界，2019，35（7）：60-77+202-203.

［195］郭克莎．工业化与城市化关系的经济学分析［J］．中国社会科学，2002（2）：44-45+206.

［196］郭力．城镇化道路调整——基于产业转移与劳动力流动的视角［M］．郑州：郑州大学出版社，2016.

［197］郭旭红，武力．新中国产业结构演变述论（1949-2016）［J］．中国经济史研究，2018（1）：133-142.

［198］郭志勇，顾乃华．制度变迁、土地财政与外延式城市扩张——一个解释我国城市化和产业结构虚高现象的新视角［J］．社会科学研究，2013（1）：8-14.

［199］韩峰，李玉双．产业集聚、公共服务供给与城市规模扩张［J］．经济研究，2019，54（11）：149-164.

［200］韩峰，王琢卓，阳立高．生产性服务业集聚、空间技术溢出效应与经济增长［J］．产业经济研究，2014（2）：1-10.

［201］韩峰，阳立高．生产性服务业集聚如何影响制造业结构升

级？——一个集聚经济与熊彼特内生增长理论的综合框架［J］．管理世界，2020，36（2）：72-94+219.

［202］韩峰．适宜性产业集聚与人口城镇化协同发展研究［M］．北京：经济科学出版社，2020.

［203］韩俊，崔传义，赵阳．巴西城市化过程中贫民窟问题及对我国的启示［J］．中国发展观察，2005（6）：4-6.

［204］何鑫，邹瑜，田丽慧，李逸飞．农业转移人口市民化决策的影响因素分析——基于湖南省6091名农村流动人口的调查［J］．中国农业资源与区划，2021，42（2）：158-166.

［205］何兴强，史卫．健康风险与城镇居民家庭消费［J］．经济研究，2014，49（5）：34-48.

［206］贺灿飞，潘峰华．中国城市产业增长研究：基于动态外部性与经济转型视角［J］．地理研究，2009，28（3）：726-737.

［207］贺建风，吴慧．科技创新和产业结构升级促进新型城镇化发展了吗［J］．当代经济科学，2016，38（5）：59-68+126.

［208］胡鞍钢．中国城镇失业状况分析［J］．管理世界，1998（4）：47-63.

［209］胡鞍钢．中国现代经济发展的初始条件［J］．开发研究，2006（3）：1-10.

［210］黄林秀，欧阳琳．经济增长过程中的产业结构变迁——美国经验与中国借鉴［J］．经济地理，2015，35（3）：23-27.

［211］黄群慧，余泳泽，张松林．互联网发展与制造业生产率提升：内在机制与中国经验［J］．中国工业经济，2019（8）：5-23.

［212］黄斯婕，张萃．生产性服务业集聚对城市生产率的影响——基于行业异质性视角［J］．城市发展研究，2016，23（3）：118-124.

［213］黄先海，诸竹君．生产性服务业推动制造业高质量发展的作用机制与路径选择［J］．改革，2021（6）：17-26.

［214］黄永春，郑江淮，杨以文，祝吕静．中国"去工业化"与美国"再工业化"冲突之谜解析——来自服务业与制造业交互外部性的分析［J］．中国工业经济，2013（3）：7-19.

［215］黄祖辉，刘桢．资本积累、城乡收入差距与农村居民教育投资

［J］．中国人口科学，2019（6）：71-83+127-128.

［216］霍利斯·钱纳里，莫伊思·赛尔昆．发展的型式：1950—1970
［M］．李新华，徐公理，迟建平，译．北京：经济科学出版社，1988.

［217］霍利斯·钱纳里．结构变化与发展政策［M］．朱东海，黄钟，
译．北京：经济科学出版社，1991.

［218］纪雯雯，赖德胜．人力资本结构与创新［J］．北京师范大学学
报（社会科学版），2016（5）：169-181.

［219］纪晓岚．英国城市化历史过程分析与启示［J］．华东理工大学
学报（社会科学版），2004（2）：97-101.

［220］贾静．墨西哥过度人口城市化与人口分散化研究［J］．人口学
刊，2018，40（6）：86-97.

［221］简新华，黄锟．中国城镇化水平和速度的实证分析与前景预测
［J］．经济研究，2010（3）：28-39.

［222］姜爱林．城镇化、工业化与信息化协调发展研究［M］．北京：
中国大地出版社，2004.

［223］姜乾之．中印城市化比较研究［J］．亚太经济，2012（4）：
91-95.

［224］姜竹青，刘建江，韩峰．交通拥堵、空间外溢与人口城市化
［J］．财经论丛，2019（5）：104-112.

［225］焦勇．数字经济赋能制造业转型：从价值重塑到价值创造
［J］．经济学家，2020（6）：87-94.

［226］杰弗瑞·G.威廉姆森．贸易与贫穷：第三世界何时落后
［M］．符大海，张莹，译．北京：中国人民大学出版社，2016.

［227］解雨巷，解垩．教育流动、职业流动与阶层代际传递［J］．中
国人口科学，2019（2）：40-52+126-127.

［228］金晓雨．城市规模、产业关联与共同集聚——基于制造业与生
产性服务业产业关联和空间互动两个维度［J］．产经评论，2015，6（6）：
35-46.

［229］柯善咨，赵曜．产业结构、城市规模与中国城市生产率［J］．
经济研究，2014，49（4）：76-88+115.

［230］科林·克拉克．经济进步的条件［M］．张旭昆，夏晴，等

译．北京：中国人民大学出版社，2020.

［231］赖德胜，高曼．地区就业岗位的创造——制造业对服务业的就业乘数效应［J］．中国人口科学，2017（4）：28-40+126-127.

［232］赖德胜．教育扩展与收入不平等［J］．经济研究，1997（10）：46-53.

［233］赖敏．土地要素错配阻碍了中国产业结构升级吗？——基于中国 230 个地级市的经验证据［J］．产业经济研究，2019（2）：39-49.

［234］蓝庆新，陈超凡．新型城镇化推动产业结构升级了吗？——基于中国省级面板数据的空间计量研究［J］．财经研究，2013，39（12）：57-71.

［235］黎日荣．生产性服务业集聚与城市生产率——差异化学习效应、选择效应与分类效应［J］．产经评论，2019，10（1）：20-35.

［236］李超．基于主成分分析法的新型城镇化水平研究［D］．东北财经大学硕士学位论文，2017.

［237］李成友，孙涛，焦勇．要素禀赋、工资差距与人力资本形成［J］．经济研究，2018，53（10）：113-126.

［238］李春风，刘建江，齐祥芹．房地产价格对我国城镇居民消费的长短期影响研究［J］．财经理论与实践，2018，39（1）：104-110.

［239］李钢，秦宇．人力资本相对超前投入及对经济增长的影响［J］．数量经济技术经济研究，2020，37（5）：118-138.

［240］李谷成，冯中朝，范丽霞．教育、健康与农民收入增长——来自转型期湖北省农村的证据［J］．中国农村经济，2006（1）：66-74.

［241］李海峥，梁赟玲，Barbara Fraumeni，刘智强，王小军．中国人力资本测度与指数构建［J］．经济研究，2010，45（8）：42-54.

［242］李建伟．我国劳动力供求格局、技术进步与经济潜在增长率［J］．管理世界，2020，36（4）：96-113.

［243］李健旋．中国制造业智能化程度评价及其影响因素研究［J］．中国软科学，2020（1）：154-163.

［244］李金滟，宋德勇．专业化、多样化与城市集聚经济——基于中国地级单位面板数据的实证研究［J］．管理世界，2008（2）：25-34.

［245］李静，楠玉，刘霞辉．中国研发投入的"索洛悖论"——解释

及人力资本匹配含义［J］．经济学家，2017（1）：31-38．

［246］李静，楠玉．人力资本错配下的决策：优先创新驱动还是优先产业升级？［J］．经济研究，2019，54（8）：152-166．

［247］李军国．美国城镇化发展的经验与启示［J］．中国发展观察，2015（12）：86-90．

［248］李兰冰，高雪莲，黄玖立．"十四五"时期中国新型城镇化发展重大问题展望［J］．管理世界，2020，36（11）：7-22．

［249］李兰冰，刘秉镰．中国区域经济增长绩效、源泉与演化：基于要素分解视角［J］．经济研究，2015，50（8）：58-72．

［250］李廉水，鲍怡发，刘军．智能化对中国制造业全要素生产率的影响研究［J］．科学学研究，2020，38（4）：609-618+722．

［251］李林杰，王金玲．对工业化和城市化关系量化测度的思考——兼评我国的工业化与城市化进程［J］．人口学刊，2007（4）：31-35．

［252］李明烨，亚历克斯·马格尔哈斯．从城市非正规性视角解读里约热内卢贫民窟的发展历程与治理经验［J］．国际城市规划，2019，34（2）：56-63．

［253］李平，付一夫，张艳芳．生产性服务业能成为中国经济高质量增长新动能吗［J］．中国工业经济，2017（12）：5-21．

［254］李萍，谌新民．人力资本投资、就业稳定性与产业转型升级——基于东莞市的经验数据［J］．学术研究，2012（9）：80-86．

［255］李善同．对城市化若干问题的再认识［J］．中国软科学，2001（5）：4-8．

［256］李少林．产业结构优化升级与城镇化质量：资源环境倒逼机制分析［M］．北京：中国社会科学出版社，2016．

［257］李天籽，王伟，邓丽君．基于PVAR模型的东北地区城市化、工业化与人口集聚分析［J］．人口学刊，2018，40（6）：75-85．

［258］李雯轩，李晓华．新发展格局下区域间产业转移与升级的路径研究——对"雁阵模式"的再探讨［J］．经济学家，2021（6）：81-90．

［259］李晓萍，李平，吕大国，江飞涛．经济集聚、选择效应与企业生产率［J］．管理世界，2015（4）：25-37+51．

［260］李晓阳，鄢晓凤，罗超平，龙贝．长三角人口集聚与产业结构

高级化的互动关系研究［J］. 华东经济管理，2020，34（1）：18-27.

［261］李子联. 人口城镇化滞后于土地城镇化之谜——来自中国省际面板数据的解释［J］. 中国人口·资源与环境，2013，23（11）：94-101.

［262］梁军，从振楠. 产业集聚与中心城市全要素生产率增长的实证研究——兼论城市层级分异的影响［J］. 城市发展研究，2018，25（12）：45-53.

［263］梁琦，詹亦军. 地方专业化、技术进步和产业升级：来自长三角的证据［J］. 经济理论与经济管理，2006（1）：56-62.

［264］梁琦. 空间经济学的过去，现在与未来——兼评《空间经济学：城市、区域与国际贸易》［J］. 经济学（季刊），2005（3）：1067-1086.

［265］梁琦. 中国工业的区位基尼系数——兼论外商直接投资对制造业集聚的影响［J］. 统计研究，2003（9）：21-25.

［266］梁永福，刘洋，韦文求. 新型城镇化建设与专业镇产业发展研究［M］. 北京：经济科学出版社，2016.

［267］林秀梅，关帅. 环境规制推动了产业结构转型升级吗？——基于地方政府环境规制执行的策略互动视角［J］. 南方经济，2020（11）：99-115.

［268］林毅夫. 新结构经济学——重构发展经济学的框架［J］. 经济学（季刊），2011，10（1）：1-32.

［269］凌文昌，邓伟根. 产业转型与中国经济增长［J］. 中国工业经济，2004（12）：20-24.

［270］凌永辉，张月友，沈凯玲. 中国的产业互动发展被低估了吗？［J］. 数量经济技术经济研究，2018，35（1）：23-41.

［271］刘斌. 农民工市民化的住房成本测算及区域比较——研究述评和一个简明的测算框架［J］. 西部论坛，2020，30（6）：48-61.

［272］刘传江，程建林，董延芳. 中国第二代农民工研究［M］. 济南：山东人民出版社，2009.

［273］刘传江，程建林. 第二代农民工市民化：现状分析与进程测度［J］. 人口研究，2008（5）：48-57.

［274］刘国恩，William H. Dow，傅正泓，John Akin. 中国的健康人力资本与收入增长［J］. 经济学（季刊），2004（4）：101-118.

［275］刘瀚波. 美国地方政府破产制度探析［J］. 经济与管理研究，2015，36（12）：99-108.

［276］刘航，孙早. 城镇化动因扭曲与制造业产能过剩——基于2001—2012年中国省级面板数据的经验分析［J］. 中国工业经济，2014（11）：5-17.

［277］刘欢. 工业智能化如何影响城乡收入差距——来自农业转移劳动力就业视角的解释［J］. 中国农村经济，2020（5）：55-75.

［278］刘建江，罗双成. 房价上涨、要素流动与制造业升级［J］. 当代经济科学，2018，40（6）：98-106+130.

［279］刘建江. 房价波动影响居民消费的机理及调控研究［M］. 长沙：湖南人民出版社，2015.

［280］刘景华. 工业革命时期英国的地区分工与城市发展（英文）［J］. Social Sciences in China，2018，39（1）：199-216.

［281］刘丽萍，刘家树. 生产性服务业集聚、区域经济一体化与城市创新经济增长［J］. 经济经纬，2019，36（5）：25-32.

［282］刘名远，李桢. 战略性新兴产业融合发展内在机理及策略路径［J］. 经济与管理，2013，27（11）：88-93.

［283］刘世锦. 正确理解"新型工业化"［J］. 中国工业经济，2005（11）：5-9.

［284］刘守英，王志锋，张维凡，熊雪锋. "以地谋发展"模式的衰竭——基于门槛回归模型的实证研究［J］. 管理世界，2020，36（6）：80-92+119+246.

［285］刘松林，黄世为. 我国农民工市民化进程指标体系的构建与测度［J］. 统计与决策，2014（13）：29-32.

［286］刘万霞. 职业教育对农民工就业的影响——基于对全国农民工调查的实证分析［J］. 管理世界，2013（5）：64-75.

［287］刘伟，张立元. 经济发展潜能与人力资本质量［J］. 管理世界，2020，36（1）：8-24+230.

［288］刘习平. 中国新型城镇化转型研究：人口、土地与产业三维协

调发展的视角［M］．北京：知识产权出版社，2018．

［289］刘学东．墨西哥土地制度改革成效评估：从贫困指数变化的视角［J］．拉丁美洲研究，2015，37（6）：3-8+55+79．

［290］刘志彪．提升生产率：新常态下经济转型升级的目标与关键措施［J］．审计与经济研究，2015，30（4）：77-84．

［291］刘志彪．以城市化推动产业转型升级——兼论"土地财政"在转型时期的历史作用［J］．学术月刊，2010，42（10）：65-70．

［292］刘志彪等．产业经济学［M］．北京：机械工业出版社，2015．

［293］刘智勇，李海峥，胡永远，李陈华．人力资本结构高级化与经济增长——兼论东中西部地区差距的形成和缩小［J］．经济研究，2018，53（3）：50-63．

［294］刘子兰，刘辉，袁礼．人力资本与家庭消费——基于 CFPS 数据的实证分析［J］．山西财经大学学报，2018，40（4）：17-35．

［295］鲁强，徐翔．我国农民工市民化进程测度——基于 TT&DTHM 模型的分析［J］．江西社会科学，2016，36（2）：200-207．

［296］陆大道，陈明星．关于"国家新型城镇化规划（2014-2020）"编制大背景的几点认识［J］．地理学报，2015，70（2）：179-185．

［297］陆铭，陈钊．城市化、城市倾向的经济政策与城乡收入差距［J］．经济研究，2004（6）：50-58．

［298］陆铭．大国大城［M］．上海：上海人民出版社，2016．

［299］吕炜，杨沫，朱东明．农民工能实现与城镇职工的工资同化吗？［J］．财经研究，2019，45（2）：86-99．

［300］罗良文，茹雪．我国收入分配中的机会不平等问题研究——基于 CGSS 2008-2015 年数据的经验证据［J］．中国软科学，2019（4）：57-69．

［301］罗勇，曹丽莉．中国制造业集聚程度变动趋势实证研究［J］．经济研究，2005（8）：106-115+127．

［302］马红旗，黄桂田，王韧．物质资本的积累对我国城乡收入差距的影响——基于资本—技能互补视角［J］．管理世界，2017（4）：32-46．

［303］马晓河．美国经济崛起过程中的城市化及对中国的启示［J］．经济纵横，2020（1）：2+43-49.

［304］马野驰，祝滨滨．产城融合发展存在的问题与对策研究［J］．经济纵横，2015（5）：31-34.

［305］马颖，何清，李静．行业间人力资本错配及其对产出的影响［J］．中国工业经济，2018（11）：5-23.

［306］迈克尔·波特．国家竞争优势［M］．李明轩，邱如美，译．北京：华夏出版社，2002.

［307］毛其淋．人力资本推动中国加工贸易升级了吗？［J］．经济研究，2019，54（1）：52-67.

［308］毛宇飞，曾湘泉．互联网使用是否促进了女性就业——基于CGSS数据的经验分析［J］．经济学动态，2017（6）：21-31.

［309］门晓红．日本城市化：历史、特点及其启示［J］．科学社会主义，2015（1）：146-149.

［310］孟捷．复杂劳动还原与马克思主义内生增长理论［J］．世界经济，2017，40（5）：3-23.

［311］明娟，王明亮．工作转换能否提升农民工就业质量？［J］．中国软科学，2015（12）：49-62.

［312］穆怀中，吴鹏．城镇化、产业结构优化与城乡收入差距［J］．经济学家，2016（5）：37-44.

［313］南亮进．日本的经济发展［M］．毕志恒，关权，译．北京：经济管理出版社，1992.

［314］倪鹏飞，颜银根，张安全．城市化滞后之谜：基于国际贸易的解释［J］．中国社会科学，2014（7）：107-124+206-207.

［315］倪鹏飞．改革开放40年中国城镇化发展的经验与启示［J］．智慧中国，2018（12）：11-13.

［316］聂辉华，江艇，杨汝岱．中国工业企业数据库的使用现状和潜在问题［J］．世界经济，2012，35（5）：142-158.

［317］聂伟，王小璐．人力资本、家庭禀赋与农民的城镇定居意愿——基于CGSS2010数据库资料分析［J］．南京农业大学学报（社会科学版），2014，14（5）：53-61+119.

［318］宁光杰，刘丽丽．市民化意愿对农业转移人口消费行为的影响研究［J］．中国人口科学，2018（6）：55-68+127．

［319］欧阳峣，易思维．新式教育、人力资本与中国近代产业升级［J］．中国经济史研究，2021（6）：76-89．

［320］欧阳峣．多极雁行理论与全球价值链重构——从产业视角观察当前世界经济体系［N］．光明日报，2020-07-28（11）．

［321］裴长洪，倪江飞，李越．数字经济的政治经济学分析［J］．财贸经济，2018，39（9）：5-22．

［322］裴长洪，于燕．新型城镇化中的产业发展趋势［J］．当代经济研究，2014（10）：5-13+97．

［323］彭继增．产业转移、专业市场布局与新型城镇化研究［M］．北京：社会科学文献出版社，2017．

［324］戚聿东，刘翠花，丁述磊．数字经济发展、就业结构优化与就业质量提升［J］．经济学动态，2020（11）：17-35．

［325］屈小博．培训对农民工人力资本收益贡献的净效应——基于平均处理效应的估计［J］．中国农村经济，2013（8）：55-64．

［326］饶萍，吴青．融资结构、研发投入对产业结构升级的影响——基于社会融资规模视角［J］．管理现代化，2017，37（6）：25-27．

［327］任冲，宋立军．印度城市化进程中存在的问题及原因探析［J］．东南亚纵横，2013（8）：75-79．

［328］任晶，杨青山．产业多样化与城市增长的理论及实证研究——以中国31个省会城市为例［J］．地理科学，2008，28（5）：631-635．

［329］任泽平，罗志恒，华炎雪．中美实力对比：科技、民生、教育、营商［EB/OL］．泽平宏观，［2020-02-04］．https：//mp．weixin．qq．com/s/IEGNmYOQkvFNq00CuMRo_g．

［330］邵朝对，苏丹妮，邓宏图．房价、土地财政与城市集聚特征：中国式城市发展之路［J］．管理世界，2016（2）：19-31+187．

［331］邵敏，武鹏．出口贸易、人力资本与农民工的就业稳定性——兼议我国产业和贸易的升级［J］．管理世界，2019，35（3）：99-113．

［332］沈鸿，向训勇．专业化、相关多样化与企业成本加成——检验产业集聚外部性的一个新视角［J］．经济学动态，2017（10）：81-98．

[333] 沈可，章元．中国的城市化为什么长期滞后于工业化？——资本密集型投资倾向视角的解释［J］．金融研究，2013（1）：53-64.

[334] 沈坤荣，金刚，方娴．环境规制引起了污染就近转移吗？［J］．经济研究，2017，52（5）：44-59.

[335] 沈正平．优化产业结构与提升城镇化质量的互动机制及实现途径［J］．城市发展研究，2013，20（5）：70-75.

[336] 石大千，丁海，卫平，刘建江．智慧城市建设能否降低环境污染［J］．中国工业经济，2018（6）：117-135.

[337] 史新杰，方师乐，高叙文．基础教育、职业培训与农民工外出收入——基于生命周期的视角［J］．财经研究，2021，47（1）：153-168.

[338] 宋昌耀，罗心然，席强敏，李国平．超大城市生产性服务业空间分工及其效应分析——以北京为例［J］．地理科学，2018，38（12）：2040-2048.

[339] 宋锦，李曦晨．行业投资、劳动力技能偏好与产业转型升级［J］．世界经济，2019，42（5）：145-167.

[340] 苏杭，郑磊，牟逸飞．要素禀赋与中国制造业产业升级——基于WIOD和中国工业企业数据库的分析［J］．管理世界，2017（4）：70-79.

[341] 苏红键，赵坚．产业专业化、职能专业化与城市经济增长——基于中国地级单位面板数据的研究［J］．中国工业经济，2011（4）：25-34.

[342] 孙浦阳，韩帅，张诚．产业集聚结构与城市经济增长的非线性关系［J］．财经科学，2012（8）：49-57.

[343] 孙晓华，郭玉娇．产业集聚提高了城市生产率吗？——城市规模视角下的门限回归分析［J］．财经研究，2013，39（2）：103-112.

[344] 孙晓华，周玲玲．多样化、专业化、城市规模与经济增长——基于中国地级市面板数据的实证检验［J］．管理工程学报，2013，27（2）：71-78.

[345] 孙叶飞，夏青，周敏．新型城镇化发展与产业结构变迁的经济增长效应［J］．数量经济技术经济研究，2016，33（11）：23-40.

［346］覃成林，潘丹丹．粤港澳大湾区产业结构升级及经济绩效分析［J］．经济与管理评论，2020，36（1）：137-147.

［347］田毕飞，陈紫若．创业与全球价值链分工地位：效应与机理［J］．中国工业经济，2017（6）：136-154.

［348］田野，陈洁，董莹，蒋亮，罗静．长江经济带主导产业的类型与格局演化——以省级以上开发区为例［J］．经济地理，2020，40（12）：100-108.

［349］田盈，向栩，潘晓琳．职业教育能改善城乡收入差距吗？［J］．教育与经济，2020，36（6）：51-58.

［350］万解秋，刘亮．源于增长和产业转型的城镇化进程探讨——江苏城镇化新动因解析［J］．江苏社会科学，2013（5）：32-36.

［351］汪冬梅，刘廷伟，王鑫，武华光．产业转移与发展：农村城市化的中观动力［J］．农业现代化研究，2003（1）：15-20.

［352］汪冬梅．日本、美国城市化比较及其对我国的启示［J］．中国农村经济，2003（9）：69-76.

［353］汪伟，刘玉飞，彭冬冬．人口老龄化的产业结构升级效应研究［J］．中国工业经济，2015（11）：47-61.

［354］王成利，王洪娜．城市长期居留流动人口的落户意愿及影响因素——基于差别化落户政策［J］．中南财经政法大学学报，2020（5）：64-72.

［355］王春晖，赵伟．集聚外部性与地区产业升级：一个区域开放视角的理论模型［J］．国际贸易问题，2014（4）：67-77.

［356］王春艳．美国城市化的历史、特征及启示［J］．城市问题，2007（6）：92-98.

［357］王弟海，崔小勇，龚六堂．健康在经济增长和经济发展中的作用——基于文献研究的视角［J］．经济学动态，2015（8）：107-127.

［358］王芳，胡立君．居民消费结构在城镇化与产业结构优化中的传导作用［J］．中南财经政法大学学报，2018（6）：33-43+159.

［359］王桂新，胡健．中国东部三大城市群人口城市化对产业结构转型影响的研究［J］．社会发展研究，2019，6（1）：33-48+242-243.

［360］王桂新，沈建法，刘建波．中国城市农民工市民化研究——以

上海为例［J］．人口与发展，2008（1）：3-23.

［361］王国刚．城镇化：中国经济发展方式转变的重心所在［J］．经济研究，2010，45（12）：70-81+148.

［362］王海兵．财富性还是生产性？同质性还是异质性？——关于中国物质资本测量的故事［J］．经济学（季刊），2017，16（2）：671-706.

［363］王涵，邓玲．人力资本积累对我国新型城镇化发展的影响分析——基于结构方程模型和214个城市的实证研究［J］．四川大学学报（哲学社会科学版），2017（1）：127-133.

［364］王建．正规教育与技能培训：何种人力资本更有利于农民工正规就业？［J］．中国农村观察，2017（1）：113-126+143-144.

［365］王宁．地方消费主义、城市舒适物与产业结构优化——从消费社会学视角看产业转型升级［J］．社会学研究，2014，29（4）：24-48+242-243.

［366］王庆喜，钱遂，庞尧．环境约束下中国工业化与城镇化的关系演变——效率分析视角［J］．地理科学，2017，37（1）：92-101.

［367］王如玉，梁琦，李广乾．虚拟集聚：新一代信息技术与实体经济深度融合的空间组织新形态［J］．管理世界，2018，34（2）：13-21.

［368］王恕立，胡宗彪．中国服务业分行业生产率变迁及异质性考察［J］．经济研究，2012，47（4）：15-27.

［369］王恕立，滕泽伟，刘军．中国服务业生产率变动的差异分析——基于区域及行业视角［J］．经济研究，2015，50（8）：73-84.

［370］王伟龙，纪建悦．研发投入、风险投资对产业结构升级的影响研究——基于中国2008—2017年省级面板数据的中介效应分析［J］．宏观经济研究，2019（8）：71-80+114.

［371］王曦，陈中飞．中国城镇化水平的决定因素：基于国际经验［J］．世界经济，2015，38（6）：167-192.

［372］王孝莹，王目文．新生代农民工市民化的微观影响因素及其结构——基于人力资本因素的中介效应分析［J］．人口与经济，2020（1）：113-126.

［373］王旭．美国城市发展模式：从城市化到大都市区化［M］．北京：清华大学出版社，2006.

［374］王垚，年猛，王春华．产业结构、最优规模与中国城市化路径选择［J］．经济学（季刊），2017，16（2）：441-462.

［375］王祖祥．中部六省基尼系数的估算研究［J］．中国社会科学，2006（4）：77-87+206-207.

［376］魏后凯，李劼，年猛．"十四五"时期中国城镇化战略与政策［J］．中共中央党校（国家行政学院）学报，2020，24（4）：5-21.

［377］魏后凯，苏红键．中国农业转移人口市民化进程研究［J］．中国人口科学，2013（5）：21-29+126.

［378］魏后凯．中国区域经济发展［M］．北京：经济科学出版社，2019.

［379］魏后凯．走中国特色的新型城镇化道路［M］．北京：社会科学文献出版社，2014.

［380］温忠麟，叶宝娟．中介效应分析：方法和模型发展［J］．心理科学进展，2014，22（5）：731-745.

［381］吴福象，沈浩平．新型城镇化、创新要素空间集聚与城市群产业发展［J］．中南财经政法大学学报，2013（4）：36-42+159.

［382］吴国平，武小琦．巴西城市化进程及其启示［J］．拉丁美洲研究，2014，36（2）：9-16+79.

［383］吴佳佳．人力资本投资对农业转移人口市民化的影响研究［D］．湖南师范大学硕士学位论文，2016.

［384］吴敬琏．思考与回应：中国工业化道路的抉择（上）［J］．学术月刊，2005（12）：38-45.

［385］吴穹，仲伟周，张跃胜．产业结构调整与中国新型城镇化［J］．城市发展研究，2018，25（1）：37-47+54.

［386］吴三忙，李善同．专业化、多样化与产业增长关系——基于中国省级制造业面板数据的实证研究［J］．数量经济技术经济研究，2011，28（8）：21-34.

［387］武小龙．英国乡村振兴的政策框架与实践逻辑［J］．华南农业大学学报（社会科学版），2020，19（6）：23-33.

［388］习近平．深入理解新发展理念［J］．求是，2019（10）：4-16.

[389] 习近平. 决胜全面建成小康社会 夺取新时代中国特色社会主义伟大胜利——在中国共产党第十九次全国代表大会上的报告［J］. 中国经济周刊, 2017 (42)：68-96.

[390] 习近平总书记系列重要讲话读本（2016 年版）［J］. 全国新书目, 2016 (6)：4.

[391] 席强敏, 陈曦, 李国平. 中国城市生产性服务业模式选择研究——以工业效率提升为导向［J］. 中国工业经济, 2015 (2)：18-30.

[392] 夏怡然, 陆铭. 跨越世纪的城市人力资本足迹——历史遗产、政策冲击和劳动力流动［J］. 经济研究, 2019, 54 (1)：132-149.

[393] 肖金成, 洪晗. 城市群人口空间分布与城镇化演变态势及发展趋势预测［J］. 经济纵横, 2021 (1)：2+19-30.

[394] 肖作平, 廖理, 张欣哲. 生命周期、人力资本与家庭房产投资消费的关系——来自全国调查数据的经验证据［J］. 中国工业经济, 2011 (11)：26-36.

[395] 谢呈阳, 胡汉辉, 周海波. 新型城镇化背景下"产城融合"的内在机理与作用路径［J］. 财经研究, 2016, 42 (1)：72-82.

[396] 谢小平. 消费结构升级与技术进步［J］. 南方经济, 2018 (7)：19-38.

[397] 谢云飞. 数字经济对区域碳排放强度的影响效应及作用机制［J］. 当代经济管理, 2022, 44 (2)：68-78.

[398] 辛宝英. 农业转移人口市民化程度测评指标体系研究［J］. 经济社会体制比较, 2016 (4)：156-165.

[399] 熊湘辉, 徐璋勇. 中国新型城镇化水平及动力因素测度研究［J］. 数量经济技术经济研究, 2018, 35 (2)：44-63.

[400] 徐辉, 杨烨. 人口和产业集聚对环境污染的影响——以中国的100 个城市为例［J］. 城市问题, 2017 (1)：53-60.

[401] 徐乐怡, 曹信生, 刘程军. 产业视角的中国城镇化质量分级与演化研究［J］. 经济地理, 2018, 38 (12)：68-75.

[402] 徐勤贤, 窦红. 巴西政府对城市低收入阶层住房改造的做法和启示［J］. 城市发展研究, 2010, 17 (9)：121-126.

[403] 徐维祥, 唐根年, 陈秀君. 产业集群与工业化、城镇化互动发

展模式研究［J］.经济地理,2005,25（6）:868-872.

［404］徐晓红.中国城乡居民收入差距代际传递变动趋势:2002—2012［J］.中国工业经济,2015（3）:5-17.

［405］宣烨,余泳泽.生产性服务业层级分工对制造业效率提升的影响——基于长三角地区 38 城市的经验分析［J］.产业经济研究,2014（3）:1-10.

［406］薛进军,园田正,荒山裕行.中国的教育差距与收入差距——基于深圳市住户调查的分析［J］.中国人口科学,2008（1）:19-29+95.

［407］颜银根,文洋.城市群规划能否促进地区产业发展?——基于新地理经济学的研究［J］.经济经纬,2017,34（2）:1-6.

［408］阳立高,龚世豪,王铂,晁自胜.人力资本、技术进步与制造业升级［J］.中国软科学,2018（1）:138-148.

［409］杨公仆,夏大慰.产业经济学教程（第三版）［M］.上海:上海财经大学出版社,2008.

［410］杨虹,王乔冉.数字普惠金融对产业结构升级的影响及机制研究［J］.投资研究,2021,40（9）:4-14.

［411］杨蕙馨,孙孟子,杨振一.中国制造业服务化转型升级路径研究与展望［J］.经济与管理评论,2020,36（1）:58-68.

［412］杨建坤,曾龙.地方政府合作与城市群产业结构升级——基于长三角城市经济协调会的准自然实验［J］.中南财经政法大学学报,2020（6）:57-68+159.

［413］杨金龙.户籍身份转化会提高农业转移人口的经济收入吗?［J］.人口研究,2018,42（3）:24-37.

［414］杨娟,赖德胜,邱牧远.如何通过教育缓解收入不平等?［J］.经济研究,2015,50（9）:86-99.

［415］杨巧,陈诚.经济集聚、住房支付能力与流动人口城市迁移意愿［J］.现代财经（天津财经大学学报）,2019,39（1）:29-45.

［416］杨仁发,李娜娜.产业集聚能否促进城镇化［J］.财经科学,2016（6）:124-132.

［417］杨天宇,陈明玉.消费升级对产业迈向中高端的带动作用:理论逻辑和经验证据［J］.经济学家,2018（11）:48-54.

［418］杨新华．新型城镇化的本质及其动力机制研究——基于市场自组织与政府他组织的视角［J］．中国软科学，2015（4）：183-192．

［419］杨耀武，张平．中国经济高质量发展的逻辑、测度与治理［J］．经济研究，2021，56（1）：26-42．

［420］姚维瀚，姚战琪．数字经济、研发投入强度对产业结构升级的影响［J］．西安交通大学学报（社会科学版），2021，41（5）：11-21．

［421］姚星，杜艳，周茂．中国城镇化、配套产业发展与农村居民消费拉动［J］．中国人口·资源与环境，2017，27（4）：41-48．

［422］殷江滨，李郇．产业转移背景下县域城镇化发展——基于地方政府行为的视角［J］．经济地理，2012，32（8）：71-77．

［423］于斌斌，陈露．新型城镇化能化解产能过剩吗？［J］．数量经济技术经济研究，2019，36（1）：22-41．

［424］于斌斌．生产性服务业集聚能提高制造业生产率吗？——基于行业、地区和城市异质性视角的分析［J］．南开经济研究，2017（2）：112-132．

［425］于宗先．产业转型中应掌握的机会［J］．经济学动态，2005（11）：34-36．

［426］余泳泽，潘妍．中国经济高速增长与服务业结构升级滞后并存之谜——基于地方经济增长目标约束视角的解释［J］．经济研究，2019，54（3）：150-165．

［427］余泳泽，孙鹏博，宣烨．地方政府环境目标约束是否影响了产业转型升级？［J］．经济研究，2020，55（8）：57-72．

［428］俞伯阳，丛屹．数字经济、人力资本红利与产业结构高级化［J］．财经理论与实践，2021，42（3）：124-131．

［429］俞林，印建兵，许敏．新生代农民工市民化约束因素及价值感知驱动模型［J］．人口与经济，2019（6）：14-27．

［430］喻胜华，李丹，祝树金．生产性服务业集聚促进制造业价值链攀升了吗——基于277个城市微观企业的经验研究［J］．国际贸易问题，2020（5）：57-71．

［431］袁冬梅，金京，魏后凯．人力资本积累如何提高农业转移人口的收入？——基于农业转移人口收入相对剥夺的视角［J］．中国软科学，

2021（11）：45-56.

［432］袁冬梅，陈晓佳，信超辉．贸易开放与产业升级对我国区域就业的协同影响——基于分区域省级面板数据的分析［J］．湖南师范大学社会科学学报，2018，47（5）：68-77.

［433］袁冬梅，邓师琦，刘建江．区域房价上涨、异质性劳动力流动与产业结构升级［J］．湖南社会科学，2020（2）：103-111.

［434］袁冬梅，李恒辉．地区金融结构对产业结构升级影响效应研究——基于最优金融结构的实证分析［J］．湖南社会科学，2018（1）：117-122.

［435］袁冬梅，马梦姣．外资进入影响行业工资差距的路径与异质性研究——来自中国服务业的经验证据［J］．西部论坛，2020，30（2）：73-83.

［436］袁冬梅，魏后凯，于斌．中国地区经济差距与产业布局的空间关联性——基于 Moran 指数的解释［J］．中国软科学，2012（12）：90-102.

［437］袁冬梅，魏后凯．对外开放促进产业集聚的机理及效应研究——基于中国的理论分析与实证检验［J］．财贸经济，2011（12）：120-126.

［438］袁冬梅，信超辉，于斌．FDI 推动中国城镇化了吗——基于金融发展视角的门槛效应检验［J］．国际贸易问题，2017（5）：126-138.

［439］袁冬梅，信超辉，袁琾．产业集聚模式选择与城市人口规模变化——来自 285 个地级及以上城市的经验证据［J］．中国人口科学，2019（6）：46-58+127.

［440］曾福生，高鸣．中国农业现代化、工业化和城镇化协调发展及其影响因素分析——基于现代农业视角［J］．中国农村经济，2013（1）：24-39.

［441］曾艺，韩峰，刘俊峰．生产性服务业集聚提升城市经济增长质量了吗？［J］．数量经济技术经济研究，2019，36（5）：83-100.

［442］张凤林．人力资本理论及其应用研究［M］．北京：商务印书馆，2006.

［443］张国强，温军，汤向俊．中国人力资本、人力资本结构与产业

结构升级［J］．中国人口·资源与环境，2011，21（10）：138-146.

［444］张浩然．生产性服务业集聚与城市经济绩效——基于行业和地区异质性视角的分析［J］．财经研究，2015，41（5）：67-77.

［445］张惠强，李璐．东京和首尔人口调控管理经验借鉴［J］．宏观经济管理，2018（8）：86-92.

［446］张建华，程文．服务业供给侧结构性改革与跨越中等收入陷阱［J］．中国社会科学，2019（3）：39-61+205.

［447］张军，吴桂英，张吉鹏．中国省际物质资本存量估算：1952—2000［J］．经济研究，2004（10）：35-44.

［448］张宽，黄凌云．中国人力资本结构的时空演变特征研究［J］．数量经济技术经济研究，2020，37（12）：66-88.

［449］张其仔，郭朝先，白玫．中国产业竞争力报告［M］．北京：社会科学文献出版社，2011.

［450］张森，温军，刘红．数字经济创新探究：一个综合视角［J］．经济学家，2020（2）：80-87.

［451］张世伟，林书宇．劳动合同、技能水平与中国流动人口工资差距［J］．南开经济研究，2021（2）：164-180.

［452］张松林，李清彬，武鹏．对中国城市化与服务业发展双重滞后的一个解释——基于新兴古典经济学的视角［J］．经济评论，2010（5）：56-62.

［453］张婷麟，孙斌栋．美国城市化的新趋势及对中国新型城镇化的启示［J］．城市发展研究，2018，25（6）：17-22.

［454］张同斌．从数量型"人口红利"到质量型"人力资本红利"——兼论中国经济增长的动力转换机制［J］．经济科学，2016（5）：5-17.

［455］张万里，宣旸，睢博，魏玮．产业智能化、劳动力结构和产业结构升级［J］．科学学研究，2021，39（8）：1384-1395.

［456］张卫．人口老龄化与技术进步：日本的经验与启示［J］．当代经济管理，2021，43（7）：77-85.

［457］张卫国，罗超平，李海明．农民工、产业结构与新型城镇化——"中国西部开发研究联合体第10届学术年会"综述［J］．经济研

究，2015，50（8）：175-179+192.

［458］张晓杰．新型城镇化与基本公共服务均等化的政策协同效应研究［J］．经济与管理，2013，27（11）：5-12.

［459］张学良，李培鑫，李丽霞．政府合作、市场整合与城市群经济绩效——基于长三角城市经济协调会的实证检验［J］．经济学（季刊），2017，16（4）：1563-1582.

［460］张艳明，章旭健，马永俊．城市边缘区村庄城镇化发展模式研究——以江浙经济发达地区为例［J］．浙江师范大学学报（自然科学版），2009，32（3）：344-348.

［461］张勇，蒲勇健，陈立泰．城镇化与服务业集聚——基于系统耦合互动的观点［J］．中国工业经济，2013（6）：57-69.

［462］张于喆．数字经济驱动产业结构向中高端迈进的发展思路与主要任务［J］．经济纵横，2018（9）：85-91.

［463］张月友，董启昌，倪敏．服务业发展与"结构性减速"辨析——兼论建设高质量发展的现代化经济体系［J］．经济学动态，2018（2）：23-35.

［464］赵富森．劳动力成本上升是否影响了制造业的出口技术复杂度［J］．国际经贸探索，2020，36（8）：23-37.

［465］赵领娣，张磊，徐乐，胡明照．人力资本、产业结构调整与绿色发展效率的作用机制［J］．中国人口·资源与环境，2016，26（11）：106-114.

［466］赵人伟，李实．中国居民收入差距的扩大及其原因［J］．经济研究，1997（9）：19-28.

［467］赵涛，张智，梁上坤．数字经济、创业活跃度与高质量发展——来自中国城市的经验证据［J］．管理世界，2020，36（10）：65-76.

［468］赵雪梅．拉丁美洲经济概论［M］．北京：对外经济贸易大学出版社，2010.

［469］赵勇，魏后凯．政府干预、城市群空间功能分工与地区差距——兼论中国区域政策的有效性［J］．管理世界，2015（8）：14-29+187.

［470］中国金融 40 人论坛课题组，周诚君．加快推进新型城镇化：对若干重大体制改革问题的认识与政策建议［J］．中国社会科学，2013（7）：59-76+205-206.

［471］中国经济增长前沿课题组，张平，刘霞辉，袁富华，陈昌兵．突破经济增长减速的新要素供给理论、体制与政策选择［J］．经济研究，2015，50（11）：4-19.

［472］周茂，李雨浓，姚星，陆毅．人力资本扩张与中国城市制造业出口升级：来自高校扩招的证据［J］．管理世界，2019，35（5）：64-77+198-199.

［473］周密，张广胜，黄利．新生代农民工市民化程度的测度［J］．农业技术经济，2012（1）：90-98.

［474］周少甫，王伟，董登新．人力资本与产业结构转化对经济增长的效应分析——来自中国省级面板数据的经验证据［J］．数量经济技术经济研究，2013，30（8）：65-77+123.

［475］周圣强，朱卫平．产业集聚一定能带来经济效率吗：规模效应与拥挤效应［J］．产业经济研究，2013（3）：12-22.

［476］周世军．我国中西部地区"三农"困境破解：机理与对策——基于产业转移与城镇化动态耦合演进［J］．经济学家，2012（6）：72-79.

［477］周应华，朱守银，罗其友，刘洋，徐鑫，陈泽南．英国农村区域协调发展的经验与启示［J］．中国农业资源与区划，2018，39（8）：272-279.

［478］朱纪广，张佳琪，李小建，孟德友，杨慧敏．中国农民工市民化意愿及影响因素［J］．经济地理，2020，40（8）：145-152.

［479］祝树金，汤超．企业上市对出口产品质量升级的影响——基于中国制造业企业的实证研究［J］．中国工业经济，2020（2）：1-8+117-135.

［480］左鹏飞，姜奇平，陈静．互联网发展、城镇化与我国产业结构转型升级［J］．数量经济技术经济研究，2020，37（7）：71-91.